BANK- UND FINANZWIRTSCHAFTLICHE FORSCHUNGEN BAND 135

Institut für
Schweizerisches Bankwesen
der Universität Zürich

Schweizerisches Institut für
Banken und Finanzen
an der Hochschule St. Gallen

# Trust Banking

Theorie und Praxis des Anlagegeschäftes

von

Dr. Christoph Auckenthaler

Verlag Paul Haupt Bern und Stuttgart

CIP-Titelaufnahme der Deutschen Bibliothek

*Auckenthaler, Christoph:*
Trust Banking : Theorie und Praxis des Anlagegeschäftes /
von Christoph Auckenthaler. –
Bern ; Stuttgart : Haupt, 1991
(Bank- und Finanzwirtschaftliche Forschungen ; Bd. 135)
Zugl.: Zürich, Univ., Diss., 1991
ISBN 3-258-04420-1
NE: GT

Alle Rechte vorbehalten
Copyright © 1991 by Paul Haupt Berne
Jede Art der Vervielfältigung ohne Genehmigung des Verlages ist unzulässig
Printed in Switzerland

Meinen Eltern
in Dankbarkeit

# Vorwort

Das Trust Banking hat in den letzten Jahren zunehmend an Bedeutung gewonnen. Bedingt durch rasche strukturelle Veränderungen an den Finanzmärkten und damit einhergehend auch zahlreichen neuen Finanzmarktprodukten ist das Beratungsbedürfnis der Investoren sprunghaft angewachsen. Wie die zunehmenden Schwankungen von Wertpapierkursen, Zinsen und Devisenkursen belegen, sind auch die Risiken der Investoren gestiegen. Eine *qualitative* Beurteilung einzelner Anlagemedien oder ganzer Portefeuilles - wie dies das in der Schweizer Praxis weitverbreitete *traditionelle* Portfolio-Management vornimmt - ist daher nicht mehr ausreichend. Im *modernen* Portfolio-Management gehen die Bestrebungen deshalb dahin, in *Ergänzung* zum traditionellen Portfolio-Management eine *quantitativ* erfassbare Beziehung zwischen Risiko und Rendite einzelner Anlagemedien und ganzer Portefeuilles in den Vordergrund der Betrachtungen zu stellen.

Allerdings bekunden Anlageberater, Vermögensverwalter und Investoren in der Schweiz mit der Denkweise des modernen Portfolio-Managements noch häufig Mühe. Die Nobelpreisvergabe 1990 für Nationalökonomie an die Professoren *Harry Markowitz*, *William Sharpe* und *Merton Miller* (für wissenschaftliche Arbeiten auf dem Gebiet der Finanzmarkttheorie) dürfte daher ein genügender Ansporn sein, sich mit dieser Materie vertieft auseinanderzusetzen.

Die Erarbeitung und Verfassung der vorliegenden Dissertation erforderte die Mithilfe zahlreicher Personen, welchen ich zu grossem Dank verpflichtet bin. Meinem akademischen Lehrer *Prof. Dr. E. Kilgus* danke ich ganz besonders für seine umfassende Unterstützung. Durch seine zahlreichen Anregungen und sein stetes Interesse an meiner Arbeit wurde ich immer wieder angespornt.

Danken möchte ich ebenfalls den zahlreichen Vertretern der Bankpraxis, die mir in ausführlichen Gesprächen einen Eindruck von der Praxis des Trust Banking ermöglichten.

Meinem Vater *Dr. Jörg Auckenthaler* sowie meiner Kollegin *Dr. Sabine Kilgus* danke ich für die sorgfältige Durchsicht des Manuskriptes.

Meinen grössten und herzlichsten Dank verdient - last but not least - meine Frau *Susanne*. Mit ihrer vorbehaltlosen Unterstützung hat sie die wichtigste Voraussetzung zur Vollendung dieser Arbeit geschaffen.

Meilen, im Januar 1991                                          Christoph Auckenthaler

# Inhaltsübersicht

| | | |
|---|---|---|
| **Teil I:** | **Grundlagen des Trust Banking und des traditionellen Portfolio-Managements** | **19** |

**1 Einleitung** 21
   1.1 Problemstellung und Zielsetzung 21
   1.2 Der Begriff 'Trust Banking' 22
   1.3 Entwicklungen im Trust Banking 23
   1.4 Aufbau der Arbeit 25

**2 Bankbetriebswirtschaftliche Ziele im Trust Banking** 27
   2.1 Das Ziel der optimalen Kundenbetreuung 27
   2.2 Das Rentabilitätsziel 39
   2.3 Das Sicherheitsziel 44
   2.4 Die technisch-organisatorischen Ziele 56

**3 Das traditionelle Portfolio-Management** 67
   3.1 Die Finanzanalyse 67
   3.2 Das Anlagekonzept 87
   3.3 Portefeuillebildung und -analyse 101

**Teil II: Modernes Portfolio-Management in der Theorie** 115

**4 Die Elemente der modernen Portfolio-Theorie** 117
   4.1 Die Nutzenanalyse 117
   4.2 Die Risikoanalyse 125
   4.3 Der Diversifikationseffekt 132

**5 Ansätze zur Portefeuillegestaltung in der Theorie** 141
   5.1 Das Markowitz-Modell 142
   5.2 Das Capital Asset Pricing Model (CAPM) 165
   5.3 Die Arbitrage Pricing Theorie (APT) 177

**6 Portfolio-Insurance und Zinsimmunisierung** 187
   6.1 Absicherung von Aktienportefeuilles mit Optionen 188
   6.2 Absicherung von Aktienportefeuilles mit Futures 213
   6.3 Absicherung von Portefeuilles festverzinslicher Anlagen mittels Zinsimmunisierung 223

**Teil III: Portfolio-Management in der Praxis** 235

**7 Beurteilung des traditionellen und modernen Portfolio-Managements** 237
    7.1 Das traditionelle Portfolio-Management 238
    7.2 Die These der Markteffizienz 244
    7.3 Das moderne Portfolio-Management 262

**8 Portefeuillegestaltung in der Praxis** 273
    8.1 Die Datenermittlung 273
    8.2 Die Asset Allocation 283
    8.3 Portefeuilleüberwachung und -revision 297

**9 Die Performance-Messung** 303
    9.1 Grundgedanken zur Performance-Messung 304
    9.2 Performance-Kennzahlen in der Theorie 309
    9.3 Die Performance-Messung in der Praxis 320

**Zusammenfassende Schlussfolgerungen** 327

**Literaturverzeichnis** 329

**Stichwortverzeichnis** 357

# Inhaltsverzeichnis

| | | |
|---|---|---|
| **Teil I:** | **Grundlagen des Trust Banking und des traditionellen Portfolio-Managements** | **19** |

## 1 Einleitung 21

1.1 Problemstellung und Zielsetzung 21
1.2 Der Begriff 'Trust Banking' 22
1.3 Entwicklungen im Trust Banking 23
1.4 Aufbau der Arbeit 25

## 2 Bankbetriebswirtschaftliche Ziele im Trust Banking 27

2.1 Das Ziel der optimalen Kundenbetreuung 27
    2.1.1 Anforderungen an den Anlageberater 28
        2.1.1.1 Fachliche Anforderungen 29
        2.1.1.2 Persönliche Anforderungen 30
    2.1.2 Hilfsmittel des Anlageberaters 31
        2.1.2.1 Die Kundenkartei 31
        2.1.2.2 Informationsgrundlagen 32
        2.1.2.3 Beratungsunterstützung durch den Computer 35
    2.1.3 Segmentierung der Kunden 36
        2.1.3.1 Privatkunden 36
        2.1.3.2 Institutionelle Anleger 38
2.2 Das Rentabilitätsziel 39
    2.2.1 Die Erträge aus der Anlageberatung 40
        2.2.1.1 Depotgebühren 41
        2.2.1.2 Courtagen 41
        2.2.1.3 Vermögensverwaltungsgebühren 43
    2.2.2 Kosten der Anlageberatung 43
2.3 Das Sicherheitsziel 44
    2.3.1. Rechts- und Haftungsverhältnisse in der Vermögensverwaltung 45
        2.3.1.1 Rechtsnatur und anwendbares Recht 46
        2.3.1.2 Interessenkonflikte 48
        2.3.1.3 Die Verantwortung des Vermögensverwalters 49
    2.3.2 Rechts- und Haftungsverhältnisse in der Anlageberatung 51
    2.3.3 Massnahmen zur Erreichung des Sicherheitszieles 53

|  |  |  |  |
|---|---|---|---|
| | | 2.3.3.1 Richtlinien der SBVg zur Ausübung von Verwaltungsaufträgen | 53 |
| | | 2.3.3.2 Bankinterne Massnahmen | 54 |
| 2.4 | Die technisch-organisatorischen Ziele | | 56 |
| | 2.4.1 | Anforderungen an die Informationssysteme | 56 |
| | | 2.4.1.1 Fachspezifische Anforderungen | 58 |
| | | 2.4.1.2 Technische Anforderungen | 59 |
| | 2.4.2. | In der Praxis angewendete Informationssysteme | 60 |
| | | 2.4.2.1 SwisPortfolio | 61 |
| | | 2.4.2.2 Credit Swiss on-line | 62 |
| | 2.4.3 | Die weitere Entwicklung von Informationssystemen | 64 |
| | | 2.4.3.1 Die Funktionsweise von Expertensystemen | 64 |
| | | 2.4.3.2 Die Anwendung von Expertensystemen in der Anlageberatung | 65 |

# 3 Das traditionelle Portfolio-Management 67

|  |  |  |  |
|---|---|---|---|
| 3.1 | Die Finanzanalyse | | 67 |
| | 3.1.1 | Die Aktienanalyse | 69 |
| | | 3.1.1.1 Die Fundamentalanalyse | 71 |
| | | 3.1.1.2 Die technische Analyse | 74 |
| | 3.1.2 | Die Analyse festverzinslicher Wertpapiere | 79 |
| | | 3.1.2.1 Die festverzinslichen Wertpapiere | 79 |
| | | 3.1.2.2 Beurteilungsgrundlagen festverzinslicher Wertpapiere | 82 |
| | 3.1.3 | Die Analyse anderer Anlagemedien | 86 |
| 3.2 | Das Anlagekonzept | | 87 |
| | 3.2.1 | Die Kundenzielermittlung | 88 |
| | | 3.2.1.1 Das Rentabilitätsziel | 88 |
| | | 3.2.1.2 Das Sicherheitsziel | 89 |
| | | 3.2.1.3 Das Liquiditätsziel | 90 |
| | 3.2.2 | Anlagevorschriften des Kunden | 91 |
| | | 3.2.2.1 Finanzielle Faktoren | 91 |
| | | 3.2.2.2 Gesetzliche Rahmenbedingungen | 92 |
| | | 3.2.2.3 Persönliche Wünsche | 98 |
| | 3.2.3 | Die Anlagepolitik | 98 |
| 3.3 | Portefeuillebildung und -analyse | | 101 |
| | 3.3.1 | Aktive Management-Techniken für Aktien | 101 |
| | | 3.3.1.1 Das Timing | 102 |
| | | 3.3.1.2 Die Selektion und Gruppenrotation | 104 |

|  |  |  |  |
|---|---|---|---|
| | 3.3.2 | Aktive Management-Techniken für festverzinsliche Wertpapiere | 106 |
| | | 3.3.2.1 Die Zinssatzantizipation | 106 |
| | | 3.3.2.2 Die Titelselektion und das Bondswapping | 109 |
| | 3.3.3 | Die Portefeuilleüberwachung | 113 |

## Teil II: Modernes Portfolio-Management in der Theorie    115

## 4 Die Elemente der modernen Portfolio-Theorie    117

|  |  |  |  |
|---|---|---|---|
| 4.1 | Die Nutzenanalyse | | 117 |
| | 4.1.1 | Das Renditestreben als Anlageziel | 118 |
| | | 4.1.1.1 Das Renditestreben bei sicherer (bekannter) Zukunft | 118 |
| | | 4.1.1.2 Das Renditestreben bei unsicherer (unbekannter) Zukunft | 119 |
| | 4.1.2 | Die Nutzenfunktion | 122 |
| 4.2 | Die Risikoanalyse | | 125 |
| | 4.2.1 | Zum Begriff Risiko | 126 |
| | 4.2.2 | Quantifizierung des Risikos | 128 |
| | | 4.2.2.1 Die Standardabweichung bzw. Varianz als Risikomass | 128 |
| | | 4.2.2.2 Die Normalverteilung der Renditen | 130 |
| 4.3 | Der Diversifikationseffekt | | 132 |
| | 4.3.1 | Theoretische Ueberlegungen zur Diversifikation | 132 |
| | | 4.3.1.1 Mass des Zusammenhangs zweier Anlagerenditen | 133 |
| | | 4.3.1.2 Rendite und Risiko eines Portefeuilles | 135 |
| | | 4.3.1.3 Theoretische Grenze des Diversifikationseffektes | 136 |
| | 4.3.2 | Die Diversifikation am Markt | 138 |

## 5 Ansätze zur Portefeuillegestaltung in der Theorie    141

|  |  |  |  |
|---|---|---|---|
| 5.1 | Das Markowitz-Modell | | 142 |
| | 5.1.1 | Voraussetzungen des Modells | 142 |
| | 5.1.2 | Die Efficient Frontier | 144 |
| | | 5.1.2.1 Herleitung der Efficient Frontier im Standardmodell | 145 |
| | | 5.1.2.2 Herleitung der Efficient Frontier in erweiterten Modellen | 148 |
| | 5.1.3 | Das optimale Portefeuille | 154 |
| | 5.1.4 | Das Index-Modell | 155 |
| | | 5.1.4.1 Das Ein-Index-Modell | 156 |
| | | 5.1.4.2 Das Multi-Index-Modell | 162 |

5.2 Das Capital Asset Pricing Model (CAPM) ... 165
   5.2.1 Voraussetzungen des Modells ... 165
   5.2.2 Herleitung des klassischen CAPM ... 166
      5.2.2.1 Die Capital Market Line ... 167
      5.2.2.2 Die Security Market Line ... 169
   5.2.3 Modellerweiterungen ... 172
      5.2.3.1 CAPM unter Berücksichtigung der Nichtexistenz einer risikolosen Anlagemöglichkeit und unter Einführung unterschiedlicher Zinssätze für Kapitalanlage und Kapitalausleihung ... 172
      5.2.3.2 CAPM unter Einführung heterogener Erwartungen und nicht marktfähiger Anlagen ... 175
      5.2.3.3 CAPM unter Berücksichtigung von Steuern und Transaktionskosten ... 176
5.3 Die Arbitrage Pricing Theorie (APT) ... 177
   5.3.1 Voraussetzungen der APT ... 178
   5.3.2 Herleitung der APT ... 179
      5.3.2.1 Der Arbitrage Prozess ... 181
      5.3.2.2 Erklärung der APT ... 182
   5.3.3 Die Aussagekraft der APT verglichen mit jener des CAPM ... 184

# 6 Portfolio-Insurance und Zinsimmunisierung ... 187

6.1 Absicherung von Aktienportefeuilles mit Optionen ... 188
   6.1.1. Eigenschaften und Anwendungsmöglichkeiten von Optionen ... 188
      6.1.1.1 Eigenschaften von Optionen ... 189
      6.1.1.2 Anwendungsmöglichkeiten von Optionen ... 195
   6.1.2 Die Bewertung von Optionen und deren Einsatz in der Portfolio-Insurance ... 197
      6.1.2.1 Grundgedanken des Black-Scholes-Modells ... 197
      6.1.2.2 Die Black-Scholes-Formel zur Bewertung von Optionen ... 199
      6.1.2.3 Der Einsatz von Optionen in der Portfolio-Insurance ... 200
      6.1.2.4 Beurteilung der Portfolio-Insurance mit Optionen ... 203
   6.1.3 Die dynamische Absicherung ... 204
      6.1.3.1 Der Grundgedanke der dynamischen Absicherung ... 205
      6.1.3.2 Die Constant Proportion Portfolio-Insurance (CPPI) ... 208
      6.1.3.3 Beurteilung der dynamischen Portfolio-Insurance ... 211
6.2 Absicherung von Aktienportefeuilles mit Futures ... 213

| | | |
|---|---|---|
| 6.2.1 | Eigenschaften und Anwendungsmöglichkeiten von Aktienindex-Futures | 213 |
| | 6.2.1.1 Eigenschaften von Aktienindex-Futures | 214 |
| | 6.2.1.2 Anwendungsmöglichkeiten von Aktienindex-Futures | 215 |
| 6.2.2 | Die Bewertung von Aktienindex-Futures und deren Einsatz in der Portfolio-Insurance | 217 |
| | 6.2.2.1 Die Bewertung von Aktienindex-Futures | 217 |
| | 6.2.2.2 Der Einsatz von Aktienindex-Futures in der Portfolio-Insurance | 218 |
| 6.2.3 | Beurteilung der Portfolio-Insurance mit Futures | 221 |
| 6.3 Absicherung von Portefeuilles festverzinslicher Anlagen mittels Zinsimmunisierung | | 223 |
| 6.3.1 | Die Durationsanalyse | 223 |
| | 6.3.1.1 Entwicklung und Darstellung der Duration-Kennzahl | 224 |
| | 6.3.1.2 Die Anwendung der Duration-Kennzahl | 226 |
| 6.3.2 | Die Zinsimmunisierung unter Anwendung der Duration-Kennzahl | 228 |
| | 6.3.2.1. Die unbedingte Zinsimmunisierung | 228 |
| | 6.3.2.2. Die bedingte Zinsimmunisierung | 231 |
| 6.3.3 | Beurteilung der Zinsimmunisierung | 232 |

## Teil III: Portfolio-Management in der Praxis 235

## 7 Beurteilung des traditionellen und modernen Portfolio-Management 237

| | | |
|---|---|---|
| 7.1 Das traditionelle Portfolio-Management | | 238 |
| 7.1.1 | Grundgedanken des traditionellen Portfolio-Managements | 238 |
| 7.1.2 | Stärken und Schwächen der Analysemethoden | 240 |
| | 7.1.2.1 Die Fundamentalanalyse | 240 |
| | 7.1.2.2 Die technische Analyse | 241 |
| 7.1.3 | Stärken und Schwächen der Management-Techniken | 243 |
| 7.2 Die These der Markteffizienz | | 244 |
| 7.2.1 | Die schwache Form der Markteffizienz | 246 |
| | 7.2.1.1 Empirische Ueberprüfung | 247 |
| | 7.2.1.2 Beurteilung der Resultate | 251 |
| 7.2.2 | Die halbstarke Form der Markteffizienz | 253 |
| | 7.2.2.1 Empirische Ueberprüfung | 254 |
| | 7.2.2.2 Beurteilung der Resultate | 257 |

|  |  |  |
|---|---|---|
| 7.2.3 | Die starke Form der Markteffizienz | 258 |
| 7.2.3.1 | Empirische Ueberprüfung | 259 |
| 7.2.3.2 | Beurteilung der Resultate | 260 |
| 7.2.4 | Schlussfolgerungen aus der These der Markteffizienz | 261 |
| 7.3 | Das moderne Portfolio-Management | 262 |
| 7.3.1 | Grundlagen des modernen Portfolio-Managements | 262 |
| 7.3.2 | Beurteilung der verschiedenen Modellansätze | 263 |
| 7.3.2.1 | Das Markowitz-Modell | 263 |
| 7.3.2.2 | Das Capital Asset Pricing Model (CAPM) | 265 |
| 7.3.2.3 | Die Arbitrage Pricing Theory (APT) | 269 |
| 7.3.3 | Schlussfolgerungen für die Praxis | 271 |

# 8 Portefeuillegestaltung in der Praxis 273

| 8.1 | Die Datenermittlung | 273 |
|---|---|---|
| 8.1.1 | Prognosen aufgrund historischer Daten | 274 |
| 8.1.1.1 | Voraussetzungen zur Anwendung von Prognoseverfahren, die auf historischen Daten basieren | 274 |
| 8.1.1.2 | Die Trendextrapolation als Beispiel eines auf historischen Daten basierenden Prognoseverfahrens | 277 |
| 8.1.2 | Prognosen aufgrund von Szenarien | 279 |
| 8.1.2.1 | Die Bestimmung der Szenarien | 279 |
| 8.1.2.2 | Auswirkungen der Szenarien auf die zu prognostizierenden Grössen | 280 |
| 8.1.3 | Beurteilung der Prognoseverfahren | 282 |
| 8.2 | Die Asset Allocation | 283 |
| 8.2.1 | Grundgedanken der Asset Allocation | 283 |
| 8.2.1.1 | Passives versus aktives Portfolio-Management | 284 |
| 8.2.1.2 | Der Asset Allocation-Prozess | 285 |
| 8.2.2 | Die internationale (globale) Asset Allocation | 289 |
| 8.2.2.1 | Renditen und Risiken internationaler Anlagen | 289 |
| 8.2.2.2 | Der Nutzen internationaler Asset Allocation | 291 |
| 8.2.2.3 | Probleme der internationalen Asset Allocation | 294 |
| 8.2.3 | Beurteilung der Asset Allocation | 296 |
| 8.3 | Portefeuilleüberwachung und -revision | 297 |
| 8.3.1 | Die Portefeuilleüberwachung | 298 |
| 8.3.2 | Die Portefeuillerevision | 299 |
| 8.3.2.1 | Die Bestimmung eines neuen Portefeuilles | 299 |
| 8.3.2.2 | Der Einbezug von Transaktionskosten | 301 |

## 9 Die Performance-Messung — 303

### 9.1 Grundgedanken zur Performance-Messung — 304
#### 9.1.1 Die eindimensionale Performance-Messung — 304
##### 9.1.1.1 Die kapitalgewichtete Renditeberechnung — 305
##### 9.1.1.2 Die zeitgewichtete Renditeberechnung — 306
#### 9.1.2 Die zweidimensionale Performance-Messung — 308

### 9.2 Performance-Kennzahlen in der Theorie — 309
#### 9.2.1 Das Reward-to-Variability-Verhältnis — 310
##### 9.2.1.1 Der Ansatz von Sharpe — 310
##### 9.2.1.2 Der Ansatz von Treynor — 312
##### 9.2.1.3 Beurteilung des Reward-to-Variability-Verhältnisses — 314
#### 9.2.2 Die Differential Return-Kennzahl — 315
##### 9.2.2.1 Der Ansatz von Jensen — 315
##### 9.2.2.2 Beurteilung der Differential Return-Kennzahl — 317
#### 9.2.3 Weiterentwicklung der Performance-Kennzahlen — 318

### 9.3 Die Performance-Messung in der Praxis — 320
#### 9.3.1 Die Anforderungen an eine geeignete Benchmark — 320
#### 9.3.2 Die Performance-Analyse — 321
##### 9.3.2.1 Die Abkehr von der Performance-Messung mittels Benchmark — 321
##### 9.3.2.2 Die Analyse der Performance-Struktur — 324

## Zusammenfassende Schlussfolgerungen — 327

## Literaturverzeichnis — 329

## Stichwortverzeichnis — 357

# Teil I:
# Grundlagen des Trust Banking und des traditionellen Portfolio-Managements

# 1 Einleitung

## 1.1 Problemstellung und Zielsetzung

Die Anlageberatung und Vermögensverwaltung haben in den letzten Jahren zunehmend an Bedeutung gewonnen. Durch die grosse Zahl von *Finanzinnovationen* und die fortschreitende Securitization sowie durch die Euphorie an den Wertpapiermärkten im Sommer 1987 wuchsen die *Beratungsbedürfnisse* der Anleger. An dieser Entwicklung dürfte auch der Börsenherbst 1987 nichts geändert haben, denn das 'Wertpapiersparen' ist deswegen nicht zusammengebrochen. Im Gegenteil, der Anlageberater muss gegenüber dem immer kritischeren Kunden Stellung beziehen. Der Anleger verlangt bei Rückschlägen nach Erklärungen und nach fundierten Meinungen über die weitere Entwicklung.

*Kompetente Betreuung und Beratung* erfordern aber ein ausreichendes Instrumentarium in der Hand des Anlageberaters. Abgestimmt auf die individuellen Bedürfnisse der Kunden sollen rasche, präzise Informationen und übersichtlich gegliederte Daten die Anlageberatung erleichtern. Zu diesem Zweck ist man in der Praxis dazu übergegangen, sogenannte *Wertpapier-Informations-Systeme* zu schaffen.

Die Informationsbeschaffung ist aber nur eine - wenn auch wichtige - Seite der Anlageberatung. Die Aufgabe des Anlageberaters besteht nun darin, unter Ausnützung dieser Informationen die verschiedensten Anlagemöglichkeiten mit den *persönlichen Verhältnissen und Präferenzen* des Anlegers in Beziehung zu bringen. Dies ist sicher kein leichtes Unterfangen, ergeben sich doch dabei eine Reihe von Problemen:

- Die Ziele der Kunden sind individuell. Der Privatkunde mit einem Vermögen von einigen tausend Franken wird dem Anlageberater mit Sicherheit andere Zielvorgaben unterbreiten als der institutionelle Anleger mit einem Millionenportefeuille. Daher dürfte es schwierig sein, eine allgemein gültige Strategie zu finden.
- Einen weiteren Problemkreis stellen besondere Bedingungen seitens des Anlegers dar. Es gilt, gesetzliche Schranken bei institutionellen Anlegern (Pensionskassen, Versicherungen usw.), Vorschriften, Steuern usw. zu beachten.
- Bei vielen Lösungsansätzen wird die Problematik der 'Marktenge' nicht berücksichtigt. Plant ein institutioneller Anleger eine grössere Menge eines Wertpapieres zu einem bestimmten (vom Lösungsmodell vorgeschriebenen) Preis zu kaufen bzw. zu verkaufen, so wird der Kurs dieses Wertpapiers beeinflusst. Durch die Kursänderung ändert sich aber die Rendite, weshalb ein vom 'Optimum' abweichendes Resultat erzielt wird.

- Die Kosten spielen eine nicht zu unterschätzende Rolle. Der Anleger hat zwar für die reine Anlageberatung[1] bei den meisten Banken grundsätzlich kein Entgelt zu entrichten. In die Überlegungen zur Portefeuillegestaltung sind aber Transaktionskosten miteinzubeziehen.

Der auf die Euphorie an den Wertpapiermärkten im Sommer 1987 folgende Kurssturz im Oktober desselben Jahres hat gezeigt, dass die ausschliessliche Orientierung an möglicherweise zu erzielenden Renditen unzureichend ist. Ebenso sind die den verschiedenen Anlagemedien und Märkten inhärenten Risiken in die Betrachtungen des Portfolio-Managements einzubeziehen.

Damit ergibt sich für die vorliegende Arbeit eine dreifache Zielsetzung:

1) Die Anlageberatung und Vermögensverwaltung sind aus theoretischer und praktischer Sicht zu beleuchten. Neben den Anliegen des Investors sind auch die Ziele der Bank als Beratungsinstitution zu betrachten.

2) Es sollen Methoden und Modelle gezeigt und diskutiert werden, welche die Risiken in die Betrachtungen eines Investors explizit miteinbeziehen.

3) Vor dem Hintergrund der beiden ersten Ziele sollen Schlussfolgerungen für die Praxis eines zeitgemässen Portfolio-Managements gezogen werden.

## 1.2 Der Begriff 'Trust Banking'

Der Begriff 'Trust Banking' bedarf einer kurzen Klärung. Aus dem angelsächsischen Sprachraum übernommen, erlangte der Ausdruck 'Trust' im Zusammenhang mit den in der zweiten Hälfte des 19. Jahrhunderts von Vermögensverwaltern in England und Schottland gegründeten *Investment-Trusts*[2] erstmals Publizität. Diese bezweckten, den Kapitalbesitzern eine besser verzinsliche Anlage in ausländischen Werten zu ermöglichen. Eine der zentralen Ideen der Investment-Trusts war (und ist noch heute) das *treuhänderische Verwalten* von Vermögen.

In den Vereinigten Staaten von Amerika spricht man heute von sogenannten *'Trust companies'* und meint eine Bank, "die neben der eigentlichen Banktätigkeit auch Treuhandgeschäfte im weitesten Sinne besorgt"[3]. In Anlehnung an die Definition der Trust companies kann das 'Trust Banking' wie folgt umschrieben werden:

---

1 'Reine Anlageberatung' steht hier im Gegensatz zur Vermögensverwaltung.
2 Vgl. **Emch, U./Renz, H.:** "Das Schweizerische Bankgeschäft", S. 433 f.
3 **Albisetti, E./Boemle, M./Ehrsam, P./Gsell, M./Nyffeler, P./Rutschi, E.:** "Handbuch des Geld-, Bank- und Börsenwesens der Schweiz", S. 645.

Unter 'Trust Banking' wird das Anlagegeschäft einer Bank verstanden, welches die Anlageberatung und Vermögensverwaltung umfasst.

In der Definition nicht erwähnt werden die Finanzanalyse, die Wertschriftenadministration, das Portfolio-Management sowie das Fondsgeschäft. Diese Bereiche sind ebenfalls dem Trust Banking unterzuordnen. Die Finanzanalyse und das Portfolio-Management sind aber Bestandteile der Anlageberatung bzw. Vermögensverwaltung[4] und werden daher nicht explizit betont. Die Wertschriftenadministration und das Fondsgeschäft werden ausgeklammert, da diese beiden Bereiche nicht Gegenstand dieser Arbeit sind.

Mit *Anlageberatung* wird die aktive, fundierte und *fachgerechte Betreuung und Beratung* des Kunden bei der Planung und Durchführung einer Kapitalanlage oder bei der Umlagerung von Vermögensteilen bezeichnet[5].

Bleibt es nicht nur bei der Betreuung und Beratung, sondern *werden auch Anlageentscheide getroffen*, so kann mit einem *Verwaltungsauftrag* - in der Praxis auch als *Verwaltungsvollmacht* bezeichnet - die eigentliche *Vermögensverwaltung* übernommen werden[6]. Die Bank (oder Vermögensverwaltungsgesellschaft) verpflichtet sich damit gegenüber dem Kunden, "ein bei ihr durch diesen hinterlegtes Vermögen *sowohl in technischer als auch in wirtschaftlicher* Hinsicht zu verwalten"[7]. Der Anlageberater bzw. Vermögensverwalter hat dabei immer im Interesse des Kunden zu handeln[8].

Zusammenfassend kann festgehalten werden, dass der Begriff 'Trust Banking' als Oberbegriff für Anlageberatung und Vermögensverwaltung steht, wobei sich die beiden letzteren in der *Funktion und Rechtsstellung* des Anlageberaters unterscheiden.

## 1.3 Entwicklungen im Trust Banking

Nimmt man sich die Mühe und lässt die letzten etwa 15-25 Jahre am Kapitalmarkt Revue passieren, so kann festgestellt werden, dass sich die Finanzwelt - und mit ihr

---

4 Vgl. dazu die Ausführungen in Kapitel 3.
5 Vgl. **Albisetti, E./Gsell, M./Nyffeler, P.**: "Bankgeschäfte", S. 205. **Wirth, W.**: "Wertschriftenanalyse und Kapitalanlage", S. 6/2.
6 Vgl. **Wirth, W.**: "Wertschriftenanalyse und Kapitalanlage", S. 6/2.
7 **Albisetti, E./Boemle, M./Ehrsam, P./Gsell, M./Nyffeler, P./Rutschi, E.**: "Handbuch des Geld-, Bank- und Börsenwesens der Schweiz", S. 656.
8 Für die rechtlichen Aspekte der Anlageberatung und Vermögensverwaltung sei auf Abschnitt 2.3 verwiesen.

die Anlageberatung und Vermögensverwaltung - stark gewandelt hat. Stellvertretend für den Versuch, den vollzogenen Umbruch an den Finanzmärkten zu charakterisieren, seien hier Begriffe wie Finanzinnovationen, Globalisierung, Securitization oder Deregulation bzw. Reregulation genannt. Erinnert sei an die *neuen Kapitalmarktinstrumente wie Floating-Rate-Bonds, Zerobonds, Doppelwährungsanleihen usw.*, an die Märkte für derivative Produkte wie *Options und Financial Futures*, an die *Money Market Funds* usw., um nur einige Neuerungen zu nennen. Anlageberatung und Vermögensverwaltung sind dadurch vermehrt in den Mittelpunkt gerückt. Während bis in die zweite Hälfte der 1960er Jahre hinein diese Dienstleistung bei Universalbanken mehr als Zusatz zu den anderen Bankgeschäften betrieben wurde, kann heute von einem eigentlichen Boom gesprochen werden. Die Gründe dafür sind vielfältig und können hier kaum abschliessend aufgeführt werden. Die wichtigsten seien kurz erwähnt:

- Das *Ertragsbewusstsein des Bankkunden* ist mächtig gestiegen. Die Zeiten des 'Strumpfsparens' und der 'sicheren' Anlage Gold dürften vorüber sein. Auch in Zeiten hoher Inflation will der Kunde einen Ertrag erzielen.

- In die gleiche Richtung zielt die *Sensibilität der Kunden für die Kostenstrukturen* an den einzelnen internationalen Finanzmärkten. Zu beachten sind hier insbesondere Courtagen, Umsatzabgaben, Steuern usw.

- Die Ausweitung der Anlagepalette sorgt für ein *erhöhtes Beratungsbedürfnis* der Kunden. Der Anleger will fundierte Meinungen und nicht Tips und Winke über künftige Kursentwicklungen, ohne dass die Quellen, auf denen sie beruhen, genannt werden.

- Durch die immer dichter und effizienter werdenden weltweiten *Kommunikationssysteme* sind Informationen rascher und in grösserer Menge verfügbar. Diese Informationsflut muss aber auch rascher als vielleicht noch vor zehn Jahren in Börsenentscheide umgewandelt werden, will man nicht hoffnungslos hinterher laufen.

- Die Banken haben erkannt, dass im Rahmen des sogenannten *Cross-Selling* die Anlageberatung und Vermögensverwaltung als ein *zentrales Schlüsselgeschäft* zu interessanten Kunden gewertet werden muss. Aufgrund derer Einkommens- und Vermögenslage können umfangreiche *Anschlussgeschäfte* getätigt werden.

- Eine Studie von *Arthur Andersen & Co.* aus dem Jahre 1986 zeigt, "dass im Bereich der Vermögensverwaltung und Anlageberatung noch ein deutliches Wachstumspotential vorhanden ist"[9]. Gemäss dieser Studie sollen die Ban-

---

9 **Arthur Andersen & Co.:** "Finanzplatz Schweiz - Perspektiven, Herausforderungen, Chancen", S. 58.

ken, welche diese Geschäftssparte betreiben, in den nächsten zehn Jahren mit einer jährlichen *Zuwachsrate von 5% bis 10%* rechnen können.
- Allein im Kundensegment 'Institutionelle Investoren' ist ein riesiges Anlagevolumen vorhanden. Verwalteten die privaten und öffentlichen Pensionskassen in der Schweiz Ende 1987 noch 170 Milliarden Franken[10], wird dieser Betrag gemäss einer Studie von *Hepp*[11] bis zum Jahre 2005 auf 750 Milliarden Franken und bis zum Jahre 2025 auf 2'200 Milliarden Franken ansteigen. Allein seitens der Pensionskassen ist demzufolge mit einem täglichen Anlagebedarf von 90 Millionen Franken zu rechnen.

Um das Wachstumspotential ausnützen und erfolgreich Anlageberatung und Vermögensverwaltung betreiben zu können, ist es notwendig, eine breite Palette von Anlagemöglichkeiten anzubieten. In der Folge werden professionelles Denken und Handeln und damit einhergehend wachsende Flexibilität und Effizienz im Trust Banking unabdingbar sein. Portefeuilles sind nach überprüfbaren Kriterien und nicht nach 'vertraulichen Börsentips' aufzubauen. Klare Konzepte, welche auch Aussagen über Ertragsaussichten *und* Risiken machen, werden vom Kunden gefordert.

## 1.4 Aufbau der Arbeit

In einem *ersten, grundlegenden Teil* werden einerseits die in der Literatur oft vernachlässigten bankbetriebswirtschaftlichen Ziele der Anlageberatung und Vermögensverwaltung aufgezeigt. Anderseits soll ein Ueberblick zum traditionellen, heute in der Schweizer Praxis weitverbreiteten Portfolio-Management gegeben werden. Dieses versucht, mittels verschiedener Analyse- und Prognosetechniken Anlagemedien wie Aktien, Bonds, Geldmarktpapiere, Edelmetalle usw. oder ganze Portefeuilles *qualitativ* zu beurteilen.

Wie zu zeigen sein wird, vollzieht sich das traditionelle Portfolio-Management in drei Schritten: die Finanzanalyse, die Erarbeitung des Anlagekonzeptes und die Portefeuillebildung bzw. -überwachung. Während die Finanzanalyse sehr weit fortgeschritten ist, bereiten die Erarbeitung des Anlagekonzeptes unter Einbezug des Risikos und die Portefeuillegestaltung noch einige Mühe.

Inhalt des *zweiten Teils* bilden daher die Elemente der modernen Portfolio-Theorie sowie die in der heutigen Zeit am meisten diskutierten Ansätze zur Portefeuillegestaltung. Im Mittelpunkt der Betrachtungen steht dabei unumstritten die Frage nach

---
10 Vgl. **o.V.:** "15'000 Pensionskassen verwalten 170 Milliarden Franken", in: NZZ vom 27. Juni 1989, S. 17.
11 Vgl. **Hepp, S.:** "The Swiss Pension Funds - An Emerging New Investment Force", S. 129.

der Ermittlung und Handhabung des Risikos bzw. in Ergänzung zum traditionellen Portfolio-Management die Beziehung zwischen Risiko und Rendite einzelner Anlagemedien und ganzer Portefeuilles.

Im *dritten Teil* erfolgt zunächst eine Beurteilung des traditionellen und modernen Portfolio-Managements. Eine zentrale Rolle wird dabei die Frage nach der Effizienz der Anlagemärkte (Aktienmärkte, Bondmärkte, Geldmärkte etc.) spielen. Auf der Beurteilung des traditionellen und modernen Portfolio-Managements aufbauend werden die für den Erfolg wichtigsten Schritte eines in der Praxis anwendbaren Portfolio-Managements - die Datenermittlung, die Asset Allocation und die Portefeuilleüberwachung sowie deren Revision - dargelegt. Schliesslich ist zu zeigen, wie der Erfolg eines Portfolio-Managements - die Performance - gemessen werden kann.

# 2 Bankbetriebswirtschaftliche Ziele im Trust Banking

Zur Führung einer Bank sowie deren einzelnen Bereiche ist die Festlegung von Zielen unerlässlich. Wird unterstellt, dass die Bank grundsätzlich als Unternehmung geführt wird, welche sich am Markte behaupten will, so hat sie Kundenbedürfnisse gewinnbringend zu befriedigen[1]. Es liegt in der Natur des marktwirtschaftlichen Prinzips, dass die Ziele einer Bank mit denjenigen der Kunden nicht zwangsweise konvergieren. Soll aber auch langfristig der Erfolg einer Bank nicht ausbleiben, so ist dem Gewinn- oder Rentabilitätsziel das Ziel der 'optimalen Kundenbetreuung' überzuordnen.

Um eine optimale Kundenbetreuung sowie eine angemessene Rentabilität im Bereich der Anlageberatung und Vermögensverwaltung gewährleisten zu können, bedarf es zum einen einer effizienten internen Organisation zur Bereitstellung der für Anlageberater und Vermögensverwalter unumgänglichen Informationen. Anderseits sind aber Sicherheitsvorkehrungen zu treffen, um das Risikopotential dieser Art von Geschäften zu vermindern (vgl. Abbildung 2/1 [2]).

## 2.1 Das Ziel der optimalen Kundenbetreuung

Anlageberatung und Vermögensverwaltung sind eine Dienstleistung, deren Erfolg mit der *Qualität der Menschen*, die dafür Verantwortung tragen, steht und fällt[3]. An den Anlageberater werden hohe Anforderungen gestellt. Längst genügen Informationen aus Tageszeitungen, Börsenzeitschriften und Bankbulletins nicht mehr, um Anlageberatung zu betreiben, welche am Interesse des Kunden orientiert, objektiv (Chancen und Risiken einer Anlageform werden gleichermassen offengelegt und die Interessen der Bank in den Hintergrund gestellt) und auf längere Dauer angelegt ist. Die immer dichter und effizienter werdenden Telekommunikationsverbindungen lassen dem Berater und Kunden viel mehr und viel rascher Informationen zukommen. Dadurch werden rascher Börsenentscheide zu fällen sein, will man nicht hoffnungslos hinter den Ereignissen her hinken.

---

1   Vgl. dazu auch **Kilgus, E.**: "Bank-Management in Theorie und Praxis", S. 39.
2   In Anlehnung an **Schuster, L.**: "Geschäftspolitische Grundsätze im Bereich der Anlageberatung und Vermögensverwaltung", S. 8.
3   Vgl. **Höller, E.**: "Neue Kräfte am Finanzplatz Schweiz", in: F&W vom 24. September 1988, S. 28.

Abbildung 2/1: Bankbetriebswirtschaftliche Ziele des Portfolio-Managements

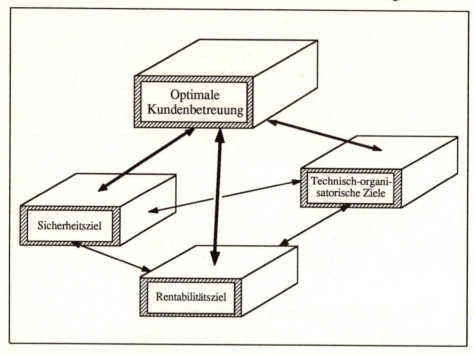

Während früher die Meinung vorherrschte, dass dem Kunden nur vorgeschlagen wird, was ihm passt - denn der Kunde hat immer recht, er trägt letztlich die Verantwortung -, so geht man heute davon aus, dass die Verantwortung für den Anlageerfolg beim Anlageberater liegt. Entwickelt der Kunde zuwenig Aktivität, so muss diese vom Berater ausgehen.

## 2.1.1 Anforderungen an den Anlageberater

Die Zielsetzung eines Anlageberaters muss eine *höchstmögliche Kundennähe* sein. Der Bedarf der Kunden oder potentiellen Kunden muss verstanden und befriedigt werden. Dies kann erreicht werden, wenn es gelingt, zwischen Anleger und Berater ein *Vertrauensverhältnis* aufzubauen. Dazu ist erforderlich, dass auf den Kunden eingegangen wird und ein auf die *individuellen Bedürfnisse* zugeschnittener Service erfolgt. Dieser kann aber nur geleistet werden, wenn von jedem Berater eine beschränkte, gut überblickbare Zahl von Mandaten übernommen wird[4].

Ein erfolgreicher Anlageberater muss grundsätzlich nicht nur Oekonom und Organisator sein, vielmehr sind auch Psychologie, Philosophie und Diplomatie gefragt.

### 2.1.1.1 Fachliche Anforderungen

Soll ein Anlageberater erfolgreich sein, sind fundierte Kenntnisse der wirtschaftlichen und politischen Entwicklungen und Probleme einzelner Länder, der Finanzmärkte, Branchen und Unternehmungen nur die Basis. Es gehört zur täglichen Arbeit, relevante Informationen aus bankexternen und bankinternen Quellen zu erklären und zu interpretieren und alle Arten der Kapitalanlage zu beurteilen. Ein stark wachsender Rechtfertigungsdruck ist ein wichtiger Parameter in der professionellen Anlageberatung und Vermögensverwaltung. Der Anleger will klar begründete Anlagevorschläge. Er muss Methoden und Entscheidungsprozesse des Beraters nachvollziehen können.

Zu den fachlichen Qualitäten gehören ebenfalls ein sehr gutes Bankfachwissen[5] und eine breite Allgemeinbildung. Nur zu oft kommt es vor, dass ein Kunde nicht nur über seine Anlageprobleme, sondern auch über andere ihn beschäftigende Dinge spricht. Sicher steht der Kontakt mit der Materie im Mittelpunkt der Tätigkeit des Anlageberaters, doch muss auch die Beziehung zum Menschen hergestellt sein[6], ansonsten das bei diesem Geschäft notwendige Vertrauen nicht vorhanden ist. Um einen Dialog mit dem Kunden führen zu können, sind eine klare, gewandte Ausdrucksweise[7] und Formulierungsgabe und - je nach Kundenkreis - Fremdsprachenkenntnisse unabdingbare Erfordernisse. Ebenso wichtig wie das Reden ist das aktive Zuhörenkönnen. "Durch geschicktes Fragen und Zuhören erfährt man nicht nur

---

4   Vgl. Abschnitt 2.1.3.

5   Wie aus der Bankpraxis zu erfahren war, spielt der Gedanke des sog. *Cross-Selling* in einer Universalbank eine ganz zentrale Rolle. Daher ist es wichtig, dass der Anlageberater - in der Praxis zutreffend auch *'Customerman'* genannt - nicht nur *sein* Geschäft beherrscht, sondern auch ein *umfangreiches Bankfachwissen* hat, um seinen Kunden bei Bedarf weitere Geschäfte anbieten zu können.

6   Vgl. **Lochbrunner, I.:** "Interview mit C. Castelberg", S. 12.

7   Vgl. **Lieberoth-Leden, A.:** "Funktionen und Leistungsbewertung von Anlageberatern", S. 59 ff., insbesondere die Ergebnisse der gemachten Umfrage.

mehr über die Probleme und Wünsche der Kunden, sondern erwirbt auch ihre Sympathie und ebnet damit den Weg zu einem erfolgreichen Verkaufsgespräch"[8].

Allein durch Gespräche sind aber noch keine Geschäfte getätigt. So muss der Berater denn auch das notwendige Flair zum Verkaufen[9] aufbringen. Darunter wird die Fähigkeit verstanden, die tatsächlichen Kundenbedürfnisse zu erfassen und selbständig und rasch zu einem vernünftigen Anlageentscheid zu gelangen, der dank der Ueberzeugungskraft des Beraters schliesslich zu einem Auftrag seitens des Kunden führt. Bleibt der Erfolg diesbezüglich dem Anlageberater versagt, so treten sehr rasch Frustrationen auf. Erfolgserlebnisse werden wie Kunden gleichermassen benötigt!

### 2.1.1.2 Persönliche Anforderungen

Neben den erwähnten fachlichen Qualitäten, muss der Anlageberater auch einer Reihe *persönlicher Anforderungen* gerecht werden. So sollte er in der Lage sein, auf die Mentalität und die vielseitigen Ansprüche der Kunden einzugehen. Das erfordert grosses *psychologisches Einfühlungsvermögen*, geistige Beweglichkeit, *diplomatisches Geschick* sowie Geduld für schwierige Kunden. Selbst unangenehme Kunden sind mit der nötigen Höflichkeit zu beraten, auch wenn es manchmal schwer fällt, die Nerven nicht zu verlieren[10].

Sodann muss der Anlageberater in *charakterlicher* Hinsicht hohen Anforderungen genügen: Aufgeschlossenheit (auch in Bezug auf Neuerungen), Selbständigkeit, Zuverlässigkeit, Initiative und Integrität sind gefragt.

Hohen Stellenwert haben ferner die Belastung in der Hektik des Tagesablaufs, gediegenes Auftreten gegenüber der Kundschaft und selbstverständlich eine gepflegte Erscheinung.

Eine gezielte Förderung der Weiterbildung des Anlageberaters wird als ein wichtiges Erfordernis in bezug auf die Motivation des Mitarbeiters erachtet[11]. Es wird ein ständiges und intensives Bemühen um die Vertiefung seines Wissens und die Anpassung an die rasanten Entwicklungen im Finanzgeschäft verlangt.

---

8   **Lochbrunner, I.:** "Interview mit C. Castelberg", S. 12.
9   In der Bankpraxis spricht man auch vom *'Salesman'*.
10  Vgl. **Lochbrunner, I.:** "Interview mit C. Castelberg", S. 12.
11  o.V.: "Wie wird ein Anlageberater geschult?", S. 37.

## 2.1.2 Hilfsmittel des Anlageberaters

Bedingt durch eine komplexe und ständig sich wandelnde Umwelt sowie steigende Ansprüche der Kunden werden die Aufgaben des Anlageberaters immer schwieriger und anspruchsvoller. Gerade deshalb ist es von grossem Nutzen, dem Berater Hilfsmittel zur Verfügung zu stellen, welche die Lösung der Aufgaben erleichtern.

### 2.1.2.1 Die Kundenkartei

Um *kundenindividuelle* Empfehlungen abgeben zu können, muss sich der Berater so umfassend wie möglich über seine Kunden informieren.

Ausgangspunkt ist die *Art der Person*. Handelt es sich um einen institutionellen Kunden, wie etwa Pensionskassen oder Versicherungsgesellschaften, so kann von anderen Prämissen ausgegangen werden als bei Privatkunden. So spielt die Zeit meist nur eine untergeordnete Rolle und die Anlagestrategie kann auf Kontinuität ausgerichtet werden. Zu beachten sind aber gesetzliche Vorgaben sowie Richtlinien firmeneigener reglementarischer und statutarischer Natur.

Anders sieht es bei den Privatkunden als Einzelpersonen aus. Hier sind vor allem Kenntnisse über persönliche Verhältnisse wie Alter, Ausbildung, Beruf und Familienstand, Einkommens- und Vermögensverhältnisse sowie Charakter und Mentalität von Bedeutung. Der Privatkunde denkt meist in kürzeren Zeitperioden, wird beeinflusst von sich ändernden Bedürfnissen und verfolgt oft eine Menge verschiedener - zum Teil gegensätzlicher - Ziele[12].

Um einen möglichst umfassenden Ueberblick über die einzelnen Kunden und deren Kapitalanlagen zu erhalten, empfiehlt es sich, eine *ausführliche Kundenkartei* zu erstellen[13]. Hier sollte jedes Beratungsgespräch mit Datum und Inhalt notiert werden. Damit werden Folgeberatungen erleichtert. Ebenso ist es - wenn dies die Situation erfordert - dadurch möglich, einen Stellvertreter die Beratung fortsetzen zu lassen.

---

12  **Brändle, J.**: "Das Kundenprofil in der Anlageberatung und Vermögensverwaltung", Anlageinformation der Aargauischen Hypotheken- und Handelsbank.

13  Die ausführliche Kundenkartei, welche die persönlichen Verhältnisse - insbesondere die Einkommens- und Vermögensverhältnisse - der Kunden aufzeigt, ist in der Bankpraxis umstritten. Zwar muss der Anlageberater über seine Kunden ausführlich informiert sein, doch stellt sich hier das Problem der *Diskretion*. Die Gefahr, dass persönliche Kundendaten publik werden, muss mittels *sorgfältiger Datenaufbewahrung* möglichst klein gehalten werden. Unumstritten ist dagegen das schriftliche Festhalten von Kundengesprächen.

### 2.1.2.2 Informationsgrundlagen

Informationen sind die Grundlage für alle Entscheidungen. Letztere sind so gut und richtig oder so schlecht und falsch oder so unbefriedigend wie die Informationen, auf denen sie fussen. Fehlentscheidungen stossen auf wenig Verständnis, wenn sie auf blossem Informationsmangel beruhen. Gerade in der Anlageberatung untergraben falsche Empfehlungen das Vertrauensverhältnis zwischen Kunde und Berater sehr schnell. Eine Bank wird daher darauf achten müssen, die Informationsbedürfnisse ihrer Berater zu decken. Um den täglichen Aufwand des Anlageberaters für die Informationsaufbereitung und -verarbeitung zu reduzieren, werden qualifizierte Investment-Research-Abteilungen[14] damit beauftragt. Diese formulieren alle drei Monate die Anlagepolitik der Bank, erstellen halbjährlich eine 'Master List', jeden Monat Attraktivitätslisten, vierzehntäglich Empfehlungslisten. Täglich werden die wichtigsten Ereignisse zusammengefasst. Periodisch erscheinen Länderstudien, Branchenstudien und Firmenexposés.

Bei der Festlegung der *Anlagepolitik* werden die politische und wirtschaftliche Lage von Ländern und Regionen analysiert und daraus Prognosen für die Entwicklung der näheren Zukunft abgeleitet. Die wichtigsten Märkte (Australien, Deutschland, Frankreich, Grossbritannien, Hongkong, Italien, Japan, Kanada, Niederlande, Schweiz, Singapur, Spanien und USA) werden ebenfalls einer Analyse unterzogen, um daraus anlagepolitische Schlussfolgerungen zu ziehen. Solche können aber nur beschränkt direkt auf die einzelnen Kunden angewendet werden, da jeder Kunde individuelle Ziele und Bedürfnisse hat. Meist werden Empfehlungen für typische Zielkriterien wie 'Rendite', 'langfristiges reales Wachstum', 'Wachstum aggressiv' abgegeben. Abbildung 2/2 zeigt, wie ein Portefeuille - nach den erwähnten Zielen aufgebaut - empfohlen wird[15].

Die halbjährlich erscheinende *Master List* enthält sämtliche Aktien, gegliedert nach Ländern, und enthält die folgenden Informationen[16]: Titelkategorie (Inhaber-, Namenaktie, Partizipationsschein, Genussschein), Valorennummer, letztverfügbarer Kurs in Originalwährung, Höchst/Tiefstkurs für das entsprechende Kalenderjahr, ausgewiesenes Geschäftsergebnis pro Titel für das angegebene Geschäftsjahr sowie

---

14  Vgl. dazu Abschnitt 3.1.
15  Aufbau entnommen aus **Schweizerischer Bankverein:** "Anlagepolitik (Investment Policy Meeting vom 29.September 1988)", erarbeitet von der Finanzanalyse zum internen Gebrauch der Anlageberater. Die Zahlen wurden *fiktiv* gesetzt.
16  Vgl. **Schweizerischer Bankverein:** "Master List vom September 1988", intern.

Abbildung 2/2: Anlagepolitik für die Ziele 'Rendite', 'Wachstum lfr. real' und 'Wachstum aggressiv'

**Portfolio Management Aenderungen: Okt '88/Aug '88 (sFr.-Investor)**

| Anlageziel | Rendite | | Wachstum langfr. real | | Wachstum aggressiv | |
|---|---|---|---|---|---|---|
| Risiko | 0.17 | 0.20 | 0.27 | 0.26 | 0.37 | 0.34 |
| | Anteil in % Okt | Aug | Anteil in % Okt | Aug | Anteil in % Okt | Aug |
| Schweiz | 3.0 | 3.0 | 3.0 | 3.0 | 3.0 | 3.0 |
| Geldmärkte | 3.0 | 3.0 | 3.0 | 3.0 | 3.0 | 3.0 |
| Deutschland | 11.1 | 11.1 | 9.3 | 9.9 | 8.2 | 8.5 |
| Frankreich | 9.0 | 9.2 | 8.0 | 8.9 | 7.1 | 7.9 |
| Grossbritannien | 9.4 | 7.6 | 7.7 | 6.3 | 6.7 | 4.1 |
| Italien | 2.2 | 1.1 | 0.9 | | | |
| Japan | | | | | | |
| Kanada | | 2.8 | | | | |
| Niederlande | 8.2 | 8.7 | 6.4 | 6.1 | 5.2 | 5.5 |
| Schweiz | 35.2 | 32.1 | 28.1 | 28.3 | 22.0 | 21.7 |
| USA | | | | | | |
| Obligationen | 75.1 | 72.6 | 60.4 | 59.5 | 49.2 | 47.7 |
| Deutschland | | | 4.1 | 4.2 | 5.6 | 5.8 |
| Frankreich | 4.0 | 4.3 | 6.2 | 5.3 | 8.3 | 7.0 |
| Grossbritannien | | | | 3.5 | | 5.2 |
| Italien | | | 5.6 | 2.6 | 4.4 | 1.3 |
| Japan | 4.2 | 5.1 | 5.1 | 4.8 | 7.9 | 6.2 |
| Kanada | | | | 0.3 | | 0.8 |
| Niederlande | 3.8 | 4.6 | 5.6 | 5.8 | 7.3 | 6.8 |
| Schweiz | 2.0 | 2.7 | 3.0 | 3.7 | 7.9 | 9.2 |
| USA | | | | 0.2 | | 0.7 |
| Aktien | 14.0 | 16.7 | 29.6 | 30.4 | 41.4 | 43.0 |
| Gold | 7.9 | 7.7 | 7.0 | 7.1 | 6.4 | 6.3 |
| Edelmetalle | 7.9 | 7.7 | 7.0 | 7.1 | 6.4 | 6.3 |

Dividende und Bruttorendite. Ein Kurzkommentar zu jeder Gesellschaft, in welchem die Aktivitäten kurz umrissen werden, erhöhen den Informationsgehalt.

In der *Attraktivitätsliste* werden Titel, Aktienkurs, Attraktivität, Beta, Volatilität und Marktkorrelation aufgeführt[17]. Mit *Attraktivität* wird die erwartete Ueberschussrendite über das Beta eines Titels bezeichnet:

$$A = (R-r) / \beta$$

(wobei R='Total Return', r=Rendite einer risikolosen Anlage, $\beta$=Titelbeta).

Der *Koeffizient $\beta$* ist ein Risikomass, das angibt, wie sensitiv ein Titel (oder ein Portefeuille) auf Bewegungen des Marktes reagiert. Mit *Volatilität* bezeichnet man das Mass für das Risiko einer Anlage. Schliesslich bedeutet die *Marktkorrelation* ein Mass für den Zusammenhang zwischen den Renditen einer Aktie und den Renditen des Marktes[18].

Die alle zwei Wochen erscheinende *Empfehlungsliste* ist ein weiteres, wesentliches Hilfsmittel des Anlageberaters. Diese enthält - meist getrennt nach Aktien und festverzinslichen Werten - aktuelle Kurse, Kursentwicklungen (Höchst/Tiefstkurse), Renditen, zukünftige Aussichten und die Empfehlungen 'kaufen', 'verkaufen' oder 'halten'. Auf den Empfehlungslisten erscheinen nur noch eine Auswahl von Titeln, was auch sinnvoll ist, hat doch ein Anlageberater kaum Zeit, sämtliche Valoren zu verfolgen.

Tägliche Zusammenfassungen der wichtigsten politischen und wirtschaftlichen Ereignisse und eine Sitzung zwei mal pro Woche runden den Informationsfluss ab.

Mit den aufgezeigten Hilfsmitteln soll dem Anlageberater keinesfalls die Freiheit in der Ausübung seines Berufes genommen oder sein Entscheidungsspielraum eingeengt werden, doch ist es für eine Bank unerlässlich, gewisse Rahmenbedingungen für die Anlagepolitik festzusetzen. Aufgrund der durch die Bank vorgegebenen Bandbreiten in der Anlagepolitik kann aber angenommen werden, dass genügend Spielraum besteht, auf die Wünsche der Kunden einzugehen.

---

17  Vgl. **Schweizerischer Bankverein:** "Attraktivitätsliste vom Oktober 1988", intern.
18  In den Abschnitten 5.1. bzw. 5.2. werden der Koeffizient $\beta$, die Volatilität und die Marktkorrelation vertieft betrachtet.

## 2.1.2.3 Beratungsunterstützung durch den Computer

Nicht nur die Qualität der Informationen, sondern auch deren rechtzeitige Verfügbarkeit ist bei der Entscheidungsfindung in der Anlageberatung massgebend. Zusätzlich stellt sich das Problem des Informationsumfangs und damit verbunden der Informationsverwaltung.

In der Vergangenheit wurden Anleger mit einer Vielzahl von Informationen über Anlagemöglichkeiten, Wertpapierabrechnungen, Depot- und Kontoauszügen usw. überhäuft. Um jederzeit informiert und auskunftsfähig zu sein, gilt entsprechendes für den Anlageberater. Das manuelle Zusammenstellen von Depotdokumentationen einzelner Kunden (Depotzusammensetzung, Renditen, Risiken, Abrechnungen, Kontoauszüge etc.) erfordert aber eine Menge Zeit, die den wesentlichen Teilen der Anlageberatertätigkeit wie Marktbeobachtung, Anlageentscheide und Entwicklung von Strategien verloren geht. Dadurch können nur wenige Kunden intensiv betreut werden. Auch wird die Zeitspanne vom Kundengespräch bis zur Anlageempfehlung enorm aufgebläht. Umso wichtiger ist es daher, dass Kunde und Berater fortlaufend über die Struktur des Depots, Fälligkeits- und Rückzahlungsinformationen, Risiko, Einstandskurs, Kurswert und Marchzins, Performance und Liquiditätsströme unterrichtet sind. Hier gelangen denn auch die modernen Mittel der EDV zum Einsatz.

Mit der heutigen Computertechnologie ist es möglich, nicht nur gespeicherte Daten (wie Börsenkurse, Einstandswerte, Marchzinsen, Fälligkeitsdaten, Risiken etc.) zu verarbeiten, sondern auch zu integrieren und zu *Informationssystemen* zu bündeln[19]. Es wird dem Anlageberater ermöglicht[20], Vermögensübersichten, Risikoanalysen, Rentabilitätsanalysen, Performance-Messungen, Liquiditätsplanungen, Transaktionslisten, Detailanalysen etc. für den Kunden 'online' durchzuführen. Konsequenterweise wird der Berater von Routinearbeiten befreit, wodurch er sich mehr auf die eigentliche Beratungsaufgabe konzentrieren kann. Es resultiert eine schnellere, flexiblere und qualitativ bessere Beratung. Zudem ergibt sich sowohl für die Bank wie auch für den Kunden eine "erhöhte Sicherheit bei der Geschäftsabwicklung durch Plausibilitätskontrolle der eingegebenen Daten, maschinelle Disposition und maschinelle Ueberwachung vorgegebener Grenzwerte"[21].

---

19  Auf die Informationssysteme wird in Abschnitt 2.4. näher eingegangen.
20  Vgl. bspw. die bereits verwirklichten Wertschriftenbewirtschaftungssysteme in der Schweiz 'SwisPortfolio' (Schweizerischer Bankverein) und 'Anlage-Informations-System AIS' (Schweizerische Kreditanstalt).
21  **Betsch, O.:** "Technikbank - die Bank der Zukunft?", S. 11.

## 2.1.3 Segmentierung der Kunden

Um dem Ziel der optimalen Kundenbetreuung gerecht zu werden, muss die Bank den zu beratenden Kundenkreis bestimmen und nach Kundensegmenten differenzieren. Die Bestimmung des Kundenkreises dürfte sich allerdings bereits aufgrund der Ausprägung der Bank (Universalbank, Privatbank oder Spezialbank) ergeben[22]. So ist der Kundenkreis einer Universalbank, beispielsweise einer Grossbank, viel weiter gezogen und vielschichtiger zusammengesetzt als derjenige einer Privat- oder Spezialbank, die sich auf den Bereich der Vermögensverwaltung spezialisiert[23].

Die *Differenzierung nach Kundensegmenten* setzt eine Typisierung aufgrund verschiedener Kriterien voraus[24]:

- Privatkunden und institutionelle Anleger,
- Schweizer und Ausländer,
- Kunden mit und ohne Verwaltungsauftrag,
- Klein- und Grosskunden
- etc.

Eine in der Praxis häufig vorzufindende Unterteilung sieht die Trennung in *Privatkunden* und *institutionelle Anleger* vor.

### 2.1.3.1 Privatkunden

Entsprechend dem anzulegenden Vermögen und dem Anspruchsniveau wird der Markt der Privatkunden weiter unterteilt in

- Massenmarkt und
- vermögende Private.

Kunden des Massenmarktes führen Depots bis maximal Fr. 300'000.-[25]. Sie können

---

22 Vgl. **Schuster, L.**: "Geschäftspolitische Grundsätze im Bereich der Anlageberatung und Vermögensverwaltung", S. 10.

23 Dies wird durch die Tatsache, dass viele Privatbanken als Mindestvermögen Fr. 250'000.- meist sogar Fr. 500'000.- voraussetzen, noch verdeutlicht. Der Kleinanleger wird zur Universalbank geschickt.

24 Gemäss Auskünften aus der Bankpraxis.

25 Die Grenze von Fr. 300'000.- muss als Richtgrösse betrachtet werden. Sie variiert je nach Ort und damit nach Kundenkreis. Ferner spielt es eine Rolle, ob es sich um Schweizer Kundschaft oder ausländische Kundschaft handelt.

auch als *Retail-Kunden* oder *Pool-Kunden* bezeichnet werden. Die abschätzige Meinung, diese Kunden seien kein Thema für den Anlageberater oder Vermögensverwalter sondern eines für die Marketingabteilung[26], kann hier nicht unterstützt werden. Auch die häufig gehörte Aeusserung, dieser Kundenkreis werde dazu überredet, an einem der institutionellen Sammelbecken - sprich Investmentfonds - zu partizipieren, kann in dieser absoluten Form nicht bejaht werden.

Investmentfonds wurden gegründet, um auch dem Kleinanleger die Chance einer risikogerechten Kapitalanlage einzuräumen. Dem Kleinsparer wird die Möglichkeit geboten, "an den verschiedensten Formen der Kapitalanlage zu partizipieren, ohne die Risiken und Nachteile der Einzelanlage in Kauf nehmen zu müssen"[27]. Empfiehlt also ein Anlageberater den Kauf eines Investmentfondszertifikates, so macht er dies genau im Sinne einer objektiven, kundengerechten Anlageberatung. Ist der Kunde von solch einer Kapitalanlage aber nicht überzeugt, so hat er die Möglichkeit, dem Anlageberater einen Auftrag zum Kauf eines anderen Anlageinstrumentes zu geben.

Wird das Anlagegeschäft mit der Massenkundschaft näher analysiert, so sind drei wesentliche Probleme erkennbar:

- Der Anlageberater sieht sich einer *wachsenden Anzahl* von Kunden gegenüber, die über ein vielfältiges Angebot von Anlagemöglichkeiten informiert sein wollen.
- Der Geschäftsbereich Anlageberatung muss dem Druck des *Rentabilitätserfordernisses* - trotz steigender Kosten - standhalten.
- Kunden mit erhöhtem Potential benötigen eine besondere Beratung, damit sie langfristig für die Bank gewonnen werden können.

Um diese Probleme bewältigen zu können, ist man dazu übergegangen, die Retail-Kunden in *gewöhnliche Retail-Kunden* und *Retail-Kunden mit Potential* aufzuteilen. Gewöhnliche Retail-Kunden werden vermehrt in Vorzimmern oder auch in der Schalterhalle empfangen und beraten. Fachlich lässt die Kundenberatung sicherlich nichts zu wünschen übrig, aber die Bank wird versuchen, dem Kunden ein *standardisiertes*, vorwiegend auf Anlagefonds basierendes 'Gestion-Mandat' schmackhaft zu machen[28]. Der Kleinanleger hat damit keine Chance mehr, in den Genuss eines in-

---

26 Vgl. **Sauerborn, J.**: "Die Entwicklung zum modernen Portfolio-Management", in: **Zapotocky, S. (Hrsg.)**: "Portfolio-Management", S. 73.
27 **Spahni, A.**: "Entwicklung und Zukunft des Anlagefonds in der Schweiz", S. 4.
28 Vgl. **Strebel, B.**: "Zuflucht in Marktnischen?", S. 10.

dividuellen Services zu kommen. Dadurch können auf Seiten der Bank Kosten in der Anlageberatung eingespart werden und dem Kleinanleger wird, wie oben erwähnt, eine für ihn geeignete Anlagemöglichkeit geboten.

Die Retail-Kunden mit Potential versucht man etwas individueller zu beraten. Der Anlageberater wird sich für diese Kunden mehr Zeit nehmen müssen als für die Beratung der gewöhnlichen Retail-Kunden. Oft werden die Kleinkunden mit Potential in gut ausgestatteten Beratungszimmern empfangen. Zwar endet auch hier die Beratung oft in der Empfehlung eines 'Gestion-Mandates', doch soll der Kunde das Interesse der Bank an seiner Person verspüren.

Wesentlich interessanter als die Retail-Kunden erscheint das Marktsegment 'vermögende Privatkunden' - auch als *'High Network Individuels'* bezeichnet. Diese weisen lukrativere Depotvolumina und, damit verbunden, höhere Wertpapierumsätze und Einzelordergrössen auf. Zumeist verfügen sie - aufgrund ihrer privaten und beruflichen Position - über besondere Kontakte zu anderen vermögenden Privaten und können - bei Zufriedenheit mit der Beratung - durch Weiterempfehlung zur Akquisition neuer Kunden beitragen. Daher wird die Bank bestrebt sein, der vermögenden Privatkundschaft einen *individuellen* Service anzubieten. Grossen Wert legt man neben der fachlichen Betreuung auch auf die Beziehung zwischen Anlageberater und Kunde. Der Empfang im persönlichen Büro oder in speziell eingerichteten Besuchszimmern, sowie das Mittag- oder Nachtessen mit dem Kunden oder das Begleiten zu kulturellen Anlässen gehört ebenso dazu wie Nebenleistungen in Form von Hotelreservationen, Vermittlung von Adressen (Aerzte, Schulen, Steuerberater etc.), Besorgung von Einkäufen usw.

### 2.1.3.2 Institutionelle Anleger

Das Marktsegment 'institutionelle Anleger' nimmt in der Vermögensverwaltung einen ständig wachsenden Stellenwert ein. Pensionskassen, Versicherungsgesellschaften, Anlagefonds, Finanzgesellschaften, Drittbanken und Unternehmen werden anspruchsvoller. Neben individueller Beratung, fachlicher Kompetenz und niedrigen Kosten steht vermehrt die *Performance*[29] im Zentrum. Eine *Kapitalerhaltung ist nicht mehr gefragt*; man orientiert sich an einer aggressiven Ertragsmaximierung[30].

---

29  Zum Begriff *Performance* vgl. Kapitel 9.

30  Dies kann bei US-Unternehmen in ausgeprägtem Masse beobachtet werden, denn nach amerikanischem Recht (im Gegensatz zur Situation in der Schweiz) ist es möglich, die Ueberschusserträge der Pensionskassen zur Erhöhung der betrieblichen Eigenmittel heranzuziehen.

Dazu braucht es Berater, die im Sinne des Anlagekonzeptes der Kunden mitdenken. Richtige, schnelle und genügende Informationen sowie rasche konzeptionell durchdachte Entscheide sind zwingende Voraussetzungen für einen guten Anlageentscheid.

Um dem wachsenden Erfolgsdruck von Seiten der Institutionellen standhalten zu können, sind viele Banken dazu übergegangen, spezialisierte Teams, teilweise sogar spezialisierte Gesellschaften[31] mit dem Portfolio-Management solcher Grosskunden zu beauftragen. Mittels eines weltumspannenden Netzes von solchen Portfolio-Management Teams wird eine grösstmögliche Kunden- und Marktnähe erreicht.

Im Marktsegment der institutionellen Anleger ist einem Vermögensverwalter die Betreuung mehrerer hundert Depots - wie dies im Geschäft mit Privatkunden der Fall ist[32] - unmöglich. Je nach Depotgrösse werden hier nur eine kleine Anzahl Depots von einer Person verwaltet.

Aus *organisatorischen Gründen* werden die Kunden nicht nur nach den Kriterien Privatanleger (mit den Untergruppen Retailkunden, potentielle Kleinanleger und vermögende Privatkundschaft) und institutionelle Anleger den Anlageberatern zugeordnet. Es findet auch eine Verteilung nach Sprachregionen (bzw. Ländern) statt.

## 2.2 Das Rentabilitätsziel

Eine angemessene Rendite (unter Beachtung der übrigen Ziele[33]) zu erwirtschaften, ist das Hauptziel einer jeden in marktwirtschaftlichen Verhältnissen stehenden Bank. Der *zunehmende Konkurrenzdruck* und damit verbunden *gedrückte Margen* zwingen die Banken mehr denn je, in der Geschäftssparte 'Trust Banking' *Rentabilitätsüberlegungen* anzustellen. Insbesondere gilt es, eine *Wirtschaftlichkeitsrechnung pro*

---

31 Vgl. bspw. die vom Schweizerischen Bankverein gegründete Portfolio Management-Gruppe mit Schweizerischer Bankverein Kapitalanlagegesellschaft mbH (Frankfurt), SBC Portfolio Management International Ltd. (London), SBC Investment Services Ltd. (Dublin), SBC Portfolio Management International Inc. (New York), SBC Portfolio Management International K.K. (Tokio) und SBV Portfolio Management AG (Zürich).

32 Gemäss Auskünften aus der Bankpraxis werden von einem Berater bis zu sechshundert Depots betreut. Diese Zahl mag hoch erscheinen und man kann sich fragen, ob hier eine kundengerechte Depotverwaltung noch gewährleistet ist. Doch müssen verschiedene Faktoren berücksichtigt werden. Viele Kunden - vor allem auch ausländische - lassen ihr Portefeuille nach den Anlagerichtlinien der Bank verwalten und haben mit dem Vermögensverwalter einmal pro Jahr einen kurzen Kontakt. Andere wiederum geben sporadisch per Telephon einen Auftrag. Zeitaufwendige Gespräche müssen daher nur mit einer kleineren Anzahl von Kunden geführt werden.

33 Vgl. Abbildung 2/1.

*Kunde*[34] - genannt Kundenrechnung - durchzuführen. Die Basis bildet dabei die Erfolgsrechnung, welche in eine *Gesamtbetriebsrechnung* übergeführt wird. Folgt man den Ausführungen von *Kilgus*[35], so werden in einer zweiten Phase die *Kostenstellen* abgerechnet. Darauf folgt die *Geschäftsspartenrechnung*. Erst in der vierten Phase wird die *Stückrechnung* vollzogen. Die *Kundenrechnung* schliesslich wird unter Zuhilfenahme von Daten aus der Sparten- und Stückrechnung erstellt.

Mittels der Erkenntnisse aus der Kundenrechnung wird es der Bank möglich, einträgliche Kundenbeziehungen verstärkt zu fördern, während verlustbringende Beziehungen klein gehalten oder - wenn dies nicht übergeordneten Zielen widerspricht - abgebaut werden.

Dass die Kundenrechnung in der Praxis mit einigen Problemen behaftet ist (vor allem Probleme der Datenerfassung und der Datenabgrenzung), erscheint einleuchtend, soll aber hier nicht näher erläutert werden[36]. Dagegen wird in den folgenden Abschnitten aufgezeigt, was an Erträgen aus der Anlageberatung und Vermögensverwaltung der Bank zufliesst und was die Kosten dieser Geschäftssparte sind.

### 2.2.1 Die Erträge aus der Anlageberatung

Die reine Anlageberatung ist bei den meisten Banken kostenlos. Nimmt der Kunde aber weitere Dienstleistungen wie die Depotverwaltung (hinsichtlich technischer oder technischer und wirtschaftlicher Ueberwachung) oder die Abwicklung von Börsentransaktionen (Kauf bzw. Verkauf von Wertschriften, sowie Handel mit Devisen und Edelmetallen) in Anspruch, so wird er dafür Gebühren entrichten müssen. Zur Zeit[37] werden die folgenden Gebühren-Kategorien unterschieden:

---

34   Wirtschaftlichkeitsrechnungen vermitteln Informationen bezüglich Kosten und Erlösen.

35   Zum Aufbau der Bankkostenrechnung vgl. **Kilgus, E.:** "Bankmanagement in Theorie und Praxis", S. 302 ff.

36   Leider war in der Praxis über das Vorgehen bei einer Kundenrechnung nichts in Erfahrung zu bringen.

37   Stand Dezember 1990. Die Konventionen über die Depotgebühr und Courtagen wurden von der Schweizerischen Kartellkommission zur Aufhebung empfohlen (vgl. Kartellkommissionsbericht über die gesamtschweizerisch wirkenden Vereinbarungen im Bankgewerbe, veröffentlicht im April 1989). Während die Courtagekonvention per Ende 1990 aufgehoben ist, wird die Depotgebührenkonvention vor das Bundesgericht getragen. Trotz der Aufhebung der Courtagekonvention soll die Struktur derselben aufgezeigt werden, denn die Banken werden sicher - um ihre Kosten zu decken - weiterhin ein Entgelt für Börsentransaktionen erheben. Allerdings wird anstelle einer einheitlichen Gebührenstruktur eine von jeder Bank individuell festgelegte treten.

- Depotgebühren,
- Courtagen und
- Vermögensverwaltungsgebühren[38].

Unberücksichtigt bleiben - da nicht der Bank zufallend - die eidgenössische Stempelabgabe, die kantonale Börsengebühr sowie die Börsenplatzabgabe.

### 2.2.1.1 Depotgebühren

Für die technische Verwaltung offener Wertschriften-Depots (inkl. Edelmetallen, Schuldscheindarlehen und verschiedene Wertgegenstände und Dokumente) verlangt die Bank eine Depotgebühr. Diese bildet die Entschädigung für Dienstleistungen wie Aufbewahrung, Buchführung und Ueberwachung von Terminen, Fälligkeiten und Kapitalmarkttransaktionen. Separat belastet werden Aufwendungen im Zusammenhang mit Inkassi, Kapitalerhöhungen, Titelumtausch und dergleichen.

In der *Konvention IV der Schweizerischen Bankiervereinigung*[39] sind die Tarife fest vorgegeben. Unterschieden wird zwischen einem *Tarif Inland* (1.2⁰/oo (Fr. 1.20 von je Fr. 1'000.-), Minimalgebühr Fr. 20.-) und einem *Tarif Ausland* (1.5⁰/oo (Fr. 1.50 von Fr. 1'000.-), Minimalgebühr Fr. 30.-). Die Berechnungsgrundlagen sind genau festgelegt. Uebersteigt die Depotgebühr für einzelne Werte bzw. für ganze Depots einen festgelegten Betrag, so sind Gebührenermässigungen vorgesehen (für einzelne Posten kann der Gebührenanteil, der Fr. 600.- (bzw. Fr. 750.- beim Tarif Ausland) übersteigt, auf die Hälfte reduziert werden; bei den gesamten Depots gibt es verschiedene Abstufungen). Sodann bestehen Sonderregelungen für Titel der eigenen Bank sowie für eine Reihe von Deponenten.

### 2.2.1.2 Courtagen

Als Entgelt für die Durchführung von Börsentransaktionen (Kauf- und Verkauf von Effekten) wird von der Bank eine Gebühr - Courtage genannt - erhoben. In der von der *Vereinigung Schweizerischer Effektenbörsen* mit dem Ziel einer Vereinheitli-

---

38 Bei den erwähnten Gebühren handelt es sich lediglich um direkte Erträge aus der Anlageberatung. Unberücksichtigt bleiben Erträge aus Folgegeschäften wie solche aus dem Devisen- und Edelmetallhandel, Plazierungskommissionen sowie Zinserträge auf Bodensatzgeldern (häufig werden Barreserven auf einem Kontokorrentkonto gehalten).

39 Vgl. Konvention IV der Schweizerischen Bankiervereinigung betreffend einheitliche Gebührenabrechnung für offene Depots (gültig ab 1.1.1987).

chung der Minimal-Courtageansätze im börslichen und ausserbörslichen Effektenhandel abgeschlossenen *Courtage-Konvention* sind die Tarife fest vorgegeben[40].

Bis anhin wurden sechs verschiedene Tarife (inländische Aktien, ausländische Aktien, SFr.-Obligationen, Fremdwährungs-Obligationen, Notes und Schuldscheine, Fondsanteile) unterschieden. Seit Januar 1990 wurden die Tarife für inländische und ausländische Aktien vereinheitlicht[41]. Für Aktien sind maximal 1.1% des Bruttowertes je Transaktionsabschluss (bei einer Transaktionsgrösse von bis zu Fr. 25'000.-) zu bezahlen. Für SFr.-Obligationen werden maximal 0.8% und für Fremdwährungs-Obligationen maximal 0.9% (bei einer Transaktionsgrösse von bis zu Fr. 25'000.-) verlangt. Ebenfalls 0.8% (bei einer Transaktionsgrösse von bis zu Fr. 25'000.-) sind für Notes und Schuldscheine zu bezahlen, während für Fondsanteile 0.3% (bei einer Transaktionsgrösse von bis zu Fr. 500'000.-) verlangt werden. Mit zunehmender Transaktionsgrösse nehmen die Courtage-Tarife degressiv ab und können ab einem Kurswert von Fr. 500'000.- (Aktien, Obligationen und Fondsanteile) bzw. Fr. 250'000.- (Notes und Schuldscheine) frei ausgehandelt werden[42].

Für die an der SOFFEX gehandelten Optionen und Financial Futures werden der Courtage ähnliche Gebühren erhoben. Bei Optionen werden dem Kunden in Abhängigkeit des Transaktionswertes[43] mindestens Fr. 80.- und maximal 0.3% des Transaktionswertes (ab einem Transaktionswert von Fr. 100'000.-) belastet. Zusätzlich verlangt die SOFFEX zur Deckung ihrer Kosten pro Kontrakt Gebühren zwischen Fr. 6.- (bei einem Optionspreis von Fr. 0 - 49.90) und Fr. 12.- (bei einem Optionspreis über Fr. 500.-). Sodann wird bei Ausübung des Kontraktes von der SOFFEX eine einheitliche Gebühr von Fr. 8.- je Kontrakt verrechnet. Die von der SOFFEX erhobenen Gebühren werden dem Kunden überwälzt. Bei Financial Futures werden dem Kunden in Abhängigkeit der Anzahl Kontrakte zwischen Fr. 150.- je Kontrakt (bei 0 - 5 Kontrakten) und Fr. 50.- (ab dem vierzigsten Kontrakt) belastet[44]. Die

---

40  Courtage-Konvention der Vereinigung Schweizerischer Effektenbörsen vom 16. September 1985.

41  Vgl. o.V.: "Problematische Revision der Courtage-Konvention", S. 39.

42  Ebenfalls frei festlegbar sind die Mindestcourtagen. Diese variieren je nach Bank zwischen Fr. 50.- und Fr. 110.- (vgl. o.V.: "Gut gebrüllt, Löwe", in: SHZ vom 18. Januar 1990, S. 18).

43  Der Transaktionswert wird wie folgt berechnet:
    Transaktionspreis = Optionspreis · Anz. Basiswerte · Anz. Kontrakte
    (vgl. dazu Abschnitt 6.1.).

44  Für die Financial Futures war ursprünglich ein frei aushandelbarer Preis ab 30 Kontrakten vorgesehen. Da die Courtage-Konvention per 1. Januar 1991 aufgehoben ist, werden hier die Gebühren einer in Zürich tätigen Bank gezeigt.

SOFFEX verlangt ebenfalls eine einheitliche Gebühr von Fr. 10.- je Kontrakt, welche dem Kunden überwälzt wird.

### 2.2.1.3 Vermögensverwaltungsgebühren

Für die Dienstleistung 'Vermögensverwaltung' wird eine *Verwaltungsgebühr* erhoben. Diese bildet die Entschädigung für eine erweiterte Dienstleistung; neben der technischen Verwaltung wird - im Gegensatz zur Anlageberatung - auch die *wirtschaftliche Verwaltung* des hinterlegten Vermögens von der Bank besorgt.

Die Vermögensverwaltungsgebühr wird in Prozenten des Vermögens berechnet und variiert je nach Bank zwischen 0.03% und 1.0%[45]. In Abhängigkeit von der Art des Vermögensverwaltungsauftrages wird neben der festen Gebühr zusätzlich eine erfolgsabhängige Gebühr verlangt, welche in der Regel 10% des Erfolges nicht übersteigt.

### 2.2.2 Kosten der Anlageberatung

Um Rentabilitätsüberlegungen anstellen zu können, sind neben den aufgeführten Erträgen die Kosten der Anlageberatung zu betrachten. Die *Personalkosten* (Saläre, Gratifikationen, Sozialleistungen, Ausbildung, Personalbetreuung usw.) bilden dabei den grössten Anteil. Daneben gilt es aber auch, die *Sachkosten* wie Miete, Mobiliar, Büromaschinen (Photokopiergerät, Personal Computer, Schreibmaschine, Grossrechner usw.), Büro- und Verwaltung (Papier, Formulare, Telephon, Porti usw.), Transporte, Informationsbeschaffung (Telekurs, Reuters, Data-Stream, SWIFT, SIC, SOFFEX, Zeitungen, Zeitschriften, Fachliteratur usw.) sowie Reise- und Repräsentationskosten (Reisespesen, Kundengeschenke, Informationstagungen, Werbung usw.) und Sicherheitskosten (Sach- und Transportversicherungen) mit den Erträgen abzudecken.

Angesichts dieser Fülle von Kosten erstaunt es kaum, dass sich Banken - insbesondere Universalbanken - immer mehr gezwungen sehen, dem im Sektor 'Massenmarkt' angesiedelten Privatkunden zum Erwerb von Fondsanteilen zu raten. Es wurde bereits darauf hingewiesen[46], dass es sich dabei nicht um eine Relegation des Kunden

---

45 Gemäss Auskünften aus der Bankpraxis. Vgl. ergänzend **Speck, K.**: "Vermögensverwalter wollen 'schwarze Schafe' isolieren", S. 6.
46 Vgl. Abschnitt 2.1.3.1.

in die 'zweite Klasse' handelt. Vielmehr kann der Kunde mit einem gut gemanagten Fonds eine Rendite erzielen, welche diejenige eines kleinen mit hohen Gebühren[47] belasteten Aktienportefeuilles übersteigt, während die Bank die Möglichkeit hat, auf diese Weise ihre Kosten zu senken und dennoch ihre Kunden gut zu bedienen.

Gerade Transaktionen in kleinerem Umfang verursachen den Ertrag übersteigende Abwicklungskosten. Für *eine* Börsentransaktion beispielsweise hat die Bank mit Kosten von Fr. 80.- bis 130.- zu rechnen (in Abhängigkeit davon, ob es sich um eine grenzüberschreitende Transaktion handelt). Jede Abrechnung unter Fr. 30'000.- deckt daher die Kosten der Bank nicht[48]. Deshalb gelangen Banken verschiedentlich mit der Bitte an ihre Kleinkunden, andere Institute aufzusuchen oder aber eine Investition in einen Anlagefonds zu tätigen[49].

Wird aufgrund der Resultate einer Kundenrechnung eine Kundenbeziehung abgebaut, hat sich die Bank zu vergegenwärtigen, inwiefern dies einem übergeordneten Ziel - beispielsweise dem Image einer Bank - widerspricht bzw. schadet. Das Rentabilitätsziel darf daher nicht einer zu engen Betrachtung unterzogen werden.

## 2.3 Das Sicherheitsziel

Das Sicherheitsziel in der Anlageberatung und Vermögensverwaltung besteht in der Verminderung des Risikopotentials, welches bei dieser Geschäftsart vorhanden ist. Versteht man den Begriff 'Risiko' als *Gefahr negativer Zielabweichungen bedingt durch Fehlentscheidungen*[50], so können folgende Risiken ausgemacht werden:

- Abgänge von Kunden,
- uneinbringliche Sollpositionen und
- Schadenersatzforderungen von Kunden gegenüber der Bank.

Die Gefahr, *Kunden zu verlieren*, hat ihre Ursache meist in einer qualitativ schlechten Beratungstätigkeit seitens der Bank. Eine optimale Kundenbetreuung - wie sie in Kapitel 2.1 dargestellt wurde - kann ein Abwandern von Kunden verhindern. Dass

---

47 Vgl. Abschnitt 2.2.1.
48 Gemäss Auskünften aus der Bankpraxis.
49 Gemäss Auskünften aus der Bankpraxis.
50 In ähnlicher Weise **Schiller, B.**: "Full Financial Service - Erweiterung des Leistungsangebotes der Kreditinstitute mit risikopolitischen und rechtlichen Konsequenzen?", in: **Gerke, W.** (Hrsg.): "Betriebsrisiken und Bankrecht", S. 136.

die Bank dabei aber in einen Interessenkonflikt mit den Anlagekunden oder in eine Kollision zwischen den Interessen der Anlagekundschaft und anderer Bankkundschaft geraten kann, wird weiter unten noch näher zu betrachten sein.

Das *Risiko uneinbringlicher Sollpositionen* - welches ohnehin sehr gering ist[51] - ist dem Reportgeschäft[52] sowie dem Lombardkreditgeschäft[53] inhärent. Durch die Zusammenarbeit von Wertschriften- und Kreditabteilung kann dieses Gefahrenmoment stark reduziert werden. Gerade in Zeiten extremer Kursschwankungen und bei der Belehnung spekulativer Werte ist eine genaue Kompetenz- und Verantwortungsregelung beider Abteilungen wichtig. Organisatorisch sinnvoll wäre es, wenn die Kreditabteilung die Abwicklung des Geschäftes und die Ueberwachung der Limite vornehmen würde, während die Wertschriftenabteilung die Ueberwachung des Deckungswertes der hinterlegten Titel übernimmt. Durch die Entwicklung in der EDV konnte dieses Problem aber entschärft werden, bietet doch die Möglichkeit einer täglich automatisch durchgeführten Depotbewertung eine wesentliche Unterstützung.

*Schadenersatzforderungen von Kunden gegenüber der Bank* sind das am meisten zu beachtende Risiko der Bank. Wird eine Klage wegen falscher Beratung, Verletzung von Sorgfaltspflichten, Nichterfüllen eines Vermögensverwaltungsauftrages, Veruntreuung von Kundengeldern usw. gegen die Bank erhoben, so entstehen ihr dadurch nicht nur Kosten. Vielmehr gelangt die Bank in die Schusslinie öffentlicher Kritik und geht ihres Images und damit ihrer Kundschaft verlustig. Das wichtigste Sicherheitsziel jeder Bank muss also sein, mittels einer (gesetzlich) einwandfreien Anlageberatung und Vermögensverwaltung Klagen auf Schadenersatzforderungen von Kunden zu verhindern.

Wie die Rechtssituation im Bereich der Anlageberatung und Vermögensverwaltung im einzelnen aussieht, ist Gegenstand der folgenden Ausführungen.

### 2.3.1 Rechts- und Haftungsverhältnisse in der Vermögensverwaltung

In der Vermögensverwaltung nimmt die Bank direkten Einfluss auf die Anlage eines Kunden, indem sie Entscheide im Rahmen des Vermögensverwaltungsauftrages selber fällt. Dabei geht sie die Verpflichtung ein, im Interesse des Kunden zu handeln.

---

51 Gemäss Auskünften aus der Bankpraxis.
52 Zum Reportgeschäft vgl. **Albisetti, E./Gsell, M./Nyffeler, P.:** "Bankgeschäfte", S. 275 ff.
53 Zum Lombardkredit vgl. **Emch, U./Renz, H.:** "Das Schweizerische Bankgeschäft", S. 433.

## 2.3.1.1 Rechtsnatur und anwendbares Recht

"Der Vermögensverwaltungsauftrag ist als solcher gesetzlich ungeregelt geblieben"[54]. Ueber dessen Einordnung in das bestehende Rechtssystem werden die verschiedensten Dispute geführt. Durch den Auftrag zur Vermögensverwaltung verpflichtet sich die Bank gegenüber dem Kunden, dessen bei ihr hinterlegtes Vermögen zu verwalten. Die Bank handelt dabei nach freiem Ermessen, ohne Weisungen des Kunden einholen zu müssen, wobei der Verwaltungsauftrag auf die üblichen bankmässigen Geschäfte wie Kauf und Verkauf von Wertpapieren oder Edelmetallen, Festgeldanlagen, Anlagen auf Spar- und Einlagekonti, Treuhandanlagen usw. beschränkt ist (vgl. Abbildung 2/3 [55]).

Trotz der dogmatischen Schwierigkeiten besteht in Lehre und Rechtsprechung weitgehend Einigkeit darüber, dass die Normen über den Auftrag, geregelt in OR Art. 394 bis Art. 406, zur Anwendung gelangen[56]. Hinzu kommt eine Vollmacht nach OR Art. 34 oder unter Umständen sogar eine Ermächtigung zum Tätigwerden im eigenen Namen. Weiter gelangen je nach Vertragsausstattung die Bestimmungen über die Kommission (OR Art. 425 bis Art. 439) und den Hinterlegungsvertrag (OR Art. 472 bis Art. 491) zur Anwendung[57]. "Demzufolge kann der Vermögensverwaltungsauftrag als gemischter Vertrag qualifiziert werden."[58]

Bei der Ausübung des Verwaltungsmandates hat die Bank die Anlagevorschriften des Kunden zu beachten (vgl. Abbildung 2/3). Entsprechend kommt den Kundengesprächen eine zentrale Rolle zu. Sie betreffen neben Informationen über persönliche Verhältnisse des Anlegers meist Beschränkungen der als Anlagewerte in Betracht zu ziehenden Wertpapiere, Bestimmungen der Depotpolitik, Anlageziel, Verwendung

---

54 Zobl, D.: "Der Vermögensverwaltungsauftrag der Banken", in: "Innominatverträge - Festgabe zum 60. Geburtstag von Walter R. Schluep", S. 323.

55 Als Beispiel eines Vermögensverwaltungsauftrages ist hier derjenige des Schweizerischen Bankvereins abgebildet. Es ist zu beachten, dass bei der Betrachtung der verschiedenen Formulare eine erstaunliche Vielfalt von Formulierungen festgestellt werden kann.

56 So BGE 115 II 62 ff., der Lehre und Rechtsprechung zusammenfasst.

57 Vgl. BGE 101 II 121 ff. Eher fragwürdig erscheint, dass das Bundesgericht die Kommission in den Vordergrund stellt, da schliesslich nicht Kauf und Verkauf von Wertpapieren das Charakteristikum bilden. Der Kern liegt eindeutig bei der Verwaltung des der Bank anvertrauten Vermögens. Kauf bzw. Verkauf von Wertpapieren sind nur Mittel zum Zweck. Vgl. auch BGE 115 II 62 ff., wo das Recht des einfachen Auftrages in den Vordergrund der Betrachtungen gerückt wird.

58 Zobl, D.: "Der Vermögensverwaltungsauftrag der Banken", in: "Innominatverträge - Festgabe zum 60. Geburtstag von Walter R. Schluep", S. 324.

Abbildung 2/3: Beispiel eines Vermögensverwaltungsauftrages

**Portfolio Management**

> Schweizerischer Bankverein
> Société de Banque Suisse
> Postfach/Case postale
> ..................................................

Zuhanden von

**Stammnummer**
-----------------------------------------------------------------

Ich/Wir beauftrage(n) Sie hiermit, mein(e)/unser(e) unter obiger Stammnummer geführte(s) Wertschriften- bzw. Edelmetalldepot(s) und die dazugehörigen Konti (inkl. Edelmetallkonti) gegen Entgelt zu verwalten und die Mittel, welche Sie für meine/unsere Rechnung erhalten, anzulegen. In diesem Sinne verzichte(n) ich/wir, die jeweiligen Anlageentscheide zu beeinflussen.

Aufgrund dieses Auftrages können Sie nach freiem Ermessen Wertschriften und wertschriftenähnliche Papiere erwerben und veräussern sowie Arbitragen und alle übrigen Massnahmen (z.B. kurzfristige Anlagen inkl. Treuhandanlagen, Edelmetall- und Devisentransaktionen) vornehmen, die Ihnen bei der Betreuung meiner/unserer Vermögenswerte als angemessen erscheinen.

Sämtliche Options-, Financial Futures- sowie generell Termingeschäfte können Sie nur zur Absicherung bestehender Wertschriften-, Devisen- und Edelmetallbestände tätigen. Andere Optionsgeschäfte können nur im Sinne eines Gegengeschäftes zu den vorerwähnten Optionsgeschäften getätigt werden.

Folgende Anlageziele in meiner Referenzwährung .................. ist anzustreben:
(Basiswährung, die Anlagen in andere Währungen nicht ausschliesst)

| Anlageziel (nur 1 Ziel wählen) | Charakteristika |
|---|---|
| o Rendite | - Präferenz für Ertrag |
| o langfristig reales Wachstum | - Anlagepolitik SBV |
| o Wachstum (aggressiv) | - Präferenz für Aktien unter Nutzung kurz- und mittelfristiger Kurschancen und unter Eingehung erhöhter Risiken |

Spezielle Anlageinstruktion (fakultativ): ................................................................
................................................................

Dieser Auftrag bleibt auch nach meinem/unserem Tode oder dem Eintritt der Handlungsunfähigkeit in Kraft.

Unterschrift(en)

..........................................   ..........................................
Ort/Datum

der Erträge usw.[59]. Um den Handlungsspielraum nicht allzusehr einzuengen, sind aber viele Banken dazu übergegangen, vom Kunden gewisse Anlagestrategien zu verlangen, die für die Bank als 'Normstrategie' einfacher umgesetzt werden können. Trotzdem bleibt der Anleger verfügungsberechtigt und kann der Bank weiterhin Weisungen erteilen[60], so beispielsweise auch für Immobiliengeschäfte oder Rohstofftransaktionen. "Enthalten solche Weisungen *Widersprüche* oder sind sie *unzweckmässig*, ist die Bank als fachkundiger Partner verpflichtet, beim Kunden Rückfrage zu halten"[61].

### 2.3.1.2 Interessenkonflikte

Bei der Durchführung der Vermögensverwaltungsaufträge können Interessenkonflikte auftreten. Angesprochen sind einerseits Kollisionen zwischen Bank und Vermögensverwaltungskunden, welche sich in folgenden Tatbeständen äussern[62]:

- Bei unrentablen Depots werden die Verwaltungskosten durch entsprechende Börsenumsätze gedeckt (sog. 'Courtage schinden').
- Wertpapiere, welche die Bank für ihr eigenes Portefeuille sucht, werden dem Depot des Kunden entnommen.
- Das Kundenportefeuille wird mit Wertpapieren aus dem Depot der Bank bedient, welche diese abstossen will.
- Die Bank betreibt mit Effektenbeständen des Kunden Kurspflege.
- Dem Kunden werden die im Rahmen einer Emission nicht gezeichneten, fest übernommenen Titel ins Depot gelegt.
- Dem Kunden werden eigene Kassenobligationen ins Depot gelegt, um das Aktivgeschäft günstig finanzieren zu können.

Bedingt durch das in der Schweiz vorherrschende Universalbankensystem, bei dem eine Bank sämtliche Geschäftssparten betreibt, sind aber auch Kollisionen zwischen

---

59 Vgl. **Hopt, K.**: "Rechtsprobleme der Anlageberatung und der Vermögensverwaltung der Schweizer Banken", in: **von Graffenried, R. (Hrsg.)**: "Beiträge zum Schweizerischen Bankenrecht", S. 140 f.
60 Vgl. **Guggenheim, D.**: "Die Verträge der Schweizerischen Bankpraxis", S. 69.
61 **Zimmermann, S.**: "Die Haftung der Bank aus Verwaltungsauftrag", S. 139.
62 Vgl. **Hopt, K.**: "Der Kapitalanlegerschutz im Recht der Banken", S. 108-124. Hier wird ausführlich auf die Interessenkonflikte eingegangen.

den Interessen der Vermögensverwaltungskunden und anderer Bankkunden nicht zu vermeiden.

Wie im Anlagegeschäft ist auch bei der Abwicklung eines Emissionsgeschäfts die Zuriedenheit von Emittent (Kunde) und Bank das oberste Anliegen. Der Emittent, der sich Eigenkapital oder langfristiges Fremdkapital durch Ausgabe von Wertpapieren beschaffen will, ist dann zufrieden gestellt, wenn seine Emission voll gezeichnet wird. Hat nun die Bank eine Anleihe nur kommissionsweise übernommen und wird diese nicht voll gezeichnet, so kann sie dank ihrer Plazierungskraft die liegengebliebenen Titel den Vermögensverwaltungskunden zuteilen.

Es stellt sich nun die Frage, wie die oben erwähnten Interessenkonflikte zu lösen sind. In diesem Zusammenhang werden die verschiedensten *Theorien* vertreten[63]. Das *Anlegerschutzprinzip* besagt, dass derjenige Entscheid zu fällen ist, der den Kunden besser schützt. Nach anderer Meinung muss das *Prinzip des Vorrangs des Kundeninteresses* gelten, das heisst, die Bank muss ihre eigenen Interessen hinter diejenigen des Kunden stellen. Nach dem *Prinzip des Interessenausgleichs* ist es der Bank zwar gestattet, Nostrogeschäfte abzuschliessen. Besteht eine beabsichtigte Verknüpfung mit einem Kundengeschäft und wird dadurch der Kunde benachteiligt, so wird im Interessenkonflikt gegen die Bank entschieden.

Bei allen Theorien steht somit das Interesse des Kunden im Vordergrund. Dies hat sicher seine Berechtigung, doch darf nicht übersehen werden, dass die Bank als Unternehmen geführt wird, das sich am Markte behaupten und gewinnbringend arbeiten will[64]. Das Interesse der Bank besteht daher primär an Erträgen wie Courtagen, Kommissionen und Depotgebühren[65]. Doch darf - und dies versuchen die oben erwähnten Theorien auszudrücken - dieses primäre Ziel *niemals zum Nachteil des Kunden* erreicht werden.


### 2.3.1.3 Die Verantwortung des Vermögensverwalters

Die Verantwortung des Vermögensverwalters ergibt sich aus der in OR Art. 398 Abs. 2 statuierten "getreuen und sorgfältigen Ausführung des ihm übertragenen Ge-

---

63 Vgl. dazu **Zimmermann, S.**: "Die Haftung der Bank aus Verwaltungsauftrag", S. 138 und **Zobl, D.**: "Der Vermögensverwaltungsauftrag der Banken", in: "Innominatverträge - Festgabe zum 60. Geburtstag von Walter R. Schluep", S. 329 ff.
64 Vgl. zu Beginn Kapitel 2.
65 Vgl. Abschnitt 2.2.

schäftes". Es ist darauf hinzuweisen, dass der Vermögensverwalter in der Regel als Hilfsperson der Bank im Sinne von OR Art. 101 auftritt[66]; er handelt in jedem Fall im Namen der Bank und nicht im eigenen Namen[67].

Um der Pflicht einer sorgfältigen Ausführung des Vermögensverwaltungsauftrages nachkommen zu können, muss nach bestem Wissen und Gewissen[68] gehandelt werden. Für die sorgfältige Vertragserfüllung wird wesentlich sein, *wie* der Vermögensverwalter die vom Kunden formulierte Zielsetzung in ein entsprechendes Portefeuille umsetzt. Die hier geforderte Sorgfalt darf aber keinesfalls dahin gehend ausgelegt werden, dass der Vermögensverwalter bzw. die hinter ihm stehende Bank für einen bestimmten Erfolg haftet[69]. Es wird dem Bankkunden daher kaum möglich sein, eine Bank aufgrund einer allgemein schlechten Börsensituation zur Verantwortung zu ziehen, denn der Anleger darf nicht nur mit Gewinnen rechnen, sondern hat vielmehr auch Verluste in Kauf zu nehmen[70]. Dagegen haftet die Bank, wenn ihr ein Verschulden am schlechten Ergebnis eines Depots - absichtlich oder fahrlässig[71] - bei der Geschäftsabwicklung[72] nachgewiesen werden kann.

---

[66] Der Vermögensverwalter hat bei Unterschriftenberechtigung die Stelle eines Prokuristen oder Handelsbevollmächtigten (OR Art. 459 oder 461) inne. Bei in der Hierarchie höher stehenden Vermögensverwaltern (beispielsweise Direktoren) kann Organstellung angenommen werden (OR Art. 718).

[67] OR Art. 459/461.

[68] Vgl. dazu auch die Richtlinien für die Ausübung von Verwaltungsaufträgen an die Bank vom August 1979/April 1986/September 1990 der Schweizerischen Bankiervereinigung.

[69] Vgl. auch **Guggenheim, D.**: "Die Verträge der Schweizerischen Bankpraxis", S. 70, **Zimmermann, S.**: "Die Haftung der Bank aus Verwaltungsauftrag", S. 141.

[70] Vgl. BGE 101 II 124 und BGE 115 II 62 ff.

[71] Regelmässig versuchen sich die Banken (und andere Vermögensverwalter) der Haftung für leichte Fahrlässigkeit (im Gegensatz zur Grobfahrlässigkeit) durch entsprechende Vertragsbestimmungen zu entziehen. *Allerdings* hat das Bundesgericht im BGE 112 II 450 ff. entschieden, dass die Bank im Sinne der OR Art. 100/101 als obrigkeitlich konzessioniertes Gewerbe zu betrachten sei. Dies hat aber zur Folge, dass bei vertraglichen Beziehungen eine Wegbedingung der Haftung für leichte Fahrlässigkeit von Organen vom Richter als nichtig betrachtet werden kann (vgl. OR Art. 100 Abs. 2). Dagegen kann grobe Fahrlässigkeit *nicht* wegbedungen werden (OR Art. 100).

[72] Ist ein Schaden auf leichtfertig gemachte, falsche oder unvollständige Angaben zurückzuführen (beispielsweise unseriöse Titel im Portefeuille, ungenügende Streuung der Titel, Handeln gegen die Interessen des Kunden, Weisungen (davon zu unterscheiden sind aber blosse Vorschläge und Anregungen, die für die Bank nicht verbindlich sind) des Kunden nicht beachten usw.), deren Unzulässigkeit der Vermögensverwalter bei Beachtung geringster Sorgfalt offensichtlich hätte erkennen müssen, wird er (bzw. die Bank) sich verantworten müssen und ist schadenersatzpflichtig.

Neben der Sorgfaltspflicht wird vom Vermögensverwalter eine *getreue Beratung und Verwaltung* verlangt. Dazu gehören[73] die Interessenwahrungspflicht, Pflicht zu Diskretion und Geheimhaltung, Rechenschaftsablegungspflicht und Ablieferungspflicht. Wohl am schwierigsten zu interpretieren ist die *Interessenwahrungspflicht*, die besonders dann zum Tragen kommt, wenn das Vermögensverwaltungsgeschäft im Konflikt mit einem Eigengeschäft oder mit einem Geschäft der Bank und einem Dritten steht[74]. Es stellt sich die Frage nach der Zulässigkeit von Selbstkontrahieren und Doppelvertretung[75]. Gelangt ein Anleger für die Verwaltung seines Vermögens an eine Universalbank, so muss er damit rechnen, dass diese die Interessen von Kunden anderer Bankgeschäfte (Emissionsgeschäfte, Kreditgeschäfte usw.) ebenso berücksichtigen wird. Daher erscheint es angebracht, dass die Bank Geschäfte, in der sie eine Doppelstellung einnimmt, dann tätigen kann, wenn dies nicht zum Nachteil des einen oder anderen Kunden gereicht[76].

### 2.3.2 Rechts- und Haftungsverhältnisse in der Anlageberatung

Bei der Anlageberatung findet - im Gegensatz zur Vermögensverwaltung - die Beratung[77] ohne Erteilung eines Auftrages statt. Der Entscheid, eine Anlage zu tätigen bzw. eine Anlage abzustossen, wird (wenigstens formell) nicht vom Anlageberater bzw. der Bank, sondern vom Kunden selbst getroffen. Obwohl die Bank de iure keine Entscheidung trifft, darf nicht übersehen werden, dass je nach Person die Beeinflussung der Willensbildung sehr beträchtlich sein kann. So wird sich ein im Anlagegeschäft völlig unerfahrener Kunde die Vorschläge der Bank relativ unkritisch zu eigen machen, womit sich die Funktion des Beraters stark jener des Verwalters annähert[78]. Deshalb hat die Bank mit der *notwendigen Sorgfalt* ihre Beratungstätigkeit auszuüben. Der Bank obliegen dieselben Pflichten, wie wenn sie ein Vermögensver-

---

73 Vgl. **Hofstetter, J.**: "Der Auftrag und die Geschäftsführung ohne Auftrag", in: Schweizerisches Privatrecht VII/2, S. 82-94.

74 Die Gefahr einer Benachteiligung des Kunden ist bei diesen Geschäften zu sehen. Vgl. dazu BGE 101 II 125.

75 Vgl. dazu Abschnitt 2.3.1.2.

76 Vgl. zu dieser Problematik auch **Zimmermann, S.**: "Die Haftung der Bank aus Verwaltungsauftrag", S. 142.

77 Die Unterscheidung zwischen Rat, Empfehlung und Auskunft ist rechtlich ohne Wert und wird deshalb nicht näher betrachtet.

78 Vgl. **Dietzi, H.**: "Verantwortung bei Anlageberatung und Vermögensverwaltung", Referat gehalten am ZfU-Seminar "Aktuelle Rechtsfragen aus dem Bankenbereich" vom 21./22. Januar 1988 in Kilchberg/ZH, S. 17.

waltungsmandat innehat. Es sind dies[79] die Wahrheitspflicht, die Pflicht zur Vollständigkeit[80], die Pflicht zur Klarheit und die Berichtigungspflicht. Ebenso muss der Anlageberater im Interesse des Kunden beraten, was wiederum die Kenntnisse über die Kundenverhältnisse und Kundenziele voraussetzt. Daher sollte die Bank niemals dem Kunden eine Anlage empfehlen, welche sie bei Vorliegen eines Verwaltungsauftrages nicht auch selbst für ihn anschaffen würde[81].

In bezug auf die Haftung der Bank ist zu beachten, dass es sich rechtlich gesehen bei der Anlageberatung nicht bloss um eine Gefälligkeit handelt, auch wenn sie die Beratung unentgeltlich vornimmt. Eine Haftungserleichterung kann aus der Unentgeltlichkeit nicht abgeleitet werden[82].

Berät die Bank einen Kunden, der beispielsweise ein Konto bei ihr unterhält, so handelt sie im Rahmen der bestehenden allgemeinen bankvertragsrechtlichen Geschäftsbeziehung. Selbst wenn die Beratung nichts mit Fragen des Kontos zu tun hat, ist die Bank hierzu *vertraglich verpflichtet* und muss *getreu und sorgfältig* und nach den 'règles de l'art' beraten[83].

Die Problematik der Haftung bei Beratung von Nichtkunden bereitet mehr Mühe. In einem älteren Entscheid vertrat das Bundesgericht die Auffassung, dass für Auskünfte an Nichtkunden nur eine *deliktische Haftung* in Frage komme, denn zu einem Vertragsabschluss komme es nur, wenn Auskunft oder Rat *"in Ausübung eines hierauf gerichteten Gewerbes oder überhaupt gegen Entgelt"* erteilt werden[84]. Aus der Sicht der heutigen Praxis kann dieser Argumentation nicht mehr gefolgt werden. Für die konkrete Beratung wird zwar kein Geldbetrag verlangt, doch ist sie dann nicht unentgeltlich erfolgt, wenn der Kunde zufriedenstellend beraten wurde und er

---

79 Ausführlich dazu **Hopt, K.:** "Aktuelle Rechtsfragen der Haftung für Anlage- und Vermögensberater", S. 46-58.

80 Die Vollständigkeitspflicht bedeutet aber nicht Mitteilung aller Details. Insbesondere sind die Grenzen der Vollständigkeitspflicht dort zu sehen, wo Insider-Informationen aufgrund besonderer Beziehungen bekannt sind.

81 Vgl. **Dietzi, H.:** "Verantwortung bei Anlageberatung und Vermögensverwaltung", Referat gehalten am ZfU-Seminar "Aktuelle Rechtsfragen aus dem Bankenbereich" vom 21./22. Januar 1988 in Kilchberg/ZH, S. 18.

82 Vgl. auch **Hopt, K.:** "Rechtsprobleme der Anlageberatung und der Vermögensverwaltung der Schweizer Banken", in: **von Graffenried, R. (Hrsg.):** "Beiträge zum Schweizerischen Bankenrecht", S. 143.

83 Vgl. **Guggenheim, D.:** "Die Verträge der Schweizerischen Bankpraxis", S. 72.

84 BGer vom 7.12.1895, zitiert bei **Hopt, K.:** "Rechtsprobleme der Anlageberatung und der Vermögensverwaltung der Schweizer Banken", in: **von Graffenried, R. (Hrsg.):** "Beiträge zum Schweizerischen Bankenrecht", S. 147.

deshalb für weitere Geschäfte gewonnen werden kann[85]. Vor allem aber ist die Anlageberatung eines der wichtigsten Akquisitionsmittel der Bank und damit ein Teil ihres Gewerbes[86]. Die Zuordnung zur *vertraglichen Haftung* scheint daher zwingend[87].

### 2.3.3 Massnahmen zur Erreichung des Sicherheitszieles

Um Klagen wegen schlechter Beratung, Verletzung von Sorgfaltspflichten, Nichterfüllen eines Vermögensverwaltungsauftrages oder gar Veruntreuung von Kundengeldern gegen Banken zu verhindern, wurden von der Bankiervereinigung Richtlinien für die Ausübung von Verwaltungsaufträgen erlassen. Zudem treffen die Banken interne Massnahmen, die einen rechtlich einwandfreien Ablauf der Vermögensverwaltung und Anlageberatung ermöglichen.

#### 2.3.3.1 Richtlinien der Schweizerischen Bankiervereinigung zur Ausübung von Verwaltungsaufträgen

Die Richtlinien zur Ausübung von Verwaltungsaufträgen[88] sind in zwei Abschnitte eingeteilt. Der erste Abschnitt definiert den Verwaltungsauftrag und enthält Bestimmungen organisatorischer Art. Demzufolge ist der Verwaltungsauftrag an die Bank[89] immer in schriftlicher Form zu erteilen. Sodann muss die Bank über eine ausreichende und den Verhältnissen des Betriebes angemessene Organisation verfü-

---

85  Weitere Geschäfte können ein Börsenauftrag oder möglicherweise ein Vermögensverwaltungsauftrag sein. Ebenso kann es sich auch um ein Kommerz- oder Finanzgeschäft handeln.

86  In der Praxis spielt der hier vorgebrachte Gedanke des sog. *Cross-Selling* eine grosse Rolle.

87  In gleichem Sinne **Hopt, K.**: "Rechtsprobleme der Anlageberatung und der Vermögensverwaltung der Schweizer Banken", in: **von Graffenried, R. (Hrsg.)**: "Beiträge zum Schweizerischen Bankenrecht", S. 147 ff. Weniger weit gehend **Kuhn, M.**: "Die Haftung aus falscher Auskunft und falscher Raterteilung", S. 345, der culpa in contrahendo in Betrachtung zieht. Die Haftung aus culpa in contrahendo (Verstoss gegen die Pflicht, sich nach Treu und Glauben zu verhalten) setzt im Normalfall ein Verschulden, *nicht aber dass ein Vertrag abgeschlossen wird* (BGE 77 II 137), voraus. Sie wird bald als Deliktshaftung, bald als Vertragshaftung, bald als vertragsähnliche Haftung und schliesslich als Haftung eigener Art, die sich auf ZGB 2 stützt betrachtet. Näheres dazu bei **Gauch, P./Schluep, W./Jäggi, P.**: "Schweizerisches Obligationenrecht Allgemeiner Teil", S. 138 f.

88  Richtlinien und Kommentar für die Ausübung von Verwaltungsaufträgen an die Bank vom August 1979/April 1986/September 1990 der Schweizerischen Bankiervereinigung.

89  Der Verwaltungsauftrag ist an die Bank und nicht an ein Bankorgan oder an einen Bankangestellten zu richten.

gen. Im zweiten Teil der Richtlinien wird die Durchführung des Auftrages geregelt. Der Verwaltungsauftrag wird dabei auf die üblichen bankmässigen Geschäfte beschränkt. Für andere Geschäfte[90] ist ein besonderer schriftlicher Auftrag erforderlich. Bei der Wahl der Anlagen hat sich die Bank auf Informationen aus zuverlässigen Bezugsquellen zu stützen. Zudem soll eine minimale Diversifikation zur Vermeidung von Klumpenrisiken eingehalten werden.

Die Richtlinien sollen eine Hilfe sein, die von der Bank in OR Art. 398 geforderte auftragsrechtliche Sorgfalt zu konkretisieren. Sie sind als Bankusanz[91] im Sinne von Verhaltensregeln, wenn nicht sogar Verkehrssitten[92], zu betrachten. Bei Einhalten der Richtlinien kann die Bank damit rechnen, dass sie *nicht* gegen die Grundsätze der einwandfreien Geschäftsführung im Sinne des Bankengesetzes Art. 3 Abs. 2 lit. c verstösst. Daraus kann aber nicht geschlossen werden, dass darin die Verhaltenspflichten der Bank in aufsichtsrechtlicher Beziehung abschliessend aufgezählt wären[93].

Es ist nun Aufgabe der internen Kontrollorgane der Bank zu prüfen, ob die Richtlinien auch eingehalten werden.

### 2.3.3.2 Bankinterne Massnahmen

Allein das Einhalten der Richtlinien zur Ausübung von Verwaltungsaufträgen genügt nicht, eine Bank vor Klagen wirksam zu schützen. So werden interne Massnahmen getroffen, die eine seriöse Erfüllung eines Verwaltungsauftrages ermöglichen.

Bereits bei Vertragsabschluss müssen möglichst alle Missverständnisse ausgeschaltet werden. So müssen zunächst Abklärungen im Zusammenhang mit der Person des Anlegers getroffen[94], die gewünschte Anlagepolitik des Kunden vertraglich festge-

---

90 Beispielsweise Immobiliengeschäfte, Kauf und Verkauf von Nichtedelmetallen, Rohstoffen, Devisentermingeschäfte (soweit sie nicht der Absicherung einer bestehenden Anlage dienen), Options- und Futures-Geschäfte (wenn sie nicht im Sinne eines Hedging getätigt werden).
91 Vgl. BGE 108 II 317 f.
92 So **Guggenheim, D.**: "Die Verträge der Schweizerischen Bankpraxis", S. 71.
93 Vgl. **Zobl, D.**: "Der Vermögensverwaltungsauftrag der Banken", in: "Innominatverträge - Festgabe zum 60. Geburtstag von Walter R. Schluep", S. 325.
94 Vgl. dazu die *Vereinbarung über die Sorgfaltspflicht der Banken bei der Entgegennahme von Geldern und über die Handhabung des Bankgeheimnisses* der Schweizerischen Bankiervereinigung vom Juli 1982. In Bankenkreisen wurde versichert, dass mit sog. Koffer-Kunden keine Verträge abgeschlossen werden, wenn nicht die Person und die Herkunft des Geldes *hundertprozentig* identifiziert werden können.

halten (vgl. Abbildung 2/3) und der Kunde über die Vertragsbedingungen genau informiert werden. Dem Anleger sind die Allgemeinen Geschäftsbedingungen[95] und allfällige Depotreglemente auszuhändigen. Ferner ist er über Gebühren und Kosten zu orientieren. Wünscht ein Kunde banklagernde Korrespondenz, so ist dies schriftlich festzuhalten.

Die Berater werden angewiesen, gemäss der *Anlagepolitik des Hauses* und den *Empfehlungslisten* zu investieren. Dabei ist nicht zu übersehen, dass mit solchen Anlagelisten auch gewisse Probleme verbunden sind. Werden die Listen zu vorsichtig zusammengestellt, spricht dies eine zurückhaltende, konservative Kundschaft ohne weiteres an; doch wird eine gewünschte aggressive Anlagestrategie verhindert. Anleger (vorwiegend kapitalkräftigere und daher auch für die Bank lukrativere Kunden), die eine höhere Rendite unter Eingehen eines höheren Risikos anstreben, finden wenig Anlass, ihr Vermögen durch eine zu konservativ eingestellte Bank verwalten zu lassen.

Eine ebenfalls häufig erlassene Weisung betrifft den *Kauf von Titeln auf ausdrücklichen Kundenwunsch*. Dem Vermögensverwalter und Anlageberater wird empfohlen, den Kauf von Titeln, die nicht auf einer Empfehlungsliste figurieren, mindestens in einer Besprechungsnotiz zu vermerken. Dadurch soll verhindert werden, dass ein Anleger bei einem verlustbringenden Auftrag der Bank den Vorwurf machen kann, sie habe die Titelauswahl nicht mit der nötigen Sorgfalt vorgenommen[96].

Betreffend *banklagernde Post* ist darauf zu achten, dass diese von einer von der Vermögensverwaltung unabhängigen Stelle aufbewahrt wird. Der Zugriff zu dieser Post muss allein dem Kunden und dieser unabhängigen Stelle vorbehalten sein. Der Kunde muss die Durchsicht und den Empfang bestätigen.

Anlageberater und Vermögensverwalter werden sodann aufgefordert, ihre Arbeit mit der *nötigen Diskretion* zu erledigen. Dementsprechend ist der Umgang mit Personaldaten, Aufträgen, Depotauszügen von Kunden etc. so zu handhaben, dass Dritte keine Einsicht erlangen.

---

[95] Die Allgemeinen Geschäftsbedingungen dienen einer klaren Regelung der gegenseitigen Beziehung zwischen Bank und Kunde und sind als Bestandteil des Vertragsverhältnisses zu betrachten.

[96] Wie aus der Praxis zu erfahren war, kommt es relativ häufig vor, dass Kunden telephonisch gegebene Aufträge die zu einem Verlust führen, im Nachhinein bestreiten. Vgl. dazu auch o.V.: "Wegweisender Crash-Prozess", S. 12 ff., wo unter anderem auch diese Problematik zum Ausdruck kommt.

Die erwähnten Massnahmen allein bieten keine Gewähr, dass der Bank Klagen wegen schlechter Beratung, Verletzung von Sorgfaltspflichten, Verstoss gegen Verwaltungsaufträge oder Veruntreuung von Kundengeldern erspart bleiben. Entscheidend wird vielmehr sein, ob es ihr gelingt, die getroffenen Massnahmen in die Realität umzusetzen. Eine nicht zu unterschätzende Rolle spielen dabei die im Bereich der Anlageberatung und Vermögensverwaltung tätigen Personen, von denen in höchstem Masse Integrität verlangt wird.

## 2.4 Die technisch-organisatorischen Ziele

Mit den technisch-organisatorischen Zielen wird die *Wirtschaftlichkeit* und *Effizienz* in der Anlageberatung und Vermögensverwaltung angesprochen. Die *Kosten- und Leistungssituation der Bank* soll beeinflusst werden, was sich auf die Ziele *optimale Kundenbetreuung* und *Rentabilität* auswirkt. In diesem Sinne liefert der sich stark entwickelnde Informatik-Bereich mit seinem Teilgebiet der *computergestützten Informationssysteme* ein Potential an Möglichkeiten.

Informationssysteme dienen der Verarbeitung von Informationen. Das zunehmende Informationsangebot soll derart gebündelt werden, dass dem Anlageberater die Entscheidungsfindung erleichtert wird. Der Zugriff auf sämtliche relevanten Informationen soll jederzeit möglich sein. Zudem sollen Routineaufgaben (Zusammenstellung von Depotübersichten, Analysen, Transaktionsabwicklungen etc.) vom Computer erledigt werden.

Welche Anforderungen an solche Informationssysteme zu stellen sind, welche Anforderungen bereits verwirklicht werden konnten und in welchen Bereichen Verbesserungen erwartet werden, ist Gegenstand der folgenden Ausführungen.

### 2.4.1 Anforderungen an die Informationssysteme

Die Konzeption (vgl. Abbildung 2/4 [97]) eines computerunterstützten Wertpapier-Informationssystems ist grundsätzlich in drei Bereiche geteilt[98]:

---

[97] In Anlehnung an **Schäfer, H.:** "Systemorientierte Aktienportefeuilleplanung", S. 8.

[98] Vgl. dazu **Schäfer, H.:** "Systemorientierte Aktienportefeuilleplanung", S. 7 ff. Vgl. auch **Bopp, J.:** "Informatik nutzen!", in: SHZ vom 6. Juni 1985, S. 55: dort wird die Datenverwaltung als spezieller (eigentlich als vierter) Bereich betrachtet. Hier steht aber die *Nutzung* der Daten im Vordergrund, weshalb dieser Bereich weggelassen wurde. Vgl. auch **Vogel, M.:** "Wertpapier-Informations-Systeme und Anlagestrategie", S. 540: hier wird eine Dreiteilung in

(Fortsetzung der Fussnote vgl. die folgende Seite)

- Durchführungsarbeiten,
- Entscheidungsunterstützung und
- Managementinformation[99].

Abbildung 2/4:   Computergestütztes Wertpapierinformationssystem

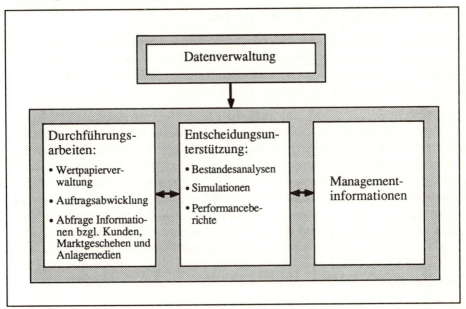

Der *Teilbereich der Durchführungsarbeiten* umfasst diejenigen Aufgaben, die zur Rationalisierung der Anlageberatung und Vermögensverwaltung sehr viel beitragen. Angesprochen sind insbesondere die Wertpapierverwaltung (Depotbuchhaltung, Gutschrift von Zinsen und Dividenden, Benachrichtigung von Depotkunden bei speziellen Gegebenheiten wie Generalversammlungen, Kapitalerhöhungen, Kapitalherabsetzungen etc.), die Auftragsabwicklung (Kauf- bzw. Verkauf von Titeln) und die

---

Marktinformationssystem, Wertpapierinformationssystem und Bestandesanalyse- und Simulationssystem vorgenommen. Die ersten beiden entsprechen dem Bereich der Durchführungsarbeiten, die dritte Ebene entspricht dem Bereich der Entscheidungsunterstützung.

99  Oftmals weggelassen wird der Bereich der Managementinformation (vgl. die zitierten Berichte von *Bopp* und *Vogel*). Dieser besteht darin, die oberen Managementebenen mit aktuellen Informationen zur Durchführung ihrer Planungs-, Führungs- und Kontrollaufgaben auszustatten. Er dient ebenfalls der Revisionsabteilung. Im folgenden soll darauf nicht näher eingegangen werden.

Abfrage von Informationen über Kunden, Marktgeschehen und Anlagemedien (Aktien, Obligationen, Devisen, Edelmetalle etc.). Die *Entscheidungsunterstützung* beinhaltet Bestandesanalysen (Struktur von Depots), Performance-Berichte und Simulationen (zur Beurteilung unterschiedlicher Anlagestrategien und Szenarien).

### 2.4.1.1 Fachspezifische Anforderungen

Mittels Informationssystem soll der Anlageberater und Vermögensverwalter in die Lage versetzt werden, entsprechend der individuellen Vorgaben der Anleger eine konsequente Anlagepolitik zu verwirklichen. Um dieses Ziel zu erreichen, müssen hohe Ansprüche an die EDV-Systeme gestellt werden.

Eine *umfassende Datenbasis*, welche in redundanzfreier Form (dieselben Daten sollten nicht mehrfach erfasst werden) erfasst werden sollte, bildet die Ausgangslage. Dazu gehören *Marktinformationen* (Bruttosozialprodukt, Liquidität, Zins, Preisindizes, Wechselkurse etc.) wie auch *Informationen über Wertschriften* (Kurse, Renditen, Dividenden, Coupontermine, Marchzinsen, Rückzahlungstermine bei Anleihen, Branchen- und Währungszugehörigkeit der Wertschriften). Die Informationen sollten als Zeitreihe einen gesamten Börsenzyklus abdecken und *tagesaktuell* zur Verfügung stehen. Gespiesen wird die Datenbank grösstenteils von der Analyseabteilung[100]. Daneben existieren aber auch Spezialdienste, wie sie beispielsweise durch DATASTREAM, Dow Jones News/Retrieval, CompuServe, I.P. Sharpe Associates, Data-Star, Reuters, Telekurs, ADP Commtrend usw. angeboten werden[101].

Das Informationssystem sollte in der Lage sein, eine *detaillierte Depotübersicht jedes Kunden* zu erstellen, und zwar gegliedert nach Kriterien wie Anlagekategorie (Aktien, Obligationen, Optionsanleihen, Optionen, Futures, Edelmetalle etc.), Anlagewährung, geographische Verteilung und Branchenzugehörigkeit. Die einzelne Position enthält Informationen wie Titelbezeichnung, Valorennummer bzw. Wertpapierkennummer, Nominalwert, Einstandswert, aktueller Marktpreis, Währung, Coupondaten, Aktiendividenden. Zusätzlich können Informationen wie Fremdwährungskurs, prozentualer Wert der Position im Vergleich zum Gesamtwert des Portefeuilles, prozentualer Wert der Position im Vergleich zum Gesamtwert der betreffenden Anlagekategorie usw. abgerufen werden.

---

100 Vgl. dazu Abschnitt 3.2.5.
101 Vgl. **Husemann, P.**: "Computerunterstützung im Portfoliomanagement", S. 83 ff. **Höller, E.**: "Zwischen Bleistift und Computer", in: SHZ vom 14. Juli 1988, S. 25.

Die *Performance-Messung* dient der Ermittlung des Anlageergebnisses. Sie soll bezüglich einzelner Anlagewerte sowie des ganzen Depots erfolgen. In der Performance-Messung mitberücksichtigt wird die Risikoanalyse[102]. Ebenso erfolgt in diesem Bereich die Kontrolle der vom Anleger vorgegebenen Anlagerichtlinien. Diese Kontrolle sollte laufend aktiv sein und selbsttätig Meldungen an den Anlageberater geben[103].

Der *Transaktionsauszug* liefert eine detaillierte Aufstellung der getätigten Transaktionen.

Die zu erwartenden Erträge und Kapitalrückflüsse werden in einer sogenannten *Cash-Flow-Vorschau*[104] errechnet, was zusammen mit der Aufgliederung des Vermögens nach Veranlagungsarten die Liquiditätsanalyse ermöglicht.

Grosse Bedeutung kommt der *Simulationsrechnung* zu. Mit deren Hilfe lassen sich Auswirkungen unterschiedlicher Anlagestrategien und Zinsszenarien auf das Ergebnis der Wertpapieranlagen durchrechnen[105].

Von grossem Nutzen für eine effiziente Anlageberatung ist eine nicht nur nach Kunden, sondern auch *nach Portefeuilleinhalt orientierte Systemstruktur*. Damit wird es möglich, sämtliche Depots nach einem bestimmten Titel zu durchsuchen. Erhält der Anlageberater die Information, dass beispielsweise eine Aktie im Kurs zu sinken droht, kann er den entsprechenden Titel aus allen Portefeuilles rasch verkaufen.

### 2.4.1.2 Technische Anforderungen

Um den gewünschten Rationalisierungseffekt zu erreichen, müssen die Informationssysteme auch einer Reihe technischer Ansprüche genügen. Dazu gehören unter anderem:

- Eine bedienungsfreundliche Menusteuerung kommt dem jeweiligen Benützer entgegen.

---

102 Vgl. zur Performance-Messung Kapitel 9.
103 Vgl. **Kuntner, J.:** "EDV-Anwendungen in der Vermögensverwaltung, Systematik - aktuelle Schwerpunkte - Entwicklungen", in: **Zapotocky, S.:** "Portfolio-Management", S. 39.
104 Vgl. **Kuntner, J.:** "EDV-Anwendungen in der Vermögensverwaltung, Systematik - aktuelle Schwerpunkte - Entwicklungen", in: **Zapotocky, S.:** "Portfolio-Management", S. 38 f.
105 Vgl. **Vogel, M.:** "Wertpapier-Informations-Systeme und Anlagestrategie", S. 542.

- Die verschiedenen Abfragen sollten ein transparentes, nach sachlichen Kriterien geordnetes Bild ergeben.
- Ein akzeptables Antwortzeitverhalten bei Datenabfrage und Dialog ist erforderlich.
- Die Möglichkeit, Wertpapiertransaktionen direkt über die EDV abzuwickeln (Online-Orderübermittlung und Abrechnungserstellung) muss gegeben sein.
- Dem Datensicherheitsaspekt und Datenschutz muss besondere Aufmerksamkeit geschenkt werden.
- Das Problem der Kompatibilität der unterschiedlichen Datenverarbeitungsanlagen und damit verbunden die Integration externer Daten in das hauseigene EDV-System muss beachtet werden[106].

Die hohen fachlichen wie technischen Anforderungen, welche an ein Informationssystem gestellt werden, lassen sich mit dessen Nutzen rechtfertigen. So kann die Beratungsqualität verbessert, durch die Rationalisierung eine Kostenreduktion ermöglicht und mit den tagesaktuellen Depotauszügen einem Kundenwunsch entsprochen werden, was sich wiederum imagefördernd für die Bank auswirkt.

### 2.4.2 In der Praxis angewendete Informationssysteme

Noch bis zu Beginn der 1980er Jahre lag bei den Banken das Schwergewicht der EDV-Entwicklung auf der Verarbeitung von Börsentransaktionen, Wertpapierabrechnungen usw. Man beschränkte sich damit auf die technische Abwicklung von Massenvorgängen. Inzwischen ist man aber dazu übergegangen, Daten nicht nur zu verarbeiten, sondern in einem Informationssystem zu bündeln, welches den erwähnten Ansprüchen[107] genügt. Wie weit diese Entwicklung fortgeschritten ist, sollen die Beispiele *'SwisPortfolio'* (Schweizerischer Bankverein) und *'Credit Suisse on-line'* (Schweizerische Kreditanstalt) zeigen. Daneben existieren eine Reihe weiterer Informationssysteme, auf welche im folgenden nicht eingegangen wird, da lediglich bank-

---

[106] Wegen technischer Schwierigkeiten scheiterte die Kooperation der Computerfirma IBM mit dem Maklerunternehmen Merrill Lynch zur Erstellung des elektronischen Finanzinformationssystems IMNET (International Market Net), mit dessen Hilfe einerseits Wertpapierdaten abrufbar und anderseits Effekten über dieses Datennetz handelbar gewesen wären. Vgl. **Vogel, M.:** "Wertpapier-Informations-Systeme und Anlagestrategie", S. 543.

[107] Vgl. Abschnitt 2.4.1.

spezifische Unterschiede bestehen[108]. Es ist aber darauf hinzuweisen, dass die meisten Banken in irgend einer Form mit solchen Wertpapiersystemen arbeiten[109].

### 2.4.2.1 SwisPortfolio

Das vom Schweizerischen Bankverein entwickelte Wertschriftensystem *'SwisPortfolio'* liefert rasche, präzise Informationen, übersichtlich dargestellt in Form von Bildschirmdarstellungen, Graphiken und Listen. Durch eine benutzerfreundliche Menusteuerung ist es dem Anlageberater möglich[110], nach verschiedenen Kriterien Auswertungen von Kundendepots vorzunehmen[111].

Eine ausführliche *Vermögensübersicht* zeigt den Depotbestand, sortierbar nach verschiedenen Kriterien wie Anlagekategorien (Aktien, Obligationen, Edelmetalle etc.), Währungen, Valorennummern, Ländern und Branchen. Es wird dem Benützer die Möglichkeit geboten, auch Fremdbestände, das heisst nicht beim Schweizerischen Bankverein deponierte Vermögenswerte, in die Analysen miteinzubeziehen.

Die *Renditeanalyse* und *Performance-Messung* dient der Erfolgsmessung. Wertschriftenrenditen sind bezüglich einzelner Titel, Titelkategorien und des ganzen Depots berechenbar. Ebenso sind Einstandsinformationen der Titel und Devisen, deren Mehr- bzw. Minderwert pro Bestand und des Totals, sowie aufgelaufene Marchzinsen abrufbar. Eine Performance-Messung auf dem durchschnittlich eingesetzten Kapital wird durch den Vergleich zweier frei wählbarer Stichtage ermöglicht.

Die *Risikoanalyse* dient der Ueberwachung des Währungsrisikos (Vermögensübersicht, gegliedert nach Währungen in Prozenten oder absoluten Zahlen vom Total der

---

108 Weitere Beispiele sind 'Portfolio-Analyse-System' (BHF-Bank, Deutschland), 'Integrated Portfolio Management' (Wirtschafts- und Unternehmensberater Alan Kruck in Verbindung mit Computer AG), Internationales Wertpapier-System (Aufhäuser-Bank, Deutschland), 'RAMSES - Richtige Anlageberatung mittels Stufenplan im Einlagen- und Spargeschäft' (KKB-Bank, Deutschland in Verbindung mit der Beratungsunternehmung Insiders GmbH, Deutschland und der Synlogic AG, Schweiz), 'WEDIS - Wertpapier-Depot-Informations-System' (Bayrische Hypotheken- und Wechsel-Bank, Deutschland) usw.

109 Gemäss Auskünften aus der Bankpraxis.

110 'SwisPortfolio' ist derart aufgebaut, dass es auch durch externe Kunden (Pensionskassen, Versicherungen, private Anleger mit grossen Portefeuilles, Vermögensverwalter usw.) genutzt werden kann.

111 Vgl. dazu **Mathys, A.**: "Portfolio Management Service (PMS)", S. 13 und **Pfund, H.**: "SwisPortfolio", S. 24 f.

Aktiven), Transferrisikos (Auflistung nach Ländern) und Branchenrisikos (Rekapitulation nach Branchen).

Mittels *Liquiditätsanalyse* können Rückzahlungsinformationen für festverzinsliche Bestände abgerufen werden. Dem Anlageberater bleibt so genügend Zeit, neue Anlagemöglichkeiten zu suchen, die seiner Anlagestrategie gerecht werden.

Aus der *Transaktionsliste* ist ersichtlich, welche Bestandesänderungen (Depot-Ein- und Ausgänge) sich während einer bestimmten Periode ergeben haben.

Damit kann das 'SwisPortfolio' als ein Informationssystem betrachtet werden, mit welchem Portefeuilledokumentationen erstellt werden können. Die Stufe *Durchführungsarbeiten* (vgl. Abbildung 2/4) wird vollständig abgedeckt. In der zweiten Stufe wird die *Entscheidungsunterstützung* angesprochen. Diese ist im Bereich der Wertpapieranalyse bereits verwirklicht, da Titeldaten (welche von der Finanzanalyse aufgearbeitet werden) abrufbar sind. Wie zu erfahren war[112], ist man zur Zeit damit beschäftigt, die Portefeuillezusammenstellung via Computer - auf der Basis einer Optimierungssoftware - zu ermöglichen. Der Anlageberater wird dann in der Lage sein, innerhalb von Minuten ein auf den Kunden zugeschnittenes *optimales* Portefeuille zusammenzustellen.

### 2.4.2.2 Credit Swiss on-line

Dem von der Schweizerischen Kreditanstalt angebotenen 'Credit Swiss on-line'[113] liegen drei verschiedene Systeme zu Grunde:

- das Anlage-Informations-System (AIS) der SKA,
- die Marktinformationen der SKA und
- das INVESTDATA-System der Telekurs AG.

Das *Anlage-Informations-System* verschafft dem Anlageberater, ähnlich dem *'SwisPortfolio'*, rasch und jederzeit einen klaren Ueberblick über die Portefeuillezusammensetzung. Es sind drei Ebenen zu unterscheiden.

---

112 Gemäss Auskünften in einem Interview. Vgl. aber auch **Flütsch, A.**: "Abneigung gegen Computer", S. 75.

113 Vgl. **Dufner, J.**: "Ein neues Instrument für die Anlageberatung", S. 18 f., **Wyss, U.**: Externer Datenzugriff auf mehrere Informationssysteme einer Bank - ein Instrument für professionelle Portfolio-Manager", in: **Zapotocky, S.**: "Portfolio-Management", S. 49 ff., **Husemann, P.**: "Computerunterstützung im Portfoliomanagement", S. 305 ff.

Im *Anlageverzeichnis* sind Kontokorrentsaldi, Treuhandanlagen, Festgelder, Obligationen, Aktien, Optionsscheine, Fondsanteile und Edelmetalle erfasst. Für jede Position können die folgenden Informationen abgerufen werden: Bestand (aktuell/rückwirkend), Valoren-/Kontobezeichnung, Fälligkeits- und Rückzahlungsinformationen, Kurs, Kurswert, Marchzins und Prozentanteil am Gesamtvermögen.

Bei Bedarf können *Zusatzdaten* bestellt werden: Renditeinformationen, Kurs/Gewinn-Verhältnis, Beta-Faktor, Extremkurse, Einstandskurse, Gewinn- und Verlustzahlen, Quellensteuer, Kosten (Kommissionen, Gebühren) und Umsätze. Die aufgeführten Anlagen können sodann nach den Kriterien Anlagekategorie, Währung, Land, Branche, Verfalldatum und Valorennummer sortiert werden.

In der dritten Stufe können die verschiedensten *Vermögens- und Gewinn-/Verlustanalysen* abgefragt werden. Auswahlkriterien sind hier Anlagekategorie, Branche, Land, Währung, Fälligkeit und mutmassliche Erträge.

Durch die *Portefeuille-Simulation* wird der Anlageberater in die Lage versetzt, innerhalb kurzer Zeit "die Auswirkungen beabsichtigter Umschichtungen eines Teils des Vermögens zum Beispiel in eine andere Währung, innerhalb der Aktien in andere Branchen, Reduktion des Aktienanteils und Aufstockung der Festverzinslichen etc. zu überblicken und zu überprüfen, sei dies im Hinblick auf die Portefeuillewirksamkeit der vorgesehenen Transaktionen, sei dies im Hinblick auf eine eventuell angestrebte Ertragssteigerung usw."[114]. Zu diesem Zweck wird ein Simulationskonto eröffnet. Durch den Vergleich der tatsächlichen Vermögenszusammensetzung mit dem Simulationskonto können die Auswirkungen sichtbar gemacht werden.

Beim *Marktinformationssystem* und *INVESTDATA-System* handelt es sich im Gegensatz zum AIS um reine *Informationsabfragesysteme*. Während das Marktinformationssystem Daten liefert, welche bankintern aufbereitet worden sind (volkswirtschaftliche Daten, Börsenkommentare, Obligationen- und Notesofferten der SKA, Emissionen, Notenkurse, Devisenkurse, Eurosätze, Zinssätze und Konditionen für Festgelder bei Grossbanken), liefert INVESTDATA Informationen zu 78'000 Valoren an 80 Börsenplätzen[115].

---

114 **Wyss, U.**: Externer Datenzugriff auf mehrere Informationssysteme einer Bank - ein Instrument für professionelle Portfolio-Manager", in: **Zapotocky, S.**: "Portfolio-Management", S. 51.

115 Vgl. **Wyss, U.**: Externer Datenzugriff auf mehrere Informationssysteme einer Bank - ein Instrument für professionelle Portfolio-Manager", in: **Zapotocky, S.**: "Portfolio-Management", S. 54.

### 2.4.3 Die weitere Entwicklung von Informationssystemen

Die bisher beschriebenen Informationssysteme umfassen *Durchführungsarbeiten* wie Verwaltung, Transaktionen und Informationsbereitstellung. Daneben ist es möglich, mittels Simulation Anlageentscheidungen in vorgegebenen Situationen zu erleichtern. Informationssysteme bestehen demnach aus den beiden Komponenten *Datenbasis* und *Problemlösungsvorschriften*. Dazu soll eine Dritte Stufe miteinbezogen werden: die *Wissensbasis*. Allerdings spricht man dann nicht mehr von Informationssystemen, sondern von *Expertensystemen*. Es handelt sich dabei um Computersysteme, welche gebietsspezifisches Expertenwissen speichern, verwalten, gezielt auswerten und zu Auskünften an einen Benützer oder zur Abwicklung bestimmter Aufgaben nutzen können[116].

#### 2.4.3.1 Die Funktionsweise von Expertensystemen

Um die Funktionsweise[117] von Expertensystemen verstehen zu können, sind die folgenden Fragen zu beantworten[118]:

- Wie wird das Wissen in einem Expertensystem dargestellt?
- Wie wird das Wissen verarbeitet?
- Welche Bedingungen müssen erfüllt sein, damit die Form der Wissensdarstellung zur Form der Wissensverarbeitung passt?

Das *Wissen* bildet die Basis eines Expertensystems. Sie ist auf den Erkenntnissen des Fachmannes in Form von *Fakten* und *Regeln* aufgebaut. Dies zeigt, dass neben logischen Regeln und Rechenverfahren - wie das bei herkömmlichen Programmen der Fall ist - auch die *Erfahrung des Experten* zum Einsatz gelangt. Es soll daher auch möglich werden, *qualitative Merkmale* in einem Programmablauf zu berücksichtigen.

Die *Wissensverarbeitung* erfolgt durch die logische Verknüpfung der Elemente der Wissensbasis. Diese Arbeitsweise lässt sich mit einem Baum darstellen. Der Startknoten sei der Stamm und jede Astspitze ein mögliches Depot (Lösung des Problems). Das System beginnt im Startknoten mit der Befragung eines Anlegers (Be-

---

116 Vgl. **Schnupp, P./Nguyen Huu, C.:** "Expertensystem-Praktikum", S. 1.
117 Für eine vertiefte Betrachtung sei auf die einschlägige Literatur verwiesen. Ein empfehlenswertes Werk ist **Schnupp, P./Nguyen Huu, C.:** "Expertensystem-Praktikum".
118 Vgl. **Mans, D.:** "Eine Disziplin blüht auf", S. 8.

nützer des Systems) und verzweigt jeweils nach dessen Antwort. Mit Sicherheit wird nach endlich vielen Fragen eine Anlagelösung (Depot) gefunden, welche aufgrund der gemachten Antworten der Zielvorstellung des Anlegers entspricht. Dieses Vorgehen wird als *'Vorwärtsverkettung'* bezeichnet. Denkbar ist auch die Anwendung einer *'Rückwärtsverkettung'*. Ausgangspunkt ist in diesem Fall ein bestimmtes Depot (Lösung des Problems). Durch den Dialog mit dem Anleger wird der Weg bestimmt, welcher zu diesem Depot führt. Weicht der Anleger von diesem Weg durch eine entsprechende Antwort ab, bestimmt das System das nächste noch erreichbare Depot.

Der letzte Punkt, die zu erfüllenden Bedingungen, dass die Form der Wissensdarstellung zur Form der Wissensverarbeitung passt, wurde implizit bereits erwähnt. "Da ein Expertensystem nur dann erfolgreich arbeiten kann, wenn es im Suchbaum einen Endknoten findet, muss der Suchbaum notwendigerweise zusammenhängend sein, das heisst, jeder Endknoten muss durch wenigstens einen Pfad vom Startknoten aus erreichbar sein"[119].

### 2.4.3.2 Die Anwendung von Expertensystemen in der Anlageberatung

Expertensysteme haben im Verlauf der letzten Jahre auch im Bereich der Anlageberatung Anwendung gefunden. Wie weit die Entwicklung fortgeschritten ist, soll anhand der bekanntesten Beispiele gezeigt werden. Es sind dies[120]:

- FOLIO (Cohen, P.R./Liebermann, M.D., Stanford University),
- EVA (Bachem, J., Gesellschaft für Mathematik und Datenverarbeitung, Universität Bonn),
- GABI (Baltes, H., Universität Saarbrücken) und
- PLANPOWER (Applied Expert Systems Inc., Cambridge).[121]

*FOLIO* erhebt in einem Interviewteil zunächst kundenrelevante Daten wie Einkommen, Geldbedarf, Risikobereitschaft etc. Daraus werden mit Hilfe von (die Wissens-

---

119 Vgl. **Mans, D.**: "Eine Disziplin blüht auf", S. 9.
120 Einen sehr guten Ueberblick über die Anwendung von Expertensystemen im Bankbereich liefern **Humpert, B./Holley, P.**: "Expert systems in finance planning", S. 78-101.
121 Technische Angaben: FOLIO beinhaltet 50 Regeln (Vorwärtsverkettung), EVA umfasst 300 Regeln (Vorwärtsverkettung), GABI umfasst mehrere hundert Regeln (Rückwärtsverkettung). Das grösste Expertensystem ist PLANPOWER mit 6000 Regeln, die vor- und rückwärts verkettet sind.

basis bildenden) Regeln die Zielvorstellungen des Kunden in Form von Parametern abgeleitet. Auf dessen Grundlage wird dann eine optimale Anlagekombination bestimmt. Die konkrete Titelwahl bleibt dabei dem Anlageberater überlassen.

Aehnlich sind auch *EVA (Expertensystem zur Vermögensanlageberatung)* und *GABI (Geldanlage-, Beratungs- und Informationssystem)* aufgebaut. Die Systeme starten mit einem Dialog, in dem Kundendaten ermittelt werden. Im Gegensatz zu FOLIO werden nun Anlage-Hypothesen aufgestellt, welche das System (unter Verwendung der eingegebenen Informationen bzw. von neu verlangten Informationen) zu bestätigen versucht[122]. Auch hier erfolgt die Titelwahl durch den Anlageberater.

*PLANPOWER* geht in seiner Anwendung etwas weiter. Nicht nur Kundeninformationen sind zu Beginn gefragt. Ebenso müssen Planungsideen eingegeben werden. So kann mit Hilfe von Szenarien gearbeitet werden. Entsprechend der vorgegebenen Finanzziele sucht das System nach Instrumenten und Lösungswegen.

Der grosse *Vorteil* dieser Systeme ist darin zu sehen, dass das Wissen weniger Spitzenexperten für einen grossen Kreis von Anlageberatern verfügbar gemacht werden kann. Wie erwähnt[123], sind in der Wissensbasis Regeln - welche durch eben diese Experten aufzustellen sind - enthalten, die angeben, wie ein Problem zu lösen ist, bzw. welche Schlüsse aus den Informationen gezogen werden müssen. Dies bedingt aber, dass sämtliche möglichen Situationen, die bearbeitet werden müssen, im voraus zu definieren sind. Hier sind denn auch die *Grenzen* der Expertensysteme erkennbar: Die Wissensbasis solcher Systeme ist genau so gross wie diejenige des dahinter stehenden Experten.

Da die meisten Systeme erst die Reife von *Prototypen* erreicht haben und daher in der Praxis noch nicht zur Anwendung gelangt sind, konnte auch nur wenig Erfahrung gesammelt werden. Die Frage nach dem Nutzen für die Praxis kann daher nicht abschliessend beantwortet werden.

---

[122] Progammtechnisch gesprochen handelt es sich hier um Vorwärts- *und* Rückwärtsverkettung (vgl. dazu Abschnitt 2.4.3.1).
[123] Vgl. Abschnitt 2.4.3.1.

# 3 Das traditionelle Portfolio-Management

Die vielfältige Kundschaft und deren verschiedene Interessen einerseits, sowie eine riesige Palette von Anlagemöglichkeiten anderseits übertragen einem Anlageberater anspruchsvolle, vielseitige und umfangreiche Aufgaben. Wie aus Abbildung 3/1 ersichtlich ist, vollzieht sich die Anlageberatung in drei Schritten.

In einem *ersten Schritt* - auch als Vorbereitungsschritt bekannt - findet die *Finanzanalyse* statt, welche zur Aufgabe hat, die verschiedenen Anlageformen auf ihre Rendite- und Risikoeigenschaften zu untersuchen. Die Resultate werden den Anlageberatern in Form von Studien und Listen zur Verfügung gestellt[1].

Die Erarbeitung des *Anlagekonzeptes*, der *zweite Schritt* im Anlageberatungsablauf, ist die zentrale Aufgabe des Anlageberaters. Zum einen geht es darum, die *Kundenziele* zu erfassen und allfällige *Restriktionen* in bezug auf Gesetz, Steuern, Märkte, Währung, Anlagekategorien, Wertschriften etc. festzulegen. Zum andern ist die *Anlagepolitik* unter Berücksichtigung der Ziele und Restriktionen zu formulieren. Es erfolgen die strategischen und operativen Entscheidungen hinsichtlich der Zuteilung der Anlagekategorien, Märkte, Währungen und Branchen. Hierzu benötigt der Anlageberater neben den erwähnten Zielen und Restriktionen des Kunden die Daten der Finanzanalyse.

Der *dritte Schritt* besteht in der *Portefeuillebildung* und dessen Management. Das in Schritt zwei erarbeitete Anlagekonzept wird verwirklicht. Allerdings hat eine dauernde *Ueberwachung des Portefeuilles* zu erfolgen. Wird das erwartete Ziel nicht erreicht, treten Veränderungen in der persönlichen Situation des Kunden ein oder ändern sich die Marktverhältnisse, so ist eine *Portefeuillerevision* angezeigt. Der Anlageberatungsablauf beginnt wieder bei Schritt eins.

## 3.1 Die Finanzanalyse

Die Finanzanalyse ist *das* Informationsinstrument des Anlageberaters. Sie ist die Basis für die Auswahl einzelner Anlagemöglichkeiten. Analyse bedeutet nicht einfach 'Geschichte machen' und ausführen, was geschehen ist. Denn Gewinne werden nicht durch Rückblicke gemacht sondern dadurch, dass man Tief- und Höhepunkte einzelner Anlagemedien eruiert und derart ausnützt, dass Gewinne sichergestellt werden können. Mit anderen Worten: Die Zukunft spielt in der Finanzanalyse eine wichtige

---

1 Vgl. dazu Abschnitt 2.1.2.2.

**Abbildung 3/1:** Ablaufprozess im Portfolio-Management

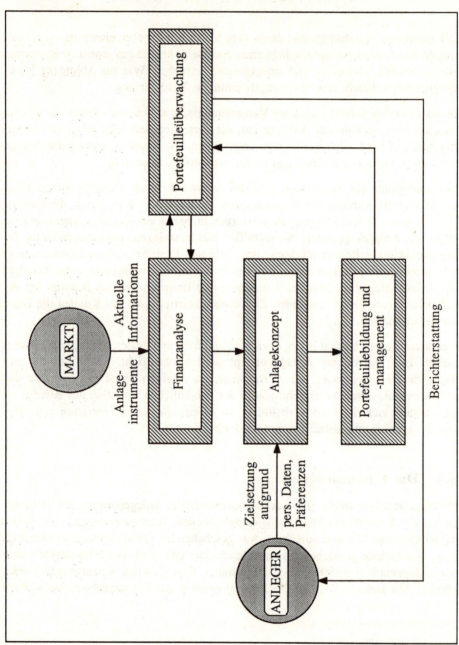

Rolle. Dass die Vorwegnahme zukünftiger Entwicklungen Schwierigkeiten bereitet, ist leicht einzusehen, doch arbeitet die Wissenschaft mit Verfahren, "die die vergangene und gegenwärtige Entwicklung - selbstverständlich mit den bereits erkennbaren Abweichungen - in die Zukunft projizieren"[2].

Zentrale Anliegen der Finanzanalyse sind kurzfristige Konjunkturprognosen einerseits sowie die langfristige Projektion der wirtschaftlichen Entwicklung anderseits. Es gilt, künftige politische, Konjunktur-, Währungs-, Zinsänderungs- und Marktliquiditätsrisiken aufgrund vergangenheits- und gegenwartsbezogener Fakten zu erkennen und auszuwerten. Nebst der gesamtwirtschaftlichen Analyse sind Untersuchungen der verschiedenen Anlagemedien anzustellen. Basierend auf den Prognosen und den Anlagestudien sind schliesslich Anlageempfehlungen auszuarbeiten. Sie werden in Form von Publikationen, Telexen und mündlichen Anweisungen an die Anlageberater weitergegeben.

### 3.1.1 Die Aktienanalyse

Um künftige Kursentwicklungen von Aktien beurteilen zu können, stehen dem Finanzanalysten verschiedene Analysemethoden zur Verfügung. Ein *sicheres Verfahren* für die Vorhersage von Kursen gibt es zwar nicht, doch muss hier festgehalten werden, dass die im folgenden beschriebenen Methoden von Emotionen beeinflusste und daher meist falsche Anlageentscheide verhindern helfen. "Das Risiko *falscher Entscheide kann nur vermindert werden, wenn sich der Anleger Gedanken über seine mögliche Verhaltensweise macht*, das heisst im wesentlichen das Kurspotential und -risiko bestimmt."[3] Das Ziel jeder Aktienanalyse ist es, die Kauf- bzw. Verkaufswürdigkeit von Aktien festzustellen, damit eine maximale Rendite erzielt werden kann[4]. Um dieses Ziel zu erreichen, gelangen grundsätzlich *zwei* Methoden zur Anwendung (vgl. Abbildung 3/2):

- die Fundamentalanalyse und
- die technische Analyse.

---

2 **Stützer, R.:** "Aspekte der Anlageberatung", S. 21.
3 **Dexheimer, P./Schubert, E./Ungnade, D.:** "Leitfaden durch die Anlageberatung", S. 72.
4 Die Rendite einer Aktie wird aus der Kursveränderung und einer allfälligen Dividende errechnet:
$$r = [(P_1 - P_0) + D_1] / P_0$$
(wobei $P_0$=Kaufpreis, $P_1$=Verkaufspreis, $D_1$=Dividendenausschüttung(en) zwischen $P_0$ und $P_1$).

Abbildung 3/2: Die Methoden der Aktienanalyse

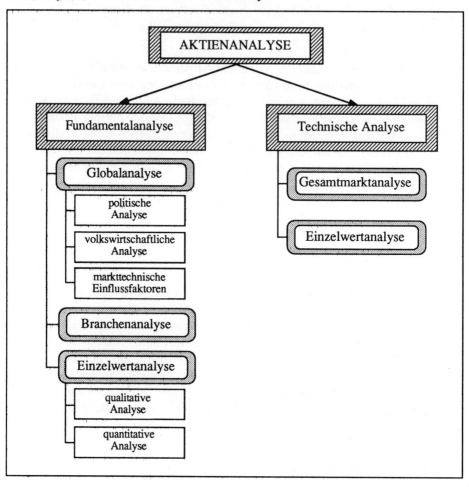

Diese traditionellen Methoden der Aktienanalyse stellen Ansätze zur Prognose von Kursänderungen dar, welche die Behauptung enthalten, dass sich Kursbewegungen trotz der grundlegenden Unbestimmtheit vorhersehen lassen. Dem tritt die *Random Walk-Hypothese* entschieden entgegen. Sie geht davon aus, dass marktrelevante Vorkommnisse nach dem Zufallsprinzip anfallen und Aktienkursbewegungen somit auch zufällig sind. Aus der Reihenfolge vergangener Kurse seien keine Hinweise auf zu erwartende zukünftige Kurse zu gewinnen[5].

---

5   Vgl. dazu Abschnitt 7.2.

### 3.1.1.1 Die Fundamentalanalyse

Der Fundamentalanalyse liegt die Annahme zugrunde, "dass der Kurs einer Aktie durch interne und externe Unternehmensdaten und damit durch den 'inneren Wert' (*Intrinsic Value*) des Unternehmens bestimmt wird, das sie repräsentiert"[6]. Der innere Wert wird hierbei als absoluter Wertmassstab, unabhängig vom aktuellen Marktkurs aufgefasst. Bestimmt wird der innere Wert durch die Ertragskraft der zu analysierenden Unternehmung. Zu diesem Zweck werden Unternehmensgewinne prognostiziert, durch die Anzahl Aktien dividiert und das so erhaltene Resultat mit einem dem Risiko angemessenen Kapitalisierungsfaktor kapitalisiert:

$$IW = \sum_{t=1}^{n} G_{A_t} / (1 + k)^t \qquad (3.1)$$

(wobei, IW=innerer Wert, $G_{A_t}$=Gewinn pro Aktie im Zeitpunkt t, k=Kapitalisierungsfaktor, n=Lebensdauer der Unternehmung, die als 'ewig' vorausgesetzt wird).

Wird $G_{A_t}$ als konstant angenommen, so vereinfacht sich (3.1) zu

$$IW = G_{A_t} / k \qquad (3.2)$$

Der so ermittelte Wert (innere Wert) wird mit dem aktuellen Börsenkurs verglichen. Liegt eine Unterbewertung durch die Börse vor (innerer Wert ist grösser als der aktuelle Börsenkurs), ist die Aktie kaufenswert, denn es wird davon ausgegangen, dass sich der Börsenkurs dem inneren Wert annähert.

Der Fundamentalanalyst hat sich permanent darüber zu informieren, wie sich der innere Wert und der aktuelle Aktienkurs entwickeln. Daher ist eine breite Datenbasis, bestehend aus gesamtwirtschaftlichen (politischen, volkswirtschaftlichen und markttechnischen Einflüssen), branchen- und unternehmensspezifischen (qualitativer und quantitativer Art) Angaben zu analysieren (vgl. dazu Abbildung 3/2 [7]).

Die Analyse der gesamtwirtschaftlichen Gegebenheiten - die *Globalanalyse* - beginnt mit der *politischen Analyse*. Hier werden die politischen Rahmenbedingungen einzelner Anlageländer untersucht. Die Betrachtung der Entwicklungen wie politische Machtverhältnisse, Stabilität der Regierung, aussenpolitische Einstellung, Schutz des Eigentums, Konsens- und Kompromissfähigkeit verschiedener Interessengruppen,

---

[6] **Perridon, L./Steiner, M.:** "Finanzwirtschaft der Unternehmung", S. 139.
[7] Vgl. **Dexheimer, P./Schubert, E./Ungnade, D.:** "Leitfaden durch die Anlageberatung", S. 74 und **Schäfer, H.:** "Systemorientierte Aktienportefeuilleplanung", S. 104.

wirtschaftspolitische Entscheidungen usw. führen zu einer ersten Grobausscheidung von Anlagegebieten[8].

Die *volkswirtschaftliche Analyse* stellt den zweiten Bereich der Globalanalyse dar. Diese kann unterteilt werden in eine Analyse der realwirtschaftlichen und eine solche der monetären Einflussfaktoren. Innovationskraft einer Volkswirtschaft, Wachstumsaussichten, Export- und Importstruktur, Investitionsneigung, Preis- und Lohnpolitik, Beschäftigungslage, Produktivität und schliesslich Ertragsperspektiven der Wirtschaft sind alles Variable[9], auf welche sich die *realwirtschaftliche Analyse* konzentriert. Bei der *monetären Analyse* geht es vor allem um das Spannungsfeld Geldmenge - Liquidität - Zinssatz und Preise[10]. Massgeblichen Einfluss übt hier die Nationalbank mit ihrem Instrumentarium.

Der dritte zu analysierende Bereich umfasst die *markttechnischen Einflussfaktoren*. Hier wird der Frage nach der gegenseitigen Abhängigkeit von Aktienbörsen nachgegangen. Anhand von Korrelationskoeffizienten kann gezeigt werden, dass beispielsweise die Börsen der Bundesrepublik Deutschland, der Niederlande, Belgiens und der Schweiz einen hohen Abhängigkeitsgrad untereinander aufweisen (Korrelationen über 0.6), während die Abhängigkeit mit Staaten wie Kanada, USA, Japan und Australien nicht ein solches Ausmass (Korrelationen zwischen 0.26 und 0.45) annimmt. Betrachtet man die Strukturen der einzelnen Volkswirtschaften, so scheint dies auch sehr plausibel zu sein[11].

Nachdem in der Globalanalyse die politischen, volkswirtschaftlichen und markttechnischen Gegebenheiten beurteilt wurden, muss der Finanzanalyst in einem weiteren Schritt versuchen, mittels *Branchenanalyse* die Branchen herauszufiltrieren, welche die grössten Wachstumschancen haben. Die wichtigsten zu untersuchenden Faktoren sind Stabilität der Branche, Stellung im Konjunkturzyklus, Konkurrenzdruck, Abhängigkeit von anderen Ländern, technologische Aenderungen.

Mittels *Einzelwertanalyse* - auch *Unternehmensanalyse* genannt - wird schliesslich die Kaufwürdigkeit der einzelnen Aktien festgestellt. Sie umfasst sowohl quantitative wie auch qualitative Untersuchungen. Aufgrund der aus der Global- und Branchenanalyse erarbeiteten Erkenntnisse sind Vor- und Nachteile einzelner Aktien herauszuarbeiten.

---

8    Vgl. dazu bspw. **Stockner, W.:** "Die Bewertung des Länderrisikos als Entscheidungshilfe bei der Vergabe internationaler Bankkredite", insbesondere S. 68-133.

9    Vgl. **Wirth, W.:** "Wertschriftenanalyse und Kapitalanlagen", S. 3/7.

10    Vgl. **Wirth, W.:** "Wertschriftenanalyse und Portefeuilleoptimierung", S. 16.

11    Vgl. dazu **Solnik, B.:** "International Investments", S. 40 f. Dort findet sich eine Matrix zu den Aktienmarktkorrelationen (Durchschnitt der Jahre 1971-1986) zwischen 17 Ländern.

Die *qualitative Analyse* erstreckt sich auf folgende Faktoren[12]:

- Managementqualitäten,
- Ruf des Unternehmens,
- Marktstellung,
- geographische Besonderheiten,
- Produktbesonderheiten,
- Forschung und Entwicklung und
- Wachstumsperspektiven.

Die Ermittlung dieser Daten ist für externe Betrachter aufwendig und der unterschiedlichen Auffassungen wegen subjektiv. Entsprechend vorsichtig muss bei Unternehmensbeurteilungen vorgegangen werden.

Grundlage der *quantitativen Einzelwertanalyse* ist der Geschäftsbericht. Dieser besteht im wesentlichen aus dem Jahresabschluss mit Bilanz, Erfolgsrechnung und eventuell Mittelflussrechnung, sowie Angaben zur Gesellschaft und Erläuterungen zur Geschäftstätigkeit. Die Aussagefähigkeit von Geschäftsberichten ist allerdings unterschiedlich. Selbst wenn die Unternehmen eine offene Publizität betreiben, bleibt ein Bewertungsspielraum innerhalb der legalen Grenzen.

Wie bereits früher dargelegt, ist die Ermittlung und Darstellung der Ertragskraft die zentrale Aufgabe der Unternehmensanalyse. Dazu müssen folgende Bereiche untersucht werden[13]:

- Kapitalstruktur/Finanzstruktur,
- Liquidität,
- Ertrag/Rentabilität und
- Vermögensstruktur.

Die *aktuelle* Ertragskraft ist jedoch nur Ausgangspunkt der Betrachtung. Es darf sich um keinen Fall darum handeln, nur historische Daten darzustellen. Vielmehr ist die *künftige* Entwicklung der Ertragskraft[14] abzuschätzen; die Ertragswerte sind auf die Gegenwart zu diskontieren.

---

12 Vgl. **Dexheimer, P./Schubert, E./Ungnade, D.:** "Leitfaden durch die Anlageberatung", S. 83.

13 Vgl. **Fuller, R./Farrell, J.:** "Modern Investments and Security Analysis", S. 173-208.

14 Zur Ermittlung der künftigen Ertragskraft sind verschiedene Ansätze entwickelt worden. Vgl. dazu bspw. **Elton, E./Gruber, M.:** "Modern Portfolio Theory and Investment Analysis", S. 406-448.

Neben dem ermittelten inneren Wert der Aktie wird häufig auch das *Kurs/Gewinn-Verhältnis* (*Price-Earnings-Ratio*) berechnet. Diese einfach ermittelbare Kennziffer besagt, wieviel mal der Gewinn pro Aktie im Kurs enthalten ist. Aktien mit einem niedrigen Kurs/Gewinn-Verhältnis (KGV) gelten entsprechend als preisgünstig und daher kaufenswert, während solche mit einem hohen KGV als teuer und daher verkaufenswert gelten. Isoliert betrachtet ist das KGV allerdings nutzlos. Erst im Zeitvergleich und/oder im Unternehmensvergleich liefert es eine brauchbare Hilfe.

### 3.1.1.2 Die technische Analyse

Die technische Analyse befasst sich mit dem Studium der Preis- und Volumenentwicklung sowie dem Verhalten der Marktteilnehmer. "Im Mittelpunkt aller Ueberlegungen steht zum einen die Tatsache, dass alle börsenrelevanten Einflüsse in den Aktienkursen zum Ausdruck kommen, und zum andern die Erfahrung, dass sich die Anleger in weitgehend gleichen Situationen nicht wesentlich anders verhalten als in der Vergangenheit"[15]. Als Begründer der technischen Analyse gilt *Charles Dow*. In seiner Trend-Theorie, der Dow-Theorie, geht er davon aus, dass "die Kursentwicklung durch eine Ueberlagerung von kurz-, mittel- und langfristigen Trends bestimmt wird"[16]. Der Uebersichtlichkeit wegen werden Zahlenreihen wie Kursverläufe von Aktien, Branchen- oder Gesamtmarktindizes und Börsenumsätze graphisch in sog. *Charts* aufgezeichnet. Die gebräuchlichsten Formen der Chartdarstellung sind[17]:

- Liniencharts,
- Barcharts,
- Point & Figure Charts und
- Equivolume Charts.

Aus den obigen Ausführungen ist ersichtlich, dass die technische Analyse auf eine Feststellung und Verarbeitung eventuell bestehender unternehmensspezifischer Einflussfaktoren auf den Aktienkurs verzichtet[18]. Vielmehr werden Kursveränderun-

---

15 Vgl. **Dexheimer, P./Schubert, E./Ungnade, D.**: "Leitfaden durch die Anlageberatung", S. 137.
16 Aktuelles Praxishandbuch mit sämtlichen Möglichkeiten für hochrentierende Börsengeschäfte, Loseblattsammlung, Kapitel 14/3, S. 1.
17 Aktuelles Praxishandbuch mit sämtlichen Möglichkeiten für hochrentierende Börsengeschäfte, Loseblattsammlung, Kapitel 14/4, S. 1.
18 Vgl. dazu auch **Kienast, R.**: "Aktienanalyse - Möglichkeiten rationaler Anlageentscheidungen", S. 106.

gen aus veränderten Bewertungskriterien der Anleger, welche sich in Transaktionsentscheidungen äussern, interpretiert, um so Kursverläufe von Aktien prognostizieren zu können. Dazu gibt es eine Vielzahl von Verfahren (vgl. Abbildung 3/3 [19]).

Abbildung 3/3: Die Verfahren der technischen Analyse

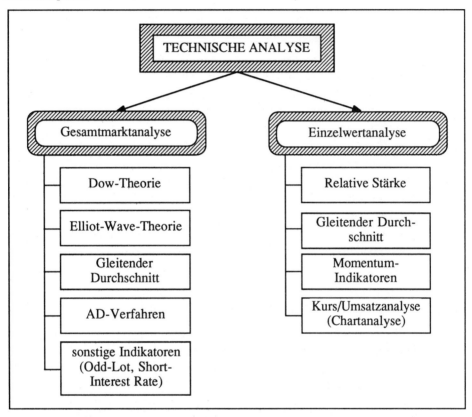

In der *Gesamtmarktanalyse* geht es zunächst darum, Trendbestimmungen des gesamten Marktes vorzunehmen. Dabei unterscheidet man einen Primär-, Sekundär- und Tertiärtrend. Eine Primärbewegung dauert im Durchschnitt etwa drei bis fünf Jahre und berücksichtigt daher Veränderungen der wirtschaftspolitischen Landschaft mit längerer Verzögerung. Interessanter ist der Sekundärtrend, welcher in seiner Länge

---

19  In Anlehnung an **Schäfer, H.**: "Systemorientierte Aktienportefeuilleplanung", S. 96.

etwa einem Konjunkturzyklus entspricht[20]. Hier ist zu beachten, dass sich Konjunktur- und Börsenzyklus nicht parallel bewegen. Die Börse geht der gesamtkonjunkturellen Entwicklung offensichtlich voraus. Die Ursachen werden in der Wirkung der Geldmenge und des Zinses gesehen[21]. Tertiärbewegungen schliesslich dauern von einigen Stunden bis zu mehreren Wochen.

Zur Prognose des Gesamtmarktverlaufes gelangen die folgenden Techniken zur Anwendung (vgl. auch Abbildung 3/3):

- Die *Dow-Theorie* beruht auf der Aussage, dass der gemittelte Kursverlauf ausgewählter Titel (Dow-Jones-Industrial-Index, Dow-Jones-Transportation-Index) eine Aussage über den Gesamtmarkt erlaubt. Erst wenn beide Indizes eine Trendänderung anzeigen, muss mit einer langfristigen Aenderung der Börsensituation gerechnet werden.
- Nach der *Elliott-Wave-Theorie* bewegen sich Börse und Aktien in mehr oder weniger regelmässigen Wellen. Im Gegensatz zur Dow-Theorie kann ein kompletter Zyklus zeitlich stark unterschiedlich ausfallen[22]. Ein kompletter Börsenzyklus wird in Zykluswellen, Primärwellen, Sekundärwellen und Tertiärwellen unterteilt.
- Die *Methode der gleitenden Durchschnitte* zeigt einen Trendumschwung des Gesamtmarktes an, wenn die Durchschnittslinie vom Aktienindex geschnitten wird.

Diese der Ermittlung des Börsentrends dienenden Techniken genügen einer vollständigen Gesamtmarktanalyse nicht. Zusätzlich sind die Marktbreite, das Börsenklima und die Angebots-/Nachfrage-Situation zu analysieren.

Die Bestimmung der *Marktbreite* dient der Ermittlung des Börsenzustandes. Nicht nur die Kursbewegung als solche, sondern die Breite der Bewegung muss betrachtet werden, da es oft vorkommt, dass zwar die Börse gesamthaft besser, die Mehrzahl der Titel jedoch rückläufig notiert. Das *Advance-and-Decline-Verfahren* - auch Fortschritt-Rückschritt-Verfahren genannt - behebt den 'Mangel' der unterschiedlichen Gewichtung ausgewählter Aktien eines Indexes. Mit Hilfe dieses Verfahrens wird eine Trendwende dann angezeigt, wenn die Mehrzahl gehandelter Aktien bereits rückläufige Notierungen aufweisen, während der Index (dank dem Anstieg stark gewichteter Aktien) auf hohem Niveau verharrt oder sogar noch steigt.

---

20  Vgl. **Perridon, L./Steiner, M.:** "Finanzwirtschaft der Unternehmung", S. 156.
21  Vgl. **Dexheimer, P./Schubert, E./Ungnade, D.:** "Leitfaden durch die Anlageberatung", S. 142 und **Perridon, L./Steiner, M.:** "Finanzwirtschaft der Unternehmung", S. 158.
22  Vgl. **Bank Vontobel:** "Technische Analyse - ein Bestandteil der Wertpapieranalyse", S. 4/5.

Die *Analyse des Börsenklimas* ist eine der wichtigsten Aufgaben der Aktienanalyse schlechthin, denn die Börse unterliegt Emotionen[23]. Nirgends so wie hier ist man der Massenpsychose (es wird auch vom 'Trittbrettfahren' gesprochen) ausgesetzt. Es wird beispielsweise behauptet, dass Kleinanleger (als weniger börsenerfahrene und daher besonders gefährdete Gruppe) in grösserem Umfang Leerpositionen einrichten, wenn der Markt Tiefstwerte ansteuert[24]. Der *Odd-Lot Short Sales Index* - eine Statistik über Leerverkäufe - zeigt dabei einen bevorstehenden Umschwung an. Um eine Baisse bzw. eine Hausse zu prognostizieren, betrachtet man häufig auch die *Short Interest Ratio* (Verhältnis der monatlich veröffentlichten Leerverkaufspositionen zum durchschnittlichen Tagesumsatz des betreffenden Monates). Wird ein Verhältnis von zwei zu eins erreicht, "so wird ein starker Bull-Market[25] erwartet, da sich sehr hohe potentielle Kaufkraft angesammelt hat (schnelle Eindeckung der Short-Engagements bei einer Verbesserung marktbeeinflussender Faktoren)"[26]. Ein Verhältnis von eins zu zwei wird als Kehrtwende zu einem Bear-Market gedeutet.

Für eine Gesamtmarktbeurteilung ist zudem ein Abschätzen der *Einflussfaktoren von Angebot und Nachfrage* wertvoll. So wird die Börse von der *Liquiditätslage institutioneller Anleger* stark beeinflusst. Hohe Barreserven signalisieren potentielle Nachfrage nach Aktientiteln insbesondere dann, wenn der Anteil der Rententitel im Portefeuille der Institutionellen hoch ist. Dann kann mit einer steigenden Kursentwicklung gerechnet werden. Auf den Kurs negativ wirkt sich ein *hohes Volumen an Aktienemissionen* aus. Besonders aufmerksam sollten daher Emissionsstatistiken und Optionsstatistiken (Anteil der Verkaufsoptionen) studiert werden.

Ist der Gesamtmarkt analysiert, gilt es die Branchen, die sich besser als der Gesamtmarkt entwickeln herauszufiltern und Aktien mit hohem Kurspotential auszuwählen.

Mit der *Methode der relativen Stärke* soll festgestellt werden, welche Branchen bzw. Aktien sich im Vergleich zum Gesamtmarkt besser oder schlechter entwickeln. Dazu wird ein Index (Index der relativen Stärke) gebildet. Dieser misst den Anteil der

---

[23] Ein Beispiel des emotionalen Handelns ist der Minicrash vom 13. Oktober 1989 an der New York Stock Exchange. Die Zurückstufung des Marktes (um 7%) dürfte nicht allein auf die Tieferbewertung der amerikanischen Fluggesellschaft UAL (Scheitern einer Uebernahme), sondern mehr im *psychologischen* (teilweise auch im handelstechnischen) Bereich gesucht werden, denn seit dem Crash 1987 sind die Anleger (insbesondere die Kleinanleger) viel hektischer und nervöser, allerdings auch vorsichtiger geworden.

[24] Vgl. **Trenner, D.**: "Aktienanalyse und Anlegerverhalten", S. 238.

[25] Als Bull-Market ('Bull' der draufgängerische Bulle) wird eine haussierende Börsenphase bezeichnet. Ein Kurszerfall wird dagegen Bear-Market ('Bear' der vorsichtige Bär) genannt.

[26] **Trenner, D.**: "Aktienanalyse und Anlegerverhalten", S. 239.

Aufwärtstage an allen Tagen innerhalb eines bestimmten Zeitraumes (meist wird eine Zeitreihenlänge von 9, 11 oder 14 Tagen berücksichtigt).

Abbildung 3/4: Beispiele von Formationen typischer Kurs/Umsatzbilder

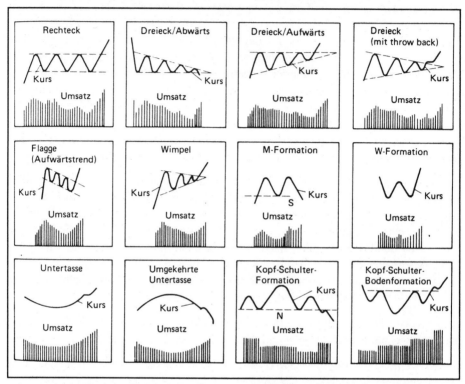

Die *Methode der gleitenden Durchschnitte* wird häufig auch auf einzelne Aktien angewendet. Dabei werden von vielen Anwendern ein kurzfristiger (4 Tage), ein mittelfristiger (9 Tage) und ein langfristiger (18 Tage) gleitender Durchschnitt errechnet. Steigen die 4-Tage-Durchschnittslinie und die 9-Tage-Durchschnittslinie über die 18-Tage-Durchschnittslinie hinaus *und* steigen dabei alle Durchschnittslinien, so ist dies als Kaufsignal zu werten. Verkaufssignale werden beim umgekehrten Fall geliefert. Der grosse Nachteil der Methode der gleitenden Durchschnitte ist, dass sie bei sprunghaften oder antizyklischen Märkten versagt.

Der *Momentum-Indikator* wird üblicherweise auf der Basis von 10 oder 25 Tagen errechnet und gibt die Differenz zwischen heutigem Preis und dem Preis vor 10 bzw. 25 Tagen an. Die Verbindung der täglich neu ermittelten Werte ergibt eine

Kurve. Durchbricht diese die neutrale Null-Linie, wird eine Trendwende bestätigt[27].

Der umstrittenste und wohl am meisten belächelte Teil der technischen Analyse liegt bei den Formationen typischer Kurs/Umsatzbilder. Diese Formationen (vgl. Abbildung 3/4 [28]) ermöglichen nach Auffassung der Chartisten "eine Charakterisierung des Kursverlaufs von Einzelaktien und werden von ihnen darüber hinaus zur Prognose der weiteren Kursentwicklung herangezogen"[29].

### 3.1.2 Die Analyse festverzinslicher Wertpapiere

Der Begriff *'festverzinsliche Wertpapiere'* steht für eine Kategorie von Papieren, deren Eigenschaften die *versprochene* - nicht notwendigerweise *realisierte* oder *erwartete* - Rückzahlung und Verzinsung sind[30]. Festverzinsliche Wertpapiere galten früher als eine relativ risikoarme und daher oft (im Vergleich zu riskanteren Anlageformen) schlechter rentierende Anlage. Ihre Attraktivität lag in der regelmässigen, 'sicheren' Verzinsung und in der begrenzten Laufzeit. Vor allem steigende Zinsen und die in den letzten Jahren beobachteten Zinsschwankungen[31] liessen festverzinsliche Wertpapiere zu riskanteren aber auch besser rentierenden Anlagen werden. Ein dritter positiver Effekt ist in den steuerlichen Vorteilen bestimmter Titel zu sehen[32]. Sensibilisiert durch die Chancen einer Investition in festverzinsliche Anlagen begannen Investoren mit der Analyse solcher Titel.

### 3.1.2.1 Die festverzinslichen Wertpapiere

Der Markt für festverzinsliche Anlagen umfasst eine grosse Zahl verschiedenartiger Titel. Aufgrund der Laufzeit werden zwei Gruppen von Titeln unterschieden:

- Geldmarktpapiere und

---

27 Nähere Ausführungen dazu finden sich in: Aktuelles Praxishandbuch mit sämtlichen Möglichkeiten für hochrentierende Börsengeschäfte, Loseblattsammlung, Kapitel 14/6.1, S. 2.
28 **Trenner, D.:** "Aktienanalyse und Anlegerverhalten", S. 247.
29 **Trenner, D.:** "Aktienanalyse und Anlegerverhalten", S. 247.
30 Vgl. **Sharpe, W.:** "Investments", S. 270.
31 Vgl. **Joehnk, M.:** "An Introduction to Fixed Income Security", in: **Fabozzi, F./Pollack, I.:** "The Handbook of Fixed Income Securities", S. 3.
32 In den USA gilt dies vor allem für Municipal Bonds. Vgl. **Joehnk, M.:** "An Introduction to Fixed Income Security", in: **Fabozzi, F./Pollack, I.:** "The Handbook of Fixed Income Securities", S. 4.

- Kapitalmarktpapiere.

Die Gruppe der *Geldmarktpapiere* umfasst *Treasury Bills*, *Commercial Papers*, *Bankers' Acceptances* und *Certificates of Deposit*. Es handelt sich ausschliesslich um Papiere mit einer Laufzeit von maximal einem Jahr, deren Risiko relativ gering und deren Liquidität hoch ist[33].

*Treasury Bills* sind kurzfristige Schuldverschreibungen der öffentlichen Hand in wechselähnlicher Form. Sie werden in der Regel auf ein bis zwölf Monate mit einem Diskont ausgegeben. Der Ertrag entspricht damit der Differenz zwischen Kaufpreis und Nominalwert[34]. Sicherheit (Schuldner ist der Staat) und Liquidität (es existiert ein aktiver Sekundärmarkt) charakterisieren diese Anlage.

*Commercial Papers* sind Eigenwechsel erstklassiger Unternehmen mit einer Laufzeit von maximal 270 Tagen. Die Zinszahlung erfolgt durch Diskontabzug. Da Commercial Papers ein grösseres Verlustrisiko[35] (allein bedingt durch die Tatsache, dass es sich um einen privatwirtschaftlichen Schuldner handelt) und einen schlechter funktionierenden Sekundärmarkt[36] aufweisen, ist die Rendite im Normalfall höher als diejenige von Treasury Bills.

*Bankers' Acceptances* sind auf erstklassige Banken gezogene Wechsel mit einer Laufzeit von 30 bis 180 Tagen. Wie die bereits erwähnten Treasury Bills und Commercial Papers werden sie auf Diskontbasis gehandelt. Der Vorteil gegenüber einem Commercial Paper besteht darin, dass die Rückzahlung von einer erstklassigen (der akzeptierenden) Bank garantiert wird, wodurch das Verlustrisiko abnimmt. Die Handelbarkeit solcher Papiere ist im Vergleich zu den oben erwähnten eingeschränkt.

*Certificates of Deposit* (CD's) sind von Banken ausgegebene Schuldverschreibungen

---

[33] Vgl. **Stigum, M.:** "Money Market Instruments", in: **Fabozzi, F./Pollack, I.:** "The Handbook of Fixed Income Securities", S. 173.

[34] Die Rendite wird entsprechend wie folgt berechnet:
$$r = [(NW - P) / 100] \cdot [360 / t]$$
(wobei NW=Nominalwert, P=Kaufpreis, t=Restlaufzeit in Tagen).

[35] Allerdings muss erwähnt werden, dass in den USA seit 1965 nur 5 Unternehmungen ihren Verpflichtungen aus Commercial Papers nicht nachkommen konnten. Vgl. **Stigum, M.:** "Money Market Instruments", in: **Fabozzi, F./Pollack, I.:** "The Handbook of Fixed Income Securities", S. 185.

[36] Vgl. **Stigum, M.:** "Money Market Instruments", in: **Fabozzi, F./Pollack, I.:** "The Handbook of Fixed Income Securities", S. 188.

in Wertpapierform. Sie werden auf Zinsbasis gehandelt[37]. Die Laufzeit ist individuell wählbar, beträgt aber mindestens 30 Tage. Wegen der leichten Handelbarkeit (es besteht ein gut funktionierender Sekundärmarkt) und wegen ihrer hohen Sicherheit (Bank als Schuldner) sind CD's sehr beliebte kurzfristige Anlagen.

Die Gruppe der *Kapitalmarktpapiere* umfasst *Anleihen*, *Wandelanleihen* und *Optionsanleihen*. Es handelt sich um Papiere mit Laufzeiten von mehr als einem Jahr, deren Risiko (bedingt durch die längere Laufzeit) höher eingestuft wird als dasjenige von Geldmarktpapieren.

Eine *Anleihe* (Bond) ist eine auf einen bestimmten Nennbetrag lautende, verzinsliche und rückzahlbare, mit einer festen maximalen Laufzeit versehene Schuldverschreibung, die in Wertpapierform ausgegeben wird. Häufig werden die Anleihen nach Typ des Emittenten unterschieden[38]:

- Staatsanleihen und
- Anleihen privater Unternehmungen.

Staatsanleihen gelten im Vergleich zu Anleihen privater Unternehmungen als sicherere Papiere, die aber mit einer geringeren Verzinsung verbunden sind.

In der jüngeren Vergangenheit sind am Markt Anleihen erschienen, die sich in mindestens einem Merkmal von den gewöhnlichen Anleihen (Straight Bonds) unterscheiden. Zu erwähnen sind[39]

- Anleihen mit verschiedener *Zinssatzgestaltung* (Floating-Rate-Bonds, Discount Bonds, Zerobonds, Drop-Lock Bonds),
- Anleihen mit verschiedener *Laufzeitgestaltung* (Retractable Bonds, Extendible Bonds, Perpetual Bonds) und
- Anleihen mit verschiedenen *Rückzahlungsmodalitäten* (Doppelwährungsanleihen, Anleihen mit Währungsoption).

Die *Wandelanleihe (Convertible Bond)* ist eine in Wertpapierform verbriefte Schuldverschreibung, die dem Eigentümer das *Recht* einräumt, sie innerhalb einer

---

[37] Die Rendite der CD's wird wie folgt berechnet:
$$r = [((1 + c \cdot L / 360) / P) - 1] \cdot [360 / t]$$
(wobei c=Couponrate, L=Laufzeit in Tagen, P=Kaufpreis, t=Restlaufzeit in Tagen).

[38] Der Staatssektor wird auf dem amerikanischen Markt weiter unterteilt in *Treasury Bonds*, *Agency Bonds* und *Municipal Bonds*. Zusätzlich wird eine Emittentengruppe 'Institutionen' (Schulen, Spitäler, Kirche etc.) gebildet. Vgl. dazu **Reilly, F.:** "Investments", S. 378.

[39] Näheres zu diesen Anleihensformen findet sich in **Löffler, A.:** "Anleihen - Nationale und internationale Anleihensformen als Finanzierungsinstrument und Kapitalanlage", S. 203 ff.

bestimmten Frist und zu einem bestimmten Preis in die in den Anleihensbedingungen bestimmten Wertpapiere (meistens Aktien) umzutauschen. Für den Investor stellt - dank der Verbindung eines festverzinslichen Wertpapieres mit einem unter Umständen sehr entwicklungsfähigen Wachstumspapier - die Wandelanleihe eine attraktive Anlagemöglichkeit dar. Einem gegenüber der normalen Anleihe erhöhten Kursrisiko (das aber immer noch unter demjenigen einer Aktie liegt) steht die Gewinnchance einer Aktienanlage (Kapitalgewinn) gegenüber (erfährt die Aktie eine Höherbewertung, so steigt auch der Kurs der Anleihe). Als Nachteil ist der gegenüber normalen Anleihen tiefere Zinssatz (im Normalfall 0.5% bis 1.5% unter dem Zinsniveau vergleichbarer Anleihen) zu erwähnen.

Die *Optionsanleihe (Warrant Bond)* - eine wie die Wandelanleihe in Wertpapierform verbriefte Schuldverschreibung mit Zusatzrechten - berechtigt den Eigentümer, innerhalb einer bestimmten Frist zu einem im voraus festgesetzten Preis Beteiligungspapiere (meistens Aktien) zu erwerben. Im Unterschied zur Wandelanleihe ist das Bezugsrecht im *Optionsschein* verbrieft und kann *unabhängig von der Anleihe* verwendet (ausgeübt oder auch verkauft) werden. Aehnlich der Wandelanleihe ist die Optionsanleihe eine Kombination von Sicherheit einer festverzinslichen Anleihe und einer Kapitalgewinnchance. Letzteres muss allerdings mit einer oft hohen Optionsprämie bezahlt werden (für den Investor ergibt sich ein höherer Preis als beim direkten Aktienerwerb). Sinkt der Aktienkurs während der Optionsfrist unter den festgelegten Optionspreis, so wird vom Optionsrecht kein Gebrauch gemacht und der Optionsbesitzer verliert seinen ganzen Optionseinsatz. Der Optionsschein als solcher wird damit zu einem reinen Spekulationspapier, das keinen laufenden Ertrag abwirft, sondern auf Veränderungen des Aktienkurses überproportional reagiert[40].

### 3.1.2.2 Beurteilungsgrundlagen festverzinslicher Wertpapiere

Um festverzinsliche Wertpapiere auf ihre Anlagefähigkeit hin beurteilen zu können, müssen mehrere Kriterien beachtet werden:

- Schuldnerqualität,
- Laufzeit,
- Zinssatz,

---

[40] Der Grund für heftige Optionskursausschläge bei Veränderungen des Aktienkurses ist darin zu sehen, dass mit einem relativ kleinen Kapitaleinsatz im Vergleich zum Kurswert der Aktien absolut ein ebenso grosser Kursgewinn erzielt werden kann wie durch den Kauf der entsprechenden Aktie selbst. Vgl. **Löffler, A.:** "Anleihen - Nationale und internationale Anleihensformen als Finanzierungsinstrument und Kapitalanlage", S. 199.

- Rendite und
- Marktgängigkeit[41].

Die *Schuldnerqualität* drückt sich in der *Willigkeit* und *Fähigkeit* des Emittenten eines festverzinslichen Wertpapieres aus, "die vereinbarten *Zinszahlungen und Rückzahlungen termingerecht* zu leisten"[42]. Es ist die Aufgabe des Analysten, den Schuldner quantitativ und qualitativ zu beurteilen. Im Rahmen der *quantitativen Analyse* (im angelsächsischen Sprachraum als *'Credit Analysis'* bezeichnet) erfolgt die Beurteilung der *finanziellen Verhältnisse*. Es werden eine Reihe von Kennzahlen berechnet und deren Entwicklung im Zeitablauf studiert. Relevant sind dabei die folgenden Bereiche[43]:

- Liquidität,
- Finanzierungskraft,
- Ertragskraft und
- Kapital- / Vermögensstruktur.

Die *qualitative Analyse* hat die Managementqualitäten (Ausbildung, Erfahrung, Fähigkeit, Werdegang des Managements usw.), die Produkte (Qualität, Kundennutzen, Substitutionsmöglichkeiten, Zukunftsaussichten usw.) sowie die Marktstellung (Konkurrenz) zu untersuchen. Von wichtigster Bedeutung ist dabei die Beurteilung des Managements, da dieses für die Unternehmung lebenswichtige Steuerungs- und Ueberwachungsfunktionen wahrzunehmen hat.

In den USA wird die Schuldnerqualität seit langem von *Ratingagenturen* (Standard and Poor's Corporation, Moody's Investor Service, Fitch's Rating Service, Duff and Phelps Investment Service usw.) professionell analysiert. Die Wertpapiere erhalten je nach Qualität eine Klassifizierung (sog. *Rating*). Dem Anleger wird damit die Einschätzung möglicher Risiken erleichtert (vgl. Abbildung 3/5 [44]).

---

[41] In **Schweizerische Kreditanstalt**: "Technische Beurteilung von OBLIGATIONEN, insbesondere auch Wandel- und Optionsanleihen - Ein Leitfaden von Spezialisten für Spezialisten", S. 4 ff. sind noch die Kriterien 'Währung' und 'Steuern' erwähnt. Auf die Steuerproblematik wird in Abschnitt 3.2.2.2. und auf die Beurteilung von Fremdwährungsanlagen in Kapitel 8 eingegangen.

[42] **Schweizerische Kreditanstalt**: "Technische Beurteilung von OBLIGATIONEN, insbesondere auch Wandel- und Optionsanleihen - Ein Leitfaden von Spezialisten für Spezialisten", S. 4.

[43] Vgl. **Credit Suisse First Boston Limited**: "Investment Manual for Fixed Income Securities in the International and Major Domestic Capital Markets", S. 25 f.

[44] Vgl. **Reilly, F.**: "Investments", S. 384.

Abbildung 3/5: Beschreibung der wichtigsten Bond Rating

| Duff & Phelps | Fitch | Moody's | Standard & Poor's | Ratingdefinition |
|---|---|---|---|---|
| 1 | AAA | Aaa | AAA | Aeusserst starke Fähigkeit zur Zinszahlung und Tilgung |
| 2-4 | AA | Aa | AA | Sehr starke Fähigkeit zur Zinszahlung und Tilgung |
| 5-7 | A | A | A | Starke Fähigkeit zur Zinszahlung und Tilgung |
| 8-10 | BBB | Baa | BBB | Angemessene Fähigkeit zur Zinszahlung und Tilgung. Ungünstige Verhältnisse führen zu einer schwächeren Fähigkeit der Zinszahlung und Tilgung |
| 11-16 | BB-CC | Ba-Ca | BB-CC | Spekulativer Grad mit Abstufung des Risikos bezüglich Zinszahlung und Tilgung |
| 17 | C | C | C | Hoher Spekulationsgrad, keine Zinszahlungen |
| 18 | D | D | D | Extrem hoher Spekulationsgrad, Zahlungsverzug |

Die *Laufzeiten* festverzinslicher Papiere bereiten einem Investor im Falle von fest vereinbarten Rückzahlungsterminen keine besonderen Schwierigkeiten. Häufig ist die Rückzahlung aber komplizierter geregelt. Einer *Tilgungsanleihe* (Anleihe, deren Rückzahlung in bestimmten Teilbeträgen (Serien) vorgesehen ist) ist das Risiko inhärent, dass die Rückzahlung *bestimmter Serien* vor dem Endverfall erfolgt (durch Auslosung). Davon zu unterscheiden sind *Anleihen mit vorzeitigem Kündigungsrecht*. Bei solchen sind nicht nur einzelne Serien, sondern die *ganze* Anleihe mit dem Risiko einer vorzeitigen Rückzahlung behaftet. Die vorzeitige Rückzahlung (ob bestimmter Serien oder ganzer Anleihen) stellt insofern für den Investor ein Risiko dar, als erwartet werden kann, dass die Schuldner genau dann ihre Rechte auf vorzeitige Tilgung geltend machen, wenn sie sich günstiger verschulden können. "Dieser Umstand impliziert aber, dass Investoren das nun früher rückgezahlte Kapital nur zu schlechteren Bedingungen reinvestieren können"[45]. Entsprechend der Rückzahlungsmodalität einer Anleihe und den Marktbedingungen ist mit einer Laufzeit auf Endverfall, mittleren Laufzeit, Laufzeit auf Kündigung usw. zu rechnen[46].

Die Beurteilung des *Zinssatzes* (Coupon) hat immer unter Berücksichtigung der herrschenden Marktverhältnisse zu erfolgen. Häufig wird der Zins in seine Einflusskomponenten zerlegt[47]:

   Zins = Risikofreier Zinssatz + erwartete Inflationsrate + Risikoprämie

Der *risikofreie Zinssatz* verkörpert für den Anleger den Ertrag für den Verzicht auf sofortigen Konsum zugunsten eines vorgezogenen Konsums des Schuldners. Unter 'vorgezogenem Konsum' ist die Investitionsmöglichkeit (mit Fremdkapital) zu verstehen, welche von der langfristigen Wachstumsrate einer Wirtschaft abhängig ist. Zum risikofreien Zinssatz wird die *erwartete Inflationsrate* addiert, um so die erwartete nominelle Verzinsung zu erhalten. In der *Risikoprämie* sind drei Komponenten enthalten: die Schuldnerbonität, die Laufzeit und die individuellen Faktoren wie besondere Sicherheiten, Kündigungsmöglichkeiten usw.

Die *Rendite* eines festverzinslichen Papieres wird vom Zinssatz, dem Kurs (bzw. dem Kapitalgewinn/ -verlust) und der Laufzeit bestimmt. Sind Kaufpreis, Couponzahlungen, Rückzahlungswert und Laufzeit bekannt, kann die Rendite mittels (3.3) ermittelt werden:

$$P = \sum_{t=1}^{mn} (C_t/m) / (1 + r/m)^t + RW / (1 + r/m)^{mn} \qquad (3.3)$$

(wobei P=Kaufpreis (Kurs), $C_t$=Couponzahlung im Jahr t, RW=Rückzahlungswert, r=Rendite pro Jahr, n=Laufzeit in Jahren, m=Anzahl Zinszahlungen pro Jahr).

Je nach Marktverhältnissen wird eine *Rendite auf Verfall (Yield to Maturity)* oder eine *Rendite auf Kündigung* berechnet. Sinkt die Rendite auf Kündigung unter die Rendite auf Verfall, so muss mit einer Kündigung durch den Schuldner gerechnet werden[48]. Dies ist dann der Fall, wenn der Kurs einer Anleihe über den Rückzah-

---

45  **Uhlir, H./Steiner, P.**: "Wertpapieranalyse", S. 50.
46  Vgl. **Schweizerische Kreditanstalt**: "Technische Beurteilung von OBLIGATIONEN, insbesondere auch Wandel- und Optionsanleihen - Ein Leitfaden von Spezialisten für Spezialisten", S. 7.
47  Vgl. bspw. **Uhlir, H./Steiner, P.**: "Wertpapieranalyse", S. 62.
48  Vgl. **Schweizerische Kreditanstalt**: "Technische Beurteilung von OBLIGATIONEN, insbesondere auch Wandel- und Optionsanleihen - Ein Leitfaden von Spezialisten für Spezialisten", S. 18.

lungswert (meistens Nominalwert) steigt bzw. der Marktzinssatz unter den Anleihenszinssatz fällt. Im umgekehrten Fall oder wenn keine Kündigung möglich ist, wird die Rendite auf Verfall berechnet.

Mit der *Marktgängigkeit* ist die Möglichkeit eines Kaufs bzw. Verkaufs festverzinslicher Wertpapiere, ohne spezielle Preiskonzessionen eingehen zu müssen, angesprochen. Die Marktgängigkeit wird von der Grösse der Anleihensemission, den Marktbedingungen (Marktgrösse, Transaktionsvolumen, psychologische Marktverfassung) und dem Substitutionsgrad einer Anleihe (welche Alternativen hat ein Anleger auf dem Markt) bestimmt.

### 3.1.3 Die Analyse anderer Anlagemedien

Neben Aktien und festverzinslichen Wertpapieren gibt es für einen Anleger noch weitere Investitionsmöglichkeiten: Edelmetalle (Gold, Silber, Platin), Anlagefondszertifikate, Festgeldanlagen, Immobilienanlagen, Bankeinlagen, Optionen und Futures[49].

Eine Investition in *Edelmetalle* erfolgt mittels physischer Uebergabe des Edelmetalles oder in Form von Edelmetallkonten. Trotz des Vorzugs einer gewissen Wertbeständigkeit (vor allem auch in wirtschaftlichen und politischen Krisenzeiten) haftet dem Edelmetall der Nachteil an, dass - im Gegensatz zu den Aktien und festverzinslichen Wertpapieren - kein Kapitalzuwachs aus der Substanz heraus erfolgt. Ein Anlageertrag erfolgt allein aus einer möglichen Preissteigerung. Wie kaum ein anderes Anlagemedium sind Edelmetalle von gesamtwirtschaftlichen Gegebenheiten abhängig. Das Volumen des Edelmetallangebotes wird von Motiven wie Devisenbeschaffung, Ausgleich von Zahlungsbilanzen, Einfuhr begehrter Güter usw. bestimmt[50]. Die Edelmetallnachfrage wird durch Hortungskäufe, Käufe für industrielle Zwecke und Spekulationskäufe beeinflusst.

Neben der physischen Edelmetallanlage oder dem Edelmetallkonto besteht für den Anleger beim Gold die Möglichkeit, Goldminenaktien, Goldfondstitel oder Goldanleihen zu erwerben[51]. Solche Anlagen dienen der Abschwächung des Verlustrisikos.

---

49  Auf Optionen und Futures wird in Kapitel 6 eingegangen.
50  Vgl. dazu **Schweizerische Kreditanstalt:** "Gold - Handbuch", S. 106. Die dort gemachten Ausführungen zum Gold dürften auch für Silber und Platin gelten, wenn auch in viel geringerem Masse.
51  Vgl. dazu **Dexheimer, P./Schubert, E./Ungnade, D.:** "Leitfaden durch die Anlageberatung", S. 183 f.

Bei der Analyse von *Anlagefondszertifikaten* ist zwischen Wertschriftenfonds (Aktien-, Obligationen-, Geldmarkt- und gemischten Aktien- und Obligationenfonds) und Immobilienfonds zu unterscheiden. Wertschriftenfonds spiegeln in der Regel die Entwicklung an den Wertpapiermärkten wider. Die Renditen der Immobilienfondszertifikate bleiben dagegen relativ stabil[52]. Allerdings sind auch Anlagefondszertifikate nicht nur aufgrund ihrer Rendite, sondern auch unter Berücksichtigung des Risikos zu beurteilen. Insbesondere müssen in diesem Zusammenhang die Anlagepolitik des Fonds (Art der Fondsanlagen, Ausmass möglicher Kreditkäufe, Verteilung und Risikostreuung der Anlagen, Währungsrisiken usw.), die Portefeuillestruktur des Fonds und die Konzentration der Anleger (ein breit gestreutes Anlegerpublikum ist auf allfällige Rücknahmebegehren weniger anfällig) analysiert werden[53].

*Festgeldanlagen* werden vor allem in Zeiten unattraktiver Anlagemöglichkeiten getätigt. Es handelt sich um eine kurzfristige (bis maximal 12 Monate) zum laufenden Geldmarktsatz verzinste Anlage, deren Risiko so hoch ist, wie das Bonitätsrisiko der die Anlage aufnehmenden Bank.

*Immobilienanlagen* können in Form eines Liegenschaftenerwerbs oder eines Kaufs von Immobilienfondszertifikaten getätigt werden. Der Vorteil von Fondszertifikaten gegenüber einem Liegenschaftenerwerb ist zweifacher Natur. Zum einen ist keine Analyse des Immobilienmarktes erforderlich und zum andern wird das Verlustrisiko abgeschwächt. Trotzdem kann der Anleger an den Entwicklungen des Immobilienmarktes partizipieren.

*Bankeinlagen* dienen vor allem der Anlage von Liquiditätsreserven. Ihre Rendite ist (abgesehen von *inversen* Zinslagen[54]) im Vergleich zu den übrigen Anlagen relativ gering. Das Risiko ist dem Bonitätsrisiko der entsprechenden Bank gleichzusetzen.

## 3.2 Das Anlagekonzept

Die Erarbeitung des Anlagekonzeptes - sei es in der Form der Beratung oder der Verwaltung - hat zum Inhalt, eine den Kundenwünschen entsprechende, in sich widerspruchsfreie Anleitung zur Kapitalanlage (sog. *Anlagepolitik*) zu formulieren. Der Anlageberater sieht sich der schwierigen Aufgabe gegenübergestellt, aus einer Vielzahl von Kundeninformationen die Wünsche und Bedürfnisse des Klienten zu

---

52  Vgl. **Spahni, A.**: "Entwicklungen und Zukunft der Anlagefonds in der Schweiz", S. 145.
53  Vgl. auch **Spahni, A.**: "Entwicklungen und Zukunft der Anlagefonds in der Schweiz", S. 210 ff.
54  Von einer *inversen* Zinslage wird dann gesprochen, wenn die kurzfristigen Zinsen die langfristigen übersteigen.

erkennen. Da viele Informationen nicht quantifizierbar sind, erscheint es sinnvoll, in einem *persönlichen Gespräch* die Anlageziele und -wünsche zu definieren.

### 3.2.1 Die Kundenzielermittlung

Grundsätzlich erwartet der Investor von einer Kapitalanlage die folgenden Eigenschaften:

- Rentabilität,
- Sicherheit und
- Liquidität.

Ohne näher darauf einzugehen, darf hier festgestellt werden, dass die Beziehungen zwischen diesen klassischen Anlagezielen nicht nur harmonischer oder neutraler Art sind[55]. So sind sehr rentable Anlagen oft risikobehaftet, sichere Anlagen umgekehrt weniger rentabel. Zwischen den Zielen Sicherheit und Liquidität bestehen dagegen eher Synergien, während zwischen Liquidität und Rentabilität wiederum Konflikte auftreten können. Derartige Beziehungen verhindern eine gleichzeitige Verwirklichung aller Ziele im höchsten Masse, was eine Gewichtung derselben bedingt.

#### 3.2.1.1 Das Rentabilitätsziel

Das Hauptziel eines jeden Anlegers *muss* die Erhaltung seiner Vermögenssubstanz sein, ansonsten jeglicher Anreiz einer Kapitalanlage fehlt. Dieser gibt sich jedoch nicht mit der nominellen Werterhaltung zufrieden. Vielmehr wird eine inflations- und steuerbereinigte (reale) Erhaltung des Vermögens angestrebt. Darüber hinaus werden laufende Erträge in Form von Zinsen und Dividenden, sowie Kapitalgewinne erwartet. Ist *ausschliesslich* die *Gesamthöhe* des monetären Erfolges für den Anleger massgebend, das heisst dieser ist gegenüber dem *zeitlichen Anfall* der Erträge *indifferent*, so können laufende Erträge und Kapitalgewinne unter dem Begriff *Erfolg* bzw. *Ertrag* zusammengefasst werden[56]. Der *Erfolg* bzw. *Ertrag* wird häufig relativiert, indem dieser im Verhältnis zum investierten Kapital gesehen wird. Diese Relation wird als *Rendite* bezeichnet.

---

[55] Häufig spricht man vom 'Magischen Dreieck' und meint damit das Spannungsfeld, das diese drei Eigenschaften umfasst.

[56] Vgl. **Kienast, R.:** "Aktienanalyse - Möglichkeiten rationaler Anlageentscheidungen", S. 42, sowie **Hielscher, U.:** "Das optimale Aktienportefeuille", S. 117.

In der Realität ist aber zu beobachten, dass das Renditeziel in die beiden Teilziele *'Kapitalzuwachs'* und *'laufende Erträge'* aufgespalten wird[57]. Die Zielsetzung des Kapitalzuwachses führt zu einer anderen Anlagepolitik als diejenige der laufenden Erträge. Ist ein Anleger darauf bedacht, einen möglichst hohen Kapitalzuwachs zu erzielen, so wird er sich eher für eine Investition in Aktien entscheiden, da die Kursschwankungen derselben oft ein Vielfaches der laufenden Erträge (Dividenden) betragen[58]. Dagegen wird ein Anleger, der hohe laufende Erträge erwirtschaften will, vorwiegend in festverzinsliche Papiere investieren, welche häufig einer nur geringen Kursschwankung unterliegen, aber einen regelmässigen Zins einbringen.

Oftmals wird aber keines der beiden Teilziele *ausschliesslich* verfolgt, sondern die gleichzeitige Verwirklichung bei unterschiedlicher Gewichtung angestrebt. Der Anlageberater muss dann seine Aufgabe wahrnehmen und aufgrund der individuellen Wünsche und Bedürfnisse seines Kunden die richtige Gewichtung vornehmen.

### 3.2.1.2 Das Sicherheitsziel

Dem Sicherheitsziel wird im Anlagesektor vor allem in neuerer Zeit[59] eine grosse Bedeutung beigemessen. Es wird versucht, das Risikopotential, welches einer Kapitalanlage inhärent ist, zu vermindern. Um dies erfolgreich zu tun, ist es notwendig, Klarheit zu schaffen, was das Risiko ist und wo dessen Ursprung liegt.

Wie bereits weiter vorne erwähnt[60], ist unter Risiko die Gefahr bzw. die Möglichkeit zu verstehen, Schaden oder Verluste zu erleiden. Aufgrund des finanzanalytischen Datenmaterials[61] werden Prognosen über zukünftige Renditeentwicklungen einzelner Anlageinstrumente gemacht. Prognosen sind aber mit der Ungewissheit der Zukunft behaftet. Diese Ungewissheit ist denn auch der Ursprung des Risikos.

---

57   Vgl. dazu die Vermögensverwaltungsverträge verschiedener Banken.
58   Für eine Investition in Aktien bestehen grundsätzlich zwei Alternativen: Aktien mit überdurchschnittlichen Kurssteigerungschancen und relativ geringer Ausschüttung und Aktien mit geringen Kurssteigerungschancen und überdurchschnittlicher Ausschüttung. Werte, welche die zuerst genannte Alternative betreffen, finden sich vor allem in Wirtschaftszweigen, die ausgesprochen gute Entwicklungsmöglichkeiten haben. In Unternehmungen solcher Branchen herrscht ein hoher Investitions- und daher Kapitalbedarf vor, weshalb Gewinne eher in der Unternehmung einbehalten werden. Der innere Wert dieser Aktien (vgl. Fundamentalanalyse in Abschnitt 3.1.1.1.) steigt stärker. Die zweite Alternative beinhaltet Aktien, die eine relativ hohe Ausschüttung haben, wodurch der innere Wert und damit der Kurs nicht im selben Ausmass steigt, wie dies bei der erst genannten Alternative der Fall ist.
59   Vgl. die Abschnitte 4.1. und 4.2.
60   Vgl. Abschnitt 2.3.
61   Vgl. Abschnitt 3.1.

Risiken müssen bei jeder Kapitalanlage in Kauf genommen werden, da sie die unvermeidliche Kehrseite der *Chancen* sind. Deshalb vermag das Risiko isoliert betrachtet als Bewertungskriterium nichts auszusagen. Erst in Verbindung mit anderen Zielgrössen wie zum Beispiel der Rendite wird es sinnvoll. Hier besteht denn auch die Aufgabe des Anlageberaters darin, dem Kunden den Zusammenhang zwischen Rendite und Risiko klar zu machen und die Wunschvorstellung einer hundertprozentigen Sicherheit bei einer hohen Rendite auf ein realistisches Niveau zu reduzieren.

Eine zweite, weit schwierigere Aufgabe besteht für den Anlageberater darin, die *Risikotoleranz* des Anlegers zu erkennen und zu erfassen. In der Theorie werden drei Verhaltensweisen von Investoren unterschieden[62]:

- risikofreudiges Verhalten,
- risikoindifferentes Verhalten und
- risikoscheues Verhalten.[63]

In der Praxis spielt das risikoscheue Verhalten eine dominante Rolle. Der Anleger versucht seine Risiken abzusichern, was auch den unverkennbaren Trend zur *Portfolio-Insurance*[64] erklärt.

Die persönliche Risikotoleranz eines Investors kann nur sehr ungenau bestimmt werden. Der Anlageberater versucht sie im Gespräch oder mittels Fragebogen zu ermitteln. Das Ergebnis kann jedoch nur eine *punktuelle Risikoklassifizierung* sein. Hier tritt denn auch eine Schwäche jener Theorien auf, die davon ausgehen, es könne eine *Risikofunktion* ermittelt werden[65].

### 3.2.1.3 Das Liquiditätsziel

Unter Liquidität einer Kapitalanlage versteht man die Eigenschaft, diese ohne Zeitverzögerung in Bargeld umwandeln zu können[66]. Demzufolge wird die Liquidität durch die Faktoren *Fristigkeit und Abtretbarkeit* bestimmt.

---

[62] Vgl. bspw. **Süchting, J.**: "Finanzmanagement", S. 270., **Copeland, T./Weston, F.**: "Financial Theory and Corporate Policy", S. 85 f.
[63] Näheres dazu vgl. die Abschnitte 4.2. und 4.3.
[64] Vgl. dazu Kapitel 6.
[65] Vgl. dazu Abschnitt 4.1.
[66] Vgl. bspw. **Dexheimer, P./Schubert, E./Ungnade, D.**: "Leitfaden durch die Anlageberatung", S. 12, **Kienast, R.**: "Aktienanalyse - Möglichkeiten rationaler Anlageentscheidungen", S. 49, Aktuelles Praxishandbuch mit sämtlichen Möglichkeiten für hochrentierende Börsengeschäfte, Loseblattsammlung, Kapitel 3, S. 42.

Unter den Kapitalanlagen besitzen Bonds, Geldmarktpapiere und Festgelder die Eigenschaft, sich selbst zu liquidieren. Das Kapital wird dem Anleger nach einer im voraus vereinbarten Laufzeit zurückbezahlt. Je kürzer die Restlaufzeit ist, umso liquider ist die Anlage. Zusätzlich hat ein Investor die Möglichkeit, diese Anlagen am Markt (sofern ein solcher besteht[67]) zu veräussern. Dagegen verfallen Aktien, Partizipationsscheine, Edelmetallanlagen etc. nicht nach einer bestimmten Zeit. Deren Liquidität ist entsprechend allein von der Abtretbarkeit abhängig.

Die Abtretbarkeit (und damit die Liquidität) von Kapitalanlagen wird wesentlich von den Marktfaktoren bestimmt. Insbesondere spielen die herrschenden Marktverhältnisse, die Marktgängigkeit der Anlage sowie deren Marktenge eine gewichtige Rolle. Diese Faktoren schlagen sich alle mehr oder weniger im Preis (Kurs) nieder[68].

Das Anlageziel Liquidität wird oftmals - vor allem auch in theoretischen Modellen - missachtet. Doch ist nicht von der Hand zu weisen, dass auch diesem Ziel eine starke Beachtung geschenkt werden muss. So haben beispielsweise Anleger mit kurzfristigem Renditeziel alles Interesse daran, einen aktiven Markt vorzufinden[69].

### 3.2.2 Anlagevorschriften des Kunden

Allein die Kundenzielermittlung (Rentabilität, Sicherheit und Liquidität) genügt nicht, ein umfassendes Anlagekonzept zu erarbeiten. Ebenso sind die Anlagevorschriften und Wünsche seitens des Kunden zu berücksichtigen. Im wesentlichen geht es dabei um

- finanzielle Faktoren,
- gesetzliche Rahmenbedingungen und
- persönliche Wünsche.

#### 3.2.2.1 Finanzielle Faktoren

Die finanziellen Anlagevorschriften umfassen in der Hauptsache die folgenden Fak-

---

[67] Bonds und Geldmarktpapiere werden an der Börse gehandelt. Ein Handel für Festgelder besteht dagegen nicht.

[68] Hier liegt der Grund für die tiefere Notierung von Namenaktien gegenüber gleichwertigen Inhaberaktien in der Schweiz.

[69] In gleichem Sinne **Kienast, R.**: "Aktienanalyse - Möglichkeiten rationaler Anlageentscheidungen", S. 49.

toren:

- das Anlagevolumen und die Kapitalflüsse,
- die Liquidität des Kunden und
- den Anlagehorizont.

Das *Ausmass* des anzulegenden Gesamtkapitals (Anlagevolumen), sowie der Umfang hinzufügbarem oder rückziehbarem Kapital (Kapitalfluss) wird aufgrund der Einkommens- und Vermögensverhältnisse festgelegt. In diesem Zusammenhang muss ein *Privatanleger* Ueberlegungen zur Verwendung seines Vermögens bzw. Einkommens anstellen. Den individuellen Präferenzen entsprechend dient dieses Konsumzwecken oder der Vorsorge (Altersvorsorge, finanzielle Sicherheit etc.).

Andere Voraussetzungen sind bei den *institutionellen Anlegern* vorzufinden. Abhängig von der Institution stellen anfallende Beiträge und Zuwendungen *regelmässige* (voraussehbare) Kapitalzuflüsse dar (so bei Pensionskassen und öffentlichen Sozialversicherungen wie AHV, EO und ALV). Dagegen unterliegen Kapitalzuflüsse von Anlagefonds, Krankenkassen und Versicherungen, die auf einer mehr oder weniger freiwilligen Spartätigkeit beruhen, naturgemäss *grösseren Schwankungen*.

Nicht nur der Charakter der Kapitalzuflüsse ist für ein Anlagekonzept bedeutsam. Ebenso wichtig sind die Kapitalabflüsse. So gilt auch für den institutionellen Anleger, dass er seine Zahlungsverpflichtungen jederzeit und fristgerecht erfüllen muss. Die *Erhaltung der Zahlungsfähigkeit* (Liquidität) wirkt sich daher auf die *Art* und die *Dauer (Anlagehorizont)* der Kapitalanlage aus.

### 3.2.2.2 Gesetzliche Rahmenbedingungen

*Privatanleger* sind von gesetzlichen Auflagen weitgehend befreit. Erwähnenswert sind nur die steuerlichen Aspekte, die es im Sinne einer *optimalen Kapitalanlage* zu beachten gilt. Das Problem der Steuern lässt sich in zwei Gruppen teilen[70]:

- Besteuerung von Erträgen und Kapitalgewinnen und
- Verrechnungssteuer.

*Erträge* aus beweglichem Vermögen wie Zinsen, Einkünfte aus Forderungen (Zins aus Festgeldern) und Dividenden werden sowohl vom Bund wie von allen Kantonen

---

70 Für Details sei auf die einschlägige Literatur verwiesen, so bspw. **Zuppinger, F.**: "Steuerrecht I, Einführung in das Recht der direkten Steuern", **Höhn, E.**: "Steuerrecht", **Masshardt, H.**: "Kommentar zur direkten Bundessteuer".

bei natürlichen Personen (Privatanlegern) als Einkommen besteuert. Dagegen sind *Kapitalgewinne* - wie es beispielsweise ein realisierter Wertzuwachs (Kurssteigerung) bei einer Aktie darstellt - beim Bund und bei der Mehrzahl der Kantone steuerfrei[71]. Diese Tatsache sollte bei der Festlegung des Anlagekonzeptes berücksichtigt und mit der Zielsetzung des Kunden[72] abgestimmt werden[73].

Die *Verrechnungssteuer* (eine *Quellensteuer*) wird vom Bund erhoben und ist eine Sicherungssteuer[74], welche direkt auf Einkünften aus *Kapitalerträgen* (Dividenden, Zinsen etc.) erhoben wird. Sie beträgt in der Schweiz 35%, kann aber vom Investor mit Wohnsitz in der Schweiz beim Vorlegen seiner Steuerdeklaration zurückgefordert werden[75]. Einem Investor mit Wohnsitz im Ausland ist es dank der *Doppelbesteuerungsabkommen* zwischen der Schweiz und anderen Staaten[76] ebenfalls möglich, mindestens einen Teil der bezahlten Verrechnungssteuer zurückzufordern. Dabei darf aber nicht übersehen werden, dass die Rückzahlung der Verrechnungssteuer einige Zeit später erfolgt[77] und die so durch das gebundene Kapital entstandenen

---

[71] Ausgenommen sind die Kantone Basel-Stadt, Graubünden und Jura (vgl. **Zimmermann, S.:** "Sind private Wertschriftengewinne steuerfrei?", in: NZZ vom 28. Mai 1988, S. 24). Seit 1990 sind im Kanton Basel-Stadt die Kapitalgewinne ebenfalls steuerfrei.

[72] Vgl. dazu Abschnitt 3.2.1.1. Dort wird festgehalten, dass das Renditeziel in die Teilziele 'Kapitalzuwachs' und 'laufende Erträge' aufgespalten wird.

[73] Wird davon ausgegangen, dass ein Anleger (natürliche Person) Fr. 100'000.- in eine Aktie (Kaufpreis am 1.1.19.. beträgt Fr. 5'000.-, keine Dividende pro 19.., Verkaufspreis am 31.12.19.. beträgt Fr. 5'300.-) oder in eine Obligation (Kaufpreis am 1.1.19.. beträgt Fr. 5'000.-, Rückgabepreis am 31.12.19.. beträgt Fr. 5'000.-, jährlich ausgeschütteter Zins beträgt Fr. 300.-) investieren will, so beträgt im Kanton Zürich allein der Steuerunterschied (beide Anlagen weisen eine Rendite von 6% auf) bei einer mittleren Progressionsstufe und zum Staats- und Gemeindesteuerfuss von 208% Fr. 841.70 (steuerbares Einkommen Fr. 90'000.-, zum Steuersatz von 6.744% oder Fr. 6'070.- (Stand 1989); Annahme: 108% Staatssteuer im Kanton Zürich und 100% Gemeindesteuer in einer zürcherischen Gemeinde). Die Bundessteuer (bei gleichen Annahmen wie bei der Staats- und Gemeindesteuer beträgt der Steuersatz 3.746% oder Fr. 3'372.-) beträgt Fr. 224.80, was einer totalen Steuer von Fr. 1'066.5 entspricht. Damit sinkt die Rendite der Obligation von 6% auf 4.934%.

[74] Vgl. **Höhn, E.:** "Steuerrecht", S. 225.

[75] Werden die Erträge nicht als Einkommen deklariert, so verfällt die Steuer endgültig dem Bund und den Kantonen (vgl. **Höhn, E.:** "Steuerrecht", S. 225).

[76] Doppelbesteuerungsabkommen bestehen mit den folgenden Staaten: Australien, Belgien, Deutschland, Frankreich, Griechenland, Grossbritannien, Irland, Italien, Japan, Kanada, Korea (Süd), Malaysia, Neuseeland, Niederlande, Oesterreich, Portugal, Schweden, Singapur, Spanien, Sri Lanka, Südafrika, Trinidad und Tobago, Ungarn und USA. (vgl. Systematische Sammlung des Bundesgesetzes, 672.201.1: Verordnung 1 des EFD über die pauschale Steueranrechnung vom 6. Dezember 1967, sowie 672.933.61: Verordnung zum schweizerisch-amerikanischen Doppelbesteuerungsabkommen vom 2. November 1951).

[77] Im Extremfall verstreichen in der Schweiz zwischen Steuerabgabe und Rückzahlung 18 Monate (wird der Zins einer Obligation anfangs Januar abgerechnet so findet die Rückzahlung der Verrechnungssteuer erst Ende Juni des folgenden Jahres statt). Allerdings besitzen institutionelle In-
(Fortsetzung der Fussnote vgl. die folgende Seite)

Opportunitätskosten[78] ebenfalls in die Renditeberechnung einbezogen werden müssen. Soll die Verrechnungssteuer umgangen werden, so bestehen grundsätzlich zwei Möglichkeiten: Es wird in Anlagen investiert, die keinen Kapitalertrag im Sinne der Verrechnungssteuer abwerfen (beispielsweise Aktien, die keine Dividenden zahlen, deren Kurs aber rasch anwächst), oder der Anleger deckt sich mit verrechnungssteuerfreien Obligationen am Euromarkt ein. Die Verrechnungssteuer sollte bei der Festlegung des Anlagekonzeptes zwar mitberücksichtigt werden, darf aber nicht eine dominante Rolle spielen.

*Institutionelle Anleger* haben starke Reglementierungen zu beachten. Diese die Investitionstätigkeit einschränkenden Rahmenbedingungen dienen - entsprechend dem kollektiven und öffentlichen Charakter der Institution - dem Schutz des Anlegers bzw. Leistungsempfängers[79]. Neben den steuerlichen Aspekten, die auch von den Institutionellen zu beachten sind[80], werden institutionellen Anlegern von Gesetzes wegen Schranken auferlegt.

So sind dem *Bundesgesetz über Anlagefonds* vom 1. Juli 1966 (AFG) und der dazugehörigen *Verordnung* vom 20. Januar 1967 (AFV) unter anderem die folgenden *anlagepolitischen Bestimmungen* zu entnehmen:

- Im gleichen Unternehmen dürfen, zum Verkehrswert im Zeitpunkt der Anlage gerechnet, nicht mehr als 7.5 Prozent des gesamten Vermögens des Anlagefonds angelegt werden; vorbehalten bleibt die Ausübung von Bezugsrechten[81].

- Die zu einem Anlagefonds gehörenden Beteiligungsrechte am gleichen Unternehmen dürfen nie mehr als 5 Prozent der Stimmen umfassen; stehen

---

vestoren die Möglichkeit einer vorzeitigen Rückforderung der Verrechnungssteuer im Umfang von 75% des voraussichtlichen Steuerbetrages in drei Raten pro Jahr.

78  Die Zinskosten auf dem gebundenen Kapital betragen für eine Abgabe von Fr. 2'100.- (6% Zins auf einer Investitionssumme von Fr. 100'000.- ergibt Fr. 6'000.- und davon 35% Verrechnungssteuer) bei einem angenommenen Zins von 6% (ohne Zinseszins) Fr. 189.-. Die Obligationenrendite sinkt somit von 6% auf 5.81%.

79  Vgl. **Hämmerli, H.:** "Aspekte des schweizerischen Emissionsgeschäftes", S. 186.

80  Im Kanton Zürich sind unter anderem folgende Institutionen von der Steuerpflicht befreit: Sozialversicherungen und Ausgleichskassen wie Arbeitslosen-, Kranken-, Alters-, Invaliditäts- oder Hinterlassenenversicherungen, Stiftungen und Genossenschaften der beruflichen Vorsorge von Unternehmen mit Sitz oder Betriebsstätte in der Schweiz. (Vgl. Gesetz über die direkten Steuern im Kanton Zürich vom 8. Juli 1951, Art. 16). Gestützt auf Art. 53 Abs. 1 der Verordnung zum Bundesgesetz über die Verrechnungssteuer vom 19. Dezember 1966 ist es den oben genannten Institutionen möglich, die Verrechnungssteuer zurückzufordern. Damit haben diese lediglich die Opportunitätskosten für das gebundene Kapital in ihre Renditeberechnungen einzubeziehen.

81  Vgl. AFG Art. 7 Abs. 1.

mehrere Anlagefonds unter der gleichen Fondsleitung oder unter miteinander verbundenen Fondsleitungen, so beträgt der Höchstsatz für sie insgesamt 10 Prozent der Stimmen[82].

- Das Fondsreglement hat über die Richtlinien der Anlagepolitik Auskunft zu geben[83]. Die Art Wertpapiere (Beteiligungsrechte, Forderungsrechte mit oder ohne Pfandsicherheit usw.) und die Länder oder Ländergruppen, in welchen investiert werden darf, sind festzulegen. Sodann kann eine Reihe von Anlagen nur getätigt werden, wenn das Fondsreglement sie ausdrücklich vorsieht (Wertpapiere, die nur im Ausland kotiert sind, nicht voll liberierte Aktien, Geschäftshäuser etc.)[84].
- Nicht im Inland kotierte Wertpapiere sind auf 10 Prozent des Fondsvermögens zu beschränken[85].
- Es sind flüssige Mittel in angemessenem Rahmen zu halten[86].

In der *Privatassekuranz* bestehen lediglich Anlagevorschriften zur Bestellung des Sicherungsfonds[87] der Lebensversicherungen:

- Die Anlagemedien (Aktien, Obligationen, Hypotheken, Geldmarktpapiere, Festgelder etc.) werden vorgeschrieben[88].
- Festgelder des Bundes, der Kantone und öffentlich-rechtlicher Körperschaften, Festgelder von Banken und Privatunternehmen (deren Schuldverschreibungen oder Aktien mindestens vorbörslich gehandelt werden oder an denen der Bund, ein Kanton oder eine öffentlich-rechtliche Körperschaft beteiligt ist), Aktien, Genuss-, Partizipations- und Optionsscheine, Anteilscheine von

---

82 Vgl. AFG Art. 7 Abs. 2. Diese Bestimmung beeinträchtigt die Freiheit der Fondsleitung in der Anlagepolitik, ist aber als Sicherung gedacht, die einen Missbrauch von Anlagefonds zu unternehmerischen Zwecken verhindern soll (vgl. **Forstmoser, P.**: "Zum schweizerischen Anlagefondsgesetz", S. 16).
83 Vgl. AFG Art 11 Abs. 2a.
84 Vgl. AFV Art. 10. Dem Anlagefonds wird dadurch eine gewisse Flexibilität in der Anlagepolitik untersagt.
85 Vgl. **Schuster, J.**: "Anlagefondsgesetz", S. 133, Anmerkung zu AFV Art. 10 Abs. 2a.
86 AFG Art. 6 Abs. 1. AFG Art. 2 Abs. 3 gibt Auskunft, was unter flüssigen Mitteln zu verstehen ist: Kasse, Postcheckguthaben und Bankguthaben auf Sicht oder mit einer Laufzeit von höchstens drei Monaten.
87 Der Sicherungsfonds dient der Sicherstellung der Ansprüche aus abgeschlossenen Verträgen, wobei der Sollbetrag dieses Fonds im wesentlichen der Summe der auf die einzelnen Verträge entfallenden Deckungskapitalien entspricht.
88 Vgl. Verordnung zum Versicherungsaufsichtsgesetz (VAG) über die Beaufsichtigung von privaten Versicherungseinrichtungen (AVO) vom 11. September 1931 und die Aenderungen des Bundesrates vom 13. Juni 1983, Art. 12 Abs. 1.

- Genossenschaften, Anteilscheine von Anlagefonds mit ausschliesslich schweizerischen Anlagen und nachrangige Obligationenanleihen dürfen je 6 Prozent des Sollbetrages nicht übersteigen. Nicht börsengängige Schuldverschreibungen von Privatunternehmungen dürfen je 4 Prozent des Sollbetrages nicht überschreiten[89].

- Der Sicherungsfonds ist für die auf schweizerische Währung lautenden Verpflichtungen des schweizerischen Versicherungsbestandes in schweizerischen, auf schweizerische Währung lautenden Werte zu bestellen. Für andere Verpflichtungen hat die Gesellschaft den Sicherungsfonds zu wenigstens 90 Prozent in Werten der gleichen Währung anzulegen, auf welche die Verpflichtungen lauten[90].

In der *Verordnung I über die Krankenversicherungen* betreffend das Rechnungswesen und die Kontrolle der vom Bund anerkannten Krankenkassen sowie der Berechnung der Bundesbeiträge vom 22. Dezember 1964 sind unter anderem folgende die *Anlagepolitik der Krankenkassen* tangierende Bestimmungen zu finden:

- Den Kassen wird in einer abschliessenden Aufzählung vorgeschrieben, in welche Anlagemedien investiert werden darf[91].

- Der Gesamtbetrag aus Forderungen gegenüber öffentlich-rechtlichen Schuldnern, Spareinlagen bei Banken (inkl. Kassenobligationen) und Pfandbriefen darf in der Regel 20 Prozent des Reinvermögens nicht übersteigen[92].

Für sämtliche *öffentlichen Sozialeinrichtungen* (Arbeitslosenversicherung, AHV-Ausgleichskasse, AHV-Fonds, Invalidenversicherung, Erwerbsersatzordnung und Schweizerische Unfallversicherungsanstalt) bestehen relativ enge Anlagevorschriften[93]. Da die öffentlichen Sozialeinrichtungen auf der Basis des Umlageverfahrens arbeiten (die laufenden Einnahmen werden zur Finanzierung der fälligen Leistungszahlungen herangezogen), kann nur ein allfälliger Ueberschuss zu Anlagezwecken herangezogen werden. Es sind ausschliesslich Anlagen in Schweizerfranken und bei

---

89  Vgl. AVO Art. 12 Abs. 3.

90  Vgl. AVO Art. 15 Abs. 1 und Abs. 2.

91  Vgl. Verordnung I Art. 9 Abs. 1 und Abs. 2.

92  Vgl. Verordnung I Art. 9 Abs. 3.

93  Vgl. Verordnung über die Verwaltung des Ausgleichsfonds der AHV vom 27. September 1982, Bundesgesetz über die Invalidenversicherung vom 19. Juni 1959, Bundesgesetz über die Erwerbsersatzordnung für Wehr- und Zivilschutzpflichtige vom 25. Juni 1952 und Bundesgesetz über die obligatorische Arbeitslosenversicherung und die Insolvenzentschädigung vom 25. Juni 1982.

Abbildung 3/6: Anlagerichtlinien gemäss der Verordnung 2 des BVG

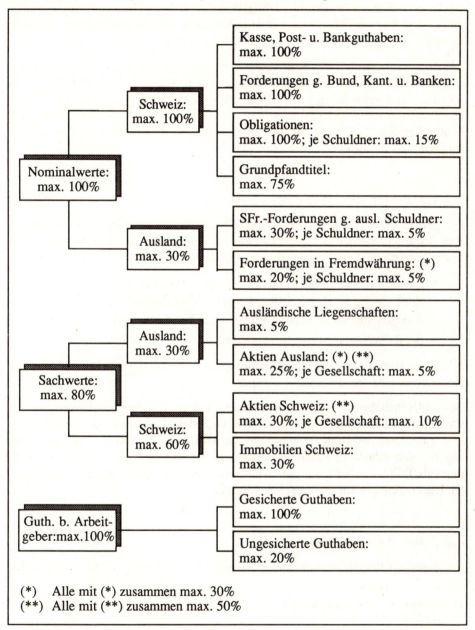

schweizerischen Schuldnern zu tätigen. Sodann sind nur Anlagen in Form festverzinslicher Darlehen, Pfandbriefe, Obligationen und Festgelder auserlesener inländischer Schuldner und Anlagen auf Spar-, Depositen- oder Einlageheften bei Banken erlaubt.

Die *Anlagevorschriften der Pensionskassen* sind im Bundesgesetz über die berufliche Alters-, Hinterlassenen- und Invalidenvorsorge vom 15. Juni 1982 (BVG) und speziell in der Verordnung 2 zum BVG (BVV 2) enthalten. Abbildung 3/6 [94] zeigt, wie detailliert diese Anlagevorschriften sind. Dass durch solche Einschränkungen höhere Renditen verhindert werden, ist eine logische Folge und bedarf hier keiner näheren Ausführungen.

### 3.2.2.3 Persönliche Wünsche

Die persönlichen Wünsche bringen den Charakter und die Mentalität der Anleger zum Ausdruck. Für den Anlageberater ist es wichtig zu wissen, welche Anlagen den Einstellungen und Ansichten der Kunden entsprechen. Besondere Anliegen wie

- der Besitz bestimmter Anlagen (Anlagen aus einer Erbschaft, Wertpapiere sympatischer Gesellschaften, prestigeträchtige Anlagen),
- Anlagen, die aus ethischen Gründen nicht beschafft werden sollen, und
- der Rahmen von Auslandengagements

bilden gewissermassen eine Anlagephilosophie[95], die bei der Erarbeitung des Anlagekonzeptes eine grundlegende Rolle spielt.

Betrachtet man die Anlageziele und -vorschriften des Kunden, welche von den persönlichen Verhältnissen, dessen Charakter und Mentalität sowie den Einkommens- und Vermögensverhältnissen abhängen, so wird deutlich, dass ein Anlagekonzept eng mit den Plänen in anderen Lebensbereichen des Anlegers verbunden ist. Es muss als Teilplan in bestmöglicher Weise in einen Gesamtplan eingepasst und mit allen Rückwirkungen auf diesen gesehen werden.

### 3.2.3 Die Anlagepolitik

Basierend auf den ermittelten Anlagezielen und -vorschriften ist die Anlagepolitik

---

[94] **Müller, A.:** "Die neuen Anlagevorschriften für Pensionskassen", in: ATAG-Praxis, Nr. 1/ 1990, S. 10-14.
[95] Vgl. **Fritschi, H.:** "Anlagephilosophie", Anlageinformation der ZKB.

zu erarbeiten. Dazu sind grundsätzlich zwei Ansätze möglich:

- Bottom-Up-Ansatz und
- Top-Down-Ansatz.

Beim *Bottom-Up-Ansatz* werden aufgrund fundamentalanalytischer Erkenntnisse Wertpapiere ausgewählt. Der Anlageberater sucht nach Spezialsituationen und Titeln, die unterbewertet sind. Entsprechen diese den Kundenzielen und -wünschen, werden sie unabhängig von der gegenwärtigen und zukünftigen Marktlage und ihrer Herkunft gekauft. Dieser Ansatz führt zu einem unsystematisch zusammengestellten Portefeuille, welches nur wenig Rücksicht auf die einzelnen Märkte (Länder), Währungen und Branchen nimmt. Durch dieses (spekulative) *Stock-picking* versucht der Anlageberater den Markt 'zu schlagen'. Dass der Risikokomponente aber keine Beachtung geschenkt wird, spielt für den Berater keine Rolle.

Beim *Top-Down-Ansatz* lassen sich zwei Ebenen der Anlagepolitik unterscheiden:

- Strategische Anlagepolitik und
- Taktische Anlagepolitik.

Im Rahmen der *strategischen Anlagepolitik* hat sich der Anlageberater zu überlegen, welche Anlagemedien sich für welches Anlegerziel eignen (vgl. Abbildung 3/7 [96]). Den unterschiedlichen Charakteristiken und Gesetzmässigkeiten der einzelnen Anlagemärkte muss Rechnung getragen werden. So kann beispielsweise das Ziel 'laufender Ertrag' (Zinsertrag) vorwiegend mit festverzinslichen Anleihen und Geldmarktanlagen erreicht werden, während das Ziel 'Kapitalzuwachs' (Wertzuwachs) zur Hauptsache mit Aktien erreicht wird. In einem zweiten Schritt wird entschieden, wie gross die Anteile an Aktien, festverzinslichen Anleihen, Geldmarktpapieren, Edelmetallen und flüssigen Mittel höchstens bzw. mindestens sein sollen. Zudem hat der Anlageberater festzulegen, in welche Ländern (Märkten) bzw. Fremdwährungen angelegt werden soll. Ausgangspunkt der strategischen Anlagepolitik ist die Einschätzung der wirtschaftlichen Entwicklungen sowie der langfristigen Tendenzen und Strukturen der Märkte.

Ist das strategische Konzept bestimmt, geht es darum, die *taktische* Vorgehensweise festzuhalten. Es sind die Anlagebranchen zu bestimmen und quotenmässig festzulegen. Ebenso sind die einzelnen Titel auszuwählen und deren Kaufs- bzw. Verkaufszeitpunkte zu ermitteln. Es ist zu beachten, dass - in Anbetracht der tendenziell

---

[96] Vgl. **Zürcher Kantonalbank:** "Vermögensverwaltung bei der Zürcher Kantonalbank", Anlageinformation der ZKB.

kurzfristigen Ausrichtung - die taktische Anlagepolitik regelmässig überprüft werden muss.

Abbildung 3/7: Der Einsatz der Anlagemedien unter Berücksichtigung der Anlegerziele

| Anlegerziel | Anlagemedien |
|---|---|
| **Zinsertrag** | Kapitalmarktpapiere (Bonds) ohne Wandel- und Optionsanleihen (inkl. Anlagen in Fremdwährungen)<br><br>Geldmarktpapiere (Treasury Bills, Commercial Papers, Bankers' Acceptances, Certificates of Deposit)<br><br>Festgeldanlagen |
| **Zinsertrag** mit Nebenziel **Wertzuwachs** | min. 75% der Anlagen wie bei Anlegerziel 'Zinsertrag'<br><br>max. 25% der Anlagen in Aktien, Wandel- und Optionsanleihen, Edelmetallen, Optionen auf vorhandenen Beständen |
| **Zinsertrag** gleichgewichtet **Wertzuwachs** | min. 50% der Anlagen wie bei Anlegerziel 'Zinsertrag'<br><br>max. 50% der Anlagen in Aktien, Wandel- und Optionsanleihen, Edelmetallen, Optionen auf vorhandenen Beständen |
| **Wertzuwachs** | Aktien, Wandel- und Optionsanleihen, Edelmetalle, Optionen auf vorhandenen Beständen, Geldmarktpapiere |

Im Gegensatz zum Bottom-Up-Ansatz gelangt der Anleger mittels Top-Down-Ansatz zu einem systematisch zusammengestellten Portefeuille. Dem Grundsatz der Diversifikation[97] wird genügend Rechnung getragen und damit intuitiv risikobewusster investiert. Auch können Anlagevorschriften des Kunden in diesem Ansatz beachtet werden.

---

97  Auf die Diversifikation wird in Abschnitt 4.3. ausführlich eingegangen.

## 3.3 Portefeuillebildung und -analyse

Die dritte Stufe im Ablaufprozess des traditionellen Portfolio-Managements besteht in der Bildung des Portefeuilles und dessen laufender Analyse. Grundsätzlich sind dazu zwei verschiedene Portfolio-Management-Techniken denkbar:

- passive Management-Techniken und
- aktive Management-Techniken.

Die *passiven Management-Techniken* basieren auf den Gedanken der modernen Portefeuille-Theorien, weshalb auf ihre Erläuterung an dieser Stelle verzichtet wird[98].

Bei den *aktiven Management-Techniken* wird unterstellt, dass es möglich ist, Schwankungen der Wertpapierkurse wenigstens tendenziell vorherzusehen. Diese Techniken setzen Informationsvorteile gegenüber dem Markt voraus und unterstellen ineffiziente Kapitalmärkte[99]. Aktive Anleger legen ihr Schwergewicht auf höhere Renditen und nehmen daher ein höheres Risiko in Kauf, welches sie aufgrund ihrer Kenntnisse - sie meinen, die Wertpapierkurse prognostizieren zu können - tiefer einschätzen.

### 3.3.1 Aktive Management-Techniken für Aktien

Wird aktives Portfolio-Management betrieben, so hat sich der Anleger die Ursachen, welche zu höheren Renditen führen, zu vergegenwärtigen. Es sind dies

- die Marktverfassung,
- die Charakteristiken der einzelnen Aktien und
- der unterschiedliche Zustand verschiedener Marktsektoren bzw. Titelgruppen.

Daraus können drei aktive Techniken abgeleitet werden, welche aber meistens kombiniert zur Anwendung gelangen:

- das Timing,
- die Selektion und
- die Gruppenrotation.

---

98  Vgl. dazu die Abschnitte 7.3. und 8.2.1.1.
99  Näheres zur Effizienz der Kapitalmärkte vgl. Abschnitt 7.2.

### 3.3.1.1 Das Timing

Der Erfolg einer Anlage hängt unter anderem vom Zeitpunkt bzw. von der Zeitspanne ab, während der sie getätigt wird. Das Festlegen günstiger Kaufs- und Verkaufszeitpunkte setzt voraus, dass die Marktverfassung (Börsenverfassung) exakt beurteilt wird. Ist die Börsentendenz ermittelt, so hat sich der Investor für eine Verhaltensweise am Markt zu entscheiden. Grundsätzlich gibt es dafür zwei Möglichkeiten:

- die Trend-Methode und
- die Methode der Contrary Opinion.

Der *Trend-Methode* liegt die amerikanische Börsenweisheit "the trend is your friend" zu Grunde. Wird nach ihr gehandelt, so kauft der Anleger bei optimistischer Börse und verkauft bei pessimistischer Börse. Verluste sollen begrenzt und Gewinne laufen gelassen werden. Entsprechend diesem Vorgehen verbleibt der Anleger im Markt (oder steigt erst ein), wenn andere der hohen Bewertung wegen bereits verkauft haben. Umgekehrt geht er aber auch nicht in den Markt, wenn die Aktien billig sind, sondern wartet, bis sich ein Aufwärtstrend etabliert[100]. Durch das Handeln nach den an der Börse herrschenden Tendenzen wird auch der wichtige Einfluss berücksichtigt, den die Meinung und die psychische Verfassung der an der Börse tätigen Gemeinschaft ausüben.

Die *Methode der Contrary Opinion* baut auf der altbekannten Philosophie "kaufe niedrig - verkaufe hoch" auf. Mit zunehmenden Gewinnen werden viele Anleger optimistischer und kaufen dann zu hohen Kursen, während mit zunehmenden Verlusten Pessimismus verbreitet und zu tiefen Kursen verkauft wird. In der Folge *übertreibt* der Markt sowohl nach oben wie nach unten. Diese Emotionen versuchen die Contrarians[101] auszunützen, indem Aktien, deren Kurse übermässig gesunken sind, gekauft und solche, die im Kurs stark gestiegen sind, verkauft werden[102]. Somit muss nicht erst ein deutlicher Aufwärtstrend bzw. Abwärtstrend für die Entscheidung 'Kauf' bzw. 'Verkauf' abgewartet werden. Dies bedeutet aber nicht, dass eine Aktie nur deswegen zu kaufen ist, weil sie billig wirkt. Der Grund einer niedrigen Bewertung muss nach wie vor bekannt sein, ansonsten der Anleger Gefahr läuft, eine negative Auslese zu erhalten[103]. Dieses antizyklische Verhalten des Anlegers, welches die Methode der Contrary Opinion propagiert, erfordert Mut und Hart-

---

100 Vgl. **Fritschi, H.**: "Trends als Börsenführer", Anlageinformation der ZKB.
101 Die Verfechter der Contrary Opinion-Theorie werden *Contrarians* genannt.
102 Vgl. **Fritschi, H.**: "Theorie der Contrary Opinion", Anlageinformation der ZKB.
103 Vgl. **Fritschi, H.**: "Theorie der Contrary Opinion", Anlageinformation der ZKB.

näckigkeit, da im Widerspruch zu den an der Börse herrschenden Tendenzen gehandelt werden muss. Es braucht eine grosse Portion Selbstsicherheit und Ueberzeugung.

Um die Methoden des Timings erfolgreich anwenden zu können, empfiehlt es sich, das Anlagevermögen auf verschiedene Anlagemedien zu verteilen. Nur so wird dem Anleger eine volle Reaktionsmöglichkeit gesichert, welche ihm das Ausnützen von Marktschwankungen erlaubt. Es wird dann versucht, durch Umwandlung von Aktienbeständen in liquide Mittel, Geldmarktpapiere oder Obligationen - und umgekehrt - überdurchschnittliche Renditen zu erreichen[104].

Fehlt dem Anleger der nötige Mut, oder ist der Sinn für den günstigen Augenblick einer Transaktion nicht vorhanden, so kann er die Käufe bzw. Verkäufe gestaffelt vornehmen. Eine in diesem Sinne anwendbare Technik ist diejenige des *Formula Plan*[105]. Der Idee der Contrary Opinion-Methode folgend, werden nach festen Regeln Aktienbestände in Kursanstiegsperioden verkauft und in Kursrückgangsperioden gekauft. Diese Transaktionen betreffen aber nur eine bestimmte Anzahl Aktien. Bei einem Rückgang des Marktindexes um beispielsweise 10 Punkte wird eine im voraus festgelegte Anzahl Titel gekauft, während bei einem Indexanstieg um 10 Punkte die gleiche Anzahl verkauft wird. In einem rückläufigen Markt werden somit zusätzliche Aktienbeträge fortlaufend bei den verschiedenen sukzessiv niedrigeren Kursständen gekauft bzw. bei Kursaufwärtsbewegungen verkauft (vgl. Abbildung 3/8 [106]). Es ist ersichtlich, dass die mechanische Vorgehensweise des Formula Plan auf bestimmten Annahmen hinsichtlich der zukünftigen Entwicklung am Markt basiert. Ausmass und Richtung einer Kursveränderung brauchen nicht im voraus bestimmt zu werden. Wesentlich ist aber die Voraussetzung, dass es auch in Zukunft am Aktienmarkt Auf- und Abwärtsbewegungen geben wird.

Die Technik der Formula Plans beinhaltet ein konservatives Vorgehen. Mittels mechanisch objektiven Entscheidungsregeln wird das Risiko der falschen Wahl des Anlagezeitpunktes reduziert[107]. Zugleich wird aber der Anlageentscheidungsprozess subjektiven Einflüssen[108] entzogen. Durch die starren Anlagepläne wird das Ausnützen aktueller wichtiger Informationen verhindert. Es erstaunt daher kaum, dass Formula Plans keine überdurchschnittlichen Renditen ermöglichen.

---

104  Vgl. bspw. **Farrell, J.**: "Guide to Portfolio Management", S. 191.
105  Eine ausführliche Beschreibung dieser in den Vereinigten Staaten zum Einsatz gelangten Methode findet sich in **Wirth, W.**: "Wertschriftenanalyse und Kapitalanlagen", S. 6/10 ff.
106  Vgl. **Wirth, W.**: "Wertschriftenanalyse und Kapitalanlagen", S. 6/11.
107  Vgl. **Wirth, W.**: "Wertschriftenanalyse und Kapitalanlagen", S. 6/15.
108  Unter den subjektiven Einflüssen ist vor allem die Börsenstimmung zu erwähnen.

Abbildung 3/8: Schematische Vorgehensweise des Formula Plan

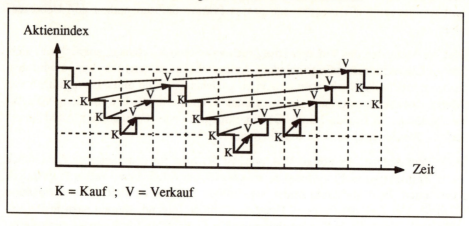

### 3.3.1.2 Die Selektion und Gruppenrotation

Kauf- und Verkaufsentscheidungen - auch *Selektion* genannt - werden aufgrund finanzanalytisch erstellter Titellisten (Master-List, Attraktivitätsliste, Empfehlungsliste)[109] gefällt. Die Zusammenstellung dieser Listen erfolgt mittels Fundamentalanalyse[110]. Demnach gelten Wertpapiere, deren innerer Wert über dem gegenwärtigen Kurs liegt, als attraktiv und werden - im Verhältnis zur Gewichtung im Marktindex - im Portefeuille übergewichtet. Umgekehrt werden unattraktive Aktien nicht gehalten oder im Portefeuille nur untergewichtet vertreten sein. Auf diese Weise versucht der Anleger, eine überdurchschnittliche Rendite zu erzielen.

Typischerweise kann in der Praxis beobachtet werden, dass Anleger nicht nur in eine Aktie investieren (im Extremfall wäre dies nach dem beschriebenen Vorgehen denkbar), sondern mehrere verschiedene Titel im Portefeuille halten. Diese Absicherung - unter dem Begriff *Diversifikation* bekannt - wird vorgenommen, da eine *sichere* Vorhersage über die zukünftige Kursentwicklung einer Aktie unmöglich ist. Bereiten einem Investor die Prognosen individueller Aktienkursentwicklungen Schwierigkeiten, so wird er dazu übergehen, den Marktindex nachzubilden und damit eine passive Anlagetechnik anzuwenden.

---

[109] Vgl. dazu Abschnitt 2.1.2.2.
[110] Vgl. dazu Abschnitt 3.1.1.1.

Eine aktive Management-Technik, welche nicht die einzelnen Titel, sondern *Marktsektoren* betrachtet, wird als Politik der *Gruppenrotation* bezeichnet[111]. Unter Marktsektoren sind hier nicht nur die Branchensektoren zu verstehen, sondern auch Gruppen[112] von Aktientypen, wie[113]

- Wachstumsaktien (*Growth Stocks*): Unternehmungen, die ein überdurchschnittliches Wachstum aufweisen,
- zyklische Aktien (*Cyclical Stocks*): Unternehmungen, deren Geschäftsverlauf in überdurchschnittlichem Ausmass den Konjunkturzyklen folgt,
- stabile Aktien (*Stable Stocks*): Unternehmungen, deren Ertragskraft durch Konjunkturzyklen unterdurchschnittlich beeinflusst wird, und
- Aktien des Energiesektors (*Energy Stocks*).

Der Idee der Gruppenrotationstechnik folgend, werden Aktien von Branchen bzw. Gruppen in einem Portefeuille übergewichtet, wenn diese in einer bestimmten Marktsituation eine überdurchschnittliche Rendite erzielen[114]. Durch den Wechsel von einer Gruppe bzw. Industrie zur anderen wird versucht, eine überlegene Portefeuillerendite zu erreichen.

Es wurde bereits erwähnt, dass die vorgestellten Management-Techniken selten *ausschliesslich* angewendet werden. Verhält sich ein Anleger dennoch gegenüber diesen Techniken passiv, so wird er höchstens die Marktrendite erreichen. Diese kann übertroffen werden, indem die Selektions- bzw. Gruppenrotationstechnik berücksichtigt wird. Unter Anwendung aller drei Techniken - totales Aktiv-Management genannt - kann die höchst mögliche Rendite erzielt werden. Mit der höheren Rendite wird aber auch ein höheres Risiko in Kauf genommen.

---

111 Vgl. **Farrell, J.**: "Guide to Portfolio Management", S. 153.
112 In diesem Zusammenhang spricht man von der 'Cluster Analysis'.
113 Vgl. dazu **Farrell, J.**: "Guide to Portfolio Management", S. 212 bzw. S. 223.
114 Eine Untersuchung von *Farrell* hat gezeigt, dass je nach Gewichtung der Gruppen in bestimmten Marktsituationen sehr unterschiedliche Renditen erzielt werden können. Es wurden die Anlagetechniken buy-and-hold bezüglich dem Aktienindex S&P 500 und Gruppenrotation in der Zeit von Dezember 1970 bis Dezember 1977 verglichen. Im Dezember 1970 wurde in Growth Stocks investiert. Am 30. Juni 1971 wurde das Vermögen auf den Energiesektor und am 30. Juni 1973 in Cyclical Stocks umgeschichtet. Schliesslich wurde am 30. Juni 1974 zu den Stable Stocks gewechselt. Am 30. Dezember 1975 war es profitabler, in Cyclical Stocks anzulegen, und am 30. Dezember wurde der letzte Wechsel in den Energiesektor vorgenommen. Die Technik der Gruppenrotation brachte gegenüber der buy-and-hold-Technik einen Renditevorteil von 289.2%. Vgl. dazu **Farrell, J.**: "Guide to Portfolio Management", S. 215-217.

## 3.3.2 Aktive Management-Techniken für festverzinsliche Wertpapiere

Analog den Vorgehensweisen im Aktienportfolio-Management können im Portfolio-Management für festverzinsliche Wertpapiere zum Erreichen einer überdurchschnittlichen Rendite drei aktive Techniken unterschieden werden[115]:

- die Zinssatzantizipation,
- die Titelselektion und
- das Bondswapping.

Die Technik der *Zinssatzvorhersage* entspricht dem Timing am Aktienmarkt, die *Titelselektion* der Selektion von Aktientiteln und das *Bondswapping* ist mit der Technik der Gruppenrotation am Aktienmarkt vergleichbar.

### 3.3.2.1 Die Zinssatzantizipation

Die *Technik der Zinssatzantizipation* hat zum Ziel, Zinssatzänderungen derart auszunützen, dass eine überdurchschnittliche Rendite erzielt werden kann. Zu diesem Zweck müssen Richtung, Ausmass und Zeitpunkt der Zinssatzänderungen prognostiziert werden. Sind steigende Zinssätze zu erwarten, so wird der Investor festverzinsliche Titel mit kürzerer Laufzeit - beispielsweise kürzerfristige Kassenobligationen oder Geldmarktpapiere - in sein Portefeuille aufnehmen. Dadurch wird dem Anleger einerseits ein Mitgehen mit dem steigenden Zinssatz ermöglicht (vgl. Abbildung 3/9 [116]), andererseits kann aber auch schneller auf eine Wende in der Zinsentwicklung reagiert werden. Prognostiziert der Investor fallende Zinssätze, so hat er in festverzinsliche Titel mit längeren Laufzeiten zu investieren, um so den fallenden Zinsen zu entgehen.

Anhand von *Renditekurven* kann gezeigt werden, dass das *Risiko* eines unter Anwendung der oben beschriebenen Technik geführten Portefeuilles weitgehend eine *Funktion der Laufzeit* ist[117]. Renditekurven zeigen die Renditestruktur von homo-

---

115 Vgl. bspw. **Fong, H./Fabozzi, F.**: "Overview of Fixed Income Portfolio Management", in: **Fabozzi, F./Pollack, I.**: "The Handbook of Fixed Income Securities", S. 581 ff., **Galdi, P.**: "Actively Managing a Structured Portfolio", in: **Fabozzi, F./Pollack, I.**: "The Handbook of Fixed Income Securities", S. 718 ff.

116 Es wird unterstellt, dass die Investition in Commercial Papers (Laufzeit ein Jahr) zum vorherrschenden Marktzinssatz laufend erneuert werden kann. Die Restlaufzeit des Obligationentitels (jährliche Verzinsung: 5.5%) beträgt 6 Jahre. Die Zinsen werden nicht reinvestiert.

117 **Reilly, F.**: "Investments", S. 446. Einen guten Ueberblick zur Problematik der Renditekurven liefert **Leibowitz, M.**: "Analysis of Yield Curves", in: **Fabozzi, F./Pollack, I.**: "The Handbook of Fixed Income Securities", S. 654 ff.

genen Gruppen[118] festverzinslicher Wertpapiere in Abhängigkeit ihrer (Rest-)Laufzeit[119]. Die Form der Kurve (vgl. Abbildung 3/10 [120]) ist von der *Liquiditätspräfe-*

Abbildung 3/9: Zinsentwicklung bei einer Investition in Obligationen bzw. in Commercial Papers

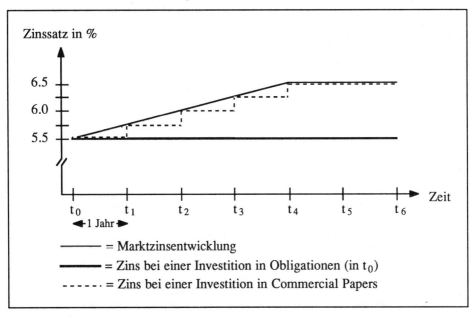

*renz*[121] *der Marktteilnehmer und deren Erwartungen über die Marktzinsentwicklung* abhängig. Unter der Annahme, dass die Investoren kurzfristige Anlagen (innerhalb einer homogenen Gruppe festverzinslicher Wertpapiere) bevorzugen (Liquiditätspräferenz), ergibt sich ein Nachfrageüberhang nach kurzfristigen Papieren, was zu einer Renditereduktion führt. Entsprechend ergibt sich eine ansteigende Renditekurve (vgl. Kurve A in Abbildung 3/10). Bei steigenden Marktzinsen wird sich der Nachfrageüberhang nach kurzfristigen Titeln verstärken, was die Renditekurve

---

118 *Homogen* im Sinne von qualitativ identisch.
119 Bei dieser Betrachtung werden effiziente Märkte vorausgesetzt und allfällige Renditedifferenzen werden durch Arbitrage sofort zum Ausgleich gebracht. Vgl. dazu **Wirth, W.**: "Effektenverkehr und Börsengeschäfte", S. 2/45.
120 In Anlehnung an **Farrell, J.**: "Guide to Portfolio Management", S. 270.
121 Vgl. **Reilly, F.**: "Investments", S. 432 und **Fuller, R./ Farrell, J.**: "Modern Investments and Security Analysis", S. 412 f.

noch steiler ansteigen lässt. In der Folge gehen aber *im kurzfristigen Markt* substantielles Einkommen (niederigere Zinsen) und oft auch die Gelegenheit eines Kapitalgewinnes verloren[122]. Sind dagegen sinkende Marktzinsen zu erwarten, drängen sich die Marktteilnehmer in den längerfristigen Markt, was zu einem Nachfrageüberhang und damit zu sinkenden Zinsen der langfristigen Papiere (reduzierte Couponzahlungen und damit reduziertes laufendes Einkommen) führt. Die Folge ist eine

Abbildung 3/10: Die Renditekurve eines Bonds im Zeitablauf

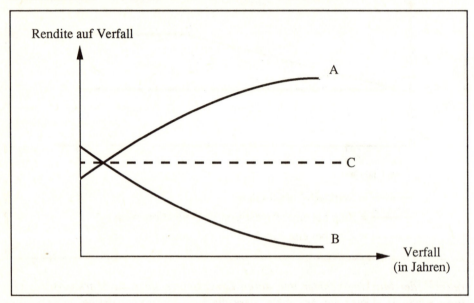

fallende Renditekurve (vgl. Kurve B in Abbildung 3/10). Zudem erfahren diese Papiere *bei einem unvorhergesehenen Zinsanstieg einen Kursrückgang*, was sich ebenfalls negativ auf die Rendite auswirkt. Stimmen die Zinserwartungen der Marktteilnehmer mit den heutigen Marktzinsen überein, so verläuft die Renditekurve horizontal (vgl. Kurve C in Abbildung 3/10). "Komplizierte Formen mit nicht durchgehend ansteigendem bzw. fallendem Verlauf können sich ergeben, wenn die Angebots-/Nachfrageverhältnisse in den verschiedenen Laufzeitbereichen sehr unterschiedlich sind"[123].

---

122 Vgl. **Reilly, F.:** "Investments", 2. Aufl., S. 446.
123 **Wirth, W.:** "Effektenverkehr und Börsengeschäfte", S. 2/46.

Das Ausnützen von Zinssatzänderungen - wie dies die Technik der Zinssatzantizipation zum Ziel hat - hängt von den Möglichkeiten erfolgreicher Zinsprognosen ab[124]. Grundsätzlich gibt es zwei verschiedene Vorgehensweisen[125]:

- die fundamentale Analyse und
- die technische Analyse.

Der *fundamentale Ansatz* versucht die auf den Zinssatz wirkenden ökonomischen Kräfte zu analysieren. Bruttosozialprodukt, Inflation, Finanzierungsbedürfnisse öffentlicher Haushalte, Investitionsbedürfnisse privater Haushalte etc. sind dabei entscheidende Zinsbestimmungsfaktoren.

Die *technische Analyse* versucht das Bild der Zinssatzentwicklung zu interpretieren. Damit wird der Hypothese gefolgt, dass jede Zinsentwicklung gewisse sich wiederholende Muster aufweist, die identifiziert und zur Prognose herangezogen werden können[126].

Erfahrungsgemäss sind erfolgreiche Zinsprognosen ein schwieriges und arbeitsaufwendiges Unterfangen. Auch die Ergebnisse ökonometrischer Modelle - wie sie sowohl bei der fundamentalen wie bei der technischen Analyse zum Einsatz gelangen - vermögen oft nicht zu befriedigen. Trotzdem ist der Anleger auf Zinsprognosen angewiesen. In unsicheren Marktsituationen kann er sich mit der *Zinserwartungs-Szenario-Technik* behelfen[127]. Neben der prognostizierten Zinsentwicklung (Normal-Erwartung) werden eine 'best-case'- und eine 'worst-case'-Erwartung erarbeitet und mit Eintretenswahrscheinlichkeiten versehen. Diese Vorgehensweise ermöglicht eine Untersuchung der Extremsituationen, was die Wahl einer optimalen Rendite unter beschränktem Risiko erleichtert[128].

### 3.3.2.2 Die Titelselektion und das Bondswapping

Bedient sich ein Investor der Technik der *Titelselektion*, so versucht er über- bzw. unterbewertete Papiere ausfindig zu machen. Zu diesem Zweck werden Renditekur-

---

124  Für Details sei verwiesen auf **Van Horn, J.:** "Financial Market Rates and Flows".
125  Vgl. auch **Mäder, E./Planta, R.:** "Zinsprognosen in der Praxis: Ein Ueberblick", S. 235.
126  Vgl. **Mäder, E./Planta, R.:** "Zinsprognosen in der Praxis: Ein Ueberblick", S. 235.
127  Diese Technik wird von der BHF-Bank angewendet. Vgl. dazu **Wertschulte, J./Meyer, T.:** "Rentenmarktanalyse und Portfoliostrategie: Computermodell RENSYS der BHF-Bank", S. 236 ff.
128  Zum detaillierten Vorgehen in der Zins-Szenario-Technik vgl. **Farrell, J.:** "Guide to Portfolio Management", S. 271 ff.

ven für jede Qualitätsstufe[129] bestimmter Marktsektoren gebildet. Die Renditen von zu beurteilenden Titeln müssen - bei aktuellem Marktkurs und bei gegebener Restlaufzeit - als Punkt in die graphische Darstellung der Renditekurve entsprechender Qualität eingetragen werden. Liegt der *Punkt unter der Kurve*, so ist das Papier *überbewertet*[130]. Ein Verkauf des Titels ist daher empfehlenswert. Befindet sich dagegen der *Punkt oberhalb der Renditekurve*, so ist der Titel *unterbewertet* und dessen Kauf ist anzustreben.

Eine in der Praxis häufig angewendete Portfolio-Management-Technik ist das *Bondswapping*. Ein Bondswap beinhaltet den gleichzeitigen Verkauf und Kauf zweier oder mehrerer Titel. Die Motivation für Tauschoperationen sind[131] höhere laufende Erträge (Coupons), höhere Renditen, Veränderung der Laufzeiten, Veränderung der Bondqualitäten, Steuervorteile usw. Daraus ist ersichtlich, dass der Investor mittels Bondswapping kurzfristige Anomalien auszunützen versucht[132]. Grundsätzlich können vier Arten von Bondswaps unterschieden werden[133]:

- Intermarktdifferenzenswap,
- Substitutionsswap,
- reiner Ertragsswap und
- Steuerswap.

Mittels *Intermarktdifferenzenswap* kann eine Aenderung des Renditedifferenzverhältnisses zwischen verschiedenen Marktsegmenten[134] ausgenützt werden. Erwartet ein Investor, dass sich die Renditedifferenz zweier Bonds mit unterschiedlichem Rating vorübergehend *verkleinert*, so *kauft* er den *höher verzinsten Bond* (mit schlechterem Rating) und *verkauft* den *tiefer verzinsten Bond* (mit besserem Rating)[135]. Verändert sich die Renditedifferenz wie erwartet, so sinkt der Zins für

---

129 Die Qualitätsstufen entsprechen sinnvollerweise den Ratingstufen (vgl. Abschnitt 3.1.2.2.).

130 Ist ein festverzinsliches Papier überbewertet, weist es einen zu hohen Kurs auf, was auf die Rendite drückt. Damit sinkt aber die Rendite unter diejenige ähnlicher Papiere.

131 Vgl. **Reilly, F.:** "Investments", S. 446 und **Fuller, R./ Farrell, J.:** "Modern Investments and Security Analysis", S. 439.

132 Damit wird aber unterstellt, dass der Markt ineffizient ist. Zur Markteffizienz vgl. Abschnitt 7.2.

133 Vgl. bspw. **Seix, C.:** "Bond Swaps", in: **Fabozzi, F./Pollack, I.:** "The Handbook of Fixed Income Securities", S. 646 ff. Der dort erwähnte "Rate Anticipation Swap" beinhaltet die Idee des weiter vorne diskutierten Timings.

134 Marktsegmente können aufgrund der Schuldnerqualität, des Schuldnertyps (Staatspapiere oder Papiere von Unternehmungen), des Couponsatzes etc. gebildet werden.

135 Normalerweise sind schlechter geratete Bonds mit einem höheren Zins ausgestattet, was im Sinne einer Risikoprämie auch gerechtfertigt ist.

Bonds mit schlechterem Rating (relativ zu den Bonds mit besserem Rating). Dadurch wird aber der Kurs des gekauften Papieres steigen und es resultiert ein Kapitalgewinn, was die Rendite erhöht (vgl. Abbildung 3/11 [136]). Erwartet der Investor eine *Ausdehnung* der Renditedifferenz, so kauft er einen tiefer verzinsten Bond und verkauft den höher verzinsten Bond[137].

Von einem *Substitutionsswap* spricht man, wenn ein Anleger in seinem Portefeuille einen Bond durch einen substantiell identischen (gleiches Rating, gleiche Laufzeit, gleicher Coupon) aber zu einem - aufgrund eines *vorübergehenden* Marktungleichgewichtes - tieferen Kurs erhältlichen Bond ersetzt.

Im Gegensatz zum Substitutionsswap ist der *reine Ertragsswap* auf höhere Zinseinnahmen ausgerichtet. Der Investor hat weder Zinsprognosen zu entwickeln, noch versucht er, Renditedifferenzen zu ermitteln. Qualität und Laufzeit der Bonds bleiben die selben. Die Motivation liegt allein in den höheren Zinseinnahmen, wozu auch ein Kapitalverlust - sofern die Totalrendite nicht sinkt - in Kauf genommen wird[138].

Mittels *Steuerswap* versucht der Anleger, Steuerabgaben zu reduzieren, indem hochverzinsliche Bonds kurz vor Fälligkeit gegen tiefverzinsliche Bonds getauscht werden[139]. Da die Kurse der Bonds gegen den Fälligkeitstermin ansteigen, fällt ein Kapitalgewinn - zugunsten eines Zinsertrages - an. Desgleichen resultiert aus den tiefverzinslichen Papieren. Kapitalgewinne werden häufig nicht[140] oder tiefer[141] besteuert als Zinserträge, weshalb ein Renditevorteil entsteht.

Die erfolgreiche Durchführung eines Bondswap bedingt, dass dessen Ertragsquellen - Couponerträge, Zinseszinsen und Kapitalgewinne - analysiert und dessen Risiken beachtet werden. Ein Ansatz dazu bietet die Technik der *Horizon Analysis*[142]. Der Swapertrag wird zerlegt in eine Zeit-, eine Coupon-, eine Renditeveränderungs- und

---

136 In Anlehnung an **Seix, C.**: "Bond Swaps", in: **Fabozzi, F./Pollack, I.**: "The Handbook of Fixed Income Securities", S. 650.
137 Vgl. dazu **Fuller, R./ Farrell, J.**: "Modern Investments and Security Analysis", S. 443.
138 Vgl. **Reilly, F.**: "Investments", S. 447.
139 Vgl. **Fuller, R./ Farrell, J.**: "Modern Investments and Security Analysis", S. 444.
140 Für die Schweiz vgl. Abschnitt 3.2.2.2.
141 In den USA erfahren Municipal Bonds Steuervorteile, wenn Kapitalgewinne und nicht Zinserträge anfallen (vgl. **Feldstein, S./Fabozzi, F.**: "Municipal Bonds", in: **Fabozzi, F./Pollack, I.**: "The Handbook of Fixed Income Securities", S. 312.
142 Auf eine ausführliche Beschreibung der Horizon Analysis wird hier verzichtet. Vgl. dazu **Leibowitz, M.**: "Horizon Analysis: An Analytical Framework for Managed Bond Portfolios", in: **Fabozzi, F./Pollack, I.**: "The Handbook of Fixed Income Securities", S. 633 ff.

eine Zinseszinskomponente[143], welche von den fundamentalen Variablen des Bondmarktes - Zinssatzniveau, Renditekurven und Renditedifferenzenverhältnisse - abhängig sind. Aufgrund der Zeit- und der Couponkomponente kann der sichere (minimale) Ertrag ermittelt werden. Unsicher sind dagegen die Kapitalgewinne (Renditeveränderungskomponente) und die Zinseszinserträge.

Abbildung 3/11: Beispiel eines Intermarktdifferenzenswap

---

Es wird ein Treasury Bond gegen einen A-Rating Bond geswapt. Der Coupon des zu verkaufenden Treasury Bonds zahlt *14.875%* und hat einen gegenwärtigen Wert von *99.834* (die effektive Rendite beträgt daher *14.9%*). Der Coupon des zu kaufenden A-Rating Bonds zahlt *17%* und hat einen gegenwärtigen Wert (entspricht dem Kaufpreis) von *100.929* (die effektive Rendite beträgt daher *16.84%*). Es wird ein Zeithorizont von einem Jahr betrachtet. Aufgrund der Marktlage sinkt bis zum Ende des betrachteten Zeithorizontes der Coupon von Treasury Bonds auf *11.75%* und derjenige von A-Rating Bonds auf *13.38%* (was einen Kursanstieg der beiden bewirkt, vgl. die erwarteten Preise am Ende des Zeithorizontes).

Die tieferen Coupons am Ende des betrachteten Zeithorizontes bewirken einen Rückgang der Differenz zwischen dem Treasury Bond und dem A-Rating Bond von *212.5 Basispunkten* (=17% - 14.875%) auf *163 Basispunkte* (=13.38%-11.75%). Durch den Swap vom Treasury Bond zum A-Rating Bond kann die ursprüngliche Differenz nicht nur beibehalten, sondern vergrössert werden:

|  | Treasury Bond | A-Rating Bond |
|---|---|---|
| Preis zu Beginn des Zeithorizontes | 99.834 | 100.929 |
| Erw. Preis am Ende des Zeithorizontes | 116.952 | 118.645 |
| Kapitalgewinn / Kapitalverlust | *17.118* | *17.716* |
| Coupons | 14.875 | 17.000 |
| Zinseszins (14%) auf Coupons (1/2 Jahr) | 0.521 | 0.595 |
| Totaler Ertrag | *32.514* | *35.311* |

Die Rendite des Treasury Bonds beträgt damit *32.57%* und diejenige des A-Rating Bonds *34.99%*, was einer Differenz von *242 Basispunkten* entspricht.

---

[143] Vgl. **Fuller, R./ Farrell, J.:** "Modern Investments and Security Analysis", S. 440.

### 3.3.3 Die Portefeuilleüberwachung

Wie die beschriebenen Management-Techniken zeigen, ist der Ablaufprozess des traditionellen Portfolio-Managements mit der Portefeuillebildung nicht beendet. Aus zwei Gründen muss eine ständige Ueberwachung und Analyse des Portefeuilles erfolgen:

- Marktveränderungen und
- Veränderungen des Anlagekapitals.

Da sich im Zeitablauf die Marktverhältnisse ändern, sind die Kundenportefeuilles auf ihre Ziel- und Anlagevorschriftenkonformität zu prüfen. Stellt der Anlageberater negative Zielabweichungen fest, hat er aufgrund der ihm von der Finanzanalyse zur Verfügung gestellten Daten eine Portefeuillerevision vorzunehmen.

Eine weitere wichtige Aufgabe besteht in der Ueberwachung der Kapitalströme. Sowohl eine *Veränderung* des anzulegenden Kapitals (ausgelöst durch den Investor) als auch die *Wiederanlage* von Kapital (Zins- und Dividendenerträge, freigesetztes Kapital aus sich selbst liquidierenden Anlagen wie Obligationen, Geldmarktpapieren etc.) können eine Portefeuilleumschichtung notwendig machen.

Mit der Portefeuillerevision sind aber auch *Kosten* verbunden, die zu beachten sind. Es handelt sich um

- Transaktionskosten im engeren Sinne (Courtagen, Steuern, Börsengebühren etc.[144]) und
- Kosten, die durch Analysen entstehen.

Eine Portefeuilleumschichtung ist daher immer nur dann angezeigt, wenn unter Berücksichtigung aller Kosten der *Nutzen* eines Kundenportefeuilles verbessert werden kann[145].

Aus den obigen Ausführungen ist ersichtlich, dass die ständige Ueberwachung und Analyse des Portefeuilles wie auch eventuelle Aenderungen der Kundenziele und Anlagevorschriften wieder zum Anlagekonzept zurückführen[146]. Der Ablaufprozess des traditionellen Portfolio-Managements wird damit zu einem sehr dynamischen System.

---

144 In der Schweiz sind neben der Courtage drei verschiedene Gebühren zu entrichten: Eidgenössische Stempelabgabe, kantonale Börsengebühr und Börsenplatzabgabe.

145 Vgl. **Gerber, B.:** "Portfoliomanagement - Wissenschaft oder Kunst?", Broschüre der Schweizerischen Bankgesellschaft, S. 9.

146 Vgl. dazu auch Abbildung 3/1.

# Teil II:
# Modernes Portfolio-Management in der Theorie

# 4 Die Elemente der modernen Portfolio-Theorie

Im ersten Teil wurde gezeigt, dass - entsprechend dem traditionellen Portfolio-Management - mittels verschiedener Analyse- und Prognosetechniken Anlagemedien oder ganze Portefeuilles *qualitativ* beurteilt werden. In *Ergänzung* zum konventionellen Vorgehen stellt die moderne Portfolio-Theorie die Risiko-Rendite-Beziehung der einzelnen Anlagemedien bzw. ganzer Portefeuilles in den Vordergrund der Betrachtungen. Wie zu zeigen sein wird, ist ein differenziertes Vorgehen erforderlich. Nicht nur die Renditen, sondern auch die Risiken sind zu *quantifizieren* und werden in eine gegenseitige Beziehung gebracht. Um die moderne Portfolio-Theorie und deren Ansätze zur Portefeuillegestaltung[1] besser zu verstehen, werden in diesem Kapitel die Elemente *Nutzen*, *Risiko* und *Diversifikation* vorgestellt.

## 4.1 Die Nutzenanalyse

Wie bereits früher dargelegt[2], ist das Streben nach Rendite das wichtigste Anlageziel eines Investors[3]. Allerdings darf dieser nicht der Idee verfallen, die Renditen seiner Anlagen zu maximieren. Es wird zu zeigen sein, dass das Ziel einer *maximalen Rendite* zugunsten der *Sicherheit der Rendite* beschränkt werden muss. Die Ziele Rendite und Sicherheit sind gewöhnlich gegenläufig. Je grösser die erzielbare Rendite des investierten Kapitals, desto geringer ist auch die damit verbundene Sicherheit, das Kapital ohne Verlust zurückzuerhalten. Zwischen Renditeziel und Sicherheitsziel ist daher ein Kompromiss zu schliessen, der als *Nutzen* bezeichnet wird[4]. Dieser ist von Anleger zu Anleger verschieden, was mit der individuellen Vorstellung über das Erreichen einer bestimmten Sicherheit bei einer vorgegebenen Rendite erklärbar ist. Wird unterstellt, wie dies in der Oekonomie allgemein üblich ist, dass Investoren *rational* handeln, so ist nicht die Rendite, sondern der *Nutzen zu maximieren*.

---

1 Vgl. dazu Kapitel 5.

2 Vgl. Abschnitt 3.2.1.

3 Zweifellos führen aber auch andere Motive zu einer Kapitalanlage, so beispielsweise das Interesse an einer Unternehmung, Prestigefragen, Spieltrieb usw. Es handelt sich dabei um Ziele, denen im weiteren keine Beachtung geschenkt wird.

4 Vgl. dazu **Fritschi, H.**: "Einführung in die Portefeuille-Analyse", S. 18. Dort wird der Nutzen als risikobereinigter Ertrag definiert. Im allgemeinen wird unter Nutzen die Befriedigung, die ein Gut (hier das Kapital) beim Konsum (Kapital kann nur indirekt konsumiert werden) stiftet, verstanden.

### 4.1.1 Das Renditestreben als Anlageziel

In der modernen Portfolio-Theorie wird der Spaltung des Renditezieles in die Teilziele *Kapitalzuwachs* und *laufende Erträge* nicht direkt Rechnung getragen[5]. Allerdings wäre dies über eine entsprechend formulierte Restriktion denkbar. Sodann wird unterstellt, dass die Anleger möglichst hohe Portefeuillerenditen anstreben.

#### 4.1.1.1 Das Renditestreben bei sicherer (bekannter) Zukunft

Um eine Anlageentscheidung, die dem Ziel 'hohe Portefeuillerendite' entspricht, treffen zu können, werden die verschiedenen Anlagemöglichkeiten renditemässig untereinander verglichen.

Die Rendite einer Anlage wird berechnet, indem sämtliche Zahlungsströme und der Verkaufspreis auf den Kaufpreis (Gegenwartswert) diskontiert werden[6]:

$$P_0 = \sum_{t=1}^{n} CF_t / (1 + r)^t + P_n / (1 + r)^t \quad (4.1)$$

(wobei $P_0$=Kaufpreis, $P_n$=Verkaufspreis, $CF_t$=Cash Flow im Zeitpunkt t (bei Aktien die Dividendenzahlungen, bei festverzinslichen Papieren die Couponzahlungen), n=Laufzeit (in Jahren, Monaten usw.), r=Rendite während n).

Häufig sind Monats- oder Jahresrenditen zu berechnen, so dass (4.1) vereinfacht wird:

$$P_{t-1} = CF_t / (1 + r) + P_t / (1 + r) \quad (4.2)$$

Aus (4.2) folgt:

$$r_t = [(P_t - P_{t-1}) + CF_t] / P_{t-1} \quad (4.3)$$

Anhand der gemäss (4.3) berechneten Renditen können Anlagemöglichkeiten von Periode zu Periode beurteilt und untereinander verglichen werden. Ein Vergleich über mehrere Perioden ist unter Berücksichtigung von (4.1) vorzunehmen. Allerdings gelangt (4.1) selten zur Anwendung. Um eine Mehrperioden-Investition trotz-

---

5  Vgl. Abschnitt 3.2.1.1.
6  In ähnlicher Weise vgl. **Fuller, R./Farrell, J.**: "Modern Investments and Security Analysis", S. 7.

dem beurteilen zu können, wird das *arithmetische Mittel der stetigen Einperiodenrenditen* berechnet[7]:

$$_k r = (1/n) \cdot \sum_{t=1}^{n} {}_k r_t \qquad (4.4)$$

(wobei $_k r$=arithmetisches Mittel der stetigen Einperiodenrenditen ($_k r_t$), n=Anzahl Perioden).

Angenommen, alle Investoren sind in der Lage, die zukünftigen Renditen im voraus aufgrund der *sicher (tatsächlich)* eintreffenden Zahlungsströme ($CF_t$) und des *sicheren (tatsächlichen)* Verkaufspreises zu berechnen. Der Idee der *Renditemaximierung* folgend, wird ausschliesslich in die Anlage mit der höchsten Rendite investiert. Dies führt zur *widersinnigen Situation*, dass alle übrigen Anlagen unberücksichtigt bleiben. Wie die Realität zeigt, müssen die ausstehenden Anlagen *in ihrer Gesamtheit* durch die Wirtschaftssubjekte gehalten werden.

Wird die Annahme der sicheren (bekannten) Zukunft beibehalten, so müsste dies dazu führen, dass die Preise der übrigen Anlagen so tief sinken, bis die Renditen derselben das Niveau der Anlage mit der höchsten Rendite erreichen. Nur so ist der realitätsnahe Zustand (jede Anlage im Besitz mindestens eines Anlegers) erreichbar. Ein solches Renditeverhalten ist allerdings am Markt nicht feststellbar, weshalb die Annahme, dass die Zukunft bekannt (sicher) ist, nicht zur Erklärung des Marktverhaltens herangezogen werden kann[8].

### 4.1.1.2 Das Renditestreben bei unsicherer (unbekannter) Zukunft

Die Idee, die Portefeuillerendite zu maximieren, basiert auf *sicheren Erwartungen*. Wäre die Zukunft bekannt und nicht risikobehaftet, so könnten Portfolio-Entscheidungen ohne weiteres anhand der Rendite beurteilt werden. "Die praktisch immer

---

[7] Die stetige Rendite ($_k r_t$) wird wie folgt berechnet:
$$_k r_t = \ln [(P_t + CF_t) / P_{t-1}]$$
(wobei ln der natürliche Logarithmus ist).
Eine stetige Rendite ($_k r_t$) entspricht dem Zinssatz, mit dem ein investierter Betrag ($P_{t-1}$) kontinuierlich verzinst einen vorgegebenen Endbetrag ($P_t + CF_t$) und damit eine entsprechende Rendite ($r_t$) erreicht.
Anstelle des arithmetischen Mittels der stetigen Einperiodenrenditen kann auch das geometrische Mittel der Einperiodenrenditen berechnet werden. Keinesfalls ist das arithmetische Mittel der Einperiodenrenditen zu berechnen.

[8] Vgl. Levy, H./Sarnat, M.: "Portfolio and Investment Selection: Theory and Practice", S. 94.

vorhandene Unsicherheit der Zukunft bewirkt aber, dass zukünftige Ergebnisse selten einwertige, punktuelle Grössen verkörpern"[9]. Wird von *Unsicherheit der Zukunft* gesprochen, so denkt man unmittelbar an *Risiko*. Dieser Gedanke ist insofern richtig, als 'Unsicherheit der Zukunft' Ungewissheit in sich birgt und damit der Ursprung des Risikos ist. Allerdings werden die Begriffe Risiko und Ungewissheit in der Literatur auseinander gehalten.

Von *Risiko* wird dann gesprochen, wenn aufgrund der unsicheren Zukunft die Rendite einer Anlage *nicht* mit Sicherheit im voraus bekannt ist. Es sind aber die *möglichen Renditen* sowie deren *Eintretenswahrscheinlichkeiten* bekannt. Beide zusammen bilden eine Wahrscheinlichkeitsverteilung[10]. Diese Verteilung kann auf der Basis objektiver (aus empirischen Häufigkeitsverteilungen berechnet) oder subjektiver Wahrscheinlichkeiten aufgestellt werden[11].

*Ungewissheit* ist ein Extremfall von Risiko, der dann eintritt, wenn den möglichen Renditen keine Wahrscheinlichkeiten zugeordnet werden können (weder objektiv noch subjektiv). Eine Anlageentscheidung bei völliger Ungewissheit ist natürlich unmöglich. Da aber subjektive Wahrscheinlichkeiten immer möglich sind (jeder Anleger kann nach seinem Gefühl entscheiden), wird im folgenden auf die Trennung der beiden Begriffe verzichtet.

Um die Anlagen auch unter *Unsicherheit* miteinander vergleichen zu können, muss ein Mass gefunden werden, das die Wahrscheinlichkeitsverteilung der möglichen Renditen[12] wiedergibt. Eine häufige Lösung liegt in der Berechnung der *erwarteten Rendite* einer Anlage, welche definiert ist als der gewichtete Durchschnitt aller in Betracht zu ziehenden Renditen, wobei die Gewichte die Wahrscheinlichkeiten sind[13]:

$$E(r) = \sum_{i=1}^{n} p_i \cdot r_i \; , \qquad \text{wobei} \; \sum_{i=1}^{n} p_i = 1 \qquad (4.5)$$

---

[9] **Volkart, R.**: "Betriebswirtschaftliche Finanzierungslehre", S. 3/3.

[10] Zu den statistischen Begriffen vgl. bspw. **Bohley, P.**: "Statistik - Einführendes Lehrbuch für Wirtschafts- und Sozialwissenschaftler", S. 253 ff., **Lapin, L.**: "Business Statistics", S. 38 ff.

[11] Vgl. bspw. **Perridon, L./Steiner, M.**: "Finanzwirtschaft der Unternehmung", S. 87 ff., **Levy, H./Sarnat, M.**: "Portfolio and Investment Selection: Theory and Practice", S. 105 f.

[12] Die möglichen Renditen werden Zufallsvariablen genannt. Im folgenden handelt es sich um Wahrscheinlichkeitsverteilungen mit diskreten Zufallsvariablen.

[13] Der Erwartungswert ist als Mittelwert zu interpretieren und mit dem arithmetischen Mittel sicherer Daten vergleichbar. Anstelle der relativen Häufigkeiten treten die Wahrscheinlichkeiten.

(wobei E(r)=erwartete Rendite, $p_i$=Wahrscheinlichkeit, dass $r_i$ eintrifft, $r_i$=mögliche Rendite).

Aus allen Anlagen wird der Investor diejenige mit der höchsten erwarteten Rendite auswählen. Das Prinzip, *die erwartete Rendite eines Portefeuilles zu maximieren*, eignet sich aus zwei Gründen nicht für eine Portfolio-Entscheidung (vgl. Abbildung 4/1). Wird die Anlage B mit der Anlage C verglichen, so müsste - aufgrund des genannten Entscheidungsprinzips - die Anlage B vorgezogen werden. B dominiert C aber nicht in jeder Situation[14]. Im Falle eines Verlustes fällt dieser bei B höher aus. Vom *individuellen Verhalten* des Anlegers hängt es ab, ob er das Risiko eines höheren Verlustes zu Gunsten eines höheren erwarteten Gewinnes eingehen will oder nicht. Werden die Anlagen A und B miteinander verglichen, so kann aufgrund der erwarteten Renditen keine Entscheidung getroffen werden. Die Anlagen werden *durch die erwarteten Renditen zu wenig genau charakterisiert.*

Abbildung 4/1: Mögliche Renditeverteilung dreier Anlagen

| Wirtschaftslage | Anlage A | | Anlage B | | Anlage C | |
|---|---|---|---|---|---|---|
| | $p_i$ | $r_i$ | $p_i$ | $r_i$ | $p_i$ | $r_i$ |
| **Boom** | 1/3 | -5% | 1/3 | 45% | 1/4 | 30% |
| **Wachstum norm.** | 1/3 | 15% | 1/3 | 15% | 1/2 | 10% |
| **Rezession** | 1/3 | 35% | 1/3 | -15% | 1/4 | 2% |

$E(r_A) = (1/3) \cdot -5\% + (1/3) \cdot 15\% + (1/3) \cdot 35\% = \underline{15\%}$

$E(r_B) = (1/3) \cdot 45\% + (1/3) \cdot 15\% + (1/3) \cdot -15\% = \underline{15\%}$

$E(r_C) = (1/4) \cdot 30\% + (1/2) \cdot 10\% + (1/4) \cdot 2\% = \underline{13\%}$

Aus den obigen Ausführungen ist ersichtlich, dass Portfolio-Entscheidungen auch anhand der erwarteten Renditen nicht ohne weiteres möglich sind. Zum einen muss neben der erwarteten Rendite ein *zweites Mass* zur Charakterisierung der Anlagen

---

[14] Es sei erwähnt, dass die Möglichkeit besteht, die Anlagen anhand der Prinzipien der *stochastischen Dominanz* zu beurteilen. Vgl. dazu **Copeland, T./Weston, J.**: "Financial Theory and Corporate Policy", S. 92 ff. oder ausführlicher **Levy, H./Sarnat, M.**: "Portfolio and Investment Selection: Theory and Practice", S. 178 ff.

herangezogen werden, und zum andern ist das individuelle Verhalten der Anleger zu analysieren.

### 4.1.2 Die Nutzenfunktion

Mit der Berechnung der *erwarteten Renditen* findet die Ungewissheit der Zukunft nur ungenügend Beachtung[15]. Dem Prinzip folgend, die erwartete Portefeuillerendite zu maximieren, verhält sich ein Anleger gegenüber den Anlagen A und B (vgl. Abbildung 4/1) *indifferent*, obwohl ein allfälliger Verlust bei der Anlage B höher ausfallen würde. Die erwartete Rendite ist daher nur bei *Risikoneutralität* ein angemessenes Entscheidungskriterium. Bei einer Anlageentscheidung ist deshalb neben der Rendite auch das Risiko zu berücksichtigen, wobei die Gewichtung der beiden Grössen vom Verhalten des Anlegers abhängt. Der *Kompromiss*, der hier zwischen Rendite und Risiko zu schliessen ist, wird als *Nutzen* bezeichnet[16]. Entsprechend wird anstelle einer Maximierung der erwarteten Renditen der *Nutzen maximiert*.

Um Entscheidungen unter Unsicherheit treffen zu können, werden die verschiedenen Anlagemöglichkeiten anhand von *Nutzenfunktionen* beurteilt[17]. Jedem Zielwert - hier die mit einer bestimmten Wahrscheinlichkeit eintreffende Rendite - wird ein bestimmter Nutzen zugeordnet, wobei der *Verlauf der Nutzenfunktion* von der subjektiven Einstellung des Anlegers zum Risiko abhängig ist. Drei Verhaltensweisen sind zu unterscheiden (vgl. Abbildung 4/2 [18]):

- risikofreudiges Verhalten,
- indifferentes Verhalten und
- risikoscheues Verhalten.

Das *risikofreudige Verhalten* wird durch eine konvexe[19] Funktion repräsentiert, welche bei steigender Rendite einen steigenden Grenznutzen zum Ausdruck

---

15 Vgl. Abschnitt 4.1.1.2.
16 Es wird auch von *Risikonutzen* gesprochen.
17 Auf eine mathematische Darstellung der Nutzenfunktion wird verzichtet. Vgl. dazu bspw. **Copeland, T./Weston, J.:** "Financial Theory and Corporate Policy", S. 77 ff.
18 Vgl. bspw. **Copeland, T./Weston, J.:** "Financial Theory and Corporate Policy", S. 85.
19 Eine Nutzenfunktion U(r) ist dann konvex, wenn für jedes Paar möglicher Renditen $r_1$ und $r_2$ und für alle $0<\alpha<1$ gilt
$$U(\alpha r_1 + (1-\alpha)r_2) \leq \alpha U(r_1) + (1-\alpha)U(r_2).$$
Graphisch gesprochen liegt jeder Punkt innerhalb der linearen Verbindung zweier Funktionspunkte oberhalb der Kurve.

bringt[20]. Das *indifferente Verhalten* bezeichnet den Fall, in dem bei wachsender Rendite der Grenznutzen unverändert eingeschätzt wird. Der Kurvenverlauf ist linear. Die Nutzenfunktion für das *risikoscheue Verhalten* bringt den Fall zum Ausdruck, wo der Grenznutzen mit steigender Rendite abnimmt. Der Kurvenverlauf ist konkav[21]. Wie die Praxis zeigt, ist das risikoscheue Verhalten für die Mehrzahl der Anleger charakteristisch, weshalb im folgenden eine konkave Nutzenfunktion zugrunde gelegt wird[22].

Abbildung 4/2:   Die Nutzenfunktion bei unterschiedlichen Verhaltensweisen

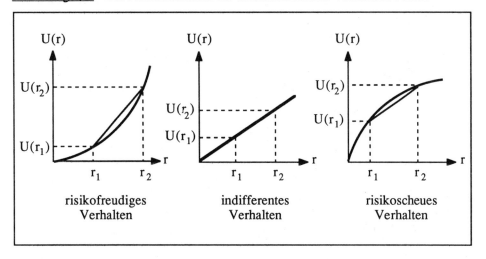

In der modernen Portfolio-Theorie hat sich insbesondere die Anwendung der *Neumann-Morgenstern-Nutzenfunktion* durchgesetzt[23]. Diese ermöglicht eine rationale

---

20  Der Grenznutzen wird interpretiert als der Nutzenzuwachs, den ein zusätzliches Renditeprozent stiftet.

21  Eine Nutzenfunktion U(r) ist dann konkav, wenn für jedes Paar möglicher Renditen $r_1$ und $r_2$ und für alle $0<\alpha<1$ gilt
$$U(\alpha r_1 + (1-\alpha)r_2) \geq \alpha U(r_1) + (1-\alpha)U(r_2) .$$
Graphisch gesprochen liegt jeder Punkt innerhalb der linearen Verbindung zweier Funktionspunkte unterhalb der Kurve.

22  In der Literatur wurden allerdings auch *konkav-konvexe* Nutzenfunktionen diskutiert. Die bekannteste ist diejenige von *Friedman* und *Savage*. Vgl. dazu **Levy, H./Sarnat, M.:** "Portfolio and Investment Selection: Theory and Practice", S. 144 ff.

23  Für ein vertieftes Studium dieser Theorie sei verwiesen auf **Neumann, J./Morgenstern, O.:** "Theory of Games and Economic Behavior".

Entscheidung unter Unsicherheit, wobei gewisse Axiome[24] zu unterstellen sind. Werden zwei Anlagen mit gleicher erwarteter Rendite miteinander verglichen, so fällt die Entscheidung im Falle von risikoscheuem Verhalten zugunsten jener Anlage, die offensichtlich ein kleineres Risiko aufweist (vgl. Abbildung 4/3). Umgekehrt gilt auch, dass bei gleichem Risiko die Anlage mit der höheren erwarteten Rendite berücksichtigt wird.

Abbildung 4/3: Die Neumannsche Nutzenfunktion

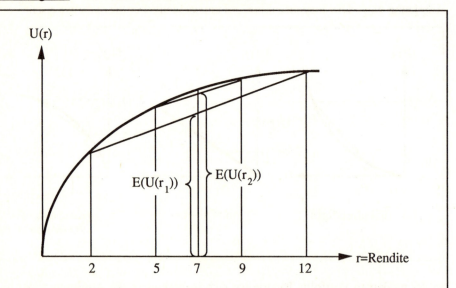

Beträgt die Rendite einer *Anlage 1* am Ende eines Betrachtungszeitraumes mit einer Wahrscheinlichkeit von 0.5 $r_1=2$ und mit einer Wahrscheinlichkeit von 0.5 $r_1=12$, so beträgt deren erwartete Rendite $E(r_1)=7$. Dasselbe Ergebnis resultiert für die erwartete Rendite $E(r_2)$ einer *Anlage 2*, falls mit einer Wahrscheinlichkeit von 0.5 deren Rendite von $r_2=5$ bzw. mit einer Wahrscheinlichkeit von 0.5 deren Rendite $r_2=9$ beträgt. Im Falle einer Bewertung der beiden Anlagen mit einer neumannschen Nutzenfunktion wird der Anlage 2 der Vorzug gegeben, da deren Nutzen $[E(U(r_2))]$ über demjenigen der Anlage 1 $[E(U(r_1))]$ liegt (vgl. Graphik). Offensichtlich weist die Anlage 2 gegenüber der Anlage 1 das kleinere Risiko auf (vgl. dazu Kapitel 4.2).

---

24 Vgl. bspw. **Copeland, T./Weston, J.:** "Financial Theory and Corporate Policy", S. 79.

Der Nutzen wurde als Kompromiss zwischen Rendite und Risiko bezeichnet, was anhand von *Indifferenzkurven* veranschaulicht werden kann. Eine Indifferenzkurve enthält alle Rendite/Risiko-Kombinationen, denen gegenüber sich ein Anleger indifferent verhält bzw. die ihm den gleichen Nutzen verschaffen. Die unterschiedliche *Nutzenhöhe* wird durch ein *Bündel von Indifferenzkurven* dargestellt[25] (vgl. Abbildung 4/4). Von einem risikoscheuen Verhalten ausgehend, handelt es sich bei der Indifferenzkurve um eine konvexe Funktion, die zum Ausdruck bringt, wieviel Risiko ein Anleger zusätzlich in Kauf zu nehmen bereit ist, um eine bestimmte Mehrrendite zu erzielen.

Abbildung 4/4: Mögliche Indifferenzkurven eines Anlegers

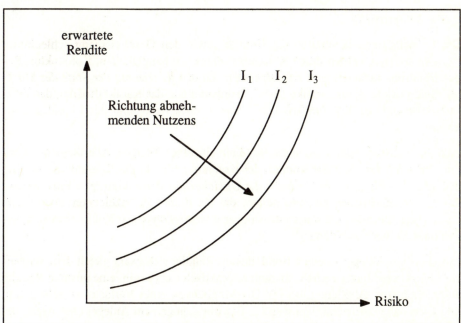

## 4.2 Die Risikoanalyse

Die Notwendigkeit, eine Risikoanalyse von Anlagen vorzunehmen, ergibt sich aufgrund zweier Tatsachen: Erstens wird davon ausgegangen, dass die Anleger 'risikoavers' sind, und zweitens kann eine Anlage aufgrund der (erwarteten) Renditen zu

---

25 Dieses Bündel wird auch als *Risiko-Indifferenzkurvensystem* bezeichnet.

wenig genau beurteilt werden[26]. Eine zweckmässige Risikoanalyse erfordert aber, dass mittels Kennzahlen die Risikoeigenschaften der Anlagen quantifiziert werden können.

### 4.2.1 Zum Begriff Risiko

Investitionen sind immer mit Risiken verbunden. Beim Erwerb einer Anlage können grundsätzlich Risiken auf drei Stufen unterschieden werden:

- Firmenrisiken,
- Branchenrisiken und
- Marktrisiken.

Die *Firmenrisiken* beinhalten die Bonität sowie den Geschäftsgang schlechthin. *Branchenrisiken* werden durch Konkurrenzdruck, Abhängigkeiten, Konjunktur, Regulierungsmassnahmen usw. hervorgerufen. Zu den *Risiken auf der Stufe des Marktes* zählen das Konjunkturrisiko (dieses beinhaltet u.a. das Kaufkraftrisiko, das Zinssatzrisiko und das Währungsrisiko[27]), das Transferrisiko und das Liquiditätsrisiko[28].

Alle diese Risiken beeinflussen die Renditen einzelner Anlagen. Allerdings muss betont werden, dass *nicht* die Bonität, der Konkurrenzdruck, die Konjunktur usw. die 'Risiken' darstellen. Es ist vielmehr die *Unsicherheit* der zukünftigen Entwicklung dieser wirtschaftlichen Gegebenheiten, die als *Risiko* zu bezeichnen ist. Bedingt durch diese Unsicherheit muss ein Anleger die Möglichkeit in Kauf nehmen, Schaden oder Verluste zu erleiden.

Investiert ein Anleger in einen Bond, dessen Rendite sich exakt gleich dem Schweizer Obligationenindex verhält, so kann er praktisch sicher sein, eine positive Rendite zu erzielen (vgl. Abbildung 4/5 [29]). Die Möglichkeit eines Verlustes ist sehr gering und kann daher vernachlässigt werden. Erwirbt dagegen ein Anleger eine Aktie, deren Rendite sich exakt gleich dem Schweizer Aktienindex verhält, so zeigt die Ent-

---

26 Vgl. Abschnitt 4.1.2.
27 Währungsveränderungen werden durch konjunkturelle Veränderungen hervorgerufen.
28 Mit Liquiditätsrisiko ist die Marktgängigkeit einer Anlage gemeint. Anlagen ohne geregelten Markt weisen häufig ein erhöhtes Liquiditätsrisiko auf, was zu Verzögerungen beim Verkauf und damit zu einem Renditeverlust führen kann.
29 Die Renditen (es handelt sich um stetige Renditen auf nomineller Basis) wurden aufgrund von Daten einer Studie der Bank Pictet & Cie berechnet. Vgl. **Pictet & Cie:** "Die Performance von Aktien und Obligationen in der Schweiz - Eine empirische Untersuchung von 1925 bis 1987".

wicklung derselben, dass die Möglichkeit, eine negative Rendite und damit einen Verlust zu erleiden, bedeutend grösser ist (vgl. Abbildung 4/5). *Risiko wird somit*

Abbildung 4/5: Die Jahresrenditen des Schweizer Aktienindexes bzw. des Schweizer Obligationenindexes von 1926 bis 1987

| Jahr | Jahresrenditen | | Jahr | Jahresrenditen | |
|---|---|---|---|---|---|
| | Aktien | Obligationen | | Aktien | Obligationen |
| 1926 | 19.23% | 6.62% | 1957 | - 10.82% | 0.79% |
| 1927 | 23.19% | 5.23% | 1958 | 20.51% | 2.85% |
| 1928 | 19.16% | 4.86% | 1959 | 25.62% | 6.75% |
| 1929 | - 6.38% | 4.86% | 1960 | 36.78% | 5.75% |
| 1930 | - 5.32% | 6.06% | 1961 | 40.14% | 3.73% |
| 1931 | - 35.80% | 6.11% | 1962 | - 18.97% | 2.34% |
| 1932 | 5.03% | 4.98% | 1963 | - 0.69% | 1.22% |
| 1933 | 9.11% | 3.80% | 1964 | - 7.18% | 2.11% |
| 1934 | - 7.52% | 3.46% | 1965 | - 7.26% | 4.71% |
| 1935 | - 12.02% | 3.84% | 1966 | - 12.89% | 2.29% |
| 1936 | 42.21% | 5.59% | 1967 | 38.66% | 5.72% |
| 1937 | 7.50% | 4.20% | 1968 | 33.29% | 6.13% |
| 1938 | 1.78% | 5.80% | 1969 | 4.39% | 0.39% |
| 1939 | - 18.03% | 1.75% | 1970 | - 11.26% | 3.74% |
| 1940 | 3.56% | 1.78% | 1971 | 14.41% | 10.84% |
| 1941 | 29.76% | 6.29% | 1972 | 20.13% | 3.90% |
| 1942 | 6.23% | 3.49% | 1973 | - 23.61% | - 0.30% |
| 1943 | - 1.61% | 3.42% | 1974 | - 40.25% | 1.89% |
| 1944 | 5.42% | 3.00% | 1975 | 38.36% | 15.34% |
| 1945 | 14.88% | 2.64% | 1976 | 7.59% | 15.15% |
| 1946 | 7.32% | 3.41% | 1977 | 7.78% | 8.59% |
| 1947 | 9.41% | 3.05% | 1978 | - 0.51% | 7.96% |
| 1948 | - 5.36% | 2.42% | 1979 | 10.37% | - 2.07% |
| 1949 | 13.16% | 4.48% | 1980 | 5.89% | 2.29% |
| 1950 | 9.24% | 5.91% | 1981 | - 12.68% | 1.91% |
| 1951 | 17.84% | 0.66% | 1982 | 12.45% | 11.33% |
| 1952 | 8.04% | 2.20% | 1983 | 24.13% | 3.34% |
| 1953 | 9.96% | 3.95% | 1984 | 4.42% | 3.31% |
| 1954 | 23.22% | 3.21% | 1985 | 47.84% | 5.65% |
| 1955 | 5.82% | 1.49% | 1986 | 9.27% | 5.70% |
| 1956 | 2.10% | 2.11% | 1987 | - 32.13% | 4.94% |

Abbildung 4/5: Die Jahresrenditen des Schweizer Aktienindexes bzw. des Schweizer Obligationenindexes von 1926 bis 1987 (Fortsetzung)

| Statistische Auswertung der Jahresrenditen: | Aktien: | Obligationen: |
|---|---|---|
| **Durchschnittliche bzw. erwartete Rendite** | 6.85% | 4.34% |
| **Standardabweichung** | 18.67% | 3.12% |
| **Grösste Rendite** [im Jahr] | 47.84% [1985] | 15.34% [1975] |
| **Geringste Rendite** [im Jahr] | -40.25% [1974] | -2.07% [1979] |

*als Gefahr verstanden, eine erwartete Rendite zu verfehlen.* Eine solche rein verbale Umschreibung ist aber im Rahmen der modernen Portfolio-Theorie ungenügend, denn die *Risiken sollen quantifiziert* werden. Erst dadurch wird eine (mathematische) Beziehung zwischen den beiden Grössen Rendite und Risiko möglich.

### 4.2.2 Quantifizierung des Risikos

Die Gefahr, dass eine erwartete Rendite nicht realisiert bzw. weit verfehlt wird, nimmt mit der *Streubreite* der möglichen Renditen zu. Das Beispiel in Abbildung 4/5 verdeutlicht diese Aussage. Angenommen, die gezeigten Jahresrenditen werden als mögliche zukünftige Renditen mit gleicher Wahrscheinlichkeit und deren arithmetisches Mittel als erwartete Rendite interpretiert: Im schlechtesten Fall wird mit dem Bond (dessen Rendite sich exakt gleich dem Schweizer Obligationenindex verhält) eine Rendite von -2.07%, mit der Aktie (deren Rendite sich exakt gleich dem Schweizer Aktienindex verhält) aber eine solche von -40.25% erzielt. Die möglichen Renditen der Aktie zeigen aber auch eine wesentlich grössere Streubreite, als diejenigen des Bonds. Als Risikomass drängt sich daher *die Streuung der zukünftigen Renditen* (auch als *Variabilität* der Renditen bezeichnet) auf.

#### 4.2.2.1 Die Standardabweichung bzw. Varianz als Risikomass

Aus der Statistik sind verschiedene Masse zur Kennzeichnung der *Streuung* bekannt. Zu erwähnen sind die Spannweite, die Bildung der Summe der Abstände vom arithmetischen Mittel oder die Bildung der Summe der absoluten Abstände vom arithmetischen Mittel. Allerdings sind bei allen Massen Vorbehalte hinsichtlich Aussagekraft oder mathematischer Handhabung anzubringen. Mit Hilfe der *Standardabweichung* (= $\sigma$) bzw. *Varianz* (= $\sigma^2$) können diese Mängel beseitigt werden.

Die Standardabweichung zukünftiger Renditen wird definiert als die Wurzel aus der gewichteten Summe der quadratischen Abweichungen jeder möglichen Rendite von der erwarteten Rendite, wobei die Gewichte den Eintretenswahrscheinlichkeiten $p_i$ entsprechen:

$$\sigma = ( \sum_{i=1}^{n} [r_i - E(r)]^2 \cdot p_i )^{1/2} \qquad (4.6)\ [30]$$

Weichen die möglichen Renditen einer Anlage wenig oder überhaupt nicht von ihrer erwarteten Rendite ab, so birgt die betreffende Anlage definitionsgemäss wenig oder kein Risiko. Die Standardabweichung bzw. Varianz ist gering. Abbildung 4/5 verdeutlicht diese Aussage. Zwar ist die Chance einer hohen Rendite durch den Erwerb der Aktie deutlich grösser als beim Bond (die erwartete Rendite der Aktie beträgt *6.85%*, diejenige des Bonds *4.34%*). Offensichtlich ist aber auch die Gefahr, eine negative Rendite zu erzielen, bei der Aktie höher (die Standardabweichung der Aktie beträgt *18.67%*, diejenige des Bonds *3.12%*).

Die Standardabweichung bzw. Varianz stösst heute noch häufig auf Ablehnung: "Wenn die Streuung aus angenehmen Ueberraschungen resultiert - also von Ergebnissen, die besser herauskommen als erwartet - würde dies doch kein Investor mit klarem Verstand als Risiko bezeichnen"[31]. Sicher konstituiert nur die Möglichkeit, einen Verlust hinnehmen zu müssen, ein Risiko. Aus diesem Grund prüfte *Markowitz* die Semistandardabweichung (bzw. Semivarianz) auf ihre Tauglichkeit[32]. Er kommt aber zum Schluss, dass die vertrauteren Masse Standardabweichung bzw. Varianz ebenso gute Ergebnisse liefern, was solange Gültigkeit hat, als die *Renditen symmetrisch verteilt* sind (die Chance für eine hohe positive Rendite ist grob gesehen gleich gross wie die Wahrscheinlichkeit für negative Renditen).

---

[30] Die Varianz wird analog wie folgt berechnet:

$$\sigma^2 = \sum_{i=1}^{n} [r_i - E(r)]^2 \cdot p_i$$

[31] **Malkiel, B.:** "Im Zickzack-Kurs durch Wallstreet", S. 62.

[32] **Markowitz, H.:** "Portfolio Selection - Efficient Diversification of Investments", S. 188 ff.

### 4.2.2.2 Die Normalverteilung der Renditen

Um die Standardabweichung als Risikomass verwenden zu können, muss die Verteilung der Renditen nicht nur symmetrisch sondern auch von der Gestalt sein, dass

<u>Abbildung 4/6:</u> Die (Normal-) Verteilung der Jahresrenditen des Schweizer Aktienindexes

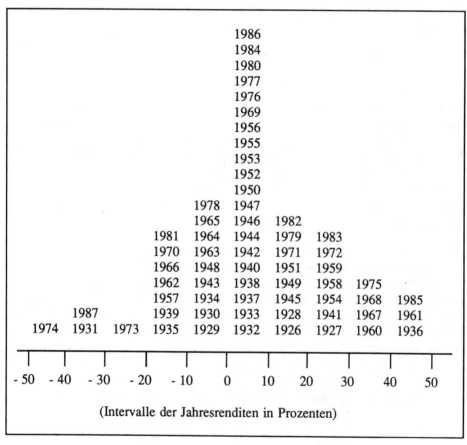

sie eine Standardabweichung besitzt. Untersuchungen haben gezeigt, dass die *Verteilung der stetigen Renditen*[33] gut durch die *Normalverteilung* beschrieben werden

---

33 Wichtig ist, dass nicht die Renditen sondern die stetigen Renditen normalverteilt sind. Es gibt zwar Renditen, die 200%, aber nicht solche, die -200% betragen. Durch logarithmieren wird diese Schiefheit ausgeglichen.

kann[34]. Der Vorteil dieser Verteilung ist darin zu sehen, dass sie durch die erwartete Rendite und die Standardabweichung vollständig beschrieben wird[35].

Abbildung 4/6 zeigt die Verteilung der stetigen Renditen einer Aktie, die sich exakt gleich dem Schweizer Aktienindex verhält[36]. Es ist zu beachten, dass die Renditen annäherungsweise *normalverteilt* sind. Die durchschnittliche oder erwartete Rendite beträgt 6.85% und die Standardabweichung 18.67%. Sind die stetigen Renditen normalverteilt, so gilt[37]:

- In etwa 2 von 3 Fällen (bzw. mit einer Wahrscheinlichkeit von 68%) liegen die (künftigen) Renditen innerhalb einer Standardabweichung, das heisst innerhalb des Bereiches[38] $\mu \pm \sigma$ (dieser Bereich wird auch als *Prognoseintervall*[39] bezeichnet). Die Rendite der Aktie in Abbildung 4/6 liegt damit in 2 von 3 Fällen zwischen +25.52% und -11.82%.

- In 95 von 100 Fällen (bzw. mit einer Wahrscheinlichkeit von 95%) liegen die (künftigen) Renditen innerhalb von zwei Standardabweichungen, das

---

34  Allerdings weisen andere empirische Untersuchungen eher auf Renditeverteilungen mit unendlicher Standardabweichung (wie dies beispielsweise bei einer Paretoverteilung der Fall sein kann) hin. Vgl. dazu **Fama, E.**: "The Behaviour of Stock Market Prices", S. 34-106. Da dies aber Schwierigkeiten (vor allem mathematischer Natur) machen würde, hat man diesen Weg wieder verlassen und die stetigen Renditen als normalverteilt angenommen.

35  Formell gilt für die Häufigkeit der Renditen, welche normalverteilt sind:

$$f(r) = [1 / (\sigma \cdot (\pi^{1/2}))] \cdot e^{\{-(1/2)[(r-E(r))/\sigma]^2\}}$$

(wobei $\pi = 3.1416$, $e = 2.71828 =$ Eulersche Zahl).

Sind die erwartete Rendite $E(r)$ und die Standardabweichung $\sigma$ bekannt, so kann die Häufigkeit jeder Rendite berechnet werden. Für eine Aktie, deren Rendite sich exakt gleich dem Aktienindex verhält (vgl. Abbildung 4/5), ergibt sich für eine Rendite von beispielsweise 10% folgende Häufigkeit:

$$f(0.10) = [1 / (0.1867 \cdot (3.1416^{1/2}))] \cdot e^{\{-(1/2)[(0.10-0.0685)/0.1867]^2\}} = \underline{2.979}$$

Im Falle einer schiefen Verteilung müsste neben der erwarteten Rendite und der Standardabweichung noch ein Mass zur Schiefheit angegeben werden, um die Verteilung vollständig beschreiben zu können.

36  Die Renditen (es handelt sich um stetige Renditen auf nomineller Basis) wurden aufgrund von Daten einer Studie der Bank Pictet & Cie berechnet. Vgl. **Pictet & Cie**: "Die Performance von Aktien und Obligationen in der Schweiz - Eine empirische Untersuchung von 1925 bis 1987".

37  Vgl. bspw. **Zimmermann, H./Dubacher, R.**: "Risikoanalyse schweizerischer Aktien: Grundkonzept und Berechnung", S. 70.

38  $\mu$ steht hier für die durchschnittliche Rendite bzw. für die erwartete Rendite.

39  Das Prognoseintervall ist ein Bereich, in welchen die Realisationen einer Zufallsvariablen (im obigen Fall einer möglichen Rendite) mit einer vorgegebenen Wahrscheinlichkeit hineinfallen. Für die Ableitung des Prognoseintervalls braucht es allerdings eine Annahme über den *Verteilungstyp* der Zufallsvariablen.

heisst innerhalb des Bereiches µ ± 2σ. Die Rendite der Aktie in <u>Abbildung 4/6</u> liegt damit in 95% aller Fälle zwischen +44.19% und -30.49%.

Vergleicht man die erhaltenen Resultate mit denjenigen eines Bonds (dessen Renditen sich exakt gleich dem Schweizer Obligationenindex verhalten), so wird deutlich, dass bei dem Bond mit einem 68%-Prognoseintervall mit Sicherheit eine positive Rendite erzielt wird (die Rendite liegt in 68% aller Fälle zwischen 7.46% und 1.22%), während bei der Aktie mit einem gleichen Prognoseintervall eine deutlich negative Rendite ins Kalkül einzubeziehen ist.

## 4.3 Der Diversifikationseffekt

Ein altes Sprichwort lautet: "Don't put all your eggs into one basket". Nicht treffender könnte der Begriff *Diversifikation*, eine weitverbreitete Anlagemaxime zur Verringerung des Risikos, umschrieben werden. Bezogen auf den Anleger bedeutet dies, das Kapital auf mehrere Anlagealternativen aufzuteilen.

### 4.3.1 Theoretische Ueberlegungen zur Diversifikation

Wie weiter oben festgehalten wurde, wählt ein Investor aus allen Anlagen diejenige mit dem höchsten Nutzen[40]. Angenommen, es stehen zwei Anlagen zur Auswahl (vgl. <u>Abbildung 4/7</u>). Ein risikoaverser Investor wird die Anlage A vorziehen, da sie *bei gleicher erwarteter Rendite das kleinere Risiko* aufweist.

Was geschieht aber, wenn der Anleger einen Betrag von 1'000 nicht nur in die Anlage A *oder* Anlage B anlegen will, sondern je zur Hälfte in die beiden Anlagen investiert? In der Zeit eines Booms würde die Investition in die Anlage A einen Verlust von 25 (-5% von 500) erleiden, während die Anlage B einen Gewinn von 225 (45% von 500) abwerfen würde. Der Gesamtertrag würde in diesem Fall 200 ausmachen, was einer Rendite von 20% entspricht. In der Zeit normalen Wachstums werfen beide Anlagen je einen Gewinn von 75 (15% von 500) ab, was einen Gesamtertrag von 150 bzw. eine Rendite von 15% ergibt. Dagegen wird in der Rezessionszeit mit der Anlage A ein Gewinn von 175 (35% von 500) erwirtschaftet, während die Anlage B einen Verlust von 75 (-15% von 500) bringt. Dies entspricht einem Gesamtertrag von 100 oder einer Rendite von 10%.

Anhand dieses Beispiels kann der grundsätzliche Vorteil der Diversifikation deutlich gemacht werden. Wie immer sich die Wirtschaft entwickelt, ein Anleger, der einen

---

40 Vgl. Abschnitt 4.1.2.

Abbildung 4/7: Mögliche Renditeverteilung zweier Anlagen

| Wirtschaftslage | Eintretenswahr-scheinlichkeit ($p_i$) | Rendite Anlage A | Rendite Anlage B |
|---|---|---|---|
| Boom | 1/3 | - 5% | 45% |
| Wachstum norm. | 1/3 | 15% | 15% |
| Rezession | 1/3 | 35% | -15% |

$E(r_A) = (1/3) \cdot -5\% + (1/3) \cdot 15\% + (1/3) \cdot 35\% = \underline{15\%}$

$E(r_B) = (1/3) \cdot 45\% + (1/3) \cdot 15\% + (1/3) \cdot -15\% = \underline{15\%}$

$\sigma_A^2 = [-5\% - 15\%]^2 \cdot (1/3) + [15\% - 15\%]^2 \cdot (1/3) + [35\% - 15\%]^2 \cdot (1/3)$
$= \underline{266.67\%^2}$

$\sigma_B^2 = [45\% - 15\%]^2 \cdot (1/3) + [15\% - 15\%]^2 \cdot (1/3) + [-15\% - 15\%]^2 \cdot (1/3)$
$= \underline{600\%^2}$

bestimmten Betrag in beide Anlagen investiert, holt in jedem Fall eine positive Rendite heraus. Beide Anlagen sind zwar riskant, werden jedoch je nach Wirtschaftslage gegenteilig beeinflusst, so dass sie zusammen ein viel kleineres Risiko beinhalten. Die Anlagerenditen verlaufen *nicht parallel*. Der Parallelitätsgrad oder Zusammenhang zwischen zwei Anlagerenditen wird mittels *Kovarianz* oder *Korrelation* gemessen[41].

### 4.3.1.1 Mass des Zusammenhangs zweier Anlagerenditen

Um den Grad des Zusammenhangs zweier Anlagerenditen zu messen, werden in der modernen Portfolio-Theorie die Masse Kovarianz bzw. Korrelationskoeffizient verwendet.

Die *Kovarianz* zweier Anlagerenditen ist die gewichtete Summe aus den miteinander multiplizierten Abweichungen von der jeweiligen erwarteten Rendite der beiden zu vergleichenden Anlagen, wobei die Gewichte den Eintretenswahrscheinlichkeiten entsprechen:

---

41 Vgl. bspw. **Sharpe, W.:** "Investments", S. 127.

$$\text{Cov}(X,Y) = \sum_{i=1}^{n} [(rx_i - E(r_X)) \cdot (ry_i - E(r_Y))] \cdot p_i \quad (4.7)$$

(wobei $rx_i$ bzw. $ry_i$=mögliche Rendite der Anlage X bzw. Y, $E(r_X)$ bzw. $E(r_Y)$=erwartete Rendite der Anlage X bzw. Y, $p_i$=Wahrscheinlichkeit, dass $rx_i$ bzw. $ry_i$ eintrifft).

Eine *positive* Kovarianz zeigt, dass die Renditen zweier Anlagen *gleichlaufend* tendieren. Sind zwei Anlagerenditen *gegenläufig*, wird die Kovarianz *negativ*. Während die Rendite der einen Anlage steigt, sinkt diejenige der anderen Anlage (vgl. das Beispiel in Abbildung 4/7, wo Cov(A,B)=-400%$^2$ ist). Ueberhaupt *kein Zusammenhang* zwischen der Entwicklung zweier Anlagerenditen besteht dann, wenn die Kovarianz *Null* ist.

Abbildung 4/8:   Die Korrelation zweier Aktienrenditen

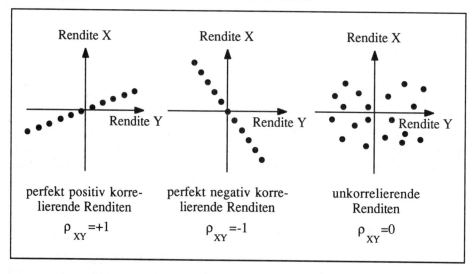

Ein viel anschaulicheres Mass zur Messung des Zusammenhangs zweier Verläufe von Anlagerenditen ist der *Korrelationskoeffizient*. Dieser wird berechnet, indem die Kovarianz über das Produkt der Standardabweichungen normiert wird:

$$\rho_{XY} = \text{Cov}(X,Y) / (\sigma_X \cdot \sigma_Y) \quad (4.8)$$

Der Korrelationskoeffizient erreicht Werte zwischen +1 und -1 und gibt Auskunft über die 'Strammheit des Zusammenhangs' zwischen den Renditen zweier Anlagen. Eine Korrelation von +1 besagt, dass die Renditen gleichlaufend sind. Man spricht von vollständig positiv korrelierenden Renditen oder von einem perfekt positiven linearen Zusammenhang zwischen den Renditen[42]. Bei einem Wert von -1 verlaufen die Renditen gegenläufig, das heisst, dass sich die Schwankungen gegenseitig aufheben (vgl. das Beispiel in Abbildung 4/7, wo $\rho_{AB}$=-1 ist). Ueberhaupt kein (linearer) Zusammenhang zwischen den Renditen zweier Anlagen besteht dann, wenn die Korrelation einen Wert von Null erreicht (vgl. Abbildung 4/8 [43]).

### 4.3.1.2 Rendite und Risiko eines Portefeuilles

Anhand des Beispiels in Abbildung 4/7 konnte gezeigt werden, dass mittels Diversifikation eine Risikoreduktion erreicht werden kann. Daher ist zu vermuten, dass das Risiko eines Portefeuilles *nicht* der (gewichteten) Summe der Einzelrisiken entspricht.

Die *Portefeuillerendite* wird als gewogener Durchschnitt der erwarteten Renditen aller im Portefeuille enthaltenen Anlagen berechnet. Als Gewichte ($z_j$) dienen die vom Gesamtbetrag zu investierenden Anteile. Unter der Voraussetzung, dass das gesamte Vermögen investiert und Leerverkäufe[44] ausgeschlossen werden, ergibt sich

$$E(r_P) = \sum_{j=1}^{n} z_j \cdot E(r_j) \text{ , wobei } \sum_{j=1}^{n} z_j = 1 \text{ und } z_j \geq 0, \forall\ j=1,...,n \qquad (4.9)$$

Im Gegensatz zur Portefeuillerendite, zu deren Berechnung Kenntnisse über die erwarteten Renditen der einzelnen Anlagen und deren Gewichtungen genügen, reichen zur Beurteilung des *Portefeuillerisikos* die Varianzen der einzelnen Anlagen und deren Gewichtungen nicht aus. Es kann gezeigt werden, dass sich die Varianz der Portefeuillerendite additiv aus den mit $z_j^2$ gewichteten Varianzen der Einzelrenditen und den mit $2 \cdot z_i \cdot z_j$ gewichteten Kovarianzen zusammensetzt[45]:

$$\sigma_P^2 = \sum_{i=1}^{n} z_i^2 \cdot \sigma_i^2 + 2 \cdot \sum_{i=1}^{n-1} \sum_{j>i}^{n} z_i \cdot z_j \cdot \text{Cov}(i,j) \qquad (4.10)$$

---

42  Vgl. **Uhlir, H./Steiner, P.**: "Wertpapieranalyse", S. 118.
43  Vgl. bspw. **Sharpe, W.**: "Investments", S. 131.
44  Unter Leerverkauf wird der Verkauf eines Wertpapieres verstanden, in dessen Besitz man noch gar nicht ist. Dabei wird das Wertpapier zu einem bestimmten Kurs verkauft, in der Hoffnung, dasselbe kurz vor dem Verkaufstermin zu einem günstigeren Kurs einkaufen zu können, um so einen Gewinn zu erzielen.
45  Zur mathematischen Herleitung vgl. bspw. **Uhlir, H./Steiner, P.**: "Wertpapieranalyse", S. 117 f.

Daraus wird deutlich, dass das Portefeuillerisiko stark von der Korrelation der Anlagerenditen abhängig ist. Im Falle positiver Kovarianzen wird die Portefeuillevarianz zunehmen, im Falle negativer Kovarianzen dagegen abnehmen. Dieses Ergebnis führt zur Forderung, dass Anlagen ausfindig zu machen sind, die bei gegebenen Erwartungswerten möglichst geringfügig oder sogar negativ miteinander kovariieren[46].

### 4.3.1.3 Theoretische Grenze des Diversifikationseffektes

In der Realität lassen sich kaum Anlagen finden, die derart miteinander korrelieren, dass die Portefeuillevarianz den Wert Null erreicht[47]. Es stellt sich daher die Frage, wieweit das Portefeuillerisiko reduziert werden kann.

Wird unterstellt, dass in alle Anlagen der gleiche Betrag 1/n investiert wird (im Portefeuille sind n Anlagen enthalten), so folgt aus (4.10)[48]:

$$\sigma_P^2 = \sum_{i=1}^{n} (1/n)^2 \cdot \sigma_i^2 + 2 \cdot \sum_{i=1}^{n-1} \sum_{j>i}^{n} (1/n) \cdot (1/n) \cdot Cov(i,j) \qquad (4.11)$$

Die *durchschnittliche Varianz* ($\sigma_*^2$) einer Anlage lässt sich aus der Summe der Varianzen dividiert durch die Anzahl Anlagen errechnen:

$$\sigma_*^2 = (\sum_{i=1}^{n} \sigma_i^2) / n$$

Desgleichen kann die *durchschnittliche Kovarianz* aus der Summe aller Kovarianzen, dividiert durch die Zahl aller Kovarianzen berechnet werden. Zu diesem Zweck ist die Summe der Kovarianzen noch zu bestimmen. Jede Anlage eines aus n Anlagen zusammengesetzten Portefeuilles hat (n-1) Kovarianzen; die Zahl aller Kovarianzen ist entsprechend n·(n-1). Bei dieser Summierung wurden allerdings die Kovarianzen Cov(i,j) und Cov(j,i) als verschiedene Grössen gewertet. Eliminiert

---

46  Vgl. **Buchner, R.**: "Die Planung von Gesamt-Kapitalanlagen (Portefeuilles) und der Effekt der Markowitz-Diversifikation", S. 318.

47  Theoretisch wird das kleinste Risiko ($\sigma_P^2=0$) mit zwei vollständig negativ korrelierenden Anlagen erreicht.

48  Vgl. **Markowitz, H.**: "Portfolio Selection - Efficient Diversification of Investments", S. 109 ff.

man diese Doppelzählung, verringert sich die Gesamtzahl der Kovarianzen auf [0.5·n·(n-1)]. Für die durchschnittliche Kovarianz (Cov(i,j)$_*$) gilt daher:

$$Cov(i,j)_* = [\sum_{i=1}^{n-1} \sum_{j>i}^{n} Cov(i,j)] / [0.5 \cdot n \cdot (n-1)]$$

<u>Abbildung 4/9:</u>  Die Risikoreduktion mittels Diversifikation

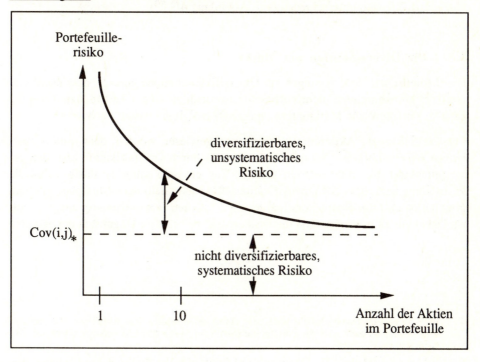

Wird (4.11) umgeformt, so erhält man:

$$\sigma_P^2 = (1/n) \cdot \{\sum_{i=1}^{n} \sigma_i^2 / n\} + 2 \cdot (0.5 \cdot (n-1)/n) \cdot \{(\sum_{i=1}^{n-1} \sum_{j>i}^{n} Cov(i,j)) / (0.5 \cdot n \cdot (n-1))\}$$

Die Klammerausdrücke { } entsprechen der durchschnittlichen Varianz bzw. der durchschnittlichen Kovarianz, weshalb für die Portefeuillevarianz nach (4.11) gilt:

$$\sigma_P^2 = (1/n) \cdot \sigma_*^2 + ((n-1)/n) \cdot Cov(i,j)_* \qquad (4.12)$$

Entsprechend kann aus (4.12) gefolgert werden, dass mit n gegen unendlich der erste Teil der Formel (4.12) gegen Null geht[49]. Der zweite Teil nähert sich asymptotisch dem Wert der durchschnittlichen Kovarianz.

Aus diesen Ueberlegungen wird ersichtlich, dass das Portefeuillerisiko mittels Diversifikation - auch in einem noch so umfangreichen Portefeuille - nie vollständig eliminiert werden kann. Bedingt durch die Feststellung, dass nur ein Teil des Portefeuillerisikos eliminiert werden kann, wird das *diversifizierbare* (oder auch *unsystematische*) Risiko und das *nicht diversifizierbare* (oder auch *systematische* bzw. Marktrisiko*) Risiko unterschieden (vgl. Abbildung 4/9 [50]).

### 4.3.2 Die Diversifikation am Markt

Die theoretischen Ueberlegungen zur Diversifikation haben gezeigt, dass das Portefeuillerisiko, wenn auch nicht vollständig, so doch zu einem Teil reduziert werden kann[51]. Umfangreiche Marktuntersuchungen[52] bestätigen diesen Sachverhalt.

Für den Schweizer Aktienmarkt konnte nachgewiesen werden, dass mittels einer *naiven Diversifikation*[53] rund 70% des Risikos durch Diversifikation über den gesamten Markt eliminiert werden kann[54]. Von grossem Interesse dürfte dabei die Feststellung sein, dass der Diversifikationseffekt innerhalb der ersten paar Titel am grössten ist und mit einem Portefeuille von 10 Aktien fast vollständig ausgeschöpft ist. Dabei gilt zu beachten, dass die Risikoreduktion *nicht* zu Ungunsten der erzielten

---

[49] Wird die realitätsfremde Möglichkeit, dass sämtliche Anlagerenditen voneinander unabhängig sind, unterstellt, dann wäre das Portefeuillerisiko Null, da sämtliche Kovarianzen in diesem Fall auch Null sind.

[50] Vgl. bspw. **Hielscher, U.**: "Ursprünge und Grundgedanken der modernen Portfolio-Theorie", S. 26.

[51] Vgl. Abschnitt 4.3.1.

[52] Zu den im Verlaufe dieses Kapitels zitierten sollen noch die folgenden erwähnt werden: **Benelli, G./Wyttenbach, B.**: "Der schweizerische Aktienmarkt in internationaler Perspektive", S. 305-333. **Büttler, H.-J./Hermann, W.**: "International diversifizierte Portefeuilles unter flexiblen Wechselkursen", S. 28-40. **Lerbinger, P./Berndt, H.**: "Diversifikationsauswirkungen bei Aktienportefeuilles - Möglichkeiten und Strategien", S. 14-24. **Solnik, B.**: "Why not diversify internationally rather than domestically", S. 48-54. **Solnik, B.**: "International Investments", S. 36-65. **Tapley, M.**: "International Portfolio Management", S. 41-58.

[53] Unter *naiver Diversifikation* wird die zufällige Auswahl verschiedener Anlagen verstanden.

[54] Vgl. **Zimmermann, H./Dubacher, R.**: "Risikoanalyse schweizerischer Aktien: Grundkonzept und Berechnung", S. 77 ff.

Rendite erfolgt[55]. Aehnliche Resultate können auch für andere Aktienmärkte berechnet werden[56].

Aus der Beobachtung heraus, dass zwar ein Teil, nie aber das gesamte Risiko wegdiversifizierbar ist, kann gefolgert werden, dass die Realität offensichtlich zwischen den Extremfällen totaler Unabhängigkeit und totaler Abhängigkeit der Renditen liegt. Das Diversifikationspotential wird entsprechend dem Grad der Abhängigkeit der einzelnen Titel untereinander und damit von der wirtschaftlichen Verflechtung beeinflusst. Eine Untersuchung über den Schweizer Aktienmarkt zeigt (vgl. Abbildung 4/10 [57]), dass mittels Diversifikation über die Gesamtheit von Schweizer Ak-

Abbildung 4/10: Das Diversifikationspotential schweizerischer Aktien

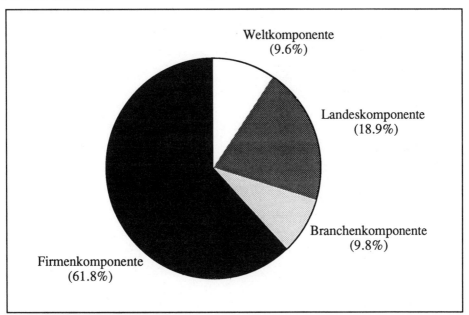

---

55  Vgl. **Zimmermann, H./Vock, T.**: "Auch für Kleinanleger - Schon mit vier Titeln über die Hälfte des Risikos eliminiert - Kein Verlust an durchschnittlicher Rendite", in: SHZ vom 16. August 1984, S. 28.

56  Vgl. eine allerdings ältere Studie von **Solnik, B.**: "Why not diversify internationally rather than domestically", S. 48-54.

57  Vgl. **Zimmermann, H./Bill, M./Dubacher, R.**: "Finanzmarkt Schweiz: Strukturen im Wandel", S. 33.

tien 61.8% firmenspezifische und 9.8% branchenspezifische Risiken eliminiert werden können. Wird ein Portefeuille international gestreut, so können weitere 18.9% Risiko wegdiversifiziert werden. Ein international orientierter Anleger könnte demzufolge sein ursprünglich mit einer Aktie eingegangenes Risiko mittels Diversifikation auf rund einen Zehntel reduzieren.

Damit konnte gezeigt werden, dass nicht nur in der Theorie, sondern auch am Markt das Anlegerrisiko in gewissem Ausmass reduziert werden kann. Es erstaunt daher kaum, dass der Gedanke der Diversifikation im Zentrum der modernen Portfolio-Theorie steht.

# 5 Ansätze zur Portefeuillegestaltung in der Theorie

Der Grundgedanke eines *quantitativ* orientierten Portfolio-Managements entstand anfangs der 1950er Jahre. Bereits 1949 entwickelte *Shackle*[1] ein Instrumentarium, mit dem er zeigen wollte, wie eine Entscheidung unter Ungewissheit zustande kommt. "Als *Shackle* jedoch seine Konzeption auch auf das Problem der Aktienauswahl anzuwenden versuchte, kam er zu dem paradoxen Ergebnis, dass es für den Anleger in jedem Fall am vorteilhaftesten sei, eine Kombination von nur zwei bestimmten Aktien zu wählen"[2]. Aber genau der Diversifikation ist es zu verdanken, dass das Risiko einzelner Anlagen vermindert werden kann[3]. Allerdings wird die Idee einer optimalen Anlage aus einer Kombination von nur zwei Grössen später wieder aufgegriffen[4].

Den Stein ins Rollen brachte schliesslich *Markowitz* mit seinem 1959 erschienenen Werk "Portfolio Selection"[5]. Anhand seines Modells lässt sich unter akzeptablen Bedingungen nachweisen, dass das Risiko durch die Investition in verschiedene Anlagen, wenn auch nicht vollständig, so doch teilweise reduziert werden kann. Später wurden auf dem Modell von *Markowitz* aufbauend das *Capital Asset Pricing Model*[6] und die *Arbitrage Pricing Theory*[7] entwickelt.

Im folgenden wird auf die wichtigsten Gedanken der erwähnten drei Ansätze eingegangen[8]. Diese wurden für Aktien erarbeitet, weshalb auch im Rahmen dieses Kapitels von einem Aktienportefeuille ausgegangen wird. Eine Uebertragung der Modelle auf andere Anlagemedien bzw. gemischte Portefeuilles ist aber durchaus sinnvoll und realisierbar.

---

1 Vgl. **Shackle, G.:** "Expectation in Economics".

2 **Hielscher, U.:** "Ursprünge und Grundgedanken der modernen Portfolio-Theorie", S. 21.

3 Vgl. Abschnitt 4.3.

4 Im Capital Asset Pricing Model (CAPM) wählt der Investor eine Kombination aus Marktportefeuille und risikofreier Anlage.

5 **Markowitz, H.:** "Portfolio Selection - Efficient Diversification of Investments". Ein Vorläufer dieser Arbeit wurde bereits 1952 publiziert: **Markowitz, H.:** "Portfolio Selection", S. 77-91.

6 Dieses wurde von *Sharpe* (1964) und *Lintner* (1965) entwickelt. Vgl. **Sharpe, W.:** "Capital Asset Prices: A Theory of Market Equilibrium under Conditions of Risk", S. 425-442. **Lintner, J.:** "Security Prices, Risk, and Maximal Gains from Diversification", S. 587-615.

7 Diese wurde von *Ross* 1976 entwickelt. Vgl. **Ross, S.:** "Return, Risk and Arbitrage", in: **Friend, I./Bicksler, J.:** "Risk and Return in Finance"; **Ross, S.:** "The Arbitrage Theory of Capital Asset Pricing", S. 341-360.

8 Auf die in grosser Zahl vorhandenen modifizierten Ansätze wird hier nicht eingegangen, da der Kern der Ueberlegungen immer auf das Modell von Markowitz, das CAPM oder die APT zurückgeführt werden kann.

## 5.1 Das Markowitz-Modell

*Markowitz* machte die einfache Feststellung, dass Investoren nicht notwendigerweise die erwartete Rendite des angelegten Kapitals maximieren, ansonsten das in der Realität oft festzustellende Verhalten der Risikostreuung durch Aufnahme mehrerer Anlagen in das Portefeuille nicht erklärt werden könnte[9]. In seinem Modell wird gezeigt, wie die Diversifikation eines Portefeuilles rational gestaltet werden soll, so dass ein für den Anleger *effizientes Portefeuille* entsteht. Als effizient wird ein Portefeuille dann bezeichnet, wenn

- die Rendite bei einem bestimmten Risiko maximal bzw.
- das Risiko bei einer bestimmten Rendite minimal ist.

### 5.1.1 Voraussetzungen des Modells

Die Voraussetzungen für eine überblickbare Modellgestaltung, welche teilweise auch für die weiter hinten folgenden Ansätze Gültigkeit haben, können nach *Annahmen über das Investorenverhalten* und *Eigenschaften des Marktes* unterschieden werden.

Bezüglich des *Investorenverhaltens* werden die folgenden Annahmen getroffen[10]:

- *Entscheidungsparameter:* Investoren orientieren sich ausschliesslich am Erwartungswert und der Varianz (bzw. Standardabweichung) der möglichen Renditen. Es muss möglich sein, mittels Analyse der Informationen die erwartete Rendite, die Varianz der möglichen Renditen sowie die Kovarianzen zu ermitteln. Auf Basis dieser Daten können die effizienten Portefeuilles ausfindig gemacht werden.
- *Risikoaversion:* Die Investoren sind risikoscheu, das heisst eine Position mit niedrigem Risiko wird einer solchen mit hohem Risiko und gleicher erwarteter Rendite vorgezogen[11].
- *Nutzenmaximierung:* Investoren versuchen, den Nutzen ihrer Vermögen zu maximieren, indem sie für möglichst wenig Risiko die maximale Rendite verlangen.

---

9 Vgl. Kapitel 4, insbesondere Abschnitt 4.3.
10 Vgl. bspw. **Reilly, F.:** "Investments", S. 592.
11 Obwohl verschiedene Beobachtungen die These eines risikoaversen Verhaltens stützen (beispielsweise das ganze Versicherungswesen; die Tatsache, dass Investoren verschiedene Anlagen in ihren Portefeuilles halten etc.), wurde sie auch in Frage gestellt (vgl. **Cohen, J./Zinbarg, E./Zeikel, A.:** "Investment Analysis and Portfolio Management", S. 744).

- *Einperiodenmodell:* Entscheidungen werden auf einen einperiodigen Planungshorizont ausgerichtet. Am Ende der Periode wird das Ergebnis der Investition geprüft und erst dann die folgende (und nur die folgende) Periode geplant. Die Wahl der Länge dieser Zeitperiode ist jedoch davon abhängig, wie schnell sich Erwartungswert und Varianz im Zeitablauf verändern[12].

Dem Markt werden die folgenden Eigenschaften unterstellt[13]:

- *Friktionslose Märkte:* Es existieren weder Transaktionskosten noch Steuern. Zudem sind alle Anlagen beliebig teilbar, so dass auch kleinste Teile davon erworben werden können.
- *Vollständige Konkurrenz:* Der Investor ist ein Nachfrager und hat keinen Einfluss auf den Preis und damit auf die Wahrscheinlichkeitsverteilung der Renditen (diese wird als Normalverteilung angenommen[14]). Es besteht keine Beschränkung beim Zugang zum Anlagenmarkt. Arbitragemöglichkeiten[15] sind ausgeschlossen.
- *Leerverkäufe:* Leerverkäufe sind auszuschliessen, das heisst das Kapital wird voll investiert, wobei die Gewichte der einzelnen Anlagen $z_j$ nicht negativ sein dürfen:

$$\sum_{j=1}^{n} z_j = 1; \quad z_j \geq 0 \quad \forall \; j = 1,...,n \tag{5.1}$$

- *Verhalten der Anlagen:* Es lassen sich keine Anlagen finden, deren Korrelationskoeffizient -1 beträgt. Zudem existiert keine risikolose Anlage (Varianz ist Null) und mindestens zwei Anlagen haben unterschiedliche erwartete Renditen.

Um das Modell der Realität besser anzupassen, wurden im Laufe der Zeit diese Annahmen teilweise modifiziert oder gestrichen.

---

12   Vgl. **Hotz, P.**: "Das Capital Asset Pricing Model und die Markteffizienzhypothese unter besonderer Berücksichtigung der empirisch beobachteten «Anomalien» in den amerikanischen und anderen internationalen Aktienmärkten", S. 7.

13   Vgl. bspw. **Alexander, G./Francis, J.**: "Portfolio Analysis", S. 51.

14   Es soll hier noch einmal darauf hingewiesen werden, dass die Renditen nicht zwingendermassen normalverteilt sein müssen: "In particular it is not - repeat not - required that they (die Renditen, Anm. d. Autors) be joint normally distributet" (vgl. **Markowitz, H.**: "MEAN-VARIANCE EFFICIENT SETS: Their Shapes, Properties and Computation", S. 1.3). Dagegen muss die Verteilung eine *endliche Varianz* aufweisen. Vgl. auch Abschnitt 4.2.2.2.

15   Unter Arbitrage versteht man den Kauf einer Anlage und *sofortigen* Wiederverkauf zu einem höheren Preis, so dass eine risikolose Rendite entsteht.

## 5.1.2 Die Efficient Frontier

Der Idee von *Markowitz* folgend, sind die Anteile der Anlagen am investierten Kapital derart zu bestimmen, dass die Menge der zulässigen Portefeuilles (im Standardmodell sind dies solche, die (5.1) erfüllen) auf die Menge der effizienten Portefeuilles reduziert werden kann (vgl. Abbildung 5/1). *Markowitz* spricht in diesem

Abbildung 5/1: Der EV-Raum und die Efficient Frontier

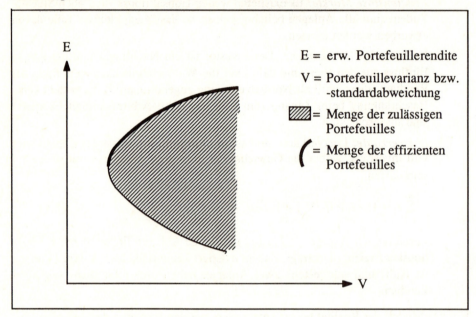

Zusammenhang vom EV-Raum (wobei E für erwartete Rendite und V für Varianz bzw. Standardabweichung steht) und definiert dann: "Eine zulässige *EV-Kombination* ist *ineffizient*, falls eine andere, zulässige EV-Kombination entweder mehr E bei gegebenem V oder weniger V bei gegebenem E aufweist. Ein zulässiges *Portefeuille* ist *ineffizient*, wenn dessen EV-Kombination ineffizient ist, wobei E durch (4.9) und V durch (4.10) bestimmt wird. *Effiziente EV-Kombinationen* und *effiziente Portefeuilles* sind all diejenigen, die nicht ineffizient sind"[16]. Alle effizienten Portefeuilles bzw. effizienten EV-Kombinationen kommen dann auf die sog. *Efficient Frontier* zu liegen.

---

16 **Markowitz, H.:** "MEAN-VARIANCE EFFICIENT SETS: Their Shapes, Properties and Computation", S. 1.4 f. (der kursive Text ist im Original fett gedruckt).

Mit der von *Markowitz* entwickelten *Critical Line-Methode* kann gezeigt werden, wie die Efficient Frontier ermittelt wird.

### 5.1.2.1 Herleitung der Efficient Frontier im Standardmodell

Um die Herleitung der Efficient Frontier auch graphisch zeigen zu können, wird im folgenden von einem Portefeuille mit drei Anlagen ausgegangen[17].

Unter Einhaltung von (5.1) gilt:

$$z_1 + z_2 + z_3 = 1 \quad \text{und damit} \quad z_3 = 1 - z_1 - z_2 \tag{5.2}$$

Die Portefeuillerendite lässt sich entsprechend (4.9) wie folgt berechnen:

$$E(r_P) = z_1 \cdot E(r_1) + z_2 \cdot E(r_2) + z_3 \cdot E(r_3) \tag{5.3}$$

Wird $z_3$ in (5.3) gemäss (5.2) ersetzt, so gilt:

$$E(r_P) = z_1 \cdot (E(r_1) - E(r_3)) + z_2 \cdot (E(r_2) - E(r_3)) + E(r_3) \tag{5.4}$$

Sind die erwarteten Renditen der drei Anlagen bekannt, so kann (5.4) für jede erwartete Portefeuillerendite als Gerade - der sogenannten *Iso-Rendite-Linie* - in Abhängigkeit von $z_1$ und $z_2$ dargestellt werden.

Für die Portefeuillevarianz gilt entsprechend (4.10):

$$\begin{aligned}\sigma_P^2 = \ &z_1 \cdot \sigma_1^2 + z_2 \cdot \sigma_2^2 + z_3 \cdot \sigma_3^2 + 2 \cdot z_1 \cdot z_2 \cdot \text{Cov}(1,2) \\ &+ 2 \cdot z_1 \cdot z_3 \cdot \text{Cov}(1,3) + 2 \cdot z_2 \cdot z_3 \cdot \text{Cov}(2,3)\end{aligned} \tag{5.5}$$

Wird $z_3$ in (5.5) gemäss (5.2) ersetzt, so gilt:

$$\begin{aligned}\sigma_P^2 = \ &z_1^2 \cdot \sigma_1^2 + z_2^2 \cdot \sigma_2^2 + (1-z_1-z_2)^2 \cdot \sigma_3^2 + 2 \cdot z_1 \cdot z_2 \cdot \text{Cov}(1,2) \\ &+ 2 \cdot z_1 \cdot (1-z_1-z_2) \cdot \text{Cov}(1,3) + 2 \cdot z_2 \cdot (1-z_1-z_2) \cdot \text{Cov}(2,3)\end{aligned} \tag{5.6}$$

Es kann gezeigt werden, dass bei gegebenen Varianzen und Kovarianzen für verschiedene $\sigma_P^2$ ein System von Ellipsen - die sog. *Iso-Varianz-Kurven* - in Abhängigkeit von $z_1$ und $z_2$ entsteht. Allerdings gilt dies nur unter den Bedingungen, dass[18]

- die Korrelationen nicht die Werte +1 und -1 annehmen und

---

17 Vgl. **Markowitz, H.:** "Portfolio Selection - Efficient Diversification of Investments", S. 129 ff.

18 Für Details sei verwiesen auf **Markowitz, H.:** "Portfolio Selection - Efficient Diversification of Investments", S. 137 f. Es sei allerdings betont, dass diese Bedingungen nur der geometrischen Darstellung dienen.

- keine risikolose Anlage existiert.

**Abbildung 5/2:** Die Critical Line-Methode dargestellt mittels dreier Anlagen

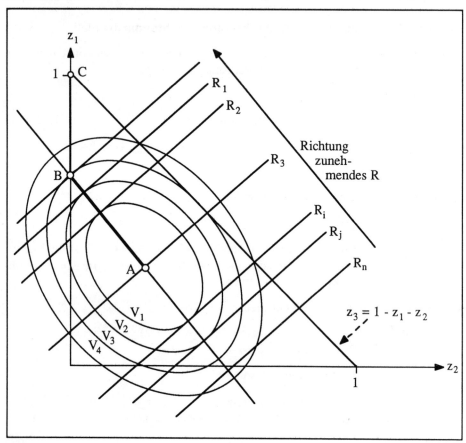

Für den Fall, dass $E(r_1) > E(r_2) > E(r_3)$ sind in <u>Abbildung 5/2</u> [19] der zulässige Bereich, die Iso-Rendite-Linien und die Iso-Varianz-Kurven eingetragen. Auf der Iso-Rendite-Linie $R_1$ liegen sämtliche Portefeuilles mit der erwarteten Rendite $E(R_1)$. Entsprechendes gilt für $R_2$ bis $R_6$. Die Ellipse $V_1$ repräsentiert alle Portefeuilles mit

---

19 In Anlehnung an **Markowitz, H.:** "Portfolio Selection - Efficient Diversification of Investments", S. 138.

der Varianz $V_1$. Ebenso liegen auf den Ellipsen $V_2$ bis $V_4$ alle Portefeuilles mit der gleichen Varianz $V_2$ bis $V_4$. Werden nun sämtliche Tangentenberührungspunkte der Iso-Rendite-Geraden mit den Iso-Varianz-Kurven miteinander verbunden, so kommen diese auf eine Gerade, die sog. *Critical Line* zu liegen. Wenn ein Portefeuille auf dieser kritischen Linie liegt, ist es automatisch das Portefeuille mit dem geringsten Risiko für eine bestimmte erwartete Rendite[20]. Entsprechend muss die Critical Line durch den Mittelpunkt der Iso-Varianz-Kurven verlaufen.

Unter Beachtung der Definition effizienter Portefeuilles gilt, dass alle Portefeuilles auf der Verbindungslinie ABC effizient sind, wobei das durch den Punkt A repräsentierte Portefeuille das kleinste Risiko und das durch den Punkt C repräsentierte Portefeuille die grösste Rendite aufweist.

Die Menge der effizienten Portefeuilles kann nun in die bereits in Abbildung 5/1 gezeigte EV-Ebene übertragen werden, indem für jeden Punkt auf ABC, der durch $z_1$, $z_2$ und $z_3$ bestimmt ist, die erwartete Portefeuillerendite (gemäss (4.9)) und die Portefeuillevarianz (gemäss (4.10)) berechnet wird (vgl. Abbildung 5.3). Um die Anlageanteile $z_1$, $z_2$ und $z_3$ *rechnerisch* zu ermitteln, wird die Portefeuillevarianz für jede erwartete Portefeuillerendite minimiert. Entsprechend ist im allgemeinen Fall (n Anlagen) das folgende Problem zu lösen:

$$\min \sum_{i=1}^{n} z_i^2 \cdot \sigma_i^2 + 2 \cdot \sum_{i=1}^{n-1} \sum_{j>i}^{n} z_i \cdot z_j \cdot \mathrm{Cov}(i,j)$$

$$\sum_{i=1}^{n} z_i \cdot E(r_i) = E(r_P)$$

$$\sum_{i=1}^{n} z_i = 1$$

$$z_i \geq 0 \quad, \quad \forall \; i = 1,\dots,n$$

(5.7)

(wobei $E(r_P)$ *schrittweise* zwischen der minimalen und der maximalen erwarteten Portefeuillerendite variiert wird).

Aus (5.7) folgt, dass die Efficient Frontier im Standardmodell mittels eines *quadratischen Programmes* berechnet wird[21].

---

20 Vgl. **Hielscher, U.:** "Das optimale Aktienportefeuille", S. 245.
21 Auf die rechnerische Lösung des in (5.7) gezeigten quadratischen Programmes soll verzichtet werden. Vgl. dazu **Markowitz, H.:** "Portfolio Selection - Efficient Diversification of Investments", S. 154 ff., sowie S. 309 ff. Eine ausführliche Beschreibung eines Computerprogrammes zur Lösung des Portfolio Selection Models findet sich in **Markowitz, H.:** "MEAN-VARIANCE EFFICIENT SETS: Their Shapes, Properties and Computation", S. 13.1 ff. Zur all-
(Fortsetzung der Fussnote vgl. die folgende Seite)

Abbildung 5/3: Die Menge der effizienten Portefeuilles

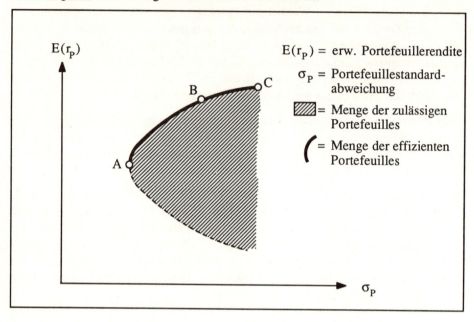

### 5.1.2.2 Herleitung der Efficient Frontier in erweiterten Modellen

In Abänderung zum Standardmodell werden häufig die Voraussetzungen über die *Leerverkäufe* sowie das *Verhalten der Anlagen* dahingehend modifiziert, dass Leerverkäufe zugelassen sind und die Möglichkeit besteht, in eine risikolose Anlage zu investieren[22].

Die Zulassung von *Leerverkäufen* bewirkt, dass die Gewichte der Anlagen $z_i$ auch negative Werte annehmen können. Dadurch wird es möglich, eine über die höchste Rendite aller Anlagen hinausgehende Rendite zu erzielen[23] (vgl. Abbildung 5/4).

---

gemeinen Lösung eines quadratischen Programmes vgl. insbesondere **Kall, P.**: "Mathematische Methoden des Operations Research", S. 125 ff.

22  Die Einführung der risikolosen Anlage und die Zulassung von Leerverkäufen ist auf *Tobin* (1958), *Sharpe* (1964) und *Lintner* (1965) zurückzuführen. Vgl. **Tobin, J.**: "Liquidity Preference as Behavior Towards Risk", S. 65-86, **Sharpe, W.**: "Capital Asset Prices: A Theory of Market Equilibrium under Conditions of Risk", S. 425-442, **Lintner, J.**: "The Valuation of Risk Assets and the Selection of Risky Investments in Stock Portfolios and Capital Budgets", S. 13-37.

23  Vgl. **Elton, E./Gruber, M.**: "Modern Portfolio Theory and Investment Analysis", S. 57.

Die ursprüngliche Efficient Frontier AC wird auf ACD erweitert, wobei D bei Leerverkäufen in beliebigem Umfang eine beliebig hohe Rendite annehmen kann.

Abbildung 5/4: Die Efficient Frontier unter Zulassung von Leerverkäufen

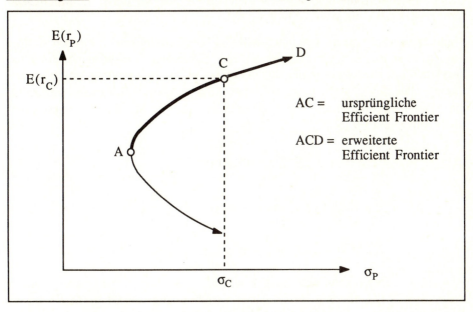

Durch die Einführung einer *risikolosen Anlage* wird auch das Arbitragegeschäft in das Modell eingeschlossen. Bezeichnet $r_f$ die Rendite der risikolosen Anlage und

$$(1 - \sum_{i=1}^{n} z_i) \qquad (5.8)$$

deren Gewicht im Portefeuille, so sind zwei Fälle zu unterscheiden (vgl. Abbildung 5/5 [24]):

- Ist (5.8) grösser als Null, so wird ein Teil des Kapitals in die risikolose Anlage investiert. Im Renditeintervall $[r_f, r_M]$ kann dadurch eine Risikoreduktion erreicht werden. Die effizienten Portefeuilles liegen im erwähnten Intervall auf der Geraden t, welche die ursprüngliche Effizienzkurve in M tangiert und die Ordinate in $r_f$ schneidet.

---

[24] Es ist zu beachten, dass in Abbildung 5/5 anstelle der Varianz neu die *Standardabweichung* verwendet wird. Dieser Dimensionssprung ist nötig, damit die Gerade t die Efficient Frontier *tangiert* (und nicht schneidet bzw. ausserhalb der Efficient Frontier verläuft).

- Ist (5.8) gleich Null, so wird ausschliesslich in risikobehaftete Anlagen investiert. Das in diesem Fall mit dem kleinsten Risiko behaftete, effiziente Portefeuille wird mit M bezeichnet.

Entsprechend wird die ursprüngliche Efficient Frontier AC durch die Möglichkeit einer risikolosen Anlage auf $r_f MC$ erweitert.

Sind Leerverkäufe zugelassen *und* besteht die Möglichkeit einer risikolosen Anlage, kann (5.8) auch einen Wert kleiner als Null annehmen. Dies bedeutet, dass zum Zinssatz $r_f$ Kapital aufgenommen und in risikobehaftete Anlagen investiert wird. Die Summe aller Gewichte der risikobehafteten Anlagen wird in diesem Fall grösser als eins. Durch die Einführung von Leerverkäufen und der Möglichkeit einer risikolosen Anlage gilt für (5.7):

$$\min \sum_{i=1}^{n} z_i^2 \cdot \sigma_i^2 + 2 \cdot \sum_{i=1}^{n-1} \sum_{j>1}^{n} z_i \cdot z_j \cdot \text{Cov}(i,j)$$

$$\sum_{i=1}^{n} z_i \cdot E(r_i) + (1 - \sum_{i=1}^{n} z_i) \cdot r_f = E(r_P) \tag{5.9}$$

$$\sum_{i=1}^{n} z_i + (1 - \sum_{i=1}^{n} z_i) = 1$$

Um (5.9) zu lösen, kann nun ein gegenüber der in (5.7) zum Einsatz gelangten quadratischen Optimierung vereinfachtes Verfahren angewendet werden[25]. Da die Ungleichungen ($z_i \geq 0$, $\forall$ i=1,...n) nicht mehr berücksichtigt werden müssen, wird die zu (5.9) gehörende *Lagrangefunktion* minimiert[26]. Diese lautet[27]:

$$L = \sum_{i=1}^{n} z_i^2 \cdot \sigma_i^2 + 2 \cdot \sum_{i=1}^{n-1} \sum_{j>1}^{n} z_i \cdot z_j \cdot \text{Cov}(i,j)$$

$$+ \lambda \cdot [E(r_P) - \sum_{i=1}^{n} z_i \cdot E(r_i) - (1 - \sum_{i=1}^{n} z_i) \cdot r_f] \tag{5.10}$$

---

25 Vgl. **Levy, H./Sarnat, M.**: "Portfolio and Investment Selection: Theory and Practice", S. 308 ff.

26 Das im folgenden gezeigte Verfahren der Minimierung der Lagrangefunktion kann *auch* für den Fall angewendet werden, dass nur Leerverkäufe erlaubt sind, aber die Möglichkeit einer risikolosen Anlage nicht besteht. Vgl. dazu **Elton, E./Gruber, M.**: "Modern Portfolio Theorie and Investment Analysis", S. 70 f. Falls Leerverkäufe *nicht* erlaubt sind (vgl. Abbildung 5/5), hat aber die Ermittlung der Efficient Frontier - wie beim Standardmodell erwähnt - mittels quadratischer Optimierung zu erfolgen.

27 Zur Theorie der Lagrangefunktion vgl. bspw. **Kall, P.**: "Analysis für Oekonomen", S. 176 ff.

(wobei λ=Lagrangemultiplikator).

<u>Abbildung 5/5:</u>  Die Efficient Frontier unter Berücksichtigung einer risikolosen Anlage

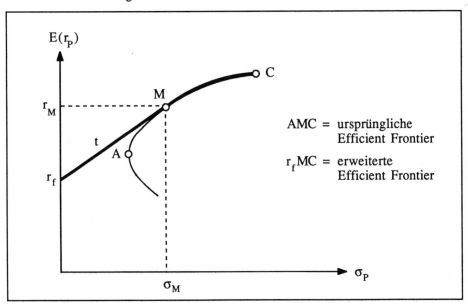

Die Ermittlung der Efficient Frontier kann anhand eines Beispiels mit zwei riskanten und einer risikolosen Anlage gezeigt werden. Die Lagrangefunktion lautet dann (wobei $z_3 = 1 - z_1 - z_2$):

$$L = z_1^2 \cdot \sigma_1^2 + z_2^2 \cdot \sigma_2^2 + 2 \cdot z_1 \cdot z_2 \cdot Cov(1,2) + \\ \lambda \cdot [E(r_P) - z_1 \cdot E(r_1) - z_2 \cdot E(r_2) - (1 - z_1 - z_2) r_f] \quad (5.11)$$

Um $\sigma_P^2$ zu minimieren, wird L nach den drei unbekannten Grössen $z_1$, $z_2$ und λ differenziert und werden die so erhaltenen Gleichungen Null gesetzt:

$$\begin{aligned} \partial L/\partial z_1 &= 2 \cdot z_1 \cdot \sigma_1^2 + 2 \cdot z_2 \cdot Cov(1,2) - \lambda \cdot [E(r_1) - r_f] &= 0 \\ \partial L/\partial z_2 &= 2 \cdot z_2 \cdot \sigma_2^2 + 2 \cdot z_1 \cdot Cov(1,2) - \lambda \cdot [E(r_2) - r_f] &= 0 \quad (5.12) \\ \partial L/\partial \lambda &= E(r_P) - z_1 \cdot E(r_1) - z_2 \cdot E(r_2) - (1 - z_1 - z_2) r_f &= 0 \end{aligned}$$

Sind die erwarteten Renditen der risikobehafteten Anlagen, deren Varianzen und Kovarianzen sowie die Rendite der risikolosen Anlage bekannt, so können die Gewichte $z_1$, $z_2$, $z_3$ und die Varianz bzw. Standardabweichung des Portefeuilles für jede erwartete Portefeuillerendite berechnet werden (vgl. Abbildung 5/6)[28]. Stellt M wiederum das Portefeuille dar, wo weder in die risikolose Anlage investiert noch zu deren Zinssatz Kapital aufgenommen wird, so sind die Portefeuilleanteile der risikobehafteten Anlagen wie folgt zu berechnen[29]:

$$y_1 = z_1 / (z_1 + z_2); \quad y_2 = z_2 / (z_1 + z_2) \tag{5.13}$$

(wobei $y_1$ bzw. $y_2$ die Gewichtung der Anlagen im Portefeuille M darstellen).

<u>Abbildung 5/6:</u> Beispiel zur Ermittlung der Efficient Frontier und des Marktportefeuilles

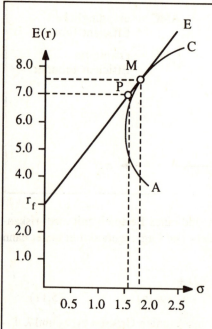

Für zwei risikobehaftete Anlagen sowie die risikolose Anlage seien die folgenden Werte bekannt:

$E(r_1) = 9.00\%$ $\sigma_1^2 = 6.25\%^2$ $r_f = 3.00\%$

$E(r_2) = 4.00\%$ $\sigma_2^2 = 2.25\%^2$

$Cov(1,2) = 0$

Soll die erwartete Portefeuillerendite 7% betragen, so können die Gewichte der Anlagen im Portefeuille gemäss (5.12) berechnet werden ($z_3$ = Anteil risikolose Anlage):

$z_1 = 0.62$; $z_2 = 0.28$; $z_3 = 0.10$  ($\sigma_P = 1.61$)

Mittels (5.13) können die Anteile der in M enthaltenen Anlagen und damit die erwartete Rendite sowie das Risiko von M ermittelt werden:

$y_1 = 0.69$; $y_2 = 0.31$; $E(r_M) = 7.45$; $\sigma_M = 1.79$

Mit $y_1$ und $y_2$ sowie deren erwarteten Renditen, Varianzen und Kovarianz können die erwartete Rendite und die Varianz bzw. Standardabweichung von M ermittelt werden.

---

28 Werden die bekannten Grössen in (5.12) eingesetzt, so entsteht ein Gleichungssystem von drei Gleichungen mit drei Unbekannten $z_1$, $z_2$ und $\lambda$, was mathematisch lösbar ist.

29 Vgl. **Levy, H./Sarnat, M.:** "Portfolio and Investment Selection: Theory and Practice", S. 319.

Durch die Zulassung von Leerverkäufen und die Möglichkeit, zu einem Zinssatz $r_f$ Kapital anzulegen bzw. auszuleihen, wird die ursprüngliche Efficient Frontier AC zu $r_f$ME erweitert (vgl. Abbildung 5/6), wobei E bei beliebig grosser Kapitalausleihung eine beliebig hohe Rendite annehmen kann.

Abbildung 5/7: Die Efficient Frontier unter Berücksichtigung von Leerverkäufen und der risikolosen Anlage im Falle $r_B \neq r_L$

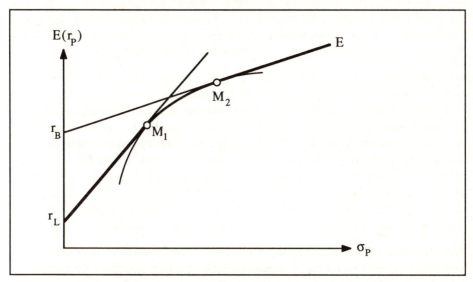

Im allgemeinen Fall (n Anlagen) wird entsprechend dem gezeigten Fall mit zwei Anlagen und der risikolosen Anlage verfahren. Die Lagrangefunktion (5.10) ist nach den n Unbekannten $z_1, z_2,...,z_n$ und dem Lagrangemultiplikator $\lambda$ abzuleiten. Die so erhaltenen Gleichungen sind gleich Null zu setzen (vgl. (5.12)), womit man ein Gleichungssystem von n+1 Gleichungen mit n+1 Unbekannten $z_1, z_2,...,z_n$ und $\lambda$ erhält, was mathematisch lösbar ist[30]. Um das Portefeuille M zu ermitteln, wird die Berechnung (5.13) für jede Aktie durchgeführt.

Schliesslich kann das Standardmodell (5.7) dahingehend erweitert werden, dass Leerverkäufe und eine risikolose Anlage zugelassen sind, aber der Zinssatz für die Kapitalausleihung ($r_f=r_B$) von demjenigen der risikolosen Anlage ($r_f=r_L$) verschieden ist. Die Efficient Frontier nimmt in diesem Fall den in Abbildung 5/7 gezeigten

---

30 Um das Gleichungssystem zu lösen, kann nach der *Eliminationsmethode von Gauss* oder nach der *Gauss-Jordan-Methode* verfahren werden. Vgl. dazu bspw. **Kall, P.:** "Lineare Algebra für Oekonomen", S. 99 ff.

Verlauf $r_L M_1 M_2 E$ an. Deren Berechnung kann mittels Minimierung der zum Modell gehörenden Lagrangefunktion erfolgen.

### 5.1.3 Das optimale Portefeuille

Bisher wurde gezeigt, wie die Menge aller zulässigen Portefeuilles auf die Menge der effizienten Portefeuilles reduziert werden kann. Allerdings wird ein Investor nur *ein* effizientes Portefeuille verwirklichen. Entsprechend müssen Entscheidungsregeln gesucht und gefunden werden, "nach denen ein Kapitalanleger 'sein' *optimales Portefeuille aus der Menge der effizienten Portefeuilles* suchen kann"[31].

Betrachtet man die Efficient Frontier, so wird klar, dass sich ein Investor nur für eine geringere oder höhere Rendite unter Eingehen eines geringeren oder höheren Risikos entscheiden kann. *Wie hoch* das Risiko bei einer bestimmten Rendite sein darf, hängt aber vom *Verhalten* des Investors ab. Diese *Risikoempfindlichkeit* wird durch die Nutzenfunktion bzw. durch ein Indifferenzkurvensystem dargestellt[32]. Um das für den Investor optimale Portefeuille zu ermitteln, ist die Efficient Frontier mit dem Indifferenzkurvensystem zu kombinieren (vgl. Abbildung 5/8). Als *optimal* ist dasjenige Portefeuille ($P_{opt}$) anzusehen, das auf der höchsten Indifferenzkurve ($I_{max}$) liegt, welche die Efficient Frontier noch *tangiert*. Damit wird der Nutzen - wie dies bereits in Abschnitt 4.1 gefordert wurde - maximiert.

Verschiedentlich wurden anstelle der *graphischen Bestimmung* des optimalen Portefeuilles auch *analytische Ansätze* angewendet. Diese setzen allerdings Kenntnisse der individuellen Nutzenfunktion bzw. Risikoneigung voraus und sind daher den verschiedenen Anlegertypen anzupassen[33], weshalb man sich oft auf die Ermittlung der Efficient Frontier beschränkt. Das optimale Portefeuille wird in diesem Fall rein intuitiv ermittelt.

---

31 **Buchner, R.**: "Die Planung von Gesamt-Kapitalanlagen (Portefeuilles) und der Effekt der Markowitz-Diversifikation", S. 318. Das kursiv gedruckte ist im Original fett gedruckt.

32 Vgl. Abschnitt 4.1.2.

33 In dem von *Hielscher* vorgestellten Ansatz wird zur Ermittlung des optimalen Portefeuilles die Funktion

$$Z = \sum_{i=1}^{n} z_i \cdot E(r_i) - T \cdot \left[ \sum_{i=1}^{n} z_i^2 \cdot \sigma_i^2 + \sum_{i=1}^{n-1} \sum_{j>i}^{n} z_i \cdot z_j \cdot Cov(i,j) \right]$$

(wobei T den Risikoaversionskoeffizienten darstellt)
maximiert. Es wird allerdings *unterstellt*, dass die Nutzenfunktion des Anlegers annäherungsweise quadratisch ist oder dass sie zumindest im relevanten Bereich durch eine quadratische Funktion angenähert werden kann. Vgl. **Hielscher, U.**: "Das optimale Aktienportefeuille", S. 174 ff.

Abbildung 5/8: Die graphische Ermittlung des optimalen Portefeuilles

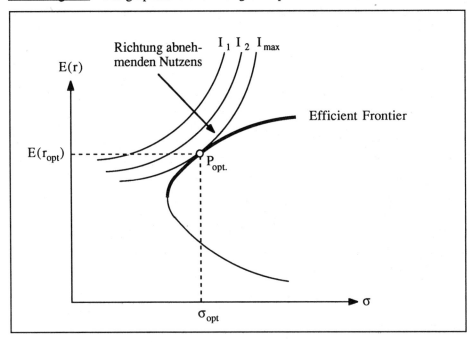

### 5.1.4 Das Index-Modell

In dem von *Sharpe* entwickelten, jedoch auf einen Vorschlag von *Markowitz*[34] zurückgehenden Index-Modell bleibt der Modellansatz von *Markowitz* erhalten[35]. Neu ist dagegen die vereinfachte Formulierung des Problems, mit der "eine näherungsweise Lösung bei erheblich geringerem Aufwand gefunden werden kann"[36].

Wird das von *Markowitz* entwickelte, der Ermittlung eines optimalen Portefeuilles dienende Modell betrachtet, sind zwei Probleme zu erkennen:

- die Anzahl Inputdaten und
- technische Schwierigkeiten.

---

34  Vgl. **Markowitz, H.:** "Portfolio Selection - Efficient Diversification of Investments", S. 96 ff.
35  Vgl. **Sharpe, W.:** "A Simplified Model for Portfolio Analysis", S. 277-293.
36  **Hielscher, U.:** "Ursprünge und Grundgedanken der modernen Portfolio-Theorie", S. 28.

Die *Anzahl der benötigten Inputdaten* ist enorm. Für jede Anlage sind die erwartete Rendite, die Varianz und die Kovarianzen zu ermitteln. Die Schätzung dieser Parameter kann auf Vergangenheitsdaten basieren oder mittels komplizierter statistischer Methoden erfolgen. Unabhängig von der Schätzungsmethode und deren Arbeitsaufwand steht aber fest, dass die Zahl der Inputdaten für eine grosse Anzahl Anlagen dramatische Dimensionen annimmt. Bei einer Portefeuilleoptimierung, der allgemein n mögliche Anlagen zugrunde gelegt werden, gehen n erwartete Renditen, n Varianzen, n(n-1)/2 verschiedene Kovarianzen sowie die Rendite der risikolosen Anlage ($r_f$) in die Betrachtung ein. Werden alle diese Werte aufaddiert, so ergeben sich ($n^2$ + 3n +2)/2 zu schätzende Inputdaten. Ist n=4, so beträgt die Zahl der Parameter insgesamt 15. Bei n=50 steigt die Zahl der Parameter bereits auf 1'326 und bei 300 Anlagewerten sind 45'451 Inputdaten zu schätzen.

Das zweite Problem umfasst die *technische Bewältigung* des Modells[37]. Nachdem die Parameter geschätzt wurden, gilt es beispielsweise bei 300 möglichen Anlagen ein Gleichungssystem von 300 Gleichungen mit 300 Unbekannten oder ein komplexes quadratisches Programm (im Falle $z_i \geq 0$) zu lösen, was zeitaufwendig und daher mit Kosten verbunden ist.

Durch die Anwendung des Index-Modells wird sowohl die Anzahl der Inputdaten reduziert wie auch deren Bestimmung vereinfacht. Darüber hinaus kann die Rechenzeit wesentlich verkürzt werden.

### 5.1.4.1 Das Ein-Index-Modell

Die grundlegende Idee des Modells beruht auf der Beobachtung, dass sich die Risiken eines Portefeuilles durch die Diversifikation nicht vollständig eliminieren lassen. Das *systematische Risiko*, welches darauf zurückzuführen ist, dass die durchschnittliche Kovarianz zwischen den betrachteten Anlagen positiv ist, bleibt immer bestehen. Eine positive durchschnittliche Kovarianz bedeutet aber, dass sich die Renditen der Anlagen teilweise gleichlaufend verhalten, was darauf hinweist, dass die Renditen der Anlagen durch bestimmte politische (Krieg, Erdölkrise etc.) oder oekonomische (Aenderung von Zinssätzen, Wechselkursen etc.) Faktoren gleichzeitig beeinflusst werden[38]. Im Falle des Ein-Index-Modells wird angenommen, dass sämtliche Anlagerenditen durch *einen* Faktor - den *Marktindex* - beeinflusst werden

---

[37] Es darf nicht vergessen werden, dass leistungsfähige Computer erst in den 1970er Jahren verbreitet zum Einsatz gelangten. Heute, 20 Jahre später, ist das Modell technisch sozusagen ohne Probleme zu bewältigen.

[38] Vgl. bspw. **Sharpe, W.**: "Investments", S. 183.

(vgl. Abbildung 5/9 [39]). Aufgrund des als *linear* angenommenen Zusammenhangs zwischen der Anlagerendite ($r_A$) und dem Marktindex (I) gilt[40]:

$$r_A = a_A + \beta_A \cdot I \qquad (5.14)$$

Abbildung 5/9: Das Ein-Index-Modell

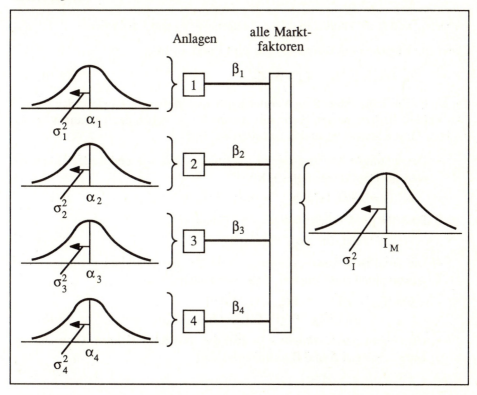

Der Term $a_A$ bezeichnet den vom Markt unabhängigen und damit unsystematischen oder titelspezifischen Teil der Rendite der Anlage A. $\beta_A$ ist als Koeffizient zu betrachten, der die Höhe des Einflusses des Marktindexes auf die Rendite der Anlage A angibt. Die Gleichung (5.14) zerlegt demzufolge die Rendite einer Anlage in einen titelspezifischen und einen marktabhängigen Teil. Gilt (5.14) für die künftige

---

39  Vgl. bspw. **Sharpe, W.:** "Investments", S. 184.
40  Vgl. **Elton, E./Gruber, M.:** "Modern Portfolio Theory and Investment Analysis", S. 98.

Rendite einer Anlage, welche über den zu schätzenden (zu erwartenden) Marktindex gefunden wird, so stellen $a_A$ und I *Zufallsvariablen*[41] dar (vgl. <u>Abbildung 5/9</u>).

Wird mit $\alpha_A$ der Erwartungswert von $a_A$ und mit $I_M$ der Erwartungswert von I bezeichnet, so gilt für $a_A$ und I:

$$a_A = \alpha_A + \zeta_A \text{ und } I = I_M + \zeta_I \tag{5.15}$$

(wobei $\zeta_A$ und $\zeta_I$ die zufälligen Abweichungen von $a_A$ und I darstellen).

Unter Berücksichtigung von (5.15) gilt für $r_A$ (vgl. (5.14)):

$$r_A = \alpha_A + \beta_A \cdot I_M + \zeta_A + \beta_A \cdot \zeta_I \tag{5.16}$$

Damit das Ein-Index-Modell im Vergleich mit dem Markowitz-Modell auch tatsächlich Vorteile besitzt, müssen bestimmte *Annahmen* bezüglich des Verhaltens der zufälligen Abweichungen $\zeta_A$ und $\zeta_I$ getroffen werden[42]:

- Die zufälligen Abweichungen $\zeta_A$ seien normalverteilt und ihr Durchschnittswert für jede Anlage i gleich Null[43]:

  $$E(\zeta_A) = 0 \text{ und damit } \sigma_{\zeta_A}^2 = E(\zeta_A - E(\zeta_A))^2 = E(\zeta_A)^2 \tag{5.17}$$

  Dasselbe gilt für die zufälligen Abweichungen $\zeta_I$:

  $$E(\zeta_I) = 0 \text{ und damit } \sigma_{\zeta_I}^2 = E(\zeta_I)^2 \tag{5.17}$$

- Die zufälligen Abweichungen $\zeta_A$ sind mit dem Marktindex I unkorreliert, was unmittelbar einleuchtet, da $a_A$ von I unabhängig ist:

  $$\begin{aligned} \text{Cov}(\zeta_A, I) &= E[(\zeta_A - E(\zeta_A)) \cdot (I - E(I))] \\ &= E[(\zeta_A - 0) \cdot (I - E(I))] = E[(\zeta_A) \cdot (\zeta_I)] = 0 \end{aligned} \tag{5.18}$$

- Die *entscheidende Annahme* ist aber die, dass die zufälligen Abweichungen zweier Anlagen A und B *unkorreliert* sind:

---

[41] Unter einer *Zufallsvariablen* versteht man eine Grösse, die *zufällig* einen Wert (hier eine bestimmte Rendite) aus einem bestimmten Wertevorrat (hier die Menge aller möglichen Renditen) annehmen kann.

[42] Vgl. **Levy, H./Sarnat, M.**: "Portfolio and Investment Selection: Theory and Practice", S. 360 f. und **Hielscher, U.**: "Ursprünge und Grundgedanken der modernen Portfolio-Theorie", S. 29.

[43] Es kann gezeigt werden, dass aus Gleichung (4.6) für die Varianz einer Zufallsvariablen gilt:

$$\sigma^2 = \sum_{i=1}^{n} [r_i - E(r)]^2 \cdot p_i = E(r^2) - (E(r))^2 = E(r - E(r))^2$$

Vgl. dazu bspw. **Kohlas, J**: "Stochastische Methoden des Operations Research", S. 28.

$$\text{Cov}(\zeta_A,\zeta_B) = E[(\zeta_A - E(\zeta_A))\cdot(\zeta_B - E(\zeta_B))]$$
$$= E[(\zeta_A)(\zeta_B)] = 0 \qquad (5.19)$$

Unter Beachtung der Annahmen (5.17), (5.18) und (5.19) folgt für die erwartete Rendite einer Anlage A:

$$E(r_A) = E(\alpha_A + \beta_A \cdot I_M + \zeta_A + \beta_A \cdot \zeta_I)$$
$$= E(\alpha_A) + E(\beta_A \cdot I_M) + E(\zeta_A) + E(\beta_A \cdot \zeta_I)$$

$\alpha_A$, $\beta_A$ und $I_M$ sind konstant und die Erwartungswerte von $\zeta_A$ und $\zeta_I$ entsprechend der Annahme (5.17) Null. Daher gilt:

$$E(r_A) = \alpha_A + \beta_A \cdot I_M \qquad (5.20)$$

Für die *Varianz* einer Anlage A gilt dann entsprechend[44]:

$$\sigma_A^2 = E(r_A - E(r_A))^2 = E(\alpha_A + \beta_A \cdot I + \zeta_A - (\alpha_A + \beta_A \cdot I_M))^2$$
$$= E(\beta_A \cdot I + \zeta_A - \beta_A \cdot I_M)^2 = E(\beta_A \cdot (I - I_M) + \zeta_A)^2$$
$$= \beta_A^2 \cdot E(I - I_M)^2 + E(\zeta_A)^2 + 2 \cdot \beta_A \cdot E(\zeta_A) \cdot E(I - I_M)$$

Da $I_M$ dem Erwartungswert von I entspricht und $E(\zeta_A)$ gleich Null ist, gilt:

$$\sigma_A^2 = \beta_A^2 \cdot \sigma_I^2 + \sigma_{\zeta_A}^2 \qquad (5.21)$$

Wie (5.21) zeigt, wird die Varianz der Rendite einer Anlage A in zwei Komponenten zerlegt:

- $\beta_A^2 \cdot \sigma_I^2$ entspricht der marktbedingten Varianz, wird als systematisches Risiko bezeichnet und ist nicht diversifizierbar.
- $\sigma_{\zeta_A}^2$ entspricht der titelspezifischen Varianz, wird als unsystematisches Risiko bezeichnet und ist diversifizierbar.

Die *Kovarianz* wird im Ein-Index-Modell wie folgt berechnet:

$$\text{Cov}(A,B) = E[(r_A - E(r_A))\cdot(r_B - E(r_B))]$$
$$= E[(\alpha_A + \beta_A \cdot I + \zeta_A - (\alpha_A + \beta_A \cdot I_M))\cdot$$
$$\cdot(\alpha_B + \beta_B \cdot I + \zeta_B - (\alpha_B + \beta_B \cdot I_M))]$$
$$= E[(\beta_A \cdot (I - I_M) + \zeta_A)\cdot(\beta_B \cdot (I - I_M) + \zeta_B)]$$

Wird der Term [...] ausmultipliziert und berücksichtigt, dass $E(\zeta_A)=0$ und $E[(\zeta_A)(\zeta_B)]=0$ ist, gilt:

---

[44] Zur Berechnung der Varianz und Kovarianz vgl. bspw. **Elton, E./Gruber, M.:** "Modern Portfolio Theory and Investment Analysis", S. 100 f.

$$\mathrm{Cov}(A,B) = \beta_A \cdot \beta_B \cdot \sigma_I^2 \tag{5.22}$$

Mit (5.20), (5.21) und (5.22) sind alle für das Markowitz-Modell (vgl. (5.7)) benötigten Inputdaten bekannt. Dieses lautet dann:

$$\min \sum_{i=1}^{n} z_i^2 \cdot \beta_i^2 \cdot \sigma_I^2 + \sum_{i=1}^{n} z_i^2 \cdot \sigma_{\zeta_i}^2 + 2 \cdot \sum_{i=1}^{n-1} \sum_{j>1}^{n} z_i \cdot z_j \cdot \beta_i \cdot \beta_j \cdot \sigma_I^2$$

$$\sum_{i=1}^{n} z_i \cdot \alpha_i + \sum_{i=1}^{n} z_i \cdot \beta_i \cdot I_M = E(r_P) \tag{5.23}$$

$$\sum_{i=1}^{n} z_i = 1$$

$$z_i \geq 0 \;,\; \forall\; i = 1,...,n$$

Die in (5.23) dargestellte erwartete Portefeuillerendite sowie die Portefeuillevarianz können in einer vereinfachten Form gezeigt werden. Sind $\alpha_P$ bzw. $\beta_P$ die gewichtete Summe der $\alpha_i$ bzw. $\beta_i$ [45],

$$\alpha_P = \sum_{i=1}^{n} z_i \cdot \alpha_i \;,\; \beta_P = \sum_{i=1}^{n} z_i \cdot \beta_i \;,\; \text{wobei } \sum_{i=1}^{n} z_i = 1 \;,\; \forall\; i = 1,...,n \tag{5.24}$$

so kann die erwartete Portefeuillerendite vereinfacht dargestellt werden:

$$E(r_P) = \alpha_P + \beta_P \cdot I_M \tag{5.25}$$

Die Portefeuillevarianz lässt sich entsprechend (5.24) ebenfalls vereinfachen:

$$\sigma_P^2 = \beta_P^2 \cdot \sigma_I^2 + \sum_{i=1}^{n} z_i^2 \cdot \sigma_{\zeta_i}^2$$

Angenommen, in alle Anlagen wird der gleiche Betrag 1/n investiert, so lässt sich zeigen, dass der Term

$$\sum_{i=1}^{n} z_i^2 \cdot \sigma_{\zeta_i}^2 = (1/n)^2 \cdot \sum_{i=1}^{n} \sigma_{\zeta_i}^2$$

für eine genügend grosse Zahl von Anlagen vernachlässigbar klein wird. Anschaulich gesprochen wird damit die titelspezifische Varianz wegdiversifiziert.

Für die Portefeuillevarianz gilt dann:

---

45 Vgl. **Sharpe, W.:** "Investments", S. 187.

$$\sigma_P^2 = \beta_P^2 \cdot \sigma_I^2 \qquad (5.26)$$

Das Ein-Index-Modell wird nach den selben Verfahren wie das Markowitz-Modell gelöst. Allerdings ist die Zahl der zu ermittelnden Inputdaten stark gesunken. Werden der in (5.23) gezeigten Portefeuilleoptimierung n Anlagen zugrunde gelegt, so sind n $\alpha$-Werte, n $\beta$-Werte, n $\sigma_{\zeta_i}^2$-Werte sowie der Erwartungswert des Indexes, die Indexvarianz und eine allfällige risikolose Anlage, gesamthaft (3n + 3) Daten zu schätzen. Ist n=4, so beträgt die Zahl der Parameter insgesamt 15 (gleichviel wie im Markowitz-Modell). Bei n=50 steigt die Zahl der Parameter auf 153 (verglichen mit 1'326 im Markowitz-Modell) und bei 300 Anlagewerten sind 903 (gegenüber 45'451 im Markowitz-Modell) Inputdaten zu schätzen.

Um die $\alpha$- und $\beta$-Werte der einzelnen Anlagen zu ermitteln, bedient sich der Analyst oft des Verfahrens der *Regressionsanalyse*, welche auf Vergangenheitsdaten beruht. Wie Abbildung 5/10 zeigt, werden sämtliche Renditen einer Anlage und der jeweilige Index im $I_t$-$r_t$-Diagramm aufgetragen. Anschliessend wird durch die entstandene Punktwolke derart eine Gerade - die Regressionsgerade - gelegt, dass die

Abbildung 5/10: Die Regressionsanalyse

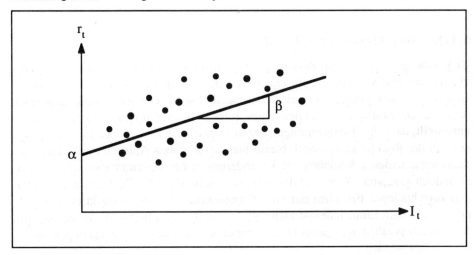

Summe der quadratischen Abstände der einzelnen Punkte zur Geraden möglichst gering wird. Die Steigung der Gerade entspricht dem $\beta$, während der Schnittpunkt mit der Ordinate dem $\alpha$ entspricht. Mathematisch gilt:

$$\beta = [\sum_{t=1}^{n} [(r_t - E(r_t)) \cdot (I_t - I_M)]] / [\sum_{t=1}^{n} (I_t - I_M)^2]$$

$$= \text{Cov}(A,I) / \sigma_I^2 = (\rho_{A,I} \cdot \sigma_A) / \sigma_I \qquad (5.27)$$

$$\alpha = E(r_t) - \beta \cdot I_M$$

Das Index-Modell ermöglicht neben der vereinfachten Datengewinnung zusätzlich

- durch den β-Wert die Beschreibung der Sensitivität einer Anlage auf allfällige Marktveränderungen und
- eine Zerlegung der Kursvolatilität in markt- und titelspezifische Komponenten.

Angenommen, für eine Anlage A sowie den Marktindex konnten die folgenden Daten ermittelt werden: $E(r_A)=6.4$, $\sigma_A^2=74.24$, $I_M=5.2$, $\sigma_I^2=46.16$, $\text{Cov}(A,I)=57.32$. Entsprechend (5.27) ergibt sich ein β von *1.24*, was bedeutet, dass eine Indexzunahme von *2* eine Renditezunahme von 2·1.24=*2.48* zur Folge hat. Gemäss (5.21) entspricht die marktbedingte Varianz der Anlage A $1.24^2 \cdot 46.16 = 70.98$, während die titelspezifische Varianz 74.24-70.98=*3.26* ergibt. Sodann kann berechnet werden, wie gross der Anteil der Varianz einer Anlagerendite ist, der sich durch die Bewegung des Marktindexes erklären lässt. Dieser Anteil wird mit $\rho^2$ bezeichnet (vgl. (5.27)) und beträgt für dieses Beispiel $\rho^2=0.98$ oder 98%.

### 5.1.4.2 Das Multi-Index-Modell

Es konnte gezeigt werden, dass durch das Ein-Index-Modell die Datengewinnung vereinfacht und vor allem stark reduziert wird, womit der Markowitz-Ansatz zur Bestimmung der Efficient Frontier erst operabel wird. Die Vermutung liegt nahe, dass die Operabilität auf Kosten eines Informationsverlustes erfolgt. Es wurde unterstellt, dass die Anlagerenditen über die Beziehung zum Marktindex verbunden sind. In der Realität kann jedoch beobachtet werden, dass Anlagen (und Anlagemedien) verschiedener Branchen auf Veränderungen des Gesamtmarktindexes unterschiedlich reagieren. Wegen (5.19) werden unterschiedliche Reaktionen von Anlagen verschiedener Branchen auf eine Veränderung des Gesamtmarktindexes nicht erfasst. Mit dem Multi-Index-Modell soll der aus dem Ein-Index-Modell entstandene Informationsverlust wettgemacht und trotzdem die vereinfachte Datengewinnung beibehalten werden.

In Abbildung 5/11 [46] wird das Multi-Index-Modell für drei Indizes dargestellt. Es ist zu beachten, dass die verschiedenen Indizes miteinander korrelieren, was im Mo-

---

46  Vgl. **Sharpe, W.**: "Investments", S. 187.

dell eine explizite Eingabe der zu schätzenden Korrelationen erfordert. Allerdings kann auf die explizite Eingabe der Korrelationen verzichtet werden, indem das Ein-Index-Modell quasi auf übergeordneter Stufe auf die verschiedenen Indizes angewendet wird, wobei diese vom allgemeinen Marktindex zusammengefasst werden[47].

Für die Rendite einer Anlage A (vgl. (5.14) und (5.16)) gilt:

$$r_A = \alpha_A + \beta_{A1} \cdot I_1 + \beta_{A2} \cdot I_2 + \ldots + \beta_{Ak} \cdot I_k + \zeta_A \qquad (5.28)$$

wobei alle Indizes $I_1, \ldots, I_k$ unkorreliert sind und gegenüber einem Index im herkömmlichen Sinne eine veränderte Interpretation aufweisen[48]. Sei $I_1^*$ ein Branchenindex und $I_2^*$ ein Oelpreisindex. $I_2$ wird dann interpretiert als ein *Index der Differenz* zwischen dem aktuellen Oelpreis und dem bei einer gegebenen Branchenrendite ($I_1$) erwarteten Oelpreisniveau. $\beta_{A2}$ entspricht der Sensitivität der Rendite einer Anlage A ($r_A$) auf die Aenderung des Oelpreises ($I_2$), wenn die Branchenrendite ($I_1$) fix bleibt.

Da die Indizes untereinander unkorreliert sind, gilt für die Kovarianz zweier Indizes:

$$\text{Cov}(i,j) = E[(I_i - I_{Mi})(I_j - I_{Mj})] = 0 \quad , \quad \forall\ i,j = 1,\ldots,k\ (i \neq j) \qquad (5.29)$$

Zudem kann die im Ein-Index-Modell getroffene Annahme (5.18) verallgemeinert werden:

$$\text{Cov}(\zeta_A, I_i) = E[\zeta_A \cdot (I_i - I_{Mi})] = 0 \quad , \quad \forall\ i = 1,\ldots,k \qquad (5.30)$$

Unter Berücksichtigung von (5.17), (5.29) und (5.30) gilt für die erwartete Rendite einer Anlage A (vgl. (5.20)), deren Varianz (vgl. (5.21)) und die Kovarianz zweier Renditen (vgl. (5.22))[49]:

$$E(r_A) = \alpha_A + \beta_{A1} \cdot I_{M1} + \beta_{A2} \cdot I_{M2} + \ldots + \beta_{Ak} \cdot I_{Mk} \qquad (5.31)$$

$$\sigma_A^2 = \beta_{A1}^2 \cdot \sigma_{I1}^2 + \beta_{A2}^2 \cdot \sigma_{I2}^2 + \ldots + \beta_{Ak}^2 \cdot \sigma_{Ik}^2 + \sigma_{\zeta_A}^2 \qquad (5.32)$$

$$\text{Cov}(A,B) = \beta_{A1} \cdot \beta_{B1} \cdot \sigma_{I1}^2 + \beta_{A2} \cdot \beta_{B2} \cdot \sigma_{I2}^2 + \ldots + \beta_{Ak} \cdot \beta_{Bk} \cdot \sigma_{Ik}^2 \qquad (5.33)$$

Das Multi-Index-Modell kann entsprechend dem Ein-Index-Modell nach denselben Verfahren wie das Markowitz-Modell gelöst werden. Die Zahl der zu ermittelnden

---

47  In der Literatur wird daher zwischen der 'Kovarianz-Variante' (Korrelationen zwischen den Indizes sind explizit im Modell einzugeben) und der 'Diagonal-Variante' (die Korrelationen sind nicht explizit einzugeben) des Multi-Index-Modells unterschieden.

48  Vgl. dazu **Elton, E./Gruber, M.:** "Modern Portfolio Theory and Investment Analysis", S. 131.

49  Vgl. **Elton, E./Gruber, M.:** "Modern Portfolio Theory and Investment Analysis", S. 132.

**Abbildung 5/11:** Das Multi-Index-Modell

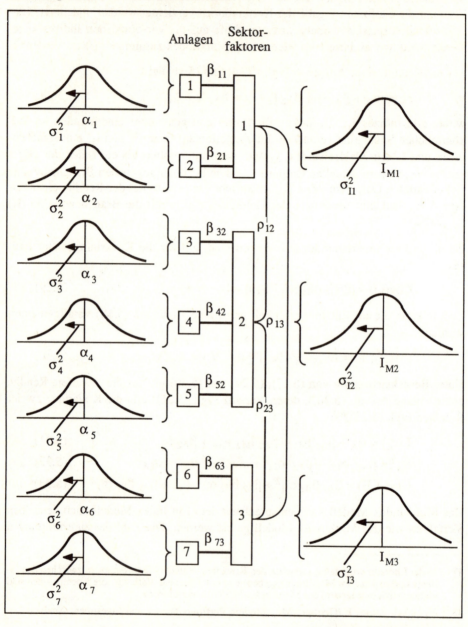

Inputdaten ist allerdings gegenüber dem Ein-Index-Modell angestiegen, liegt aber immer noch weit unter derjenigen des Markowitz-Modells. Wird mit k die Anzahl der verwendeten Indizes und mit n die Anzahl der Anlagen angegeben, so sind im Multi-Index-Modell n α-Werte, n·k β-Werte, n $\sigma_{\zeta i}^2$-Werte sowie k Erwartungswerte der einzelnen Indizes, k Indexvarianzen und eine allfällige risikolose Anlage, gesamthaft (2n + 2k + n·k + 1) Daten zu schätzen. Bei k=5 und n=50 sind 361 (verglichen mit 153 im Ein-Index-Modell und 1'326 im Markowitz-Modell) und bei k=5 und n=300 sind 2'111 (gegenüber 903 bzw. 45'451) Inputdaten zu ermitteln.

## 5.2 Das Capital Asset Pricing Model (CAPM)

Bisher wurde gezeigt, wie ein Investor zu handeln hat, um ein optimales Portefeuille zu erreichen[50]. Zur Aktienbewertung als solche wird dabei keine Aussage gemacht. Demgegenüber steht das *CAPM*, welches die Bestimmung des relevanten Anlagerisikos sowie die Bestimmung der Beziehung zwischen erwarteter Rendite und Risiko - unter der Voraussetzung, dass der Markt im Gleichgewicht ist - ermöglicht. Mit anderen Worten wird der Frage nachgegangen, "*wie hoch* der erwartete Ertrag für ein Portefeuille oder eine Aktie in einem diversifizierten Portefeuille sein soll, ausgehend vom Risikofaktor des Portefeuilles (resp. der Aktie)"[51]. Wie zu zeigen sein wird, handelt es sich beim CAPM um ein *Gleichgewichtsmodell* für den Kapitalmarkt, welches auf der Ueberlegung beruht, dass der Erwerb von Anlagen mit höherem systematischem Risiko (das unsystematische Risiko lässt sich wegdiversifizieren) eine höhere Rendite abwerfen sollte, ansonsten sie in keinem effizienten Portefeuille gehalten wird[52].

### 5.2.1 Voraussetzungen des Modells

Die Voraussetzungen des Markowitz-Modells gelten grundsätzlich auch für das CAPM. Es sind dies Annahmen betreffend Entscheidungsparameter, Risikoaversion, Nutzenmaximierung, Einperiodenmodell, friktionslose Märkte, vollständige Kon-

---

50  Vgl. Abschnitt 5.1.

51  **Hotz, P.:** "Das Capital Asset Pricing Model und die Markteffizienzhypothese unter besonderer Berücksichtigung der empirisch beobachteten «Anomalien» in den amerikanischen und anderen internationalen Aktienmärkten", S. 11.

52  Trotz formellen Aehnlichkeiten ist das CAPM auf keinen Fall mit dem Index-Modell zu verwechseln, denn letzteres stellt keine Theorie dar, sondern ist lediglich eine statistische Vereinfachung des Markowitz-Modells.

kurrenz und Verhalten der Anlagen[53]. *Zusätzlich* sind die folgenden Annahmen zu beachten[54]:

- *Risikofreier Zinssatz:* Es existiert ein risikofreier Zinssatz ($r_f$), zu dem unbeschränkt Kapital angelegt oder geborgt werden kann.
- *Homogene Erwartungen:* Die Investoren haben homogene Erwartungen hinsichtlich erwarteter Rendite, Varianz und Kovarianz der Anlagen.
- *Handelbarkeit der Anlagen:* Die Menge der Anlagen ist vorgegeben und sämtliche Anlagen werden am Markt gehandelt.
- *Informationseffizienz:* Sämtliche Informationen sind den Anlegern kostenlos zugänglich, frei und zu jeder (für sämtliche Anleger gleichen) Zeit verfügbar[55].
- *Kapitalmarktgleichgewicht:* Der Kapitalmarkt befindet sich im Gleichgewicht, was bedeutet, dass sämtliche Anlagen zum Marktpreis im Besitz von Investoren sind[56].

Es versteht sich von selbst, dass diese Annahmen eine starke Abstrahierung der Realität darstellen. Verschiedentlich wurde denn auch versucht, die Bedingungen derart zu modifizieren, dass das CAPM der Wirklichkeit gerechter wird[57]. Allerdings dürfen Sinn und Zweck simplifizierter Modelle nicht übersehen werden. Um die wichtigsten Elemente in den Vordergrund von Betrachtungen stellen zu können, ist es unumgänglich, die oft sehr komplexe Realität vorerst zu abstrahieren, um die so gefundenen Zusammenhänge später empirisch zu überprüfen.

### 5.2.2 Herleitung des klassischen CAPM

Bereits im Ein-Index-Modell wurde festgehalten, dass das systematische Risiko - durch β ausgedrückt - die Reaktion einzelner Anlagen (oder ganzer Portefeuilles) auf Indexveränderungen festhält[58]. Im CAPM, welches von *Sharpe*, *Lintner* und

---

53 Zur Erläuterung der einzelnen Annahmen vgl. Abschnitt 5.1.1.
54 Vgl bspw. **Copeland, T./Weston, J.:** "Financial Theory and Corporate Policy", S. 194.
55 Häufig werden drei Formen von Informationseffizienz unterschieden: die schwache, halbstarke und starke Form der Informationseffizienz. Vgl. dazu Abschnitt 7.2.
56 Vgl. **Reilly, F.:** "Investments", S. 616.
57 Vgl. Abschnitt 5.2.3.
58 Vgl. Abschnitt 5.1.4.1.

*Mossin* in den 1960er Jahre entwickelt wurde[59], ist nun β derart mit dem erwarteten Ertrag einer Anlage (oder ganzer Portefeuilles) verknüpft, dass dem Grundsatz der Finanztheorie - das Eingehen eines grösseren Risikos wird durch eine höhere Rendite belohnt - Rechnung getragen wird.

### 5.2.2.1 Die Capital Market Line

Im Markowitz-Modell wird die Efficient Frontier aufgrund der erwarteten Renditen, deren Varianzen und Kovarianzen ermittelt. Da *unterschiedliche Erwartungen* bezüglich der Renditeentwicklung zugelassen sind, bestehen unterschiedliche Vorstellungen über den Verlauf der Efficient Frontier. Bedingt durch die Annahme *homogener Erwartungen* werden Renditen und Risiken sämtlicher Anlagen von allen Investoren gleich eingeschätzt, was zu einer *einheitlichen* Vorstellung über den Verlauf der Efficient Frontier führt. Werden sodann die Annahmen bezüglich Kapitalmarktgleichgewicht und risikofreiem Zinssatz beachtet, so investiert jeder Anleger in dasselbe risikobehaftete Portefeuille M, in dem sämtliche risikobehafteten Anlagen proportional zu ihren Marktwerten enthalten sind (vgl. Abbildung 5/12). Das Portefeuille M wird dann als *Marktportefeuille* bezeichnet.

Das Kapitalmarktgleichgewicht bedeutet aber keinesfalls, dass die Preise der Anlagen konstant sind. Angenommen, eine Information über die Anlage A, welche deren Attraktivität ansteigen lässt, erreicht den Kapitalmarkt. Da die Information sämtlichen Investoren gleichzeitig zugänglich ist, entsteht ein Nachfrageüberhang, der den Preis für die Anlage A erhöht, was aber eine tiefere Rendite und damit ein marktgerechtes Risiko-Rendite-Verhältnis bewirkt. Durch diesen Preisbildungsprozess wird gewährleistet, dass weder ein positives noch ein negatives Ueberschussangebot besteht und sich der Markt im Gleichgewicht befindet[60].

Durch die Einführung des risikolosen Zinssatzes $r_f$ verändert sich die Efficient Frontier von AC zu $r_f ME$[61], welche der homogenen Erwartungen wegen für alle Investoren gleich ist. Entsprechend der individuellen Risikopräferenzen wählt jeder

---

[59] Vgl. **Sharpe, W.:** "Capital Asset Prices: A Theory of Market Equilibrium under Condition of Risk", S. 425-442. **Lintner, J.:** "The Valuation of Risk Assets and the Selection of Risky Investments in Stock Portfolios and Capital Budgets", S. 13-37, **Mossin, J.:** "Equilibrium in a Capital Asset Market", S. 768-783.

[60] Soll das Modell auch in der Realität aussagekräftig sein, muss angenommen werden, dass der Preisbildungsprozess und damit die Anpassung an ein neues Gleichgewicht sehr schnell vor sich geht und deshalb nur Gleichgewichtspreise beobachtet werden (vgl. dazu **Denzler, M.:** "Arbitrage-Preis-Theorie: Eine empirische Untersuchung für den schweizerischen Aktienmarkt", S. 21).

[61] Vgl. Abbildung 5/6, Abschnitt 5.1.2.2.

Investor ein Portefeuille, welches aus M und der risikofreien Anlage mit der Rendite $r_f$ oder nur aus M besteht, wobei zusätzlich Kapital zum Zinssatz $r_f$ aufgenommen und ebenfalls in M investiert werden kann. Die individuellen Portefeuilles unterscheiden sich daher nur durch die Aufteilungsquote des Investitionskapitals in M und die risikolose Anlage.

Abbildung 5/12: Die graphische Herleitung der Capital Market Line

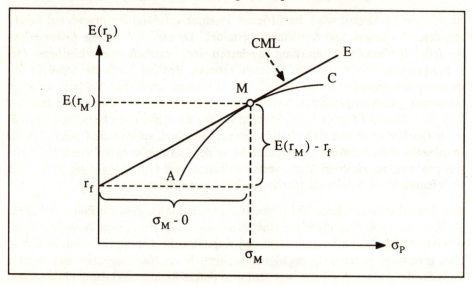

Die Efficient Frontier $r_f$ME wird als *Capital Market Line* (CML) bezeichnet. Aus Abbildung 5/12 ist ersichtlich, dass die Steigung der CML berechnet wird, indem die Differenz zwischen der erwarteten Marktportefeuillerendite und dem risikolosen Zinssatz $[E(r_M) - r_f]$ durch die Differenz zwischen dem Marktportefeuillerisiko und dem Risiko des risikolosen Zinssatzes $[\sigma_M - 0]$ dividiert wird. Die Steigung der CML ist als Belohnung für das Eingehen einer zusätzlichen Risikoeinheit zu betrachten[62] und wird *Risikoänderungspreis* genannt.

Für die CML ergibt sich damit der folgende funktionale Zusammenhang[63]:

$$E(r_P) = r_f + [E(r_M) - r_f] \cdot \sigma_P / \sigma_M \qquad (5.34)$$

---

62 Vgl. **Sharpe, W.:** "Investments", S. 153.
63 Vgl. bspw. **Farrell, J.:** "Guide to Portfolio Management", S. 64.

(wobei E($r_P$)=Erwartungswert der Rendite des Portefeuilles P, E($r_M$)=Erwartungswert der Rendite des Marktportefeuilles M, $r_f$=risikoloser Zinssatz, $\sigma_P$=Standardabweichung von $r_P$ und und $\sigma_M$=Standardabweichung von $r_M$).

Die erwartete Rendite jedes effizienten Portefeuilles ist somit "eine lineare Funktion der Standardabweichung $\sigma_P$, da alle anderen Grössen ($r_f$, $r_M$ und $\sigma_M$) per definitionem Marktdaten darstellen"[64].

### 5.2.2.2 Die Security Market Line

Bisher wurde die Lage des Marktportefeuilles und entsprechend der Risikoneigung der Investoren davon abweichende effiziente Portefeuilles betrachtet. Die Capital Market Line zeigt dabei die Risiko-Rendite-Verhältnisse der effizienten Portefeuilles. Demgegenüber versucht das Modell der *Security Market Line* (das eigentliche CAPM) die Risiko-Rendite-Verhältnisse einzelner Anlagen und nicht effizienter Portefeuilles zu ermitteln. Ermöglicht wird dies dadurch, dass jede Anlage (bzw. jedes auch nicht effiziente Portefeuille) ein Bestandteil des Marktportefeuilles M ist.

Angenommen, ein Portefeuille bestehe aus einer risikobehafteten Anlage A und dem Marktportefeuille M. Für die erwartete Portefeuillerendite E($r_P$) und deren Standardabweichung $\sigma_P$ gilt[65]:

$$E(r_P) = w_A \cdot E(r_A) + (1-w_A) \cdot E(r_M)$$
$$\sigma_P = [w_A^2 \cdot \sigma_A^2 + (1-w_A)^2 \cdot \sigma_M^2 + 2 \cdot w_A \cdot (1-w_A) \cdot Cov(A,M)]^{1/2}$$

(wobei $w_A$ die Gewichtung von A und (1-$w_A$) diejenige von M im Portefeuille P darstellt).

Abbildung 5/13 zeigt die möglichen Risiko-Rendite-Verhältnisse (diese liegen auf AMA) bei verschiedenen $w_A$. Die Aenderung der erwarteten Portefeuillerendite und der Portefeuillevarianz in Abhängigkeit einer Aenderung von $w_A$ kann durch Bildung der ersten Ableitung ermittelt werden:

$$\partial E(r_P)/\partial w_A = E(r_A) - E(r_M)$$

---

[64] **Hotz, P.:** "Das Capital Asset Pricing Model und die Markteffizienzhypothese unter besonderer Berücksichtigung der empirisch beobachteten «Anomalien» in den amerikanischen und anderen internationalen Aktienmärkten", S. 14.

[65] Die im folgenden gezeigte Herleitung der Security Market Line basiert auf dem Ansatz von *Sharpe*. Vgl. bspw. **Copeland, T./Weston, J.:** "Financial Theory and Corporate Policy", S. 195.

$$\partial\sigma_P/\partial w_A = (1/2) \cdot [w_A^2 \cdot \sigma_A^2 + (1-w_A)^2 \cdot \sigma_M^2 + 2 \cdot w_A \cdot (1-w_A) \cdot Cov(A,M)]^{1/2} \cdot$$
$$\cdot [2 \cdot w_A \cdot \sigma_A^2 - 2 \cdot \sigma_M^2 + 2 \cdot w_A \cdot \sigma_M^2 + 2 \cdot Cov(A,M) - 4 \cdot w_A \cdot Cov(A,M)]$$

<u>Abbildung 5/13:</u> Mögliche Risiko-Rendite-Verhältnisse von Portefeuilles bei unterschiedlicher Gewichtung der Anlagen im CAPM

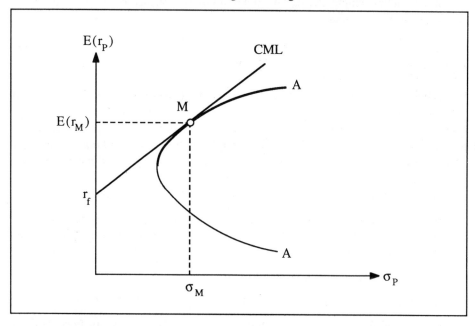

Befindet sich der Markt im Gleichgewicht (wie dies für das CAPM vorausgesetzt wird), so ist das Wertpapier A mit einem Anteil $z_A$ im Marktportefeuille M enthalten. Würde in das Marktportefeuille M und *zusätzlich* in die Anlage A investiert, so wird der Anteil $z_A$ um $w_A$ verändert, was einen *Nachfrageüberhang* zur Folge hätte. Da im Kapitalmarktgleichgewicht allerdings keine Gleichgewichtsstörungen bestehen dürfen, muss die Anlage A in M mit einem Anteil von $z_A$ gehalten werden, womit $w_A$ Null zu setzen ist. Entsprechend resultiert für die Rendite und die Standardabweichung im Gleichgewicht (da $w_A=0$):

$$\partial E(r_P)/\partial w_A \vert_{w_A=0} = E(r_A) - E(r_M)$$
$$\partial \sigma_P/\partial w_A \vert_{w_A=0} = (1/2) \cdot (\sigma_M^2)^{-1/2} \cdot (-2 \cdot \sigma_M^2 + 2 \cdot Cov(A,M))$$
$$= (Cov(A,M) - \sigma_M^2)/\sigma_M$$

Im Gleichgewicht beträgt die Steigung der Kurve AMA (vgl. <u>Abbildung 5/13</u>) in M

$$[\partial E(r_P)/\partial w_A] / [\partial \sigma_P/\partial w_A] \vert_{w_A=0} = [E(r_A) - E(r_M)] / [(Cov(A,M) - \sigma_M^2)/\sigma_M].$$

Im Tangentialpunkt M (vgl. Abbildung 5/13) entspricht die Steigung von AMA derjenigen der CML:

$$[E(r_A) - E(r_M)] / [(Cov(A,M) - \sigma_M^2)/\sigma_M] = [E(r_M) - r_f] / \sigma_M$$

Wird dieser Ausdruck nach $E(r_A)$ aufgelöst, so resultiert:

$$E(r_A) = r_f + [E(r_M) - r_f] \cdot Cov(A,M) / \sigma_M^2 \qquad (5.35)$$

Gleichung (5.35) entspricht der Security Market Line (SML). Es wird deutlich, dass die erwartete Rendite einer Anlage gleich dem risikolosen Zinssatz zuzüglich einer Risikoprämie ist, die sich aus dem Risikopreis $(E(r_M) - r_f)$[66] multipliziert mit der Risikohöhe $(Cov(A,M) / \sigma_M^2)$ ergibt (vgl. Abbildung 5/14 [67]).

Abbildung 5/14: Die Security Market Line

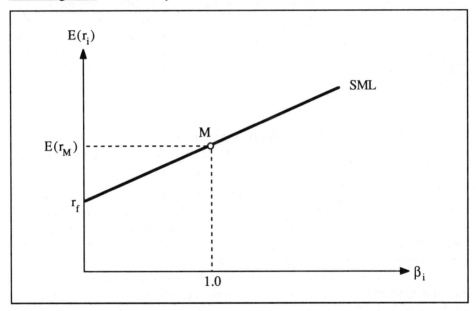

Die Risikohöhe wird im CAPM mit β bezeichnet, welches demjenigen des Index-Modells entspricht. Da die Cov(M,M) der Varianz des Marktportefeuilles $\sigma_M^2$ entspricht, besitzt das Marktportefeuille ein β von 1. Demgegenüber hat die risikolose Anlage ein β von 0, da sie vom Marktportefeuille unabhängig ist.

---

66  Mit *Risikopreis* ist der Preis für die Uebernahme von Risiko auf dem Kapitalmarkt gemeint.
67  Vgl. **Sharpe, W.**: "Investments", S. 161.

Wird in (5.35) die Risikohöhe durch β ausgedrückt, so gilt:

$$E(r_A) = r_f + [E(r_M) - r_f] \cdot \beta_A \qquad (5.36)$$

Mit (5.36) wird deutlich, dass mit wachsendem β auch die erwartete Rendite zunimmt. β bezieht sich allerdings nur auf das *systematische Risiko*, was insofern sinnvoll erscheint, als das unsystematische Risiko in einem effizienten Portefeuille vollständig wegdiversifiziert werden kann[68]. Der Anleger wird entsprechend *nur für das Eingehen eines systematischen Risikos entschädigt*.

### 5.2.3 Modellerweiterungen

Die dem CAPM zugrunde liegenden Voraussetzungen sind sehr restriktiv. Beobachtungen am Markt zeigen, dass verschiedene Annahmen in der Realität nicht zutreffen. Transaktionskosten und Steuern sind zu zahlen, Investoren haben heterogene Erwartungen bezüglich zukünftiger Anlagerenditen, die Kapitalanlage und -ausleihung zum selben Zinssatz ist kaum vorzufinden, verschiedene Anlagen sind auf dem Markt nicht erhältlich usw. Verschiedentlich wurde daher versucht, Modellerweiterungen vorzunehmen, die der Realität besser entsprechen.

#### 5.2.3.1 CAPM unter Berücksichtigung der Nichtexistenz einer risikolosen Anlagemöglichkeit und unter Einführung unterschiedlicher Zinssätze für Kapitalanlage und Kapitalausleihung

Die Existenz einer risikolosen Anlagemöglichkeit im CAPM wurde oft kritisiert. Selbst Staatsanleihen oder Sparkonten bei einer Bank sind risikobehaftet. *Black* versuchte in seinem Modell[69], diese Schwachstelle zu beheben (vgl. Abbildung 5/15). Das Marktportefeuille liege wiederum auf der Efficient Frontier. Es wird nun angenommen, dass alle mit M *unkorrelierenden* Portefeuilles (bzw. Anlagen) ausfindig gemacht werden können. Deren systematische Risiken und damit β sind Null, während deren erwartete Renditen gleich sein müssen (da alle dasselbe systematische Risiko aufweisen)[70]. Korrelieren die Portefeuilles Z und Z' mit M nicht, so wird

---

68  Im CAPM basiert die Risiko-Rendite-Beurteilung auf der Annahme, dass sich jede Anlage in einem breit diversifizierten Portefeuille befindet, weshalb die Beachtung des unsystematischen Risikos unnötig ist.

69  Vgl. **Black, F.:** "Capital Market Equilibrium with Restricted Borrowing", S. 444-455.

70  Diese Portefeuilles (bzw. Anlagen) werden 'zero-beta-Portefeuilles' (bzw. 'zero-beta-Anlagen') genannt.

für die weiteren Betrachtungen das Portefeuille Z berücksichtigt, da bei gleicher erwarteter Rendite ($E(r_Z)$) eine minimale Varianz resultiert[71].

Abbildung 5/15: Das CAPM unter Berücksichtigung der Nichtexistenz einer risikolosen Anlagemöglichkeit

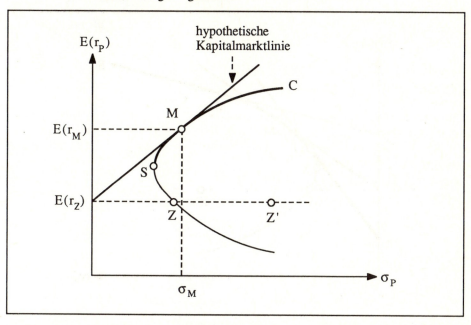

Wird berücksichtigt, dass die Korrelation zwischen Z und M Null beträgt, kann die SML im Falle der Nichtexistenz einer risikolosen Anlage entsprechend der klassischen SML hergeleitet werden[72]. Für die erwartete Rendite einer Anlage A resultiert dann:

$$E(r_A) = E(r_Z) + [E(r_M) - E(r_Z)] \cdot \beta_A \quad\quad (5.37)$$

---

[71] Z ist ein Portefeuille mit einem β=0 und dasjenige mit der geringsten Varianz unter allen Portefeuilles mit β=0. Zudem kann gezeigt werden, dass Z ein *ineffizientes* Portefeuille sein muss. Vgl. dazu **Elton, E./Gruber, M.:** "Modern Portfolio Theory and Investment Analysis", S. 287.

[72] Vgl. dazu Abschnitt 5.2.2.2. Anstelle der CML tritt bei der Nichtexistenz einer risikolosen Anlage eine *hypothetische* CML (welche durch die Punkte $E(r_Z)$ und M verläuft), da der Punkt [$E(r_Z)$>0,$\sigma_Z$=0] nicht existiert (vgl. Abbildung 5/15). Es ist aber zu beachten, dass nur Portefeuilles auf der Efficient Frontier, d.h. auf SMC, gewählt werden können.

Im Vergleich zur klassischen SML ist die durch (5.37) ausgedrückte SML *flacher*, was gemäss empirischen Studien der Realität besser entspricht[73].

Abbildung 5/16: Das CAPM unter Berücksichtigung unterschiedlicher Zinssätze für Kapitalanlage und Kapitalausleihe

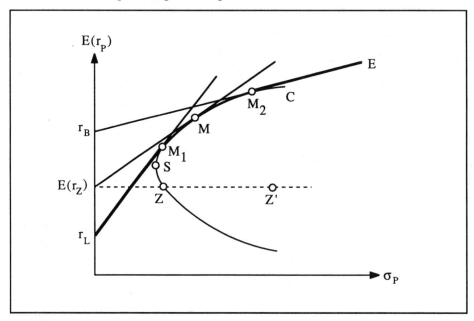

Hat der Investor anstelle der risikofreien Anlage bzw. der Nichtexistenz einer solchen die Möglichkeit, Kapital zu einem bestimmten risikofreien Zinssatz anzulegen und solches zu einem *höheren* Zinssatz auszuleihen, kann entsprechend der Situation bei Nichtexistenz einer risikolosen Anlage vorgegangen werden. In diesem Fall sind Portefeuilles auf der Efficient Frontier $r_L M_1 M_2 E$ zu wählen (vgl. Abbildung 5/16 [74]). Für die erwartete Rendite einer Anlage A resultiert dann:

- Im Fall von *Kapitalanlage* zu $r_L$:

$$E(r_A) = r_L + [E(r_{M_1}) - r_L] \cdot \beta_{A(M_1)} \qquad (5.38)$$

---

[73] Vgl. **Black, F./Jensen, M./Scholes, M.:** "The Capital Asset Pricing Model: Some Empirical Tests", in: **Jensen, M.:** "Studies in the Theory of Capital Markets", S. 79-124; **Blume, M./Friend, I.:** "A New Look at the Capital Asset Pricing Model", S. 19-34.

[74] Vgl. **Levy, H./Sarnat, M.:** "Portfolio and Investment Selection: Theory and Practice", S. 466.

wobei $\beta_{A(M1)} = Cov(A,M_1) / \sigma_{M1}^2$

- Im Fall von *Kapitalborgen* zu $r_B$:

$$E(r_A) = r_B + [E(r_{M2}) - r_B] \cdot \beta_{A(M2)} \qquad (5.38)$$

wobei $\beta_{A(M2)} = Cov(A,M_2) / \sigma_{M2}^2$

Aus (5.38) folgt, dass die SML den Verlauf einer doppelt geknickten Geraden annimmt, wobei die Knickstellen bei $M_1$ bzw. $M_2$ liegen.

### 5.2.3.2 CAPM unter Einführung heterogener Erwartungen und nicht marktfähiger Anlagen

Ob die Annahme homogener Erwartungen gerechtfertigt ist, bildet Gegenstand verschiedener Untersuchungen. In der Realität ist feststellbar, dass viele Investoren in ein nicht voll diversifiziertes Portefeuille investieren und die Gewichtung einzelner Anlagen sehr unterschiedlich ausfällt. Diese Beobachtung lässt den Schluss zu, dass Investoren unterschiedliche Vorstellungen über die erwarteten Renditen einzelner Anlagen - *heterogene Erwartungen* - besitzen. Das CAPM wird durch die Einführung heterogener Erwartungen nicht verändert, ausgenommen, wenn anstelle der homogenen Renditeerwartungen und Kovarianzen die gewogenen Mittelwerte der Erwartungsparameter aller Investoren treten[75].

Durch die Einführung heterogener Erwartungen erfährt das CAPM zwei entscheidende *Nachteile*. Zum einen ist das Marktportefeuille M nicht notwendigerweise effizient, wodurch das CAPM nicht mehr getestet werden kann[76]. Anderseits verliert die SML an Aussagekraft, da der durch Mittelwerte konstruierte Preis für die Risikoübernahme sehr *unstabil* sein kann.

Im klassischen CAPM wurde unterstellt, dass sämtliche Anlagen marktfähig und beliebig teilbar sind. Wird diese Voraussetzung fallen gelassen[77], das heisst sind auch *nicht marktfähige Anlagen* zu berücksichtigen, so führt dies - wie die Einführung heterogener Erwartungen - zu *unterschiedlichen* Portefeuillestrukturen. Als Beispiel wird häufig das *'Human Capital'* angeführt[78]. Zwar kann jeder Investor seine Fähigkeiten gegen Lohnzahlungen ('Lohnrendite') einsetzen, doch kann niemand sich

---

[75] Vgl. **Copeland, T./Weston, J.**: "Financial Theory and Corporate Policy", S. 211.
[76] Vgl. **Roll, R.**: "Critique of the Asset Pricing Theory's Tests", S. 129-176.
[77] Vgl. **Mayers, D.**: "Non-Marketable Assets and the Capital Market Equilibrium under Uncertainty", in: **Jensen, M.**: "Studies in the Theory of Capital Markets", S. 223-248.
[78] Vgl. dazu **Copeland, T./Weston, J.**: "Financial Theory and Corporate Policy", S. 209.

selbst verkaufen und eine andere Person für seine Stelle kaufen. Daraus folgt, dass eine *nichtdiversifizierbare* Anlage - das Human Capital - in das Portefeuille jedes Investors eingeführt wird, was die erwähnten unterschiedlichen Portefeuillestrukturen bewirkt. Dass Investoren tatsächlich unterschiedliche Portefeuilles haben, kann aber auch in der Realität beobachtet werden, wobei das Human Capital nur einer der Gründe dafür ist.

Die Einführung nicht marktfähiger Anlagen bewirkt[79], dass das Risiko einer Anlage zur Funktion der Kovarianz der Anlage mit der Gesamtheit der nicht marktfähigen Anlagen und der Kovarianz der Anlage mit der Gesamtheit der marktfähigen Anlagen wird, wobei die Gewichtung der nicht marktfähigen und der marktfähigen Anlagen vom totalen Wert derselben abhängig ist.

Wie bei der Einführung heterogener Erwartungen verliert die SML an Aussagekraft, da sich - bedingt durch das (von Natur aus) unterschiedliche Human Capital - kein einheitlicher Preis für die Risikoübernahme bilden kann.

### 5.2.3.3 CAPM unter Berücksichtigung von Steuern und Transaktionskosten

Das klassische CAPM unterstellt, dass der Investor die erwartete Rendite einer Anlage als ein Entscheidungsparameter betrachtet. Wie die Rendite erzielt wird, das heisst ob eine Dividende bzw. eine Zinszahlung oder ein Kursgewinn erfolgt, ist nicht von Bedeutung. Werden *Steuern* eingeführt, spielt diese Unterscheidung allerdings eine Rolle, da Dividenden bzw. Zinszahlungen der Einkommenssteuer unterliegen, Kursgewinne dagegen meist nicht.

*Brennan* zeigt[80], wie die unterschiedliche Besteuerung von Dividenden (bzw. Zinszahlungen) und Kapitalgewinnen im CAPM eingeführt werden kann. Dabei wird unterstellt, dass die Dividendenzahlungen (bzw. Zinszahlungen) *mit Sicherheit* bekannt sind[81]:

$$E(r_A) = r_f \cdot (1-T) + \beta_A \cdot [E(r_M) - r_f - T \cdot (D_M - r_f)] + T \cdot D_A \qquad (5.39)$$

(wobei $T=(T_d-T_g)/(1-T_g)$; $T_d$=durchschnittliche Steuerrate auf Dividenden, $T_g$= durchschnittliche Steuerrate auf Kapitalgewinnen, $D_M$=Dividendenrendite des

---

79   Zur formellen Darstellung des CAPM unter Berücksichtigung nicht marktfähiger Anlagen vgl. **Elton, E./Gruber, M.:** "Modern Portfolio Theory and Investment Analysis", S. 296.
80   Vgl. **Brennan, M.:** "Taxes, Market Valuation, and Corporate Financial Policy", S. 417-427.
81   Vgl. **Fuller, R./Farrell, J.:** "Modern Investments and Security Analysis", S. 470.

Marktportefeuilles, $D_A$=Dividendenrendite der Anlage A).

Ist die Besteuerung von Dividenden und Kapitalgewinnen gleich, nimmt T den Wert Null an, womit (5.39) in die klassische Form des CAPM zurückgeführt wird. Sind keine Steuern zu zahlen, nimmt T ebenfalls den Wert Null an.

Durch die Einführung von Steuern werden Investoren mit unterschiedlicher Besteuerung von Dividenden und Kapitalgewinnen die Anlagen erwerben, mit denen eine höhere Rendite nach Steuern zu erzielen ist, was dazu führt, dass verschiedene Efficient Frontiers und damit auch verschiedene Marktportefeuilles entstehen. Dieser Effekt wird durch die Tatsache verstärkt, dass verschiedene Investoren von jeder Steuer gänzlich befreit sind[82]. Die Einführung von Steuern führt damit zum selben Nachteil wie die Einführung heterogener Erwartungen: Die SML verliert an Aussagekraft, da der Preis für die Risikoübernahme sehr *unstabil* sein kann.

Das klassische CAPM geht davon aus, dass die Investoren sämtliche risikobehafteten Anlagen in ihrem Portefeuille besitzen (einen Teil des Marktportefeuilles). Auch wird unterstellt, dass der Kauf bzw. Verkauf von Anlagen ohne die Zahlung von Transaktionskosten erfolgt. In der Realität kann aber beobachtet werden, dass nur ein kleiner Teil von Investoren auch nur annäherungsweise sämtliche Anlagen im Portefeuille führt. Ein Grund für das Halten einer kleineren Anzahl *verschiedener* Anlagen ist mitunter in den Transaktionskosten zu sehen[83]. Die Einführung von *Transaktionskosten* im CAPM bewirkt, dass die erwartete Rendite einer Anlage zusätzlich vom Investitionsvolumen abhängt und anstelle der erwarteten Marktrendite die erwartete Rendite des vom Investor gehaltenen Portefeuilles eingesetzt wird[84]. Das β einer Anlage A wird deshalb von Investor zu Investor verschieden ausfallen. Die erwartete Rendite einer Anlage A ist daher gleich dem risikolosen Zinssatz zuzüglich der *gewichteten* Risikoprämie aller Investoren. Auch diese Modellerweiterung muss die Kritik einer *unstabilen* SML gelten lassen.

## 5.3 Die Arbitrage Pricing Theory (APT)

Die *Arbitrage Pricing Theory* ist eine Weiterentwicklung des CAPM, deren Schöp-

---

[82] Vgl. dazu Abschnitt 3.2.2.2.
[83] Vgl. bspw. in der Schweiz die Courtagegebühren für verschiedene Transaktionsvolumen.
[84] Zur formellen Darstellung vgl. **Levy, H./Sarnat, M.:** "Portfolio and Investment Selection: Theory and Practice", S. 471 f.

fer *Ross*[85] ist. Mit der APT wird versucht, die von *Roll*[86] aufgezeigte Schwachstelle im CAPM - nämlich, dass die Aussage des CAPM *logisch-mathematisch* aus der (unterstellten) Effizienz des Marktportefeuilles folgt[87], dieses aber (wenn überhaupt) nur sehr schwer ermittelt werden kann - zu eliminieren. Dem CAPM entsprechend handelt es sich um eine *Gleichgewichtstheorie*, welche die Beziehung zwischen erwarteter Rendite einer Anlage und deren Risiken aufzuzeigen versucht.

Während im CAPM davon ausgegangen wird, dass das (systematische) Risiko nur durch den *einen* Faktor $\beta$ (das Marktrisiko) ausgedrückt wird, liegen der APT *mehrere* Risikofaktoren zugrunde. Dabei handelt es sich um Risikofaktoren wie Veränderungen des Bruttosozialproduktes, Schwankungen der Zinssätze, Schwankungen der Inflationsrate, Schwankungen der Wechselkurse etc.

### 5.3.1 Voraussetzungen der APT

Für die APT gelten in *Uebereinstimmung* mit dem CAPM die folgenden Voraussetzungen[88]:

- *Homogene Erwartungen:* Die Investoren haben homogene Erwartungen hinsichtlich der erwarteten Rendite und des Risikos einer Anlage insofern, als sich die Rendite einer Anlage mit einem k Faktorenmodell generieren lässt (beim CAPM nur ein Faktor).
- *Risikoaversion:* Investoren zeigen ein risikoaverses Verhalten.
- *Nutzenmaximierung:* Investoren versuchen immer, ihren Nutzen zu maximieren.
- *Friktionslose Märkte:* Die Märkte sind in dem Sinne 'perfekt', als Faktoren wie Transaktionskosten nicht relevant sind.
- *Vollständige Konkurrenz:* Investoren haben keinen Einfluss auf den Preis einer Anlage. Es besteht keine Beschränkung beim Zugang zum Anlagenmarkt. Sodann sind Arbitragemöglichkeiten ausgeschlossen.

---

85 Vgl. **Ross, S.:** "Return, Risk and Arbitrage", in: **Friend, I./Bicksler, J.:** "Risk and Return in Finance", S. 189-218; **Ross, S.:** "The Arbitrage Theory of Capital Asset Pricing", S. 341-360.

86 Vgl. **Roll, R.:** "Critique of the Asset Pricing Theory's Tests", S. 129-176.

87 Vgl. **Hotz, P.:** "Das Capital Asset Pricing Model und die Markteffizienzhypothese unter besonderer Berücksichtigung der empirisch beobachteten «Anomalien» in den amerikanischen und anderen internationalen Aktienmärkten", S. 36.

88 Vgl. **Farrell, J.:** "Guide to Portfolio Management", S. 75 und **Peters, H.-W.:** "Kapitalmarkttheorie und Aktienmarktanalyse", S. 27 f.

Auf die Nichtexistenz einer Arbitragemöglichkeit, einer der zentralen Annahmen der APT, wird noch näher eingegangen[89].

Im *Gegensatz* zum CAPM sind die folgenden Voraussetzungen *nicht* relevant:

- *Mehr-Perioden-Modell:* Die APT kann leicht zu einem Mehr-Perioden-Modell erweitert werden.
- *Steuerberücksichtigung:* Steuern können im Modell berücksichtigt werden.
- *Nichtexistenz eines risikolosen Zinssatzes:* Die Möglichkeit einer unbeschränkten Anlage bzw. Ausleihung zu einem risikofreien Zinssatz existiert nicht.
- *Entscheidungsparameter:* Die Entscheidungsparameter erwartete Rendite und Varianz werden in dem Sinne nicht mehr berücksichtigt, als an deren Stelle eine Art 'Renditegenerierungsprozess' (durch verschiedene Faktoren) tritt.

Durch das Nichtberücksichtigen dieser Voraussetzungen verspricht die APT gegenüber dem CAPM *realitätsnäher* zu sein.

### 5.3.2 Herleitung der APT

Dem Multi-Index-Modell entsprechend wird in der APT angenommen, dass die Rendite einer Anlage ($r_A$) von verschiedenen Faktoren (oder Indizes) linear abhängt:

$$r_A = \alpha_A + \beta_{A_1} \cdot F_1 + \beta_{A_2} \cdot F_2 + ... + \beta_{A_k} \cdot F_k + \zeta_A \qquad (5.40)$$

(wobei $\alpha_A$=erwartete Rendite der Anlage A, $F_k$=Wert des k-ten Faktors, der die Rendite $r_A$ (aber auch die Renditen der übrigen Anlagen) beeinflusst, $\beta_{A_k}$=Sensitivität von $r_A$ auf den Faktor k [90], $\zeta_A$=zufällige Abweichung des unsystematischen Teils der Rendite).

Für (5.40) gelten die folgenden Annahmen (vgl. auch (5.17), (5.19), (5.29) und (5.30))[91]:

$$E(\zeta_A) = 0 \text{ und damit } \sigma_{\zeta_A}^2 = E(\zeta_A - E(\zeta_A))^2 = E(\zeta_A)^2$$
$$E(F_k) = 0 \text{ und damit } \sigma_{F_k}^2 = E(F_k - E(F_k))^2 = E(F_k)^2$$

---

89  Vgl. Abschnitt 5.3.2.
90  Es wird auch von *Faktorladungen* gesprochen.
91  Vgl. die Argumentation im Multi-Index-Modell (Abschnitt 5.1.4.2.). Jedes Modell mit korrelierten Daten kann in ein solches mit unkorrelierten Daten transformiert werden.

$$\text{Cov}(\zeta_A,\zeta_B) = E[(\zeta_A)\cdot(\zeta_B)] = 0 \tag{5.41}$$
$$\text{Cov}(F_i,F_j) = E[(F_i)\cdot(F_j)] = 0 \quad \forall\ i,j = 1,...,k\ (i\neq j)$$
$$\text{Cov}(\zeta_A,F_k) = E[(\zeta_A)\cdot(F_k)] = 0$$

Nun interessiert aber nicht die Abhängigkeit der Rendite einer Anlage von bestimmten Faktoren. Vielmehr ist zu zeigen, wie die *erwartete Rendite* einer Anlage ($E(r_A)$) zu bestimmen ist. Aus (5.40) kann die *Arbitrage Pricing Theory* abgeleitet werden[92]:

$$E(r_A) = \lambda_0 + \lambda_1\cdot\beta_{A1} + \lambda_2\cdot\beta_{A2} + ... + \lambda_k\cdot\beta_{Ak} \tag{5.42}$$

Mit $\beta_{Ak}$ wird wiederum die Sensitivität der Rendite der Anlage A auf den Faktor k dargestellt. Wird mit $r_Z$ die Rendite einer 'risikolosen Anlage' bezeichnet[93], so ist $\beta_{0k}=0$ und $r_Z=\lambda_0$. $\lambda_k$ ist im Marktgleichgewicht als *Risikopreis* für den Faktor k zu interpretieren:

$$\lambda_k = E(r_{P_k}) - r_Z \tag{5.43}$$

(wobei $E(r_{P_k})$=erwartete Rendite eines Portefeuilles mit einheitlicher Sensitivität zum Faktor k ($\beta_k=1$) und Sensitivitäten zu allen übrigen Faktoren von Null).

Abbildung 5/17 [94] zeigt die Arbitrage-Preis-Beziehung unter der Annahme, dass nur ein Faktor k vorhanden ist. Im Gleichgewicht liegen alle Anlagen auf der Arbitrage-Preis-Linie. Für (5.42) gilt dann:

$$E(r_A) = \lambda_0 + \lambda_k\cdot\beta_{Ak}$$
$$= r_Z + (E(r_{P_k}) - r_Z)\cdot\beta_{Ak} \tag{5.44}$$

Entsprechend gilt für (5.42) im allgemeinen Fall:

$$E(r_A) = r_Z + (E(r_{P_1}) - r_Z)\cdot\beta_{A1} + ... + (E(r_{P_k}) - r_Z)\cdot\beta_{Ak} \tag{5.45}$$

Wird (5.45) als lineare Regressionsgleichung interpretiert, dann sind die Sensitivitätsfaktoren $\beta_{Ak}$ gleich definiert wie das $\beta$ im CAPM:

$$\beta_{Ak} = \text{Cov}(A,P_k) / \sigma_{P_k}^2 \tag{5.46}$$

(wobei $\text{Cov}(A,P_k)$=Kovarianz zwischen der Rendite der Anlage A (=$r_A$) und derjenigen des Portefeuilles mit einheitlicher Sensitivität zum Faktor k und Sensitivitäten

---

[92] Vgl. **Reilly, F.**: "Investments", S. 643.
[93] Zum Problem der Nichtexistenz einer realen risikolosen Anlage vgl. Abschnitt 5.2.3.1.
[94] Vgl. **Copeland, T./Weston, J.**: "Financial Theory and Corporate Policy", S. 222.

zu allen übrigen Faktoren von Null (=$r_{Pk}$), $\sigma_{Pk}^2$=Varianz von $r_{Pk}$).

Abbildung 5/17: Die Arbitrage-Preis-Beziehung

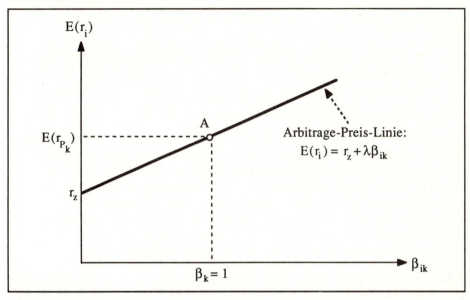

Um die APT (5.42) erklären zu können, wird zunächst der *Arbitrage Prozess* diskutiert.

### 5.3.2.1 Der Arbitrage Prozess

Angenommen, es existieren drei *gut diversifizierte* Portefeuilles C, D und E, deren Renditen durch die Faktoren $\beta_1$ und $\beta_2$ beeinflusst werden:

| | | | |
|---|---|---|---|
| Portefeuille C: | $E(r_C)$ = 8.525% | $\beta_{C1}$ = 0.9 | $\beta_{C2}$ = 0.7 |
| Portefeuille D: | $E(r_D)$ = 7.225% | $\beta_{D1}$ = 1.1 | $\beta_{D2}$ = 0.3 |
| Portefeuille E: | $E(r_E)$ = 5.000% | $\beta_{E1}$ = 0.2 | $\beta_{E2}$ = 0.4 |

Zusätzlich existiere ein Portefeuille F, welches eine erwartete Rendite ($E(r_F)$) von 8.5% und ein $\beta_{F1}$ von 0.84 sowie ein $\beta_{F2}$ von 0.48 besitze. Das Risiko des Portefeuilles F ist identisch mit dem Risiko eines Portefeuilles G, das zu 40% des investierten Kapitals aus Portefeuille C, zu 40% des investierten Kapitals aus Portefeuille D und zu 20% des investierten Kapitals aus Portefeuille E besteht ($\beta_{F1}$= 0.4·0.9+0.4·1.1+0.2·0.2=*0.84* bzw. $\beta_{F2}$=0.4·0.7+0.4·0.3+0.2·0.4=*0.48*). Die erwartete Rendite des Portefeuilles G beträgt aber lediglich 7.3% gegenüber einer erwarteten Rendite des Portefeuilles F von 8.5%. Demzufolge ist es möglich, ein *Arbitrage Portefeuille* zu bilden. Das Portefeuille G wird leer verkauft und das erhaltene Kapital in das Portefeuille F investiert. Es ist zu beachten, dass kein Kapital benötigt wird, das (systematische) Risiko Null beträgt und eine positive Rendite von 1.2% erzielt werden kann:

|  | Investition | Rendite | $\beta_1$ | $\beta_2$ |
|---|---|---|---|---|
| **Portefeuille F** | + 1'000 | + 8.5% | + 0.84 | + 0.48 |
| **Portefeuille G** | - 1'000 | - 7.3% | - 0.84 | - 0.48 |
| **Arbitrage Portefeuille** | 0 | 1.2% | 0 | 0 |

Solange es gelingt, risikolose Portefeuilles mit einer positiven Rendite und einem Kapitaleinsatz von Null zu bilden, befindet sich der *Markt im Ungleichgewicht*. Indem das Portefeuille G ständig leerverkauft und das Portefeuille F gekauft wird, sinken die Preise der Portefeuilles C, D und E, während derjenige des Portefeuilles F steigt. Sinkende Preise erhöhen die Rendite, während steigende Preise dieselbe verkleinern. Der Prozess - sog. *Arbitrageprozess* - des Kaufens von Portefeuille F und Verkaufens von Portefeuille G wird solange andauern, bis die Renditen derselben gleich gross sind. Dann befindet sich der *Markt im Gleichgewicht*.

Arbitragegeschäfte sind in der APT ausgeschlossen. Damit können aber auch Investitionen, welche ohne Kapital und risikolos getätigt werden, keine positiven Renditen einbringen. Dies ist eine der *grundlegenden* Eigenschaften der APT.

### 5.3.2.2 Erklärung der APT

Um ein Arbitrage Portefeuille ohne Veränderung des investierten Kapitalbetrages zu bilden, müssen bestimmte Anlagen leer verkauft und andere gekauft werden. Verkleinert sich das in eine Anlage A investierte Kapital $z_A$, so vergrössert sich das in eine Anlage B investierte Kapital $z_B$. Es gilt[95]:

$$\sum_{i=1}^{n} v_i = 0 \qquad (5.47)$$

(wobei $v_i$=*Veränderung* des in die Anlage i investierten Kapitals).

---

95 Zur Erklärung vgl. bspw. **Copeland, T./Weston, J.:** "Financial Theory and Corporate Policy", S. 219 ff. oder **Levy, H./Sarnat, M.:** "Portfolio and Investment Selection: Theory and Practice", S. 471 ff.

Die *zusätzliche* Rendite eines Portefeuilles, welches durch *Umstellung* desselben - bzw. durch Bildung eines Arbitrage Portefeuilles - erzielt werden kann, beträgt dann (vgl. (5.40)):

$$r_P = \sum_{i=1}^{n} v_i \cdot r_i$$

$$= \sum_{i=1}^{n} v_i \cdot E(r_i) + \sum_{i=1}^{n} v_i \cdot \beta_{i1} \cdot F_1 + \ldots + \sum_{i=1}^{n} v_i \cdot \beta_{ik} \cdot F_k + \sum_{i=1}^{n} v_i \cdot \zeta_i \quad (5.48)$$

Um ein risikoloses Arbitrage Portefeuille zu erhalten, müssen die folgenden zwei Bedingungen erfüllt sein:

- Das Arbitrage Portefeuille ist *gut diversifiziert*. Diese Bedingung ist dann erfüllt, wenn die Veränderung des in die Anlage i investierten Kapitals klein ist, das heisst

$$v_i \approx 1/n \quad \text{und} \quad n \text{ muss gross sein.} \quad (5.49)$$

- Das *systematische Risiko* muss *eliminiert* werden. Diese Bedingung ist dann erfüllt, wenn durch geschicktes Wählen der Anlagen die gewichtete Summe der systematischen Risikokomponenten $\beta_k$ für jeden Faktor k Null wird, das heisst, es werden auf einen Faktor positiv reagierende Anlagen mit auf denselben Faktor negativ reagierende Anlagen miteinander kombiniert[96]:

$$\sum_{i=1}^{n} v_i \cdot \beta_{ij} = 0 \quad , \quad \forall \, j = 1,\ldots,k \quad (5.50)$$

Durch die beiden Bedingungen wird sowohl das unsystematische wie auch das systematische Risiko im Arbitrage Portefeuille eliminiert. Für (5.48) gilt dann:

$$r_P = \sum_{i=1}^{n} v_i \cdot E(r_i) \quad (5.51)$$

Das Arbitrage Portefeuille wurde ohne zusätzliches Kapital derart konstruiert, dass dessen Risiko Null ist. Ist die Rendite des Arbitrage Portefeuilles ($r_P$) von Null verschieden, hätte dies zur Konsequenz, dass Arbitrage betrieben werden könnte, was

---

96 Um das systematische Risiko zu eliminieren, können auch Käufe und Leerverkäufe getätigt werden.

im *Marktgleichgewicht* allerdings *unmöglich* ist[97]. Daher gilt für jedes Arbitrage Portefeuille im Marktgleichgewicht:

$$r_P = \sum_{i=1}^{n} v_i \cdot E(r_i) = 0 \qquad (5.52)$$

Werden (5.47), (5.50) und (5.52) *mathematisch* interpretiert, so folgt, dass ein zum Einheitsvektor e und zu jedem Sensitivitätsvektor $\beta_j$ ($\forall$ j= 1,...,k) *orthogonaler*[98] Vektor v ebenfalls zum Vektor der erwarteten Renditen E(r) orthogonal sein muss[99]. Ist aber ein beliebiger Vektor (hier der Vektor v) orthogonal zu n-1 Vektoren (hier die Vektoren $e, \beta_1, \beta_2,...,\beta_k$), so ist derselbe auch zum n-ten Vektor (hier der Vektor der erwarteten Renditen E(r)) orthogonal. Letzterer (hier der Vektor E(r)) kann daher als *Linearkombination* der n-1 Vektoren (hier die Vektoren $e, \beta_1, \beta_2,...,\beta_k$) dargestellt werden[100]:

$$E(r) = \lambda_0 \cdot e + \lambda_1 \cdot \beta_1 + \lambda_2 \cdot \beta_2 + ... + \lambda_k \cdot \beta_k$$

Für die erwartete Rendite einer Anlage A gilt entsprechend

$$E(r_A) = \lambda_0 + \lambda_1 \cdot \beta_{A1} + \lambda_2 \cdot \beta_{A2} + ... + \lambda_k \cdot \beta_{Ak} \qquad (5.53)$$

Damit konnte die Aussage der Arbitrage Pricing Theorie, dass zwischen der erwarteten Rendite einer Anlage A und den k Faktoren eine lineare Abhängigkeit besteht (vgl. (5.42)), bestätigt werden.

### 5.3.3 Die Aussagekraft der APT verglichen mit jener des CAPM

Durch die Einführung mehrerer Risikofaktoren gewinnt die APT - verglichen mit dem CAPM - an Aussagekraft. Dies wird im folgenden anhand eines Beispiels erläutert[101].

---

97 Vgl. dazu Abschnitt 5.3.2.1.
98 *Orthogonalität* wird wie folgt definiert: Sei V ein Vektorraum mit Skalarprodukt $<\cdot,\cdot>$. Zwei Vektoren $v \neq 0$ und $w \neq 0$ aus V heissen *orthogonal* zueinander, wenn $<v,w> = v \cdot w = 0$. Vgl. **Kall, P.**: "Lineare Algebra für Oekonomen", S. 48 ff.
99 In Matrixschreibweise gilt
- für den Einheitsvektor $\quad e = (1,1,1,...,1)$ , $e \in R^n$
- für jeden Sensitivitätsvektor $\quad \beta_j = (\beta_{11}, \beta_{12}, \beta_{13},...,\beta_{1n})$ , $\forall$ j = 1,...,k
- für den Vektor v $\quad v = (v_1, v_2, v_3,...,v_n)$
- für den Vektor E(r) $\quad E(r) = (E(r_1), E(r_2), E(r_3),...,E(r_n))$.

100 Vgl. **Elton, E./Gruber, M.**: "Modern Portfolio Theory and Investment Analysis", S. 342.
101 Vgl. dazu **Copeland, T./Weston, J.**: "Financial Theory and Corporate Policy", S. 223 f.

Abbildung 5/18: Die Security Market Line und die APT

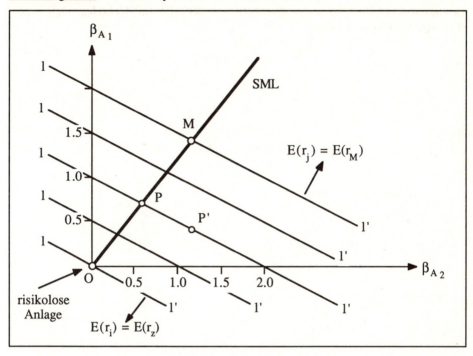

Angenommen, die erwartete Rendite einer Anlage A ($E(r_A)$) sei von zwei Faktoren $F_1$ und $F_2$ abhängig. Die Sensitivitäten auf diese Faktoren werden durch $\beta_{A1}$ und $\beta_{A2}$ ausgedrückt (vgl. Abbildung 5/18). Punkt O repräsentiert den risikolosen Zinssatz (sowohl $\beta_{A1}$ wie $\beta_{A2}$ ist Null). Alle Punkte entlang einer Linie ll' weisen dieselbe erwartete Rendite, nicht aber dasselbe Risiko auf. Wird weiter angenommen, dass durch M das CAPM-effiziente Marktportefeuille repräsentiert wird, so entspricht OM der Security Market Line.

Im CAPM wird das Risiko durch den *einen* Faktor β ausgedrückt. Soll das Portefeuille eines Anlegers ein maximales Risiko von β=0.5 aufweisen, so kann eine erwartete Rendite von $E(r_P)$ erzielt werden (dieses Portefeuille ist in Abbildung 5/18 mit P bezeichnet). Betrachtet man nun die APT, so kann festgestellt werden, dass bei einer erwarteten Rendite $E(r_P)$ in unzählige Portefeuilles mit unterschiedlichen Risiken bzgl. den Risikofaktoren $F_1$ und $F_2$ investiert werden kann. Daraus ist ersichtlich, dass die APT gegenüber dem CAPM den Vorteil aufweist, dass verschiedene Risiken vom Anleger bei gleicher erwarteter Rendite unterschiedlich gewichtet werden können. Beispielsweise kann mit einem Portefeuille P' das durch den Faktor $F_1$ bedingte Risiko gegenüber dem im Portefeuille P durch den Faktor $F_1$ bedingte Risiko reduziert werden. Demzufolge kann sich ein Anleger *gegen ein Risiko* (auf Kosten des anderen Risikos) *besser absichern*, was der APT eine *Ueberlegenheit* gegenüber dem CAPM verleiht.

# 6 Portfolio-Insurance und Zinsimmunisierung

Wie bereits früher erwähnt[1], basiert die moderne Portfolio-Theorie nicht ausschliesslich auf zu erwartenden Anlagerenditen. Vielmehr rückt das *Risikomanagement* in den Vordergrund der Betrachtungen. Es konnte gezeigt werden, dass ein Investor auch unter Anwendung der Diversifikation einem Teil des Risikos - dem Marktrisiko - ausgesetzt bleibt. Mit der *Portfolio-Insurance* ist nun eine Möglichkeit geschaffen, sich gegen das Marktrisiko abzusichern. Wie der Ausdruck 'Insurance' vermuten lässt, handelt es sich um eine Absicherung bzw. eine Versicherung gegen ein *negatives* Ereignis in Form von Verlusten bzw. negativen Renditen. Keinesfalls soll das Potential des positiven Ereignisses in Form der Gewinnerzielung beeinträchtigt werden.

Die Durchführung der Portfolio-Insurance kann in verschiedener Weise erfolgen: durch den Einsatz von *Optionen*, von *Aktienindex-Futures* und durch den Einsatz der *Duplikation* (sog. dynamische Absicherung), wobei man sich bei letzterer die Erkenntnisse aus der Bewertungstheorie von Optionen zu Nutzen macht[2].

Allerdings gestaltet sich die Portfolio-Insurance nicht einfach. Durch die verschieden strukturierten Portefeuilles müssen auch verschiedenartige Absicherungen konstruiert werden. Sind letztere ermittelt, so ist ein Investor zu finden, welcher bereit ist, das Risiko - gegen eine entsprechende Prämie - zu übernehmen. Mit der Entwicklung von Optionen und Futures sind Instrumente gefunden worden, welche einen geordneten Handel mit 'Risiken' ermöglichen. Man sollte sich aber bewusst sein, dass - im Gegensatz zu normalen Versicherungen - mittels Portfolio-Insurance das (Markt-)Risiko in seiner Gesamtheit nicht vermindert, sondern lediglich *umverteilt* werden kann[3].

Mit Portfolio-Insurance wird häufig nur die Absicherung von Aktienportefeuilles angesprochen, da deren Risiko höher eingeschätzt wird als dasjenige von Portefeuilles mit festverzinslichen oder sonstigen Anlagen (Edelmetalle, Immobilienanlagen, Festgeldanlagen etc.). Dabei darf nicht übersehen werden, dass auch die Zinssätze festverzinslicher Anlagen sehr volatil sein können[4], was neben einem höheren Gewinnpotential zu höheren Risiken führt. Dem Zinsänderungsrisiko von Porte-

---

1 Vgl. Kapitel 4.
2 Vgl. **Beilner, T.**: "Portfolio Insurance an der DTB", S. 416.
3 Vgl. **Schwartz, E.**: "Options and Portfolio Insurance", S. 9.
4 Vgl. Abbildung 4/5, Abschnitt 4.2.1.

feuilles festverzinslicher Anlagen kann mit der sog. *Zinsimmunisierungsstrategie* begegnet werden.

## 6.1 Absicherung von Aktienportefeuilles mit Optionen

Optionen aller Art gehören heute zum Instrumentarium eines modernen Portfolio-Managements. Dem zunehmenden Bedürfnis nach Absicherung von Risiken entgegentretend, wurde 1973 in Chicago an der ersten Optionsbörse der Handel mit Aktien-Optionen aufgenommen. In der Folge wurden in den verschiedensten Ländern ähnliche Optionsbörsen gegründet[5]. Neben Aktien-Optionen werden verschiedentlich auch Währungs-, Zinssatz-, Index- und Edelmetall-Optionen angeboten.

Aehnlich den bereits weiter vorne erwähnten Anlagen wie Aktien, festverzinsliche Papiere, Edelmetalle, Immobilien etc. sind auch Optionen zu analysieren. Dabei kommt der Bewertung bzw. der Preisbildung von Optionen die grösste Bedeutung zu. *Black/Scholes*[6] entwickelten zu diesem Zweck ein Modell, welches eine theoretische Bewertung von Optionen rechnerisch ermöglicht. Dank verschiedener Erweiterungen[7] verspricht das Black-Scholes-Modell, eine praxisgerechte Anwendung zu ermöglichen.

### 6.1.1 Eigenschaften und Anwendungsmöglichkeiten von Optionen

Unter einer Option ist ein standardisierter Kontrakt zu verstehen, in dem der Optionstyp (Call-Option, Put-Option), das zugrundeliegende Instrument (Aktie, Währung, Gold, Zinssätze, Aktienindizes etc.), der Basiswert (beispielsweise Wert einer Aktie), die Laufzeit mit Verfalltermin sowie der Ausübungspreis (Preis, zu dem das der Option zugrundegelegte Instrument erworben bzw. veräussert werden kann) festgelegt sind. Allein der Optionspreis ist eine veränderliche Grösse. Entsprechend erwirbt der Käufer eines Call (Call-Option, Kaufoption) gegen Bezahlung des Optionspreises das Recht, nicht aber die Pflicht, innerhalb (amerikanische Option) der festgelegten Laufzeit oder am Verfalltermin (europäische Option) eine bestimmte Anzahl eines Instrumentes (beispielsweise Aktien) zum festgelegten Ausübungs-

---

5   Eine Uebersicht über die bestehenden Optionsbörsen gibt **Cordero, R.:** "Risiko-Management mit Optionen", S. 2 f.

6   **Black, F./Scholes, M.:** "The Pricing of Options and Corporate Liabilities", S. 637-659.

7   Vgl. **Cox, J./Ross, S./Rubinstein, M.:** "Option Pricing: A Simplified Approach", in: **Luskin, D.:** "Portfolio Insurance - A Guide to Dynamic Hedging", S. 244-277 (Abdruck aus Journal of Financial Economics, Vol. 7, 1979, S. 229-263).

preis zu kaufen. Der Käufer eines Put (Put-Option, Verkaufsoption) erwirbt das Recht, nicht aber die Pflicht, innerhalb oder am Verfalltermin der festgelegten Laufzeit eine bestimmte Anzahl eines Instrumentes zum festgelegten Ausübungspreis zu verkaufen. Der Verkäufer ist sowohl bei Calls wie auch bei Puts in der Stillhalterposition und trägt ein praktisch unbeschränktes Risiko, das durch den Optionspreis abgegolten wird.

Im folgenden wird auf die Eigenschaften und Anwendungsmöglichkeiten von Aktien- und Index-Optionen eingegangen. Auf die Betrachtung von Optionen, welchen andere Instrumente zugrunde liegen, kann verzichtet werden, da diese im Ablauf mit den Aktien- bzw. Aktienindex-Optionen vergleichbar sind.

### 6.1.1.1 Eigenschaften von Optionen

Der Käufer eines Call wird von seinem erworbenen Bezugsrecht genau dann Gebrauch machen, wenn der Aktienkurs über dem Ausübungspreis liegt. Die Option ist in diesem Fall 'in-the-money' und wirft einen Gewinn ab. Entspricht der Aktienkurs genau dem Ausübungspreis, so ist die Option 'at-the-money' und wird nicht ausgeübt. Ist der Aktienkurs tiefer als der Ausübungspreis, so ist die Option 'out-of-the-money' und wird ebenfalls nicht ausgeübt. Der Käufer eines Put wird sich entsprechend umgekehrt verhalten. Liegt der Aktienkurs unter dem Ausübungspreis (Option ist 'in-the-money'), wird vom Optionsrecht Gebrauch gemacht. Ist der Aktienkurs gleich (Option ist 'at-the-money') oder grösser (Option ist 'out-of-the-money') als der Ausübungspreis, so ist die Option wertlos (vgl. Abbildung 6/1).

Wird ein Call[8] nicht ausgeübt, so verfällt er *wertlos*. Damit kann der Optionswert in keinem Fall kleiner als Null sein. Der *Wert (Preis) eines Call am Verfalltag* ist demzufolge das Maximum aus der Differenz $K_T$-S und Null:

$$C_T(K_T,S) = \max [K_T - S\,;\,0] \tag{6.1}$$

(wobei $C_T$=Wert (Preis) des Call am Verfalltag T, $K_T$=Aktienkurs am Verfalltag, S=Ausübungspreis).

Soll der *minimale Wert eines Call* während der Laufzeit ermittelt werden, so ist zu beachten, dass der Ausübungspreis S nicht heute (zum Zeitpunkt t=0) sondern erst

---

[8] Wird im folgenden von einer Option gesprochen, so ist damit - wenn nicht ausdrücklich etwas anderes erwähnt wird - immer eine *europäische* Call-Option gemeint. Ebenso werden Dividendenausschüttungen - wenn nicht ausdrücklich erwähnt - nicht beachtet. Obwohl meistens Optionen des amerikanischen Typs gehandelt werden (so auch an der SOFFEX), wird der Einfachheit halber für deren Betrachtung auf die Spezialliteratur verwiesen.

zum Ausübungszeitpunkt t=T geleistet werden muss. Daher ist anstelle des Ausübungspreises dessen Barwert[9] zu berücksichtigen. Demzufolge gilt für den Minimalwert eines Call im Zeitpunkt t[10]:

$$C_t(K_t,S,r_f,T) \geq \max [K_t - PV_{\Delta t}(S) \,;\, 0] \qquad (6.2)$$

(wobei $C_t$=Wert des Call zum Zeitpunkt t, $K_t$=Aktienkurs zum Zeitpunkt t, $r_f$=risikoloser Zinssatz, $PV_{\Delta t}(S)$=Barwert des Ausübungspreises S ($\Delta t$=T-t), t=Zeitpunkt im Zeitintervall [0,T]).

<u>Abbildung 6/1:</u>   Wert einer Call- bzw. einer Put-Option am Verfalltag bei unterschiedlichen Aktienkursen

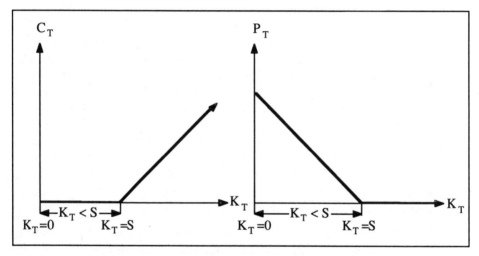

Aus (6.2) folgt, dass der Optionswert C mit steigendem Aktienkurs, mit sinkendem Ausübungspreis, mit höherem risikolosem Zinssatz[11] bzw. mit zunehmender Lauf-

---

9   Der Barwert von S wird wie folgt berechnet:

   $PV(S) = S / (1 + r_f/100)^{t/360}$

   (wobei t=bestimmte Zeitdauer in Tagen, während der S zu diskontieren ist, $r_f$=risikoloser Zinssatz). Da der Ausübungspreis mit *Sicherheit* S betragen wird, muss die Abzinsungsrate $r_f$ sein.

10  Zum selben Resultat gelangt *Sharpe* anhand eines Beispieles. Vgl. **Sharpe, W.:** "Investments", S. 492 f.

11  Mit steigendem risikolosem Zinssatz sinkt der Barwert von S, was den Ausdruck $K_t - PV_{\Delta t}(S)$ grösser werden lässt.

zeit[12] steigt.

Wirft die zugrunde liegende Aktie während der Restlaufzeit der Option eine *Dividende* ab und wird angenommen, dass die Option nicht dividendengeschützt ist, so ist bei der Ermittlung des Minimalwertes einer Option noch der Barwert der Dividende zu berücksichtigen[13]:

$$C_t(K_t, S, r_f, T, D, \Delta d) \geq \max[K_t - PV_{\Delta t}(S) - PV_{\Delta d}(D)\ ;\ 0] \qquad (6.3)$$

(wobei D=Dividende, $PV_{\Delta d}(D)$=Barwert der Dividende, $\Delta d$=Frist bis zur Dividendenausschüttung).

Abbildung 6/2: Wertgrenzen einer Call-Option vor dem Verfalltag für $\sigma=0$

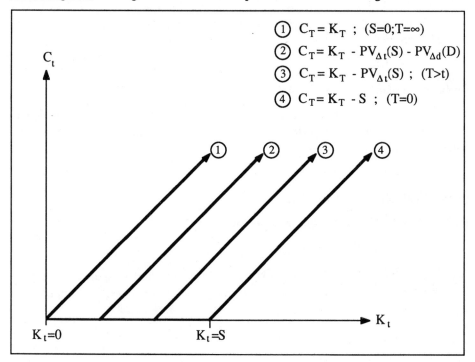

---

12  Mit zunehmender Laufzeit sinkt der Barwert von S, was den Ausdruck $K_t - PV_{\Delta t}(S)$ grösser werden lässt.
13  Vgl. **Zimmermann, H.:** "Preisbildung und Risikoanalyse von Aktienoptionen", S. 40 ff.

Aus (6.3) ist ersichtlich, dass der Optionswert mit sinkender Dividendenzahlung höher ausfällt. Allerdings gilt diese Aussage *ausschliesslich für europäische Optionen*. Es kann gezeigt werden, dass bei einer *amerikanischen Option* die Ausübung unmittelbar vor der Dividendenzahlung vorteilhaft sein kann und sich die Dividendenhöhe nicht zwingend negativ auf den Optionswert auswirken muss[14].

Der *maximale Wert eines Call* muss dem Aktienkurs entsprechen, denn das Optionsrecht kann nicht teurer sein als die Aktie selbst. Damit ergeben sich die in Abbildung 6/2 [15] gezeigten Wertgrenzen (Preisgrenzen) eines Call. Allerdings ist der Wertbereich einer Option für eine wirkungsvolle Anwendung der Optionen zuwenig aussagekräftig. Vielmehr interessiert die Ermittlung des *exakten Optionswertes* (Optionspreises). Es kann gezeigt werden, dass die Optionswertlinie einen konvexen Verlauf aufweist und der Optionswert von der Volatilität (Kursschwankung) der zugrunde liegenden Aktie abhängig ist[16] (vgl. Abbildung 6/3 [17]). Entsprechend gilt für den Wert eines Call:

$$C_t = f(K_t, S, r_f, T, \sigma^2, D, \Delta d) \tag{6.4}$$

(wobei $\sigma^2$=Volatilität des Aktienkurses).

Mit analogen Ueberlegungen können die Eigenschaften von Puts aufgezeigt werden. Der *Wert eines Put am Verfalltag* ist demzufolge das Maximum aus der Differenz $S-K_T$ und Null:

$$P_T(S, K_T) = \max [S - K_T ; 0] \tag{6.5}$$

(wobei $P_T$=Wert des Put am Verfalltag T).

Für den *Minimalwert eines Put* im Zeitpunkt t gilt:

$$P_t(S, K_t, r_f, T) \geq \max[PV_{\Delta t}(S) - K_t ; 0] \tag{6.6} \ [18]$$

(wobei $P_t$=Wert des Put zum Zeitpunkt t, $K_t$=Aktienkurs zum Zeitpunkt t, $r_f$=risikoloser Zinssatz, $PV_{\Delta t}(S)$=Barwert des Ausübungspreises S ($\Delta t$=T-t), t=Zeitpunkt im Zeitintervall [0,T]).

---

14 Vgl. dazu **Zimmermann, H.:** "Preisbildung und Risikoanalyse von Aktienoptionen", S. 255 ff.
15 Vgl. bspw. **Cox, J./Rubinstein, M.:** "Options Markets", S. 155.
16 Vgl. dazu bspw. **Cox, J./Rubinstein, M.:** "Options Markets", S. 127 ff.
17 Vgl. **Cordero, R.:** "Risiko-Management mit Optionen", S. 63.
18 Es kann gezeigt werden, dass der Minimalwert einer amerikanischen Put-Option dem Maximum aus $S-K_t$ und Null entspricht.

Abbildung 6/3: Die Optionswertlinie einer Call-Option

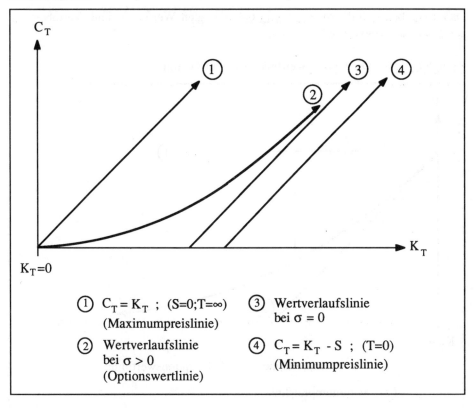

① $C_T = K_T$ ; (S=0;T=∞) (Maximumpreislinie)
② Wertverlaufslinie bei σ > 0 (Optionswertlinie)
③ Wertverlaufslinie bei σ = 0
④ $C_T = K_T - S$ ; (T=0) (Minimumpreislinie)

Unter Berücksichtigung einer während der Restlaufzeit noch fälligen *Dividende* ergibt sich für den Minimalwert eines Put:

$$P_t(S,K_t,r_f,T,D,\Delta d) \geq \max[PV_{\Delta t}(S) + PV_{\Delta d}(D) - K_t ; 0] \qquad (6.7)$$

Aus (6.7) ist ersichtlich, dass bei steigendem Aktienkurs, sinkendem Ausübungspreis, geringerer Dividendenzahlung bzw. steigendem Zinssatz der Wert eines Put abnimmt. Ebenso beeinflusst eine geringe Volatilität der zugrunde liegenden Aktie den Wert eines Put negativ. Eine eindeutige Aussage bezüglich einer Veränderung der Restlaufzeit $\Delta t$ ist nicht möglich. Zwar nimmt der Barwert des Ausübungspreises $PV_{\Delta t}(S)$ und damit der Wert des Put mit steigender Restlaufzeit ab, doch erhöht sich aufgrund der längeren Restlaufzeit die Wahrscheinlichkeit, bei Optionsausübung einen höheren Gewinn zu erzielen.

Der *maximale Wert eines Put* entspricht dem Barwert des Ausübungspreises. Entsprechend dem Call ist auch beim Put dessen exakter Wert von Interesse:

$$P_t = f(S, K_t, r_f, T, \sigma^2, D, \Delta d) \qquad (6.8)$$

Damit ergeben sich die in <u>Abbildung 6/4</u> gezeigten Wertunter- und Wertobergrenzen sowie der Wertverlauf eines Put.

<u>Abbildung 6/4</u>: Die Optionswertlinie einer Put-Option

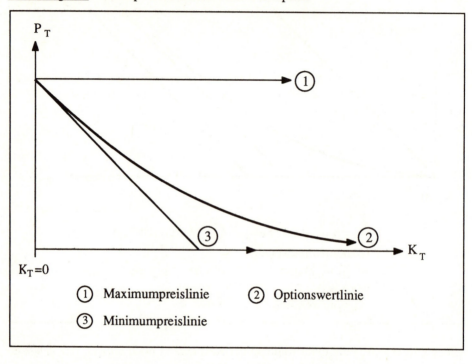

① Maximumpreislinie  ② Optionswertlinie
③ Minimumpreislinie

Abschliessend sei noch auf das in der Optionspreisbildungstheorie nicht unwesentliche *Call-Put-Theorem* hingewiesen[19]:

$$P_t = C_t + PV_{\Delta t}(S) - K_t \qquad (6.9)$$

(6.9) ermöglicht eine vereinfachende Berechnung eines Putwertes (Callwertes) in dem Fall, wo ein Call (Put) derselben Serie richtig bewertet werden konnte.

---

19  Für genauere Ausführungen vgl. **Cox, J./Rubinstein, M.**: "Options Markets", S. 42.

### 6.1.1.2 Anwendungsmöglichkeiten von Optionen

Grundsätzlich sind bei der Anwendung von Optionen vier Positionen denkbar:

- Kauf einer Put-Option
- Kauf einer Call-Option
- Verkauf einer Put-Option
- Verkauf einer Call-Option

Angenommen, ein Investor halte in seinem Depot Aktien im Gesamtwert S. Wird ein Kursrückgang erwartet, so kann der Investor einen *Put* mit dem Ausübungspreis S *erwerben*. Sinkt der Aktienkurs tatsächlich unter den Ausübungspreis, so sind die Aktien zum tieferen Kassamarktpreis zu beschaffen und zum höheren Ausübungspreis gewinnbringend dem Put-Verkäufer anzudienen. Ist am Ende der Laufzeit T der Ausübungspreis unter dem Kassamarktpreis, so ist die Option wertlos. Allerdings kann der Investor das Portefeuille zu einem über dem Ausübungspreis liegenden Kassamarktpreis gewinnbringend verkaufen (vgl. Abbildung 6/5).

Abbildung 6/5: Wertverlauf eines mittels Put-Optionen abgesicherten Aktienportefeuilles

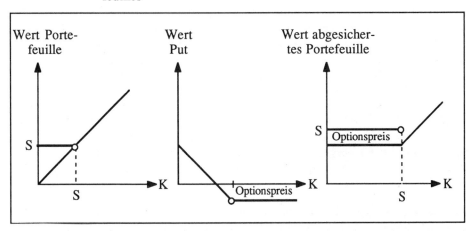

Erwartet ein Investor steigende Aktienkurse, hält in seinem Depot aber festverzinsliche Wertpapiere im Gesamtwert von S, so ist der *Kauf eines Call* mit dem Ausübungspreis S angezeigt. Steigt der Aktienkurs tatsächlich, so ermöglicht dies dem Investor, die Aktien zum tieferen Ausübungspreis zu kaufen und zum höheren Kassamarktpreis gewinnbringend zu verkaufen. Sinkt der Aktienkurs unter den Ausübungspreis, so ist die Option wertlos. Allerdings bleiben dem Investor die festverzinslichen Wertpapiere erhalten (vgl. Abbildung 6/6).

Abbildung 6/6: Wertverlauf eines mittels Call-Optionen abgesicherten Bondportefeuilles

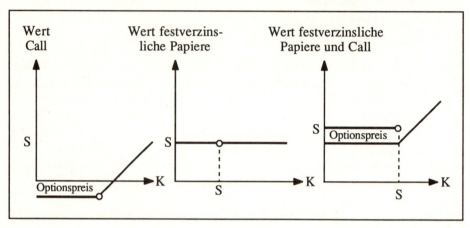

Ein *Put* wird dann *verkauft*, wenn steigende Aktienkurse erwartet werden. Das Ziel des Optionsverkäufers liegt in der Vereinnahmung des Optionspreises, welches dann erreicht wird, wenn die Aktienkurse über den Ausübungspreis steigen. Sinken diese, so ist der Verlust gross und nur dadurch beschränkt, dass der Aktienkurs nicht unter Null fallen kann.

Ein *Call* wird dann *verkauft*, wenn angenommen wird, dass die Basistitel sinken. Im Gegensatz zum Verkauf eines Put kann aber durch den *gedeckten* Verkauf eines Call im Falle eines Kursanstieges ebenfalls ein - allerdings *beschränkter* - Ertrag erzielt werden. Erfolgt ein *ungedeckter* Call-Verkauf, so ist der Verlust bei steigenden Kursen theoretisch unbegrenzt hoch und nur durch die Restlaufzeit der Option beschränkt.

Aufgrund dieser Ausführungen[20] ist ersichtlich, dass sowohl der Verkauf von Puts wie auch derjenige von Calls *keine Anwendung im Sinne der Portfolio-Insurance* zulassen, weshalb auf deren weitere Betrachtung verzichtet wird.

---

20 Für eine ausführliche Beschreibung der verschiedenen Strategien mit Optionen sei verwiesen auf **Ebneter, A.:** "Strategien mit Aktienoptionen". Da werden auch eine Reihe von Strategien mittels Kombinationen von Put- und Call-Optionen gezeigt.

## 6.1.2 Die Bewertung von Optionen und deren Einsatz in der Portfolio-Insurance

Bei der Bewertung von Optionen sind zwei Vorgehensweisen zu unterscheiden:
- Statistische Regressionsmodelle und
- auf den Gedanken der modernen Portfolio-Theorie aufbauende Gleichgewichtsmodelle[21].

*Statistische Regressionsmodelle* dienen der Prognose zukünftiger Optionspreise aufgrund vergangenheitsorientierter Parameter. Während der Vorteil in der einfachen mathematischen Berechnung zu sehen ist, wirken sich die ausschliessliche Verwendung von Vergangenheitsdaten sowie in der Regressionsberechnung oft vorausgesetzte aber nicht bewiesene Kausalzusammenhänge negativ aus. Demgegenüber verzichten *Gleichgewichtsmodelle* auf die Verwendung historischer Daten und bauen auf der Theorie der effizienten Märkte[22] auf. Werden anstelle allgemeiner Parameter beispielsweise Risikoprämissen der Anleger oder individuelle Hypothesen über Kursverläufe der Basiswerte angewendet, spricht man von partiellen Gleichgewichtsmodellen, anderenfalls von vollkommenen Gleichgewichtsmodellen.

Nachdem weiter oben *qualitative* Optionswertbetrachtungen angestellt worden sind[23], soll im folgenden der unter den Gleichgewichtsmodellen wohl bedeutungsvollste *quantitative* Ansatz zur Optionenbewertung, derjenige von *Black/Scholes*[24] gezeigt werden[25].

### 6.1.2.1 Grundgedanken des Black-Scholes-Modells

Das *Black-Scholes-Modell* basiert auf den bereits beschriebenen Eigenschaften der Optionen. Es wurde gezeigt, dass der Optionswert vom Kurs der zugrunde liegenden Aktie, deren Volatilität, dem Ausübungspreis und der Optionslaufzeit sowie dem Zinssatz abhängig ist. Kann ein Zusammenhang zwischen diesen Grössen gefun-

---

21 Vgl. **Hauck, W.**: "Börsenmässig gehandelte Finanzoptionen", S. 21.
22 Vgl. dazu Abschnitt 7.2.
23 Vgl. dazu Abschnitt 6.1.1.1.
24 Vgl. dazu insbesondere **Black, F./Scholes, M.**: "The Pricing of Options and Corporate Liabilities", S. 637-659.
25 Für weitere bedeutungsvolle Ansätze sei auf die Spezialliteratur verwiesen (vgl. bspw. **Cox, J./Rubinstein, M.**: "Options Markets", S. 165 ff.). Hervorzuheben ist unter anderem das von *Sharpe* (vgl. **Sharpe, W.**: "Investments", S. 491 ff.) entwickelte *Binomial-Modell*, welches im Resultat demjenigen von *Black/Scholes* entspricht.

den werden, so kann beispielsweise gezeigt werden, wie der Optionswert ändert, wenn sich der Aktienkurs innerhalb einer kurzen Zeit ändert. Wird angenommen[26], dass der Optionswert bei einem Kursanstieg von einem Franken um fünfzig Rappen steigt und bei einem Kursfall von einem Franken um 50 Rappen sinkt, so kann eine Absicherungsposition eingegangen werden, indem auf eine Aktie (*Long-Position*[27]) zwei Calls verkauft (*Short-Position*) werden. Eine solche Position ist innerhalb geringer Aktienkursänderungen fast risikolos. Allerdings ist - bedingt durch Aktienkursänderungen und kürzer werdende Restlaufzeiten der Optionen - zur Erhaltung der fast risikolosen Absicherungsposition das Verhältnis zwischen Aktie und Optionen laufend anzupassen.

Gemäss der *Theorie der vollkommenen Märkte*[28] muss die Rendite dieser fast risikofreien Absicherungsposition dem Zinssatz einer fast risikolosen kurzfristigen (zeitkongruenten) Anlage entsprechen, ansonsten Arbitragemöglichkeiten bestehen. Zudem müssen die Investoren bezüglich der beiden Positionen - Absicherungsposition und fast risikolose kurzfristige Anlage - indifferent sein[29]; anderenfalls befindet sich der Kapitalmarkt nicht im Gleichgewicht.

Um eine überblickbare Modellgestaltung zu ermöglichen, setzten *Black/Scholes* folgende Annahmen fest[30]:

- Der Zinssatz risikoloser Anlagen ist bekannt und im Zeitablauf konstant,
- die Aktienkurse folgen einem kontinuierlichen Zufallspfad (*Random Walk*) und sind *log-normalverteilt*[31],
- es erfolgen keine Dividendenzahlungen oder anderweitige Entschädigungen,
- es handelt sich um eine europäische Option, das heisst diese kann nur am Verfalldatum ausgeübt werden,
- es existieren keine Transaktionskosten und Steuern (weder bei den Aktien noch bei den Optionen) und
- Leerverkäufe sind erlaubt und möglich.

---

26 Vgl. **Black, F.**: "How we came up with the option formula", S. 5.
27 Eine *Long-Position* bedeutet, dass eine Anlage im Besitz des Investors ist. Entsprechend wird unter einer *Short-Position* eine Anlage verstanden, in deren Besitz der Investor nicht ist.
28 Die Investoren haben hinsichtlich der erwarteten Rendite, Varianz und Kovarianz der verschiedenen Anlagen homogene Erwartungen, sämtliche Informationen sind den Anlegern kostenlos zu jederzeit zugänglich und der Kapitalmarkt befindet sich im Gleichgewicht.
29 Vgl. **Black, F.**: "How we came up with the option formula", S. 5.
30 Vgl. **Black, F./Scholes, M.**: "The Pricing of Options and Corporate Liabilities", S. 641.
31 Vgl. dazu Abschnitt 4.2.2.2.

Verschiedentlich wurde versucht, die teilweise recht einschränkenden und in der Praxis kaum zutreffenden Annahmen zu lockern[32].

### 6.1.2.2 Die Black-Scholes-Formel zur Bewertung von Optionen

Der Forderung nachkommend, dass im Kapitalmarktgleichgewicht die Rendite eines abgesicherten Portefeuilles dem Zinssatz einer risikolosen Anlage entsprechen muss, gelangten *Black/Scholes* zu einer Differenzialgleichung, deren Lösung die Formel zur Bewertung von *Calls* ergibt[33]:

$$C_t = K \cdot N(d_1) - S \cdot e^{-(r_f \cdot \Delta t)} \cdot N(d_2) \qquad (6.10)$$

$$\text{mit:} \quad d_1 = [\ln(K/S) + (r_f + 0.5 \cdot \sigma^2) \cdot \Delta t] / \sigma \cdot \sqrt{\Delta t}$$

$$d_2 = d_1 - \sigma \cdot \sqrt{\Delta t}$$

(wobei $C_t$=Wert eines europäischen Call zum Zeitpunkt t, K=gegenwärtiger Aktienkurs, S=Ausübungspreis, $r_f$=risikoloser Zinssatz, $\sigma$ bzw. $\sigma^2$=Volatilität des Aktienkurses, e=Basis des natürlichen Logarithmus (e=2.7128), $\Delta t$=T-t=Restlaufzeit (wobei T=Verfalltag und t=laufender Zeitpunkt), $N(d_1)$ bzw. $N(d_2)$=Funktionswert der kumulativen Normalverteilung an der Stelle $d_1$ bzw. $d_2$).

Der Wert eines Call kann gemäss (6.10) interpretiert werden als *die gewichtete Differenz zwischen Aktienkurs und Barwert des Ausübungspreises*, wobei die Gewichte $N(d_1)$ und $N(d_2)$ Werte zwischen Null und eins annehmen können[34]. Ist die Option 'out-of-the-money' (Aktienkurs ist viel kleiner als der Ausübungspreis), ist sie beinahe wertlos, weil beide Gewichte nahe bei Null liegen. Im umgekehrten Fall (Option ist 'in-the-money') nehmen beide Gewichte Werte nahe bei eins an. Der Wert der Option entspricht dann ihrem *inneren Wert* (der Differenz aus Aktienkurs und diskontiertem Ausübungspreis). Die Gewichte können demnach als Wahrscheinlichkeiten interpretiert werden, dass die Option 'in-the-money' endet, das heisst der Ak-

---

32 Vgl. bspw. **Cox, J./Rubinstein, M.:** "Options Markets", S. 236 ff. (Einbezug von Dividendenzahlungen und der Möglichkeit einer vorzeitigen Ausübung der Option), S. 271 ff. (Einbezug von Transaktionskosten und Steuern sowie verschiedenen Zinssätzen für risikolose Kapitalanlage und Kapitalaufnahme).

33 Zur Herleitung vgl. **Black, F./Scholes, M.:** "The Pricing of Options and Corporate Liabilities", S. 642 ff.

34 Vgl. **Trautmann, S.:** "Aktienoptionspreise an der Frankfurter Optionsbörse im Lichte der Optionsbewertungstheorie", S. 215.

tienkurs am Verfalltag über dem Ausübungspreis liegt[35].

Indem (6.10) nach den verschiedenen Variablen differenziert wird, kann die Sensitivität des Callwertes auf diese Variablen deutlich gemacht werden[36]:

- $\partial C / \partial K > 0$  mit zunehmendem Aktienkurs steigt der Optionswert[37],
- $\partial C / \partial S < 0$  mit zunehmendem Ausübungspreis sinkt der Optionswert,
- $\partial C / \partial \Delta t > 0$  mit sinkender Restlaufzeit nimmt der Optionswert ab[38],
- $\partial C / \partial \sigma^2 > 0$  mit steigender Volatilität nimmt der Optionswert zu[39],
- $\partial C / \partial r_f > 0$  mit steigendem risikolosen Zinssatz steigt der Optionswert,
- $\partial^2 C / \partial^2 K > 0$  der Optionswert ist eine *konvexe Funktion* des Aktienkurses.

Um den Wert eines *Put* $(P_t)$ zu berechnen, kann entweder die *Call-Put-Parität*[40] oder die Black-Scholes-Formel angewendet werden:

$$P_t = -K \cdot N(-d_1) + S \cdot e^{-(r_f \cdot \Delta t)} \cdot N(-d_2) \qquad (6.11)$$

$$\text{mit:} \quad d_1 = [\ln(K/S) + (r_f + 0.5 \cdot \sigma^2) \cdot \Delta t] / \sigma \cdot \sqrt{\Delta t}$$

$$d_2 = d_1 - \sigma \cdot \sqrt{\Delta t}$$

Analog zu (6.10) kann (6.11) nach den verschiedenen Variablen differenziert werden, um die Sensitivität des Putwertes auf diese Variablen zeigen zu können.

### 6.1.2.3 Der Einsatz von Optionen in der Portfolio-Insurance

Wie bereits erwähnt, können Optionen dazu verwendet werden, die Risikoposition

---

35  Vgl. **Trautmann, S.**: "Aktienoptionspreise an der Frankfurter Optionsbörse im Lichte der Optionsbewertungstheorie", S. 215.

36  Vgl. dazu auch Abschnitt 6.1.1.1., wo die selben Eigenschaften intuitiv hergeleitet wurden.

37  Die Reaktion des Optionswertes auf eine Aenderung des Aktienkurses wird als *Options-Delta* bezeichnet. Das Options-Delta einer Call-Option (Put-Option) beträgt für eine Option 'in-the-money' gegen 1.0 (-1.0), für eine Option 'at-the-money' um 0.5 (-0.5) und für eine Option 'out-of-the-money' gegen 0.0 (0.0). Aendert sich der Aktienkurs um 1.0%, so ändert sich der jeweilige Optionswert um 1.0%, 0.5% oder 0.0% (-1.0%, -0.5% oder 0.0%) je nachdem, ob sich die Call-Option (Put-Option) 'in-the-money', 'at-the-money' oder 'out-of-the-money' befindet.

38  Die Reaktion des Optionswertes auf eine Aenderung der Restlaufzeit wird als *Options-Theta* bezeichnet. Das Options-Theta ist sowohl bei Call- als auch bei Put-Optionen positiv.

39  Die Reaktion des Optionswertes auf eine Aenderung der Volatilität wird als *Options-Eta* bezeichnet.

40  Vgl. dazu Abschnitt 6.1.1.1.

von Aktienportefeuilles zu verändern. Entsprechend der Absicherung einer Aktie[41] wird ein Portefeuille mehrerer Titeln durch den Kauf von *Aktienindex-Put-Optionen* versichert[42]. Mit Hilfe des *Black-Scholes-Modells* sind die dazu benötigten Daten zu berechnen.

Um ein Portefeuille mit dem heutigen Wert $W_0$ gegen mögliche Kursrückgänge abzusichern, muss sich ein Investor über den minimalen Portefeuillewert, welcher abgesichert werden soll - den sog. *Floor* - Klarheit verschaffen. Der Floor ist *nicht* dem Ausübungspreis gleichzusetzen. Letzterer muss in jedem Fall gleich oder grösser als der Floor sein. Ist der Floor festgelegt, wird der zur Erreichung desselben erforderliche Ausübungspreis, welcher vom Floor, dem Portefeuillewert und dem Putwert abhängig ist, ermittelt[43]:

$$S = f \cdot [K + P(S)] \tag{6.12}$$

(wobei S=Ausübungspreis, f=Floor, K=Aktienkurs, P(S)=Putwert in Abhängigkeit vom gesuchten Ausübungspreis).

Aus (6.12) ist ersichtlich, dass zwischen dem Ausübungspreis und dem Putwert eine nichtlineare wechselseitige Beziehung besteht. Die Ermittlung des Ausübungspreises muss deshalb durch Iteration[44] erfolgen. Unter Berücksichtigung des Portefeuillewertes, des Ausübungspreises, der Portefeuillevolatilität, der Absicherungsdauer und des risikolosen Zinssatzes ist schliesslich der Putwert mit Hilfe des Black-Scholes-Modells zu berechnen (vgl. Abbildung 6/7 [45]).

Bis anhin wurde unterstellt, dass die Absicherung kostenlos ist. Da für den Erwerb der Puts Kapital benötigt wird, kann aber nicht mehr der gesamte Wert $W_0$ in Aktien investiert werden[46]. Der in die Aktien investierte Teil - als *Exposure* bezeichnet - muss entsprechend berechnet werden:

---

41 Vgl. Abschnitt 6.1.1.2.

42 Dies setzt allerdings voraus, dass die Struktur des Portefeuilles mindestens annäherungsweise dem Aktienmarktindex entspricht. In der Schweiz wurde zu diesem Zweck der Swiss Market Index geschaffen. Dieser dient als Basis der Index-Optionen (und der Index-Futures). Vgl. dazu **Peppi, M./Staub, W.:** "Warum ein Börsenindex?", S. 1 ff.

43 Für eine ausführlichere Darstellung vgl. **Zimmermann, H.:** "Preisbildung und Risikoanalyse von Aktienoptionen", S. 337 ff.

44 Vgl. dazu bspw. **Kall, P.:** "Analysis für Oekonomen", S. 98.

45 Sämtliche Berechnungen wurden mit dem Optionenrechner des Schweizerischen Bankvereins durchgeführt.

46 Im folgenden wird von einem *Fixed Hedge* ausgegangen, dessen Zielsetzung in der Festlegung einer bestimmten, als günstig empfundenen Indexuntergrenze besteht, um die Aktien eines bestimmten Portefeuilles gegen Kursverluste abzusichern und gegebenenfalls zu verkaufen. Die
(Fortsetzung der Fussnote vgl. die folgende Seite)

$$\text{Exposure} = K_0 / (K_0 + P_0(S)) \qquad (6.13)\ ^{47}$$

(wobei $K_0$=Aktienkurs im Zeitpunkt t=0, $P_0$=Putpreis im Zeitpunkt t=0).

Das Beispiel in <u>Abbildung 6/7</u> zeigt[48], dass - wie immer sich der Index und damit der Portefeuillewert entwickelt - der Portefeuillewert am Ende einer Absicherungsperiode mindestens dem Floor (vermindert um die Absicherungskosten) entspricht[49]. Da zu Beginn *nicht das gesamte Vermögen* in Aktien investiert wurde (die Exposure liegt unter 100%), kann allerdings nicht in vollem Umfang vom Gewinnpotential der Aktien profitiert werden[50]. Steigt der Index entgegen den Erwartungen des Investors auf beispielsweise 110, so verfallen die Puts wertlos (vgl. das Beispiel in <u>Abbildung 6/7</u>) und der Portefeuillewert steigt auf Fr. 1'052'645.- (anstelle eines ungesicherten Portefeuilles, dessen Wert auf Fr. 1'100'000.- gestiegen wäre).

<u>Abbildung 6/7</u>: Beispiel einer Portefeuille-Absicherung mittels Put-Optionen

---

Betrachtet wird ein Aktiendepot mit dem Wert $W_0$ = Fr. 1'000'000.-, welches im folgenden während der Zeit vom 1. Januar bis 31. Dezember mit Index-Puts abzusichern ist. Bekannt sind der Floor, der Ausübungspreis, die Indexvolatilität, die Absicherungsdauer sowie der Zins für eine risikolose Kapitalanlage:

---

Anzahl der Optionen wird während der Absicherungsdauer konstant gehalten. Ausnahmen ergeen sich nur, wenn während der Hedgedauer die Bedingungen, die zur Absicherung Anlass gaben, sich ändern. Vom Fixed Hedge zu unterscheiden ist der *Delta-neutrale Hedge*, dessen Zielsetzung darin besteht, den (nachteiligen) Einfluss von Indexänderungen auf das absolute Hedge-Resultat zu vermindern, wobei das absolute Hedge-Resultat zum Ausdruck bringt, ob ein Hedge einen Nettogewinn oder -verlust erbracht hat. Die Anzahl der Optionen muss während der Absicherungsdauer laufend dem Optionsdelta (welches sich aufgrund der kürzeren Laufzeit und des veränderten Indexes ändert) angepasst werden. (Zur Definition des *Fixed Hedge* bzw. des *Delta-neutralen Hedge* vgl. **Cordero, R.**: "Risiko-Management mit Optionen", S. 112 bzw. 131).

47 Diese Berechnungsweise ist nur beim Fixed Hedge anzuwenden. Beim Delta-neutralen Hedge wird die Exposure wie folgt berechnet:
$$K_0 / [K_0 + n \cdot P_0(S)]$$
(wobei n=Anzahl der zur Delta-neutralen Absicherung notwendigen Puts pro Aktie).

48 In die Betrachtungen nicht miteinbezogen wurden Transaktionskosten.

49 Im Beispiel handelt es sich um einen Fixed Hedge. Wird ein Delta-neutraler Hedge vorgenommen, so resultiert für das Beispiel in <u>Abbildung 6/7</u> am Ende der Absicherungsdauer ein Portefeuillewert von ca. Fr. 997'272.- (angenommen wurde eine vierteljährliche Portefeuilleanpassung aufgrund des veränderten Deltawertes; die nicht mehr benötigten Puts werden verkauft und das erhaltene Kapital zum risikolosen Zinssatz angelegt). Allerdings muss auch erwähnt werden, dass die Absicherungskosten weit über denjenigen des Fixed Hedge liegen (es muss eine grössere Anzahl Puts gekauft werden).

50 Vgl. **Zimmermann, H.**: "Preisbildung und Risikoanalyse von Aktienoptionen", S. 323.

Abbildung 6/7: Beispiel einer Portefeuilleabsicherung mittels Put-Optionen (Fortsetzung)

---

- Floor = 9'500 pro Indexpunkt
- Indexvolatilität = 20%
- Ausübungspreis*⁾ = 9'927 pro Indexpunkt
- Absicherungsdauer = 360 Tage
- risikoloser Zinssatz = 7%

Wird unterstellt, dass der Index zum heutigen Zeitpunkt 100 beträgt, so ergibt sich gemäss (6.11) für den Wert eines Put **Fr. 449.82**. Die Absicherungskosten für das Portefeuille betragen daher **Fr. 44'982.-** (P(S) x Anz. Indexpunkte). Für die Exposure lässt sich gemäss (6.13) ein Wert von **95.695%** errechnen, woraus folgt, dass **Fr. 956'950.-** in Aktien und **Fr. 43'050.-** (=95.695% von Fr. 44'982.-) in Puts investiert werden müssen.

Beträgt der Index am **31. Dezember** (Verfall der Option) noch 90, so ergibt sich für den Portefeuillewert (unter Berücksichtigung des gemäss (6.11) *neu* (mit K=9'000 pro Indexpunkt und Δt=0) berechneten Putwertes, welcher **Fr. 927.-** beträgt):

| | | | |
|---|---|---|---|
| Wert der Aktien: | 95.695% von 900'000 | ≈ | 861'270 |
| Wert der Puts: | 95.695% von 92'700 | ≈ | 88'730 |
| | | | 950'000 |

Der Investor übt sein Optionsrecht aus und verkauft Aktien im Wert von Fr. 950'000.- (=95.695% von 992'700), welche er am Markt zu Fr. 861'270.- (=95.695% von 900'000) kauft.

------------------

*) Der Ausübungspreis von Fr. 992'700.- wurde gemäss (6.12) ermittelt.

### 6.1.2.4 Beurteilung der Portfolio-Insurance mit Optionen

Die Portfolio-Insurance mittels Kauf von Puts scheint ziemlich einfach zu sein. In der Praxis zeigt sich aber, dass eine Menge von Faktoren die Absicherung von Risiken erschweren können[51]:

- Zu den individuellen Investorenbedürfnissen können in der Regel keine adäquaten Options-Kontrakte gefunden werden. In den meisten Fällen ändern

---

[51] Vgl. auch **O'Brien, T.:** "The mechanics of portfolio insurance", S. 40 f.

daran auch Index-Optionen[52], mit welchen sinnvollerweise nicht nur ein Teil, sondern das gesamte Portefeuille abgesichert wird, nichts.

- Optionen weisen in den meisten Fällen eine Dauer von bis zu neun Monaten auf. Dieser fest vorgegebene Zeithorizont ist für eine dauernde Absicherung oft zu kurz. Eine dadurch zwingendermassen einzusetzende sog. rollende Portfolio-Insurance kann aber im Fall eines starken Kurszerfalls teurer zu stehen kommen als der Verlust auf einem unversicherten Portefeuille[53].
- Für an der Börse gehandelte Options-Kontrakte bestehen Positionslimiten, so dass die Anzahl der zu einer Absicherung nötigen Options-Kontrakte nicht erworben werden kann. Deshalb ist es unmöglich, ein Portefeuille exakt abzusichern.
- Die in der Praxis nötige Flexibilität in der Gestaltung des Ausübungspreises fehlt. Gehandelte Options-Kontrakte weisen standardisierte Ausübungspreise auf. Bewegen sich die Basiswerte (Aktie, Index etc.) vom Ausübungspreis weg, so sind die Optionen 'deep in-' oder 'deep out-of-the-money' und werden kaum mehr gehandelt. Eine vorzeitige Auflösung der Versicherung (durch den Verkauf der Options-Kontrakte) ist dann nicht mehr möglich[54].
- Die Portfolio-Insurance mittels Puts ist relativ teuer und macht sich erst bei grösseren Kursverschiebungen bezahlt[55].

Aufgrund dieser Nachteile stellt sich berechtigterweise die Frage nach dem praktischen Wert der Optionen für die Portfolio-Insurance. Im folgenden wird dargelegt, dass die Optionsbewertungstheorie dennoch nützlich ist.

### 6.1.3 Die dynamische Absicherung

Im vorangehenden Abschnitt wurde gezeigt, wie ein Aktienportefeuille mit Aktienindex-Puts gegen mögliche Verluste geschützt wird. Demgegenüber verwendet die dynamische Portfolio-Insurance keine Optionen, sichert aber ein Aktiendepot genau so ab, als ob Optionen verwendet worden wären. Der Optionseffekt wird dabei

---

52  Index-Optionen sind dann einzusetzen, wenn die Portefeuillestruktur einem Index mindestens ähnlich ist. Allerdings muss hier auf das Problem aufmerksam gemacht werden, dass der Markt für Index-Optionen mit der Basis eines bekannten Indexes wie beispielsweise der S&P 500-Index sehr dünn ist, was die Absicherung grosser Portefeuilles verunmöglicht.

53  Vgl. dazu **Beilner, T.:** "Portfolio Insurance an der DTB", S. 418.

54  Vgl. **Wydler, D.:** "Portfolio Insurance mit Aktienindexfutures", S. 26.

55  In diesem Zusammenhang soll auch erwähnt werden, dass amerikanische Optionen wegen der jederzeitigen Ausübungsmöglichkeit noch teurer als europäische Optionen sind. Diese vorzeitige Ausübungsmöglichkeit, welche etwas kostet, ist häufig gar nicht erwünscht.

künstlich durch eine permanente Umschichtung zwischen Aktien und risikolosen Anlagen erzeugt, weshalb die dynamische Absicherung auch *synthetischer Put-Approach*[56] genannt wird.

### 6.1.3.1 Der Grundgedanke der dynamischen Absicherung

Mit Hilfe des Black-Scholes-Modells kann gezeigt werden, dass eine Option synthetisch durch eine Investition in Aktien und risikolose Anlagen dupliziert werden kann[57]. Dazu betrachte man noch einmal (6.11):

$$P_t = - K \cdot N(-d_1) + S \cdot e^{-(rf \cdot \Delta t)} \cdot N(-d_2) \qquad (6.11)$$

Um die Sensitivität des Optionswertes auf eine Veränderung des Aktienkurses zu bestimmen, ist (6.11) nach dem Aktienkurs abzuleiten. Der erhaltene Wert wird Delta ($=\Delta$) genannt:

$$\partial P / \partial K = \Delta_P = - N(-d_1) \qquad (6.14)$$

Entspricht zudem der Wert einer risikolosen Anlage bei Optionsverfall dem Ausübungspreis, so gilt für die risikolose Anlage zum heutigen Zeitpunkt (t):

$$\text{Wert der risikolosen Anlage in } t = S \cdot e^{-(rf \cdot \Delta t)} \qquad (6.15)$$

Aus (6.11), (6.14) und (6.15) folgt, dass ein Put durch die Investition in

- $K \cdot [- N(-d_1)]$ Aktien und
- $S \cdot e^{-(rf \cdot \Delta t)} \cdot [N(-d_2)]$ risikolose Anlagen

dupliziert werden kann. Wird die Investition in die risikolosen Anlagen mit B und die Investition in die Aktien mit $\Delta_P \cdot K$ bezeichnet, so vereinfacht sich (6.11) unter Berücksichtigung des Gesagten zu[58]:

$$P = - \Delta_P \cdot K + B \qquad (6.16) \ [59]$$

---

[56] Vgl. **Zhu, Y./Kavee, R.**: "Performance of portfolio insurance strategies", S. 48.

[57] Vgl. dazu bspw. **Leland, H./Rubinstein, M.**: "Replication Options with Positions in Stocks and Cash", S. 3-12. **Benninga, S./Blume, M.**: "On the Optimality of Portfolio Insurance", S. 1342-1352. **Benninga, S.**: "Comparing Portfolio Insurance Strategies", S. 20-30.

[58] Das Minuszeichen (-) zeigt, dass es sich um eine Short-Position handelt. Um den Put zu duplizieren, müssen demnach $-\Delta \cdot K$ Aktien verkauft und B risikolose Anlagen gekauft werden.

[59] Analog zum Put kann gezeigt werden, dass für einen Call die folgende Beziehung gilt:
$C = \Delta \cdot K - B$

Es wurde gezeigt[60], dass im Falle einer Portfolio-Insurance mit Puts der Wert des Portefeuilles zu Beginn der Absicherung wie folgt zusammengesetzt ist:

$$W_0 = \text{Exposure} \cdot [K_0 + P_0]$$

Unter Berücksichtigung von (6.16) gilt für $W_0$ demzufolge

$$\begin{aligned} W_0 &= \text{Exposure} \cdot [K_0 + -\Delta_P \cdot K_0 + B_0] \\ &= \text{Exposure} \cdot [K_0(1-\Delta_P) + B_0] \end{aligned} \quad (6.17)$$

Es ist zu beachten, dass sich das Delta zum einen aufgrund der immer kürzer werdenden Laufzeit der Option und zum andern aufgrund von Aktienmarktbewegungen verändert, weshalb sich *laufend Verschiebungen zwischen dem Aktienanteil und dem Anteil der risikolosen Anlagen* ergeben. Somit gilt allgemein zum Zeitpunkt t für den Portefeuillewert $W_t$:

$$W_t = \text{Exposure} \cdot [K_t(1-\Delta_P) + B_t] \quad (6.18)$$

<u>Abbildung 6/8:</u>   Beispiel einer dynamischen Portefeuille-Absicherung mittels synthetischem Put-Approach

---

Betrachtet wird ein Aktiendepot mit dem Wert $W_0$ = Fr. 1'000'000.-, welches im folgenden während der Zeit vom 1. Januar bis 31. Dezember aufgrund der Erkenntnisse des synthetischen Put-Approach abgesichert werden soll. Bekannt sind der Floor, der Ausübungspreis, die Indexvolatilität, die Absicherungsdauer sowie der Zins für eine risikolose Kapitalanlage:

- Floor = 9'500 pro Indexpunkt
- Indexvolatilität = 20%
- Ausübungspreis = 9'927 pro Indexpunkt
- Absicherungsdauer = 360 Tage
- risikoloser Zinssatz = 7%

Es kann davon ausgegangen werden, dass sich der Index wie folgt entwickelt:
1. Januar: 100; 1. April: 97.5; 1. Juli: 95; 1. Oktober: 92.5, 31. Dezember: 90.

Wird unterstellt, dass der Index zum heutigen Zeitpunkt 100 beträgt, so ergibt sich gemäss (6.11) für den Wert eines Put **Fr. 449.82**. Das Optionsdelta des Put $\Delta_P$ beträgt **0.314**. Für die Exposure kann ein Wert von **95.695%** ermittelt werden (vgl. <u>Abbildung 6/7</u>).

---

[60]   Vgl. dazu Abschnitt 6.1.2.3.

Abbildung 6/8: Beispiel einer dynamischen Portefeuille-Absicherung mittels synthetischem Put-Approach (Fortsetzung)

---

Unter Berücksichtigung von (6.16) und (6.18) ergibt sich für das Portefeuille am **1. Januar** (Anteil A = Aktienanteil; Anteil B = Anteil der risikolosen Anlage):
- Anteil A = 0.95695·(1 - 0.314)·10'000     =     656'470
- Anteil B = 0.95695·(449.82 + 0.314·10'000)     =     <u>343'530</u>   *)

  *1'000'000*

Am **1. April** ist das Portefeuille derart umzugestalten, dass sich folgende Struktur ergibt (Restlaufzeit=270 Tage; $P_t$=507.79; $\Delta_P$=0.389):
- Anteil A = 0.95695·(1 - 0.389)·9'750     =     570'080
- Anteil B = 0.95695·(507.79 + 0.389·9'750)     =     <u>411'540</u>

  *981'620* **)

Am **1. Juli** ist das Portefeuille derart umzugestalten, dass sich folgende Struktur ergibt (Restlaufzeit=180 Tage; $P_t$=580.68; $\Delta_P$=0.499):
- Anteil A = 0.95695·(1 - 0.499)·9'500     =     455'460
- Anteil B = 0.95695·(580.68 + 0.499·9'500)     =     <u>509'210</u>

  *964'670*

Am **1. Oktober** ist das Portefeuille derart umzugestalten, dass sich folgende Struktur ergibt (Restlaufzeit=90 Tage; $P_t$=682.97; $\Delta_P$=0.687):
- Anteil A = 0.95695·(1 - 0.687)·9'250     =     277'060
- Anteil B = 0.95695·(682.97 + 0.687·9'250)     =     <u>673'474</u>

  *950'534*

Am **31. Dezember** ist das Portefeuille derart umzugestalten, dass sich folgende Struktur ergibt (Restlaufzeit=0 Tage; $P_t$=927.00; $\Delta_P$=1.0):
- Anteil A = 0.95695·(1 - 1.0)·9'000     =     0
- Anteil B = 0.95695·(927.00 + 1.0·9'000)     =     <u>950'000</u>

---

*) Unberücksichtigt bleibt die Verzinsung des Anteils B.

**) Am 1. April beträgt der Wert des Portefeuilles *vor* der Umstrukturierung 983'590 (Aktien: 640'058; risikolose Anlagen: 343'530). Demzufolge sind Aktien im Wert von 69'978 (640'058 - 570'080) verkauft, aber nur risikolose Anlagen im Wert von 68'010 (343'530 - 411'540) gekauft worden. Die Abweichung von 1'968 ist darauf zurückzuführen, dass im Beispiel auf eine kontinuierliche Anpassung (zugunsten einer vierteljährlichen Anpassung) des Portefeuilles verzichtet wurde.

Mit kürzerer Laufzeit der Option und bei gleichbleibendem Aktienmarkt steigt das Delta, weshalb der Aktienanteil zu verkleinern ist. Derselbe Effekt gilt auch bei sinkenden Aktienkursen. Ein Anleger investiert demzufolge mit dem Börsentrend und kauft bei steigendem Aktienindex bzw. verkauft bei fallendem Aktienindex.

In Abbildung 6/8 [61] wird dargelegt, dass mittels dynamischer Absicherung dasselbe Resultat wie mit einem *Fixed Hedge* erreicht werden kann, was nicht erstaunt, da in beiden Fällen die Portfolio-Insurance aufgrund der Optionspreisbildungstheorie vorgenommen wird.

### 6.1.3.2 Die Constant Proportion Portfolio-Insurance (CPPI)

Die Constant Proportion Portfolio-Insurance (CPPI) übernimmt den Gedanken der dynamischen Absicherung, dass ein Portefeuille gegen Kursverluste durch eine laufende Verschiebung zwischen dem Aktienanteil und dem Anteil der risikolosen Anlagen versichert werden kann, wobei diese Verschiebung in Abhängigkeit von Aktienmarktbewegungen erfolgt[62]. Im Gegensatz zum synthetischen Put-Approach basiert die CPPI *nicht* auf der Optionspreisbildungstheorie von *Black/Scholes*.

*Black/Jones*, welche die CPPI entwickelten, definierten für diese Absicherungsstrategie die folgenden Grössen[63]:

- *Floor:* Minimalwert des Portefeuilles,
- *Cushion:* Portefeuillewert minus Floor,
- *Exposure:* Betrag, welcher in die risikobehafteten Aktien investiert wird,
- *Multiplikator:* Exposure dividiert durch Cushion,
- *Toleranz:* Mindestveränderung des Aktienmarktes, damit eine Transaktion vorgenommen wird, und
- *Limite:* Minimaler Betrag, welcher in die risikobehafteten Aktien investiert wird.

Entsprechend den bereits gezeigten Strategien ist zunächst der Floor des Portefeuilles festzulegen. Zusätzlich muss der sog. Multiplikator, welcher die Risikonei-

---

61 Im Idealfall müsste eine kontinuierliche Umschichtung vorgenommen werden. Da jede Umschichtung mit Transaktionskosten - welche hier unberücksichtigt bleiben - verbunden ist, muss eine Toleranzgrenze definiert werden (beispielsweise eine Indexbewegung von 3%), innerhalb welcher keine Umschichtung vorgenommen wird.
62 Vgl. dazu Abschnitt 6.1.3.1.
63 Vgl. **Black, F./Jones, R.:** "Simplifying portfolio insurance", S. 48.

gung des Investors widerspiegelt, bestimmt werden. Aufgrund des Portefeuillewertes ($W_t$), des Floor (f) sowie des Multiplikators (Mpl) kann schliesslich das Cushion und damit die Exposure berechnet werden[64]:

$$\begin{aligned} \text{Exposure} &= \text{Cushion} \times \text{Multiplikator} \\ &= (W_t - f) \cdot \text{Mpl} \end{aligned} \qquad (6.19)$$

Aus (6.19) ist ersichtlich, dass der Aktienanteil (Exposure) mit steigendem Multiplikator zunimmt. Ein risikofreudiger Anleger, der einen grösseren Aktienanteil anstrebt, wird daher einen höheren Multiplikator wählen[65]. Damit unterscheidet sich die CPPI entscheidend von den auf dem Black-Scholes-Modell aufbauenden Absicherungen, welche die Risikoneigung von Investoren nicht derart explizit berücksichtigen. Eine höhere Exposure kann auch durch ein grösseres Cushion erreicht werden. Entsprechend muss der Investor den Floor tiefer ansetzen (vgl. 6.19).

Der Floor und der Multiplikator bleiben während der Absicherungsdauer unverändert[66]. Dagegen sind Cushion und Exposure laufend den neuen Marktgegebenheiten anzupassen, wodurch die CPPI dynamisch wird.

Das in <u>Abbildung 6/9</u> festgehaltene Beispiel zeigt die Funktionsweise der CPPI. Ebensowenig wie im Beispiel zum synthetischen Put-Approach wurden dabei die Positionen laufend angepasst. Anstelle der theoretisch richtigen kontinuierlichen Anpassung wird in der Praxis eine Toleranzgrenze festgelegt, innerhalb der bei einer Aktienmarktbewegung keine Positionsanpassung vorgenommen wird.

Verschiedene Autoren verglichen die Constant Proportion Portfolio-Insurance mit dem synthetischen Put-Approach. Die Resultate scheinen eher für die CPPI zu sprechen[67]. Insbesondere in Zeiten grosser Marktvolatilität hält die CPPI den Floor besser. *Zhu/Kavee*[68] begründen dies damit, dass die Versicherung genau dann versagt, wenn sie benötigt wird, da die Volatilität falsch geschätzt wurde. Versichert man sich aber aufgrund einer zu hohen erwarteten Volatilität, muss während der ganzen

---

64   Vgl. **Black, F./Jones, R.**: "Simplifying portfolio insurance for corporate pension plans", S. 35.

65   Wird der Multiplikator derart gewählt, dass die Exposure den Portefeuillewert übersteigt, so hat der Investor Kapital zum risikolosen Zinssatz aufzunehmen und ebenfalls in Aktien anzulegen.

66   Eine Neubestimmung der beiden Grössen ist dann angezeigt, wenn beispielsweise nach einer Aktienhausse nicht der ganze erzielte Gewinn erneut dem Marktrisiko ausgesetzt werden soll.

67   Vgl. **Benninga, S.**: "Comparing Portfolio Insurance Strategies", S. 20-30. **Zhu, Y./Kavee, R.**: "Performance of portfolio insurance strategies", S. 54.

68   Vgl. **Zhu, Y./Kavee, R.**: "Performance of portfolio insurance strategies", S. 48-54.

Versicherungsdauer zuviel an Versicherungskosten bezahlt werden, wodurch die Versicherung unsinnig wird[69].

**Abbildung 6/9:** Beispiel einer dynamischen Portefeuille-Absicherung mittels Constant Proportion Portfolio-Insurance

---

Betrachtet wird ein Aktiendepot mit dem Wert $W_0$ = Fr. 1'000'000.-, welches im folgenden während der Zeit vom 1. Januar bis 31. Dezember aufgrund der Erkenntnisse der Constant Proportion Portfolio-Insurance abgesichert werden soll. Bekannt sind der Floor, der Multiplikator sowie der Zins für eine risikolose Kapitalanlage:

- Floor = 9'500 pro Indexpunkt
- Multiplikator = 5
- Absicherungsdauer = 360 Tage
- risikoloser Zinssatz = 7%

Es kann davon ausgegangen werden, dass sich der Index wie folgt entwickelt:
1. Januar: 100; 1. April: 97.5; 1. Juli: 95; 1. Oktober: 92.5, 31. Dezember: 90.

Am **1. Januar** beträgt das Cushion 50'000 (= 1'000'000 - 950'000) woraus sich gemäss (6.19) eine Exposure von 250'000 ergibt. Entsprechend setzt sich das Portefeuille wie folgt zusammen:

- Aktien              = 250'000
- Risikolose Anlagen  = <u>750'000</u>
  
  *1'000'000*

Am **1. April** beträgt der Portefeuillewert noch *)

0.975·250'000 + 750'000 = 993'750

Damit beträgt das Cushion neu 43'750 und die Exposure 218'750. Entsprechend setzt sich das Portefeuille wie folgt zusammen:

- Aktien              = 218'750
- Risikolose Anlagen  = <u>775'000</u>
  
  *993'750*

Am **1. Juli** beträgt der Portefeuillewert noch

0.97436·218'750 + 775'000 = 988'141

---

69  Die falsch geschätzte Volatilität ist der Grund, weshalb die Resultate des Beispiels von <u>Abbildung 6/8</u> und <u>Abbildung 6/9</u> nicht übereinstimmen. Offensichtlich wurde die Volatilität in <u>Abbildung 6/8</u> mit 20% zu hoch geschätzt.

**Abbildung 6/9:** Beispiel einer dynamischen Portefeuille-Absicherung mittels Constant Proportion Portfolio-Insurance (Fortsetzung)

---

Damit beträgt das Cushion neu 38'141 und die Exposure 190'705. Entsprechend setzt sich das Portefeuille wie folgt zusammen:

- Aktien           = 190'705
- Risikolose Anlagen = 797'436
  
  *988'141*

Am **1. Oktober** beträgt der Portefeuillewert noch

0.97368·190'705 + 797'436 = 983'122

Damit beträgt das Cushion neu 33'122 und die Exposure 165'610. Entsprechend setzt sich das Portefeuille wie folgt zusammen:

- Aktien           = 165'610
- Risikolose Anlagen = 817'512

  *983'122*

Am **31. Dezember** beträgt der Portefeuillewert noch

0.97297·165'610 + 817'512 = 978'646

Damit beträgt das Cushion neu 28'646 und die Exposure 143'230. Entsprechend setzt sich das Portefeuille wie folgt zusammen:

- Aktien           = 143'230
- Risikolose Anlage = 835'466

  *978'646*

--------------------
*) Unberücksichtigt bleibt die Verzinsung der risikolosen Anlage.

### 6.1.3.3 Beurteilung der dynamischen Portfolio-Insurance

Mit der dynamischen Portfolio-Insurance werden verschiedene Nachteile der Absicherung mit Optionen umgangen. Da die Dauer der Absicherung, der Ausübungspreis und der abzusichernde Portefeuillewert frei wählbar sind, ermöglicht die dynamische Portfolio-Insurance *individuelle* Absicherungen. Zudem ist die dynamische Absicherung in den häufigsten Fällen bedeutend kostengünstiger. Bei der Verwendung von Optionen ergeben sich die Absicherungskosten aus der *erwarteten* Volatilität (diese bestimmt die Höhe des Optionspreises), wogegen bei der dynamischen Absicherung die *tatsächliche* Volatilität auf die Absicherungskosten einwirkt[70].

Allerdings erwachsen der dynamischen Absicherung auch Nachteile. Durch die individuelle Ausgestaltung der Versicherung ist es - im Gegensatz zur Verwendung von Optionen, für die ein börsenmässiger Handel stattfindet - schwierig, einen Investor zu finden, der zur Gegentransaktion bereit ist. Entsprechend muss ein liquider Markt vorausgesetzt werden, damit sämtliche Transaktionen der Aktien und risikolosen Anlagen *jederzeit* getätigt werden können. Ist die Marktliquidität nicht gegeben, so versagt die dynamische Portfolio-Insurance. Ein Beispiel dafür ist der *Kurssturz vom Oktober 1987*. Der Aktienmarkt hatte damals zu schnell an Wert verloren, als dass genügend Zeit blieb, in risikolose Anlagen zu gehen. Auch liessen sich keine Investoren finden, welche zur Umverteilung des Marktrisikos bereit waren. In der Folge konnten die angestrebten Floors nicht mehr erreicht werden[71].

Somit wird der Absicherungseffekt mittels dynamischer Portfolio-Insurance nur unter bestimmten Bedingungen erzielt. Zum einen darf die Volatilität des Aktienkurses nicht zu stark variieren, was beispielsweise für den Schweizer Aktienmarkt als Ganzes kaum gerechtfertigt ist[72]. Zum andern müssen Transaktionen einer grossen Menge von Wertpapieren schnell und kostengünstig möglich sein, was eine geeignete Börsenstruktur und/oder geeignete Instrumente erfordert. Die Verwendung börsenmässig gehandelter Optionen weist in beiden Fällen gegenüber der dynamischen Absicherung nicht zu übersehende Vorzüge auf[73], denen aber nach wie vor die erwähnten Nachteile gegenüberzustellen sind[74]. Eine allgemeingültige Entscheidung zugunsten der einen oder anderen Strategie ist daher nicht möglich[75].

---

70 Vgl. **Zimmermann, H./Bill, M./Dubacher, R.**: "Finanzmarkt Schweiz: Strukturen im Wandel", S. 56.
Die dynamische Absicherung wird demzufolge immer dann kostengünstiger ausfallen, wenn die tatsächliche Volatilität unter der erwarteten Volatilität liegt.

71 Kritiker sehen darin eine Ursache des Crash. Vgl. dazu den *Brady-Report*, **Brady, N.**: "Report of the Presidential Task Force on Market Mechanisms". Ohne weiter darauf einzugehen, muss hier allerdings festgehalten werden, dass die dynamische Portfolio-Insurance *nicht* das auslösende Element des Crash gewesen ist. Vgl. **Bill, M.**: "«The Report by Presidential Task Force on Market Mechanisms»: Eine kritische Betrachtung", S. 46-54.

72 Vgl. **Zimmermann, H./Bill, M./Dubacher, R.**: "Finanzmarkt Schweiz: Strukturen im Wandel", S. 59.

73 Näheres dazu in **Zimmermann, H./Bill, M./Dubacher, R.**: "Finanzmarkt Schweiz: Strukturen im Wandel", S. 59 ff.

74 Vgl. dazu Abschnitt 6.1.2.4.

75 Vgl. **Benninga, S./Blume, M.**: "On the Optimality of Portfolio Insurance", S. 1352.

## 6.2 Absicherung von Aktienportefeuilles mit Futures

Futures sind eine Weiterentwicklung von *Termingeschäften* und heute als Instrumentarium eines modernen Portfolio-Managements genauso wenig wie Optionen wegzudenken. Dabei unterscheiden sich die Futures von den Termingeschäften durch die Standardisierung wesentlicher Vertragselemente (Verfalltermin, Menge, Basiswert und Preis des Basiswertes), was den Vorteil bringt, dass die *Kontrakte* börsenmässig handelbar sind. Je nach Art des Basiswertes lassen sich Futures unterteilen in *Commodity Futures* und *Financial Futures*. Letztere, deren Basiswerte immer bestimmte Finanzinstrumente sind, lassen sich wiederum unterteilen in solche mit konkreten (Währung, Zins) und solche mit abstrakten (Index) Basiswerten. Da im Rahmen der Portfolio-Insurance *Aktienindex-Futures* zum Einsatz gelangen, wird im folgenden auf deren Eigenschaften und Anwendungsmöglichkeiten näher eingegangen[76].

### 6.2.1 Eigenschaften und Anwendungsmöglichkeiten von Aktienindex-Futures

Unter einem *Aktienindex-Future* ist die vertragliche Vereinbarung zu verstehen, einen standardisierten Wert (Menge) eines Aktienindexes (Basiswert)[77] zu einem im voraus ausgehandelten Kurs (Preis des Basiswertes) an einem späteren, standardisierten Fälligkeitstermin (Verfalltermin) zu kaufen bzw. zu verkaufen[78].

Da Aktienindizes abstrakte Basiswerte darstellen, ist eine Lieferung der Ware (des Indexes) undenkbar[79]. Die physische Lieferung wird deshalb durch den sog. *Barausgleich* ersetzt, was eine tägliche Neubewertung der Kontrakte (sog. *mark-to-market-Bewertung*) erfordert. Basierend auf dieser täglichen Neubewertung wird der am betreffenden Tag realisierte Gewinn oder Verlust berechnet und verbucht[80] (im Falle eines Gewinnes erhält man eine Gutschrift, im Falle eines Verlustes eine Bela-

---

[76] Das Prinzip aller Financial Futures-Geschäfte bleibt dasselbe, weshalb auf eine nähere Betrachtung der *Währungs-Futures* (welche zur Absicherung von Fremdwährungspositionen eingesetzt werden) und *Zins-Futures* (welche der Absicherung bestimmter Zinsänderungsrisiken dienen) verzichtet wird.

[77] Beispielsweise SMI-Index, S&P 500-Index, Nikkei 225 Index etc.

[78] Vgl. dazu **Cordero, R.**: "Der Financial Futures Markt", S. 42.

[79] Eine Ausnahme bilden die Aktienkorb-Futures, die von verschiedenen Börsen aufgrund rechtlicher Hindernisse für Futures mit Barausgleich eingeführt worden sind. Diese sehen bei Fälligkeit die Lieferung eines aus verschiedenen Aktien bestehenden Paketes vor (vgl. **Staub, W.**: "Entwicklung von Financial Futures Märkten", S. 5).

[80] Vgl. **Hafner, T.**: "Besondere Merkmale von Financial Futures", S. 2.

stung (sog. *Variation Margin*). In Abhängigkeit des Zeitpunktes, zu welchem eine Futures-Position glattgestellt wird, ist der Barausgleich unterschiedlich zu berechnen. *Bei Fälligkeit des Kontraktes* wird vom Endbewertungskurs am Vortag der Preis des Basiswertes bei Fälligkeit abgezogen, während *bei einer Glattstellung vor Fälligkeit* vom Tagesendbewertungskurs am Vortag der Kurs des Kontraktes abgezogen wird[81].

Um die Aktienindex-Kontrakte täglich bewerten zu können, sind die Aktienindizes derart zu konstruieren, dass sich die Veränderungen derselben wertmässig erfassen lassen. Zu diesem Zweck werden die Indizes mit einem bestimmten Betrag multipliziert (beispielsweise Fr. 25 x SMI-Index, US$ 500 x S&P 500-Index etc.).

### 6.2.1.1 Eigenschaften von Aktienindex-Futures

Sind Aktienindex-Futures auf deren Eigenschaften hin zu untersuchen, darf der enge Zusammenhang zwischen Futures-Markt (Terminmarkt) und Kassamarkt nicht übersehen werden. Die Kursentwicklungen der Aktienindex-Futures reflektieren die Gegebenheiten am Aktienmarkt. In einem sinkenden (steigenden) Aktienmarkt - wo der Kassapreis für den Aktienindex sinkt (steigt) - sind tendenziell[82] sinkende (steigende) Kurse (Preise) der Aktienindex-Futures festzustellen.

Neben dem bereits erwähnten *Kassapreis des Aktienindexes* ist ferner der Einfluss der *Opportunitätskosten* zu beachten. In diesem Zusammenhang sind auf der einen Seite die *Finanzierungskosten der Kassaposition* und auf der anderen Seite allfällige *Erträge der Kassainstrumente* zu erwähnen. Während mit steigenden Finanzierungskosten der Futures-Preis steigt, wirken allfällige Erträge auf den Futures-Preis in der entgegengesetzten Richtung.

Mit den Opportunitätskosten ist sodann der Einfluss der *Laufzeit* auf den Futures-Preis zu beachten. Je länger die Laufzeit ist, umso stärker fallen die Finanzierungskosten bzw. allfällige Erträge der Kassainstrumente ins Gewicht (und umgekehrt). Aktienindex-Futures mit Laufzeiten von beispielsweise neun Monaten müssen daher teurer sein als solche mit Laufzeiten von sechs Monaten (da die Finanzierungskosten um drei Monate länger zinsbringend investiert werden können), sofern während der letzten drei Monate keine zusätzlichen Erträge anfallen.

---

81  Aus der Addition der täglichen Gutschriften bzw. Belastungen und des Barausgleichs resultiert der Gewinn bzw. Verlust eines Futures-Geschäfts.
82  Kurzfristig sind Entwicklungen in entgegengesetzter Richtung möglich und werden durch Arbitragetransaktionen hervorgerufen.

### 6.2.1.2 Anwendungsmöglichkeiten von Aktienindex-Futures

Aktienindex-Futures dienen als Anlagealternative verschiedenen Zielsetzungen. Aktienindex-Futures ermöglichen dem Investor, mit einem relativ geringen Kapitaleinsatz (der sog. *Initial Margin*, welche wenige Prozente des Kontraktgegenwertes beträgt) an einer Marktbewegung zu partizipieren, ohne dass einzelne Aktien ausgewählt werden müssen. Dank des geringen Kapitaleinsatzes ist der *relative* Gewinn/Verlust von Futures-Transaktionen immer grösser als der *relative* Gewinn/Verlust aus Transaktionen im Basiswert (man spricht von der sog. *Hebelwirkung* bzw. vom *Leverage-Effekt*). Bezogen auf das investierte Kapital führt dies zu ausserordentlich hohen Gewinnchancen - aber auch entsprechenden Verlustrisiken. Deshalb ist es für den Erfolg einer solchen Strategie - welche als *Spekulation* bezeichnet wird - wesentlich, dass die Prognosequalität der Preiserwartungen besser ist als die im Kontraktpreis ausgedrückte Preiserwartung des Marktes[83].

Sind die Risiken der Aktienindex-Futures zu beschränken, so bleiben dem Investor die Möglichkeiten des *Spreading* und der *Arbitrage*. Beim *Spreading* sind simultan Futures zu kaufen und ähnliche zu verkaufen[84]. Allerdings wird das Risiko nur dann beschränkt, wenn zwischen den beiden Positionen eine enge wirtschaftliche Preisbeziehung besteht, ansonsten eine Nettokaufs- und eine Nettoverkaufsposition vorliegen[85]. Im Unterschied zum Spreading handelt es sich bei der *Arbitrage* um eine risikolose Strategie, welche vorübergehende - ökonomisch nicht gerechtfertigte - Preisunterschiede für denselben Wert ausnützt. Zu diesem Zweck sind Futures zu kaufen und gleichzeitig zu einem höheren Preis zu verkaufen. Wird die Transaktion am selben Futures-Markt vollzogen, spricht man von einer *Intra-Market Arbitrage*, wird die Transaktion an verschiedenen Futures-Märkten vollzogen, spricht man von einer *Inter-Market Arbitrage*[86]. Eine Inter-Market Arbitrage kann auch den Kauf eines Kassainstrumentes und den gleichzeitigen Verkauf entsprechender Futures beinhalten, womit die Kursunterschiede zwischen Kassamarkt und Futures-Markt ausgenützt werden[87].

---

83  Vgl. **Gilg, J.:** "Financial Futures unter dem Aspekt einer Einführung in der Schweiz", S. 178.
84  Der Unterschied besteht meistens in der Fälligkeit der Kontrakte.
85  Vgl. SOFFEX GAP-MANUAL: "Einführung in Financial Futures", S. 3/7.
86  Vgl. **Cordero, R.:** "Der Financial Futures Markt", S. 142.
87  Ein solches Arbitrage-Geschäft wird dann vorgenommen, wenn der Terminkurs gegenüber dem Kassakurs überbewertet ist. Man spricht von einer *Cash-and-Carry-Arbitrage*. Ist der Terminkurs gegenüber dem Kassakurs unterbewertet, so verkauft der Arbitrageur die Aktien auf dem Kassamarkt und kauft sie auf Termin. Hier spricht man von einer *Reverse-Cash-and-Carry-Arbitrage* (vgl. SOFFEX GAP-MANUAL: "Einführung in Financial Futures", S. 5/6).

Der Erfolg der Aktienindex-Futures dürfte allerdings weder auf die Spekulation noch auf das Spreading oder die Arbitrage, sondern vielmehr auf deren Gebrauch als *Hedge- oder Absicherungsinstrument* zurückzuführen sein. Analog den Index-Optionen ist es mit Index-Futures möglich, nicht nur das unsystematische, sondern auch das systematische Portefeuillerisiko abzusichern.

Angenommen, ein Investor halte in seinem Depot Aktien im Gesamtwert S. Wird ein Kursrückgang erwartet, kann der Investor Aktienindex-Futures mit dem Preis S verkaufen[88]. Sinkt der Depotwert (aufgrund sinkender Aktienkurse) tatsächlich, werden die Aktienindex-Futures zurückgekauft und aus dem Gewinn der Futures-Transaktionen[89] der Verlust des Portefeuilles abgedeckt. Steigt dagegen der Depotwert (aufgrund steigender Aktienkurse), ist die eingegangene Futures-Position mit einem Verlust glattzustellen. Dieser wird allerdings durch den Gewinn auf den Aktien aufgefangen (vgl. Abbildung 6/10)[90]. Unabhängig von der Aktienkursentwicklung wird damit das Vermögen während der Absicherungsdauer erhalten.

Abbildung 6/10: Der Positionswert eines mit Futures abgesicherten Portefeuilles

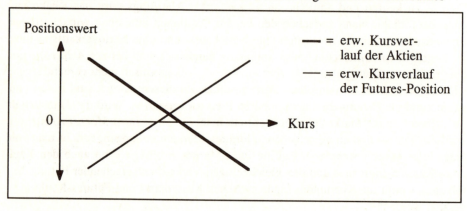

Aufgrund dieser Ausführungen ist ersichtlich, dass das Hedging mit Aktienindex-Futures keine Anwendung im Sinne der Portfolio-Insurance ist, wird doch neben

---

[88] Eine Long-Position im Aktienmarkt kann nur mit dem Eingehen einer Short-Position im Futures-Markt abgesichert werden.

[89] Werden beispielsweise Aktienindex-Futures bei einem SMI-Indexstand von 1710.5 verkauft und bei einem solchen von 1650.5 gekauft so resultiert pro Aktienindex-Future ein Gewinn von Fr. 1'500.- (= (1710.5 - 1650.5) · 25.-).

[90] Denkbar ist auch der Fall, wo ein Investor ein Aktienportefeuille kaufen will (d.h. er hat eine Short-Position im Aktienmarkt). Um den Kaufpreis abzusichern, kauft der Investor Aktienindex-Futures (d.h. er hat am Futures-Markt eine Long-Position).

der Absicherung von Verlustrisiken auch das Gewinnpotential eingeschränkt. Wie noch zu zeigen sein wird, gelangen Aktienindex-Futures im Rahmen bestimmter Absicherungsstrategien dennoch zum Einsatz[91].

### 6.2.2 Die Bewertung von Aktienindex-Futures und deren Einsatz in der Portfolio-Insurance

Nachdem weiter oben einige Betrachtungen zu den Eigenschaften von Aktienindex-Futures aufgestellt worden sind[92], ist im folgenden die *quantitative Bewertung* derselben darzulegen. Dabei zeigt sich, dass der Wert (Preis) von Futures aufgrund des engen Zusammenhangs zwischen Aktien- und Futures-Markt ziemlich genau berechnet werden kann.

#### 6.2.2.1 Die Bewertung von Aktienindex-Futures

Der Kassapreis eines Aktienindexes und der Preis (Wert) eines Aktienindex-Future unterscheiden sich aus zwei Gründen[93]:

- Zum einen ist der Kauf eines Futures-Kontraktes - abgesehen von Transaktionskosten - im Moment liquiditätsunwirksam, während ein Aktienkauf sofort liquiditätswirksam ist, und
- zum andern berechtigt ein Aktienkauf zum Bezug sämtlicher zukünftig anfallender Dividenden. Diese entfallen beim Kauf eines Futures-Kontraktes.

Das Auseinanderfallen der Zahlungszeitpunkte ermöglicht einem Anleger im Falle einer Investition im Futures-Markt, sein Kapital während der Laufzeit des Kontraktes zinsbringend anzulegen. Demzufolge muss der Preis (Wert) eines Aktienindex-Future immer *über* dem Kassapreis für Aktien liegen, ansonsten sich ein rational handelnder Anleger in jedem Fall für den Kauf des Futures-Kontraktes entscheidet. Wird unterstellt, dass die Aktien *keine Dividenden* abwerfen, muss der Preis eines Aktienindex-Future gemäss der *Theorie der vollkommenen Märkte*[94] genau dem Kassamarktpreis des Aktienindexes zuzüglich die entgangenen Zinsen im Falle einer

---

91 Vgl. dazu Abschnitt 6.2.2.2.
92 Vgl. dazu Abschnitt 6.2.1.1.
93 Vgl. **French, K.:** "Pricing Financial Futures Contracts: An Indroduction", S. 15.
94 Die Investoren haben hinsichtlich der erwarteten Rendite und des Risikos der verschiedenen Anlagen homogene Erwartungen, sämtliche Informationen sind den Anlegern kostenlos zu jeder Zeit zugänglich, und der Kapitalmarkt befindet sich im Gleichgewicht.

Investition im Futures-Markt (sog. Zinsopportunitätskosten) entsprechen[95]:

$$F(t,T) = S(t) + S(t) \cdot r_f \qquad (6.20)$$

(wobei F(t,T)=Preis des Aktienindex-Future zum Zeitpunkt t mit Verfallszeitpunkt T, S(t)=Preis des Aktienindexes zum Zeitpunkt t, $r_f$=risikoloser Zinssatz).

Weicht der Futures-Preis vom theoretisch berechneten Preis (vgl. (6.20)) ab, so besteht die Möglichkeit, Gewinne durch *Arbitragetransaktionen* zu erzielen. In der Praxis sind Arbitragetransaktionen in Form von *Programmhandel* tatsächlich zu beobachten, was auf vorübergehende Ungleichgewichtszustände der Märkte zurückzuführen ist.

Da Aktien im allgemeinen Dividenden abwerfen, sind diese bei der Ermittlung des Futures-Preises ebenfalls zu berücksichtigen. Kauft der Anleger Aktienindex-Futures anstelle einer Investition in Aktien, so muss er auf sämtliche zukünftig anfallenden Dividenden während der Laufzeit der Kontrakte verzichten, weshalb diese vom Preis der Aktienindex-Futures zu subtrahieren sind. Damit gilt für den Preis von Aktienindex-Futures[96]:

$$F(t,T) = S(t) + S(t) \cdot r_f - D(t,T) \qquad (6.21)$$

(wobei D(t,T)=Dividende während der Laufzeit des Futures-Kontraktes).

### 6.2.2.2 Der Einsatz von Aktienindex-Futures in der Portfolio-Insurance

Wie bereits erwähnt wurde, ist eine Portefeuilleabsicherung mit Futures (sog. Hedging) nicht als Insurance zu bezeichnen[97], da von einer allfälligen Börsenhausse nicht profitiert werden kann. In Verbindung mit der dynamischen Portfolio-Insurance gelangen Aktienindex-Futures dennoch zum Einsatz.

Aufgrund der Tatsache, dass der Preis eines Aktienindex-Future durch Arbitrage an den Verlauf des zugrundeliegenden Aktienindexes gekoppelt ist[98], kann der Aktien-

---

95 Vgl. **French, K.:** "Pricing Financial Futures Contracts: An Indroduction", S. 17.
96 Vgl. bspw. **Stulz, R./Stucki, T./Wasserfallen, W.:** "SMI Futures: Pricing and Hedging Performance", S. 293.
97 Vgl. dazu Abschnitt 6.2.1.2.
98 Vgl. dazu **Zimmermann, H./Bill, M./Dubacher, R.:** "Finanzmarkt Schweiz: Strukturen im Wandel", S. 97. Die Autoren verweisen auf eine Studie, welche zeigt, dass der S&P 500-Index-Futures-Preis dem S&P 500-Index systematisch um 20-45 Minuten vorauseilt, während die umgekehrte Beziehung kaum länger als eine Minute dauert.

anteil eines bestehenden Portefeuilles - welches in seiner Zusammensetzung ungefähr dem Index entspricht - durch den Kauf bzw. Verkauf von Aktienindex-Futures laufend vergrössert bzw. verkleinert werden[99]. Dabei ist zu beachten, dass - im Gegensatz zur dynamischen Portfolio-Insurance ohne Futures - keine Transaktionen am Aktienmarkt getätigt werden müssen. Ferner sind Käufe bzw. Verkäufe risikoloser Anlagen hinfällig, da die risikolosen Anlagen *synthetisch* aus Aktien und dem Verkauf von Aktienindex-Futures hergestellt werden.

Um die risikolose Anlage synthetisch herzustellen, bedarf es eines *exakten* Hedge. Dies erfordert zunächst die Ermittlung der zur Absicherung notwendigen *Anzahl Futures-Kontrakte* (die sog. *Hedge-Ratio*)[100]:

$$\text{Anz. Kontrakte} = W_{AP} \cdot \beta / W_K \qquad (6.22)$$

(wobei $W_{AP}$=Marktwert der abzusichernden Aktienposition, $W_K$=Marktwert eines Kontraktes (für ein SMI-Aktienindex-Future entspricht dieser dem aktuellen Index multipliziert mit Fr. 25.-), $\beta$=systematisches Risiko der abzusichernden Aktienposition).

Wird die Anzahl Kontrakte mit der Differenz aus Verkaufs- und Kaufswert eines Aktienindex-Future[101] multipliziert, erhält man den Gewinn bzw. Verlust auf der Futures-Position, welcher dem Verlust bzw. Gewinn auf der Aktienposition gegenüberzustellen ist (vgl. Abbildung 6/11).

Werden die Resultate der *dynamischen Absicherung mit direkten Aktientransaktionen* (vgl. Abbildung 6/8) mit denjenigen der *dynamischen Absicherung mit Aktienindex-Futures* (vgl. Abbildung 6/11), verglichen, so ist festzustellen, dass im wesentlichen beide zum selben Ziel führen[102].

---

99 Vgl. **Wydler, D.:** "Portfolio Insurance mit Aktienindexfutures", S. 29.
100 Vgl. bspw. **Cordero, R.:** "Der Financial Futures Markt", S. 109.
101 Zur Ermittlung eines Futures-Preises vgl. (6.21).
102 Es ist zu beachten, dass das Resultat in Abbildung 6/8 um die vernachlässigte Verzinsung sowie die Abweichung, welche aus der Missachtung einer kontinuierlichen Anpassung entsteht, zu korrigieren ist. Für das erste Quartal beträgt diese Korrektur *7'842* (es werden Aktien im Wert von 69'978 (= 640'058 - 570'080) verkauft, demgegenüber aber lediglich in risikolose Anlagen im Wert von 68'010 (= 343'530 - 411'540) investiert, was eine Abweichung von 1'968 ergibt; sodann ist noch die Verzinsung von 5'874 (= 343'530 · 0.0171) zu berücksichtigen). Für das zweite Quartal beträgt diese Korrektur *9'370*, für das dritte Quartal *10'857* und für das vierte Quartal *4'562*. Die Gesamte Korrektur beträgt demnach 32'631, womit der Wert des Portefeuilles am 31. Dezember auf *982'631* steigt (= 950'000 + 32'631).

Abbildung 6/11: Beispiel einer dynamischen Portefeuille-Absicherung mit Aktienindex-Futures

Betrachtet wird das Beispiel aus Abbildung 6/8. Es soll ein Aktiendepot mit dem Wert $W_0$ = Fr. 1'000'000.-, dynamisch mit Aktienindex-Futures abgesichert werden*). Bekannt sind die folgenden Daten:

- Floor = 9'500 pro Indexpkt.
- Indexvolatilität = 20%
- Ausübungspreis = 9'927 pro Indexpkt.
- Absicherungsdauer = 360 Tage
- risikoloser Zinssatz ($r_f$) = 7%
- $r_f$ pro 90 Tage = 1.71%

Es kann davon ausgegangen werden, dass sich der Index wie folgt entwickelt:
1. Januar: 100; 1. April: 97.5; 1. Juli: 95; 1. Oktober: 92.5; 31. Dezember: 90.

Unter Berücksichtigung von (6.16) und (6.18) ergibt sich ein Aktienanteil von 656'470 und ein Anteil der risikolosen Anlage von 343'530. Gemäss (6.21) lässt sich am 1. Januar für Aktienindex-Futures (Verfall 31. März) ein Wert von F(t,T)=**101.71** berechnen. Um einen Aktienanteil von **343'530** (entspricht dem Anteil der risikolosen Anlage) mit Futures abzusichern, werden (vgl. (6.22)) **138** Kontrakte verkauft. Am **31. März** sind die 138 Kontrakte zu einem Kurs von 97.5 zurückzukaufen, was folgende Vermögenslage ergibt:

| | |
|---|---|
| Aktienwert: | 975'000 (= 10'000 · 97.5) |
| Gewinn auf Futures-Transaktion: | 14'525 (= 138 · 25 · (101.71 - 97.5)) |
| | *989'525* |

Am 1. April beträgt der abzusichernde Aktienanteil **411'540** und für Aktienindex-Futures mit Verfall 31. Juni wird ein Wert von F(t,T)=**99.17** ermittelt. Die Anzahl der zu kaufenden Kontrakte beträgt **165**. Am **31. Juni** sind die 165 Kontrakte zu einem Kurs von 95 zurückzukaufen, was folgende Vermögenslage ergibt:

| | |
|---|---|
| Aktienwert: | 950'000 (= 10'000 · 95) |
| Gewinn auf Futures-Transaktion | 17'201 (= 165 · 25 · (99.17 - 95)) |
| Verzinster Gewinnvortrag | 14'774 ( = 14'525 · 1.0171) |
| | *981'975* |

Am 1. Juli beträgt der abzusichernde Aktienanteil **509'210** und für Aktienindex-Futures mit Verfall 31. September wird ein Wert von F(t,T)=**96.63** ermittelt. Die Anzahl der zu kaufenden Kontrakte beträgt **204**. Am **31. September** sind die 165 Kontrakte zu einem Kurs von **92.5** zurückzukaufen, was folgende Vermögenslage ergibt:

Abbildung 6/11: Beispiel einer dynamischen Portefeuille-Absicherung mit Aktien-index-Futures (Fortsetzung)

| | | |
|---|---|---|
| Aktienwert: | 925'000 | (= 10'000 · 92.5) |
| Gewinn auf Futures-Transaktion | 21'063 | (= 204 · 25 · (96.63 - 92.5)) |
| Verzinster Gewinnvortrag | <u>32'522</u> | ( = (17'201 + 14'774) · 1.0171) |
| | *978'585* | |

Am 1. Oktober beträgt der abzusichernde Aktienanteil **673'474** und für Aktienindex-Futures mit Verfall 31. Dezember wird ein Wert von F(t,T)= **94.08** ermittelt. Die Anzahl der zu kaufenden Kontrakte beträgt **270**. Am **31. Dezember** sind die 165 Kontrakte zu einem Kurs von **90** zurückzukaufen, was folgende Vermögenslage ergibt:

| | | |
|---|---|---|
| Aktienwert: | 900'000 | (= 10'000 · 90) |
| Gewinn auf Futures-Transaktion | 27'540 | (= 270 · 25 · (94.08 - 90)) |
| Verzinster Gewinnvortrag | <u>54'502</u> | ( = (21'063 + 32'522) · 1.0171) |
| | *982'042* | |

--------------------
*) Es wird angenommen, dass keine Dividendenzahlungen stattfinden.

### 6.2.3 Beurteilung der Portfolio-Insurance mit Futures

Aktienindex-Futures sind in Verbindung mit der dynamischen Portfolio-Insurance in den letzten Jahren sehr in Mode gekommen. Dies erstaunt kaum, weist doch diese Art der Risikobewirtschaftung eine Reihe von Vorteilen auf:

- Die dynamische Absicherung mit Aktienindex-Futures ermöglicht eine individuelle Absicherung.
- Selbst riesige Transaktionen lassen sich auf dem Futures-Markt einfach abwickeln, was insbesondere für grosse Anleger (institutionelle Investoren) wichtig ist.
- Im Gegensatz zur dynamischen Absicherung mit direkten Aktientransaktionen gestaltet sich die Suche nach einem Investor, welcher zur Gegentransaktion bereit ist, einfach, da Aktienindex-Futures börsenmässig gehandelt werden.
- Aktienindex-Futures sind dank geringen Einschussmargen im Vergleich zu Optionen (wo eine Versicherungsprämie bezahlt werden muss) günstig.

- Im Gegensatz zur Absicherung mit Optionen ergeben sich die Absicherungskosten aus der tatsächlichen Volatilität der Aktien[103].

Ins Kreuzfeuer der Kritik geriet die Portfolio-Insurance mit Aktienindex-Futures im Zusammenhang mit dem Kurssturz vom Oktober 1987. Durch den raschen Kurssturz mussten riesige Summen von Aktienindex-Futures verkauft werden, um den gewünschten Versicherungseffekt zu erzielen. Dies führte, so behaupten Kritiker, zu Preisüber- bzw. Preisuntertreibungen. Dadurch hätten Arbitrageprogramme der Traders aktiviert werden sollen, was auch zu einem 'fairen', marktgerechten Preis und damit zu einer Beruhigung geführt hätte[104]. Was geschah nun aber am 'Schwarzen Montag'?

Einige wenige Portfolio-Versicherer verkauften - aufgrund ihrer Erwartungen über einen zukünftigen Aktienkursfall - an diesem Tag in der ersten halben Stunde nach Börsenbeginn ca. 400 Mrd. US$ Futures[105]. Dies führte zu sinkenden Futures-Preisen, Arbitrage setzte ein und die Aktienkurse sanken, während die Futures-Preise wieder stiegen. Kaum hatte sich der Markt wieder einigermassen stabilisiert, setzte - ausgelöst durch Aktienverkaufsprogramme der Portfolio-Versicherer - eine Verkaufswelle ein, welcher die Computer aus technischen Gründen nicht mehr gewachsen waren[106]. Das Versagen der technischen Seite blockierte den Arbitragemechanismus, wodurch irrationale Preise entstanden.

Der Portfolio-Insurance die Verantwortung für den Börseneinbruch im Oktober 1987 anzulasten, ist daher ein schlechter und kaum ernst zu nehmender Einwand gegen die Portfolio-Insurance. Dennoch ist vor allem in den Vereinigten Staaten ein starker Vertrauensschwund in solche Absicherungsstrategien festzustellen.

---

103 Aus diesem Grund sichert beispielsweise die Investment Firma LOR (gegründet von *Leland*, *O'Brien* und *Rubinstein*) in 80 von 100 Fällen ein Depot mit Futures ab, denn die implizierte Volatilität schrecke sie vom Gebrauch von Optionen ab (vgl. **Leland, H./Rubinstein, M.:** "The Evolution of Portfolio Insurance", in: **Luskin, D.:** "Portfolio Insurance - A Guide to Dynamic Hedging", S. 8).

104 Arbitrage verhindert nicht nur den freien Fall eines Teilmarktes, sondern ebenso den freien Fall des Gesamtmarktes. Der Gesamtmarkt kann zwar an Wert verlieren, allerdings nicht 'frei fallen', sondern eher 'nach unten schaukeln'. Arbitrage hat insofern für den Gesamtmarkt eine bremsende und beruhigende und keine volatilitätsverstärkende Wirkung (vgl. dazu **Baratta, J./Wummel, D.:** "Der 19. Oktober 1987, Terminmärkte, Programmhandel und Portfolio-Versicherung", S. 142).

105 Vgl. **Baratta, J./Wummel, D.:** "Der 19. Oktober 1987, Terminmärkte, Programmhandel und Portfolio-Versicherung", S. 148.

106 Allerdings ist zu betonen, dass die Auslöser des Crash fundamentale Faktoren wie das US-Handelsbilanzdefizit, die Dollar-Schwäche, ein beschleunigter Zinsanstieg, die Ankündigung neuer restriktiverer Take-Over-Richtlinien usw. waren und nicht - wie vielfach behauptet - computergestützte Handelssysteme.

## 6.3 Absicherung von Portefeuilles festverzinslicher Anlagen mittels Zinsimmunisierung

Obwohl Portefeuilles festverzinslicher Anlagen im Vergleich zu Aktienportefeuilles als risikoarm angesehen werden, unterliegen auch sie bestimmten Risiken. Während Insolvenz-, Kündigungs-, Inflations- und Wechselkursrisiken oftmals *anwendungsspezifisch* zu bewerten sind[107], beeinflussen *Zinsänderungen* den Wert *jedes* Portefeuilles festverzinslicher Anlagen[108]. Deshalb beschränken sich die folgenden Ausführungen auf die Absicherung des Zinsänderungsrisikos.

### 6.3.1 Die Durationsanalyse

Wird der Einfluss von Zinsänderungen auf die Preise festverzinslicher Anlagen untersucht, sind Auswirkungen auf

- den aktuellen Kurs und
- die künftigen Wiederanlagebedingungen

festzustellen. Dabei ist charakteristisch, dass sich Zinsänderungen in *gegensätzlicher* Weise auf die beiden Grössen auswirken (vgl. Abbildung 6/12). Steigt (fällt) das Zinsniveau, dann fällt (steigt) zunächst der aktuelle Kurs (*Present Value*[109]). Anderseits steigt (fällt) die Verzinsung der Wiederanlage, was den Kurs am Ende der Laufzeit (*Final Value*[110]) ansteigen (fallen) lässt. Der anfänglich durch das Absinken (Ansteigen) des Zinsniveaus hervorgerufene Kursverlust (Kursgewinn) wird damit durch die verbesserte (verschlechterte) Wiederanlagemöglichkeit überkompensiert. "Da stets eine Ueberkompensierung eintritt, muss es eine kritische Laufzeit $t_D$ geben, die zwischen Null und T liegt, und bei der gerade exakt eine Kompensierung eintritt"[111] (vgl. Abbildung 6/12). Diese kritische Laufzeit wird als *Duration* (D) bezeichnet.

---

107 Vgl. dazu Abschnitt 3.1.2.1.

108 Bereits früher wurde auf die Problematik der Zinsprognosen hingewiesen (vgl. dazu Abschnitt 3.3.2.1.).

109 Bei der Berechnung des Present Value werden sämtliche Zahlungsströme auf die Gegenwart diskontiert (vgl. dazu (3.3) in Abschnitt 3.1.2.2.).

110 Bei der Berechnung des Final Value werden sämtliche Zahlungsströme auf den Endzeitpunkt aufgezinst.

111 **Hielscher, U.**: "Finanzmathematische Grundkonzepte der modernen Investmentanalyse", S. 14.

Abbildung 6/12: Auswirkungen einer Zinsänderung auf den aktuellen Kurs und die künftigen Wiederanlagebedingungen

Angenommen, ein Investor besitze einen festverzinslichen Bond (zu pari) mit einem Jahrescoupon von 7% und einer (Rest-)Laufzeit von 5 Jahren. Der Marktzinssatz für diese Art von Bonds betrage ebenfalls 7%. Steigt (sinkt) dieser beispielsweise auf 7.5% (6.5%), fällt (steigt) der Bondkurs (Present Value) auf 97.98 (102.08). Allerdings darf nicht übersehen werden, dass dank des höheren (tieferen) Marktzinssatzes die Wiederanlage höher (tiefer) verzinst wird. Bis zum Ende der Laufzeit wird dadurch ein Wert (Final Value) von 102.90 (97.15) erzielt.

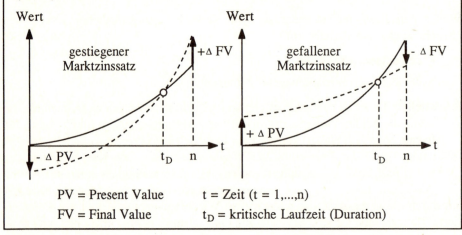

PV = Present Value    t = Zeit (t = 1,...,n)
FV = Final Value      $t_D$ = kritische Laufzeit (Duration)

### 6.3.1.1 Entwicklung und Darstellung der Duration-Kennzahl

Die Duration - verschiedentlich auch als 'Selbstliquidationsperiode' oder 'durchschnittliche Restbindungsdauer' eines Zahlungsstromes bezeichnet[112] - wurde erstmals von *Macaulay*[113] 1938 definiert. Sie stellt das gewogene arithmetische Mittel

---

[112] Vgl. **Rudolph, B.**: "Zinsänderungsrisiken und die Strategie der durchschnittlichen Selbstliquidationsperiode", S. 181-205. **Rudolph, B.**: "Duration: Eine Kennzahl zur Beurteilung der Zinsempfindlichkeit von Vermögensanlagen", S. 19-22.

[113] **Macaulay, F.**: "Some Theoretical Problems Suggested by the Movements of Interest Rates, Bond Yields and Stock Prices in the United States since 1856", National Bureau of Economic Research, New York 1938, erwähnt bei **Fisher, L./Weil, R.**: "Coping with the Risk of Interest-Rate Fluctuations: Returns to Bondholders from Naive and Optimal Strategies", S. 408-431.

der Einzelbarwerte dar, das heisst sie ist ein Mass für die durchschnittliche Fälligkeit eines Zahlungsstromes[114]. Demzufolge handelt es sich um ein *Zeit-* und *kein* Renditemass und ist wie folgt zu berechnen:

$$D = [\sum_{t=1}^{T} t \cdot CF_t \cdot q^{-t}] / [\sum_{t=1}^{T} CF_t \cdot q^{-t}] \qquad (6.23)$$

(wobei T=Laufzeit, q=(1 + $p_M$) mit $p_M$=Marktzinssatz, $CF_t$=Zahlungsstrom im Zeitpunkt t).

Aus (6.23) ist ersichtlich, dass mit zunehmender Laufzeit die Duration grösser wird, letztere aber nie grösser als erstere sein kann[115]. Dagegen verringert sich die Duration mit steigenden Nominal- bzw. Effektivzinsen, je früher und häufiger Auszahlungen anfallen und je höher diese sind.

In (6.23) wurde allerdings von einigen Voraussetzungen ausgegangen:

- Es existiert eine *flache Zinskurve* (ist diese Annahme nicht gegeben, so kann nicht mit einem konstanten Ab- bzw. Aufzinsungsfaktor kalkuliert werden),
- Investoren haben einen *fixen Planungshorizont*, und es werden zwischenzeitlich keine Zahlungen entnommen,
- zwischenzeitlich anfallende Zahlungen werden zum Marktzinssatz bis t=D reinvestiert,
- die Zinssätze bewirken eine *Parallelverschiebung* der flachen Zinskurve, und
- Steuern und Transaktionskosten sind zu vernachlässigen.

Verschiedentlich wurden diese Prämissen gelockert. 1977 entwickelten *Bierwag*[116] und *Cooper*[117] Duration-Kennzahlen, welche nicht nur eine additive[118], sondern auch eine multiplikative Zinsänderung zulassen. In dieselbe Richtung stiess 1979 *Khang*[119], welcher von der Annahme ausging, dass kurzfristige Zinsen einer grösseren Veränderung unterworfen sind als die langfristigen. *Cox/Ingersoll/Ross*[120] ent-

---

114 Vgl. **Bierwag, G.:** "Duration Analysis - Managing Interest Rate Risk", S. 57.
115 Bei einem Zerobond entspricht die Duration exakt der Laufzeit.
116 **Bierwag, G.:** "Immunization, Duration and the Term Structure of Interest Rate", S. 725-742.
117 **Cooper, I.:** "Asset Values, Interest-Rate Changes and Duration", S. 701-723.
118 Eine additive Zinsänderung bewirkt eine Parallelverschiebung der Zinskurve.
119 **Khang, C.:** "Bond Immunization when Short-Term Interest Rates Fluctuate more than Long-Term Rates", S. 1085-1091.
120 **Cox, J./Ingersoll, J./Ross, S.:** "Duration and the Measurement of Basis Risk", S. 51-61.

wickelten schliesslich eine Duration-Kennzahl aufgrund einer stochastischen Zinsänderungsthese[121].

Während die in (6.23) definierte Duration-Kennzahl den *Zeitaspekt* betont, wird sie häufig auch als *Elastizität des Present Value* in Abhängigkeit des Marktzinssatzes dargestellt[122]:

$$\varepsilon = - [\Delta PV / PV] / [\Delta p_M / p_M] = [\Delta PV / \Delta p_M] \cdot [p_M / PV] \qquad (6.24) \;{}^{123}$$

(wobei mit PV der Present Value sämtlicher Zahlungsströme (in (6.23) mit $CF_t$ bezeichnet) gemeint ist, $\Delta$ bezeichnet eine Differenz).

Wird eine *marginale Aenderung* des Zinssatzes $p_M$ betrachtet, so kann gezeigt werden, dass für die Elastizität

$$\varepsilon = D \cdot [p_M / (1 + p_M)] \qquad (6.25)$$

(wobei D in (6.23) definiert ist und $[p_M / (1 + p_M)]$ als konstanter Faktor zu betrachten ist, der *keinesfalls* mit $\partial p_M$ bzw. $\Delta p_M$ variiert werden darf)

gilt[124]. Für die Duration gilt unter Berücksichtigung einer marginalen Zinsänderung entsprechend:

$$D = - [\partial PV / \partial p_M] \cdot [(1 + p_M) / PV] \qquad (6.26)$$

Beide Duration-Kennzahlen - (6.23) und (6.26) - stellen äquivalente Sensitivitätsmasse des Present Value einer Zahlungsreihe in bezug auf Zinsänderungen dar.

### 6.3.1.2 Die Anwendung der Duration-Kennzahl

Die Duration-Kennzahl gelangt im Zusammenhang mit Zinsänderungsrisiken festverzinslicher Anlagen in zweifacher Hinsicht zur Anwendung:

---

121 Eine Zusammenfassung der erwähnten Duration-Kennzahlen findet sich bei **Gultekin, N./ Rogalski, R.:** "Alternative Duration Specifications and the Measurement of Basis Risk: Empirical Tests", S. 241-265. Auf die erwähnten Erweiterungen soll allerdings im Rahmen dieser Arbeit nicht näher eingegangen werden.

122 Diese Idee wurde von *Hicks* erstmals aufgeworfen (vgl. **Hicks, J.:** "Value and Capital. An Inquiry into some Fundamental Principles of Economic Theory").

123 Das negative Vorzeichen bringt zum Ausdruck, dass der Present Value negativ mit dem Zinssatz korreliert.

124 Vgl. **Kruschwitz, L./Schöbel, R.:** "Duration - Grundlagen und Anwendungen eines einfachen Risikomasses zur Beurteilung festverzinslicher Wertpapiere (I)", S. 199.

- Zum einen geht es um die Reaktion festverzinslicher Titel auf Aenderungen des Marktzinssatzes (*Zinsreagibilität des Kurses*), und
- zum andern geht es um die Absicherung von Portefeuilles festverzinslicher Anlagen gegen Zinsänderungsrisiken (*Zinsimmunisierung*).

*Hopewell/Kaufman*[125] zeigten, dass durch eine Variation der von *Hicks* definierten Duration-Kennzahl (vgl. (6.26)) die *Zinsreagibilität* beliebiger festverzinslicher Titel abgeschätzt werden kann. Bei einer nicht allzu grossen Zinsänderung erhält man eine brauchbare Näherung für die Kursänderung festverzinslicher Titel, indem der Differenzialquotient [∂PV/∂pM] durch den Differenzenquotient [ΔPV/Δ$p_M$] ersetzt wird:

$$D = - [\Delta PV / \Delta p_M] \cdot [(1 + p_M) / PV] \quad (6.27)$$

Aus (6.27) folgt für eine Kurswertänderung

$$\Delta PV = - D \cdot \Delta p_M \cdot PV / (1 + p_M) \quad (6.28)$$

Die Duration wird damit zu einem *Sensitivitätsmass* analog dem β-Faktor bei Aktien. Sie gibt an, wie der Kurs eines festverzinslichen Titels auf eine Aenderung des Marktzinssatzes reagiert. Im Beispiel der Abbildung 6/12 beträgt die Duration *4.39* (zur Berechnung vgl. (6.23)). Steigt der Marktzinssatz von 7% auf 7.5%, so hat dies gemäss (6.28) einen Kursrückgang um 2.05% zur Folge. Im Unterschied zum β-Faktor - welcher das Gesamtmarktrisiko bezeichnet - kann allerdings mit der Duration nur das Risiko eines Teilmarktes ausgedrückt werden, da der Markt festverzinslicher Anlagen sehr viel *heterogener* als der Aktienmarkt ist[126].

Von *Zinsimmunisierung* wird gesprochen, wenn eine Investition in eine (oder mehrere) festverzinsliche Anlagen gegen Marktzinssatzveränderungen immun ist, das heisst, dass nach Ablauf eines bestimmten Zeitraumes die Investition einen Mindestwert aufweist. *Fisher/Weil*[127] legten dar, wie mit Hilfe der Duration dieser Min-

---

[125] **Hopewell, M./Kaufman, G.:** "Bond Price Volatility to Maturity: A General Respecification", S. 749-753.

[126] Der Markt festverzinslicher Anlagen erlangt seine Heterogenität durch unterschiedliche Formen von Wertpapieren (Ausgestaltung wie Laufzeit, Zinssatz, Kündbarkeit (festverzinsliche Titel verschwinden nach Ablauf oder Kündigung und werden durch neue ersetzt) usw.), Möglichkeiten des Erwerbs, Marktgängigkeit, Marktpflege etc. Daher ist auch die Bildung eines repräsentativen Marktindexes festverzinslicher Titel mit grossen Schwierigkeiten verbunden (vgl. dazu **Wertschulte, J./Meyer, T.:** "Das Rentenmarktindexkonzept der BHF-Bank", S. 65-69).

[127] **Fisher, L./Weil, R.:** "Coping with the Risk of Interest-Rate-Fluctuations: Returns to Bondholders from Naive and Optimal Strategies", S. 408-431.

destwert am Anlagehorizont gegen unerwartete Zinsschwankungen abgesichert werden kann[128].

### 6.3.2 Die Zinsimmunisierung unter Anwendung der Duration-Kennzahl

Der Endbetrag eines Portefeuilles festverzinslicher Anlagen setzt sich aus den zwei folgenden durch Zinsänderungen beeinflussten Ertragskomponenten zusammen[129]:

- der Summe sämtlicher während eines bestimmten Zeitraumes eingehender Zinszahlungen (inklusive Zinseszinszahlungen aus der Reinvestition der Zinszahlungen) (*Zinskomponente*) und
- dem Verkaufserlös der Anlage nach Ablauf des Zeitraumes (*Kurskomponente*).

Es wurde bereits erwähnt, dass sich Zinsänderungen *gegensätzlich* auf diese beiden Komponenten auswirken, jedoch im Zeitpunkt der Duration der Zins- und Kurseffekt sich aufheben. Aus der Gegensätzlichkeit dieser beiden Komponenten ergibt sich, dass in *Abhängigkeit der Risikoaversion* des Investors eine *unbedingte* oder eine *bedingte* Immunisierung vorgenommen werden kann.

#### 6.3.2.1 Die unbedingte Zinsimmunisierung

Investiert ein Anleger in einen festverzinslichen Titel, dessen Duration genau seinem zeitlichen Anlagehorizont entspricht, erzielt er mindestens die gegenwärtige Marktrendite unabhängig davon, wie sich der Marktzins in der Zwischenzeit entwickelt. Der Investor ist demzufolge gegen das Zinsänderungsrisiko *vollständig* immunisiert, weshalb von einer *unbedingten Zinsimmunisierung* gesprochen wird.

In der Praxis dürfte allerdings die Suche nach einer einzelnen festverzinslichen Anlage, deren Duration exakt mit dem Anlagehorizont übereinstimmt, recht umständlich sein. Einfacher ist die *Zusammenstellung eines Portefeuilles* festverzinslicher Titel, dessen Duration mit dem Anlagehorizont übereinstimmt. Der Investitionsbetrag ist in diesem Fall derart auf die verschiedenen Titel aufzuteilen, dass die mit den entsprechenden Wertanteilen gewichteten Durationen der im Portefeuille enthaltenen Titel insgesamt eine Duration $D_P$ in der Höhe des Anlagehorizontes ergibt:

---

128 Vgl. dazu Abschnitt 6.3.2.
129 Vgl. bspw. **Hawawini, G.**: "Controlling the Interest-Rate Risk of Bonds: An Introduction to Duration Analysis and Immunization Strategies", S. 10.

$$D_P = \sum_{i=1}^{n} z_i \cdot D_i \qquad (6.29)$$

(wobei $D_P$=Duration des Portefeuilles, $z_i$=Wertanteil des i-ten Titels, $D_i$=Duration des i-ten Titels, n=Anzahl Titel).

<u>Abbildung 6/13</u>: Beispiel zur unbedingten Immunisierung

Angenommen, ein Investor wolle ein Portefeuille mit zwei Bonds gegen Zinsänderungen mittels unbedingter Immunisierung absichern. Der Nominalwert des Bonds $B_1$ betrage 1'000, die Restlaufzeit 7 Jahre und die jährliche Verzinsung 6%. Der Nominalwert des Bonds $B_2$ betrage ebenfalls 1'000, die Restlaufzeit 4 Jahre und die jährliche Verzinsung 6%. Der Marktzins liegt bei 6% und der Anlagehorizont wird mit 5 Jahren angegeben.

Die Duration (vgl. (6.23)) beträgt für $B_1$ 5.92 Jahre, diejenige für $B_2$ 3.67 Jahre. Um das Portefeuille über 5 Jahre gegen Zinsänderungen unbedingt zu immunisieren ($D_P$ = 5 Jahre), muss der Wertanteil von $B_1$ (vgl. (6.29)) $z_1$=0.59 und derjenige von $B_2$ (vgl. (6.29)) $z_2$=0.41 betragen.

Unter Berücksichtigung von Zins und Zinseszins beträgt der Endwert von $B_1$ bzw. $B_2$ bei einem unveränderten Marktzins von 6% nach 5 Jahren je 1'338.23. Der Endwert des Portefeuilles beträgt demnach **1'338.23**.

Sinkt der Marktzins auf 5%, beträgt der Endwert von $B_1$ *1'350.13*:

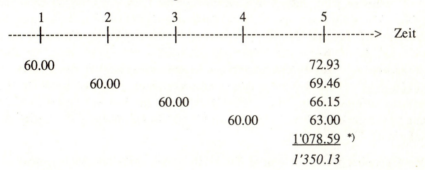

Mittels analoger Berechnung kann für $B_2$ im Falle einer Marktzinsreduktion auf 5% ein Endwert von *1'321.54* ermittelt werden.

---
*) Bei einem Marktzins von 5% und einer Restlaufzeit von 2 Jahren beträgt der Present Value für $B_1$ 1'018.59. Dazu ist noch die Zinszahlung von 60 zu berücksichtigen.

Abbildung 6/13: Beispiel zur unbedingten Immunisierung (Fortsetzung)

Daraus resultiert für das Portefeuille ein totaler Endwert von **1'338.41**:
0.59 · 1'350.13 + 0.41 · 1'321.54 = **1'338.41**
Steigt der Marktzins auf 7%, so beträgt der Endwert von $B_1$ *1'326.96*, derjenige von $B_2$ *1'355.04* und der Endwert des Portefeuilles **1'338.47**.

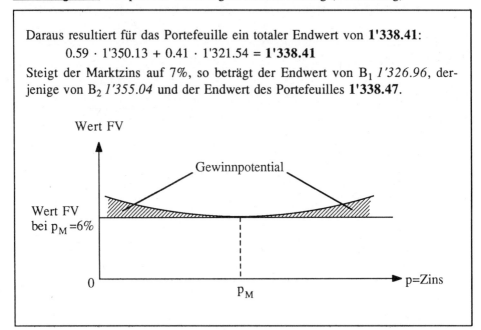

Wird der realitätsfremde Fall, dass lediglich *ein* festverzinslicher Titel im Portefeuille gehalten wird, ausgeschlossen, so liegt die Portefeuillerendite beim Anlagehorizont unter der Annahme einer Zinsänderung immer *über* dem aktuellen Marktzinssatz. Der Investor profitiert von jeder Zinsänderung (unabhängig von deren Richtung), da die Kurve des Endbetrages *immunisierter Portefeuilles* bei additiven Zinsänderungsprozessen einen *konvexen* Verlauf aufweist (vgl. das Beispiel in Abbildung 6/13). Dieser Effekt ist darauf zurückzuführen, dass sich der Wert einer Investition aufgrund einer - unmittelbar nach dieser Investition erfolgten - Zinsänderung umso stärker ändert, je weiter der Investitionszeitpunkt vom Anlagehorizont entfernt ist[130].

Demgegenüber weist die Kurve des Endbetrages eines *einzelnen immunisierten Bonds* einen *horizontalen* Verlauf auf. Es kann denn auch gezeigt werden[131], dass für stochastische Zinsänderungsprozesse (wie der hier angenommene additive Pro-

---

130 Vgl. **Wondrak, B.**: "Management von Zinsänderungschancen und -risiken", S. 77.
131 Vgl. **Ingersoll, J./Skelton, J./Weil, R.**: "Duration forty Years later", S. 637-650.

zess) die Möglichkeit risikoloser *Arbitragegewinne* besteht[132], was allerdings im Widerspruch zur Annahme eines vollkommenen Kapitalmarktes steht[133].

Bisher wurde davon ausgegangen, dass *eine* Zinsänderung unmittelbar nach erfolgter Investition auftritt. Eine Immunisierung ist aber auch dann möglich, wenn zu beliebigen Zeitpunkten *mehrfach* Zinsänderungen auftreten. Aufgrund der Tatsache, dass sich durch eine Zinsänderung der ursprüngliche Zahlungsstrom und damit die Duration ändert (bedingt durch Reinvestitionen), ist das Portefeuille *vor jeder Zinsänderung* derart umzuschichten, dass die Duration $D_P$ jeweils exakt dem Anlagehorizont entspricht[134].

### 6.3.2.2 Die bedingte Zinsimmunisierung

Die *bedingte Zinsimmunisierung* bietet dem Anleger die Möglichkeit einer Absicherung eines unter dem aktuellen Marktzins liegenden Renditeniveaus[135]. Verglichen mit der unbedingten Zinsimmunisierung steigt demzufolge das Risiko eines Verlustes. Dieses wird allerdings nur dann in Kauf genommen, wenn damit eine Steigerung des Chancenpotentials verbunden ist.

Akzeptiert ein Investor am Anlagehorizont eine bestimmte Rendite $r_{min}=p_{min}$, welche unter dem aktuellen Marktzins $p_{M0}$ liegt, hat er mit einem bedingt immunisierten Portefeuille die Möglichkeit, von *starken* Zinsänderungen (nach unten und nach oben) zu profitieren (vgl. Abbildung 6/14 [136]). Im Falle *kleiner* Zinsänderungen - welche im Bereich $p_{M0}$ und $p_{M+}$ (vgl. Abbildung 6/14) liegen - ist allerdings eine niedrigere Rendite in Kauf zu nehmen, welche aber keinesfalls unter der bestimmten minimalen Rendite $r_{min}=p_{min}$ liegt. Bedingt immunisierte Portefeuilles erlauben somit die Realisierung von Renditen, welche über denjenigen unbedingt immunisierter Portefeuilles liegen; allerdings sind auch Renditen unter dem aktuellen Marktzins zu akzeptieren.

---

132 Zu diesem Zweck emittiert ein Anleger einen Bond mit der Duration entsprechend seinem Anlagehorizont und kauft gleichzeitig ein immunisiertes Portefeuille mit derselben Duration.
133 Um diesen Widerspruch aufzulösen, entwickelten *Bierwag/Kaufman/Toevs* ein arbitragefreies Zinsstrukturmodell (vgl. **Bierwag, G./Kaufman, G./Toevs, A.:** "Single Factor Duration Models in a Discrete General Equilibrium Framework", S. 325-338).
134 Vgl. dazu **Uhlir, H./Steiner, P.:** "Wertpapieranalyse", S. 80 ff.
135 Vgl. dazu bspw. **Bierwag, G.:** "Duration Analysis - Managing Interest Rate Risk", S. 137 - 150.
136 Vgl. **Wondrak, B.:** "Management von Zinsänderungschancen und -risiken", S. 90.

Abbildung 6/14: Die bedingte Zinsimmunisierung

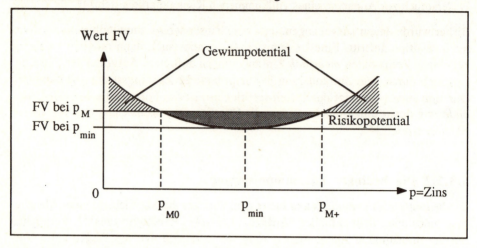

Die bedingte Immunisierung *einer* Zinsänderung kann - analog zur unbedingten Immunisierung - auf Modelle mit *mehrfacher* Zinsänderung angewendet werden[137]. Ebenfalls ist vor jeder Zinsänderung eine Portefeuilleumschichtung in der Weise vorzunehmen, dass die jeweils nächste Zinsänderung unabhängig von deren Richtung und Ausmass zu keiner kleineren als der ursprünglich vorgegebenen Mindestrendite führen kann.

### 6.3.3 Beurteilung der Zinsimmunisierung

Obwohl die Zinsimmunisierung und damit verbunden die Durationsanalyse seit langem bekannt ist, hat sie ausserhalb der theoretischen Diskussionen im Portfolio-Management festverzinslicher Anlagen - der angelsächsische Sprachraum ausgeschlossen - kaum etwas verändert. Die Annahmen seien zu theoretisch, wird oft bemängelt. So lasse beispielsweise eine flache Zinskurve das Konzept von Beginn weg scheitern. Tatsächlich sind in der Realität flache Zinskurven selten anzutreffen; in der Regel ändert sich ausser der Lage der Zinskurve auch deren Steigung. Verschiedentlich wurde denn auch versucht, Duration-Kennzahlen unter der Annahme mul-

---

[137] Vgl. dazu **Wondrak, B.:** "Management von Zinsänderungschancen und -risiken", S. 122 ff. **Leibowitz, M./Weinberger, A.:** "Contingent Immunization - Part I: Risk Control Procedure", S. 17-31. **Leibowitz, M./Weinberger, A.:** "Contingent Immunization - Part II: Problem Areas", S. 35-50.

tiplikativer Zinsänderungen zu berechnen[138], doch ist es ausserordentlich schwierig, den in der Realität komplexen und schnell veränderlichen Zinsänderungsprozess korrekt nachzubilden. Kann der aktuelle Zinsänderungsprozess nicht genau identifiziert werden, besteht für ein Portefeuille festverzinslicher Anlagen immer ein Restprozessrisiko[139].

Allerdings ist zu beachten, dass sich die Kritik einer flachen Zinskurve nicht primär gegen die Durationsanalyse, sondern gegen das Konzept des Present Value richtet, welches mit einem über alle Perioden konstant gehaltenen Zins rechnet[140].

Ein weiterer Kritikpunkt betrifft die vorzunehmenden Umschichtungen. Zum einen sind diese immer mit Transaktionskosten verbunden und zum andern ist es oft schwierig, ein auf einen bestimmten Anlagehorizont - welcher mit der Duration $D_P$ übereinstimmen muss - ausgerichtetes Portefeuille zusammenzustellen.

Trotz den erwähnten Nachteilen werden sich Investoren mit der Absicherung von Zinsänderungsrisiken festverzinslicher Anlagen befassen müssen. Ob die Zinsimmunisierung unter Anwendung der Duration-Kennzahl der richtige Weg ist, wird hier allerdings bezweifelt. Eine brauchbare Alternative soll hier lediglich erwähnt werden: Immunisierung unter Anwendung von *Zins-Futures*[141]. Damit kann den erwähnten Nachteilen wirkungsvoll entgegengewirkt werden[142].

---

138 Vgl. dazu Abschnitt 6.3.1.1.
139 Vgl. **Wondrak, B.:** "Management von Zinsänderungschancen und -risiken", S. 238.
140 Mit erstaunlicher Selbstverständlichkeit wird aber am Konzept des Present Value festgehalten.
141 Auf eine Darstellung der Absicherung von Zinsrisiken mittels Zins-Futures kann hier verzichtet werden, da der Absicherungsmechanismus analog der Absicherung von Aktienportefeuilles mit Aktienindex-Futures funktioniert.
142 Vgl. dazu **Gay, G./Kolb, R.:** "Interest rate futures as a tool for immunization", S. 65-70.

# Teil III:
# Portfolio-Management in der Praxis

# 7 Beurteilung des traditionellen und modernen Portfolio-Managements

Im *traditionellen Portfolio-Management* werden mittels verschiedener Analyse- und Prognosetechniken Anlagemedien oder ganze Portefeuilles *qualitativ* beurteilt. Als einzige *quantitative* Komponente werden die Renditen einzelner Anlagen betrachtet. Diese sind von drei Faktoren abhängig[1]: vom Markt, von den Marktsektoren und vom Titelcharakter (vgl. Abbildung 7/1). Die Risiken werden im traditionellen Portfolio-Management wenig oder überhaupt nicht beachtet.

Abbildung 7/1: Rendite und Risiko im modernen Portfolio-Management

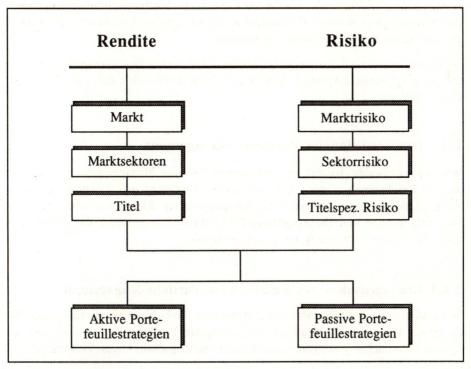

Im *modernen Portfolio-Management* werden - in Ergänzung zum traditionellen Portfolio-Management - die Risiken in die Betrachtungen miteinbezogen und *quantifiziert*. Die selben Faktoren, welche die Rendite einer Anlage beeinflussen, bewirken

---

1 Vgl. Abschnitt 3.3.1.

auch Risiken: der Markt (Marktrisiko), die Marktsektoren (Sektorrisiken) und der Titelcharakter (titelspezifisches Risiko). Schliesslich sind Rendite und Risiko in eine gegenseitige Beziehung zu bringen. Durch die Quantifizierung von Rendite *und* Risiko werden die Anlagen nicht mehr isoliert, sondern im *Portefeuilleverbund* betrachtet.

Zu unterscheiden sind das Management eines Bondportefeuilles und dasjenige eines Aktienportefeuilles, wenngleich beide sich gegenseitig beeinflussen. Mit Ausnahme der Immunisierungsstrategie[2] hat im Bereich des Bond-Managements keine wesentliche Modernisierung im Sinne einer *Quantifizierung des Risikos* stattgefunden. Deshalb wird auf eine Beurteilung des Bondportfolio-Managements, soweit diese nicht bereits früher vorgenommen worden ist[3], verzichtet. Ferner wären die übrigen Anlagemedien (Edelmetalle, Fondszertifikate, Festgeldanlagen, Immobilienanlagen, Bankeinlagen etc.) in einem Portefeuille zu berücksichtigen und zu integrieren, doch wird auf deren Beurteilung ebenfalls verzichtet.

Im folgenden werden Vor- und Nachteile des traditionellen und modernen Portfolio-Managements aufgezeigt. Eine wesentliche Rolle spielt dabei die *These der Markteffizienz*.

## 7.1 Das traditionelle Portfolio-Management

Wie bereits erwähnt, basiert das traditionelle Portfolio-Management - mit Ausnahme von Renditeerwägungen - auf qualitativen Abschätzungen. Daher ist es unvermeidlich, dass Depotzusammenstellungen aufgrund von Richtlinien[4] sowie persönlicher Erfahrungen und Fingerspitzengefühl (des Anlageberaters), das heisst mehr oder *oftmals* auch weniger systematisch erfolgen[5].

### 7.1.1 Grundgedanken des traditionellen Portfolio-Managements

Das traditionelle Portfolio-Management hat zum Ziel, durch exakte Bewertung der einzelnen Anlagen und Ermittlung der günstigsten Transaktionszeitpunkte eine der Investorenvorstellung entsprechende Rendite zu erreichen. Unter Verwendung der

---

2   Vgl. dazu Abschnitt 6.3.
3   Vgl. dazu Abschnitt 3.1.2. sowie Abschnitt 3.3.2.
4   Vgl. Abschnitt 2.1.2.2.
5   Vgl. **Hielscher, U.:** "Ursprünge und Grundgedanken der modernen Portfolio-Theorie", S. 21.

*Fundamentalanalyse*[6] wird der innere Wert einer Aktie ermittelt und mit dem gegenwärtigen Börsenkurs verglichen. Liegt der innere Wert über dem Börsenkurs, so ist die Aktie kaufenswert, denn es wird davon ausgegangen, dass sich der Börsenkurs dem inneren Wert (da die Aktie unterbewertet ist) annähert.

Im Gegensatz zur Fundamentalanalyse, in deren Mittelpunkt die Untersuchung der zu beurteilenden Unternehmung steht, befasst sich die *technische Analyse*[7] mit dem Studium der Preis- und Volumenentwicklung sowie dem Verhalten der Investoren *am Markt*. Die technische Analyse wird von den Ueberlegungen getragen, dass alle börsenrelevanten Einflüsse in den Aktienkursen zum Ausdruck kommen und dass sich die Anleger in ähnlichen Situationen nicht wesentlich anders als in der Vergangenheit verhalten. Damit wird aufgrund von Vergangenheitsdaten auf die zukünftige Kursentwicklung geschlossen.

Da die Aktien sowohl bei der Fundamentalanalyse wie auch bei der technischen Analyse *isoliert* (und nicht im Portefeuilleverbund) betrachtet werden, neigt der Investor dazu, in der *Anlagepolitik* mittels des *Bottom-Up-Ansatzes* zu operieren. Aufgrund analytischer Erkenntnisse sind Anlagen auszuwählen, welche den Investorenzielen und -wünschen entsprechen. Ein solcher Selektionsprozess kann allerdings dazu führen, dass Anlagen, die dem Investor - isoliert betrachtet - als unnütz erscheinen, nicht berücksichtigt werden, obwohl sie im Portefeuilleverbund durch gezielte Kombination mit anderen Anlagen zielkonform wären.

Seit der Entwicklung des modernen Portfolio-Managements gelangt auch der *Top-Down-Ansatz* vermehrt zum Einsatz. Im Rahmen dieses Ansatzes werden zunächst die Anlagemedien und deren Gewichtung im Portefeuille bestimmt. In einem zweiten Schritt sind das Ausmass der Auslandinvestitionen und die Anteile der Marktsektoren zu bestimmen. Erst dann werden die einzelnen Anlagetitel ausgewählt. Dieses Vorgehen verspricht ein systematisch zusammengestelltes Portefeuille. Es entsteht ein *naiv diversifiziertes* Portefeuille[8], in dem das Risiko in gewissem Ausmass Beachtung findet. Allerdings erfolgen auch hier die einzelnen Entscheidungen - wenn auch in einer vernünftigen Reihenfolge - aufgrund qualitativer und damit eher *subjektiver* Abschätzungen.

Aufgrund dieser Ausführungen ist deutlich geworden, dass zwar der durch das moderne Portfolio-Management hervorgebrachte Top-Down-Ansatz dem Bottom-Up-

---

6 Vgl. Abschnitt 3.1.1.1.
7 Vgl. Abschnitt 3.1.1.2.
8 Vgl. Abschnitt 4.3.2.

Ansatz vorzuziehen ist, doch kann der Nachteil der teils auch subjektiven Datengewinnung nicht behoben werden.

Das Vorgehen im traditionellen Portfolio-Management führt schliesslich dazu, dass der Investor mittels verschiedener *Management-Techniken*[9] höhere Renditen zu erreichen versucht.

### 7.1.2 Stärken und Schwächen der Analysemethoden

Sowohl der Fundamentalanalyse wie auch der technischen Analyse werden neben Vorteilen auch verschiedene Nachteile nachgesagt. Es stellt sich die Frage, ob die häufig angewendete Kombination der beiden Verfahren - die Fundamentalanalyse diene der Aktienauswahl und die technische Analyse dem Timing der Transaktionen - die Schwächen aufzuheben und die Stärken zu kumulieren vermag.

#### 7.1.2.1 Die Fundamentalanalyse

Um den inneren Wert einer Aktie schätzen zu können, muss der zukünftige Gewinn- und Dividendenverlauf einer Unternehmung prognostiziert werden. Zu diesem Zweck genügt es nicht, vergangene und gegenwärtige Analysen von Jahresabschlüssen vorzunehmen. Vielmehr ist auch das Umfeld der Unternehmung zu berücksichtigen. Durch die Ermittlung von Stabilitätsfaktoren einer Branche wie Konjunkturzyklen, Konkurrenzverhältnissen, Abhängigkeiten von anderen Ländern, Branchen und Unternehmungen, technologischen Aenderungen usw. erhält der Investor eine riesige Auswahl wertvoller Informationen, "welche Auswirkungen für die Zukunft haben können, sich jedoch noch nicht in den Börsenkursen niedergeschlagen haben"[10]. Hier ist denn auch der Hauptvorteil der Fundamentalanalyse zu sehen. Die Bewertung einer Anlage erfolgt unter Berücksichtigung des gesamten *Umfeldes* einer Unternehmung und ist mehr als nur eine Einzelwertanalyse.

Gegen die Fundamentalanalyse lassen sich aber auch einige Einwände vorbringen. So ist es nicht möglich, alle den Kurs einer Aktie beeinflussenden Faktoren zu berücksichtigen und entsprechend zu quantifizieren. Insbesondere die im Rahmen der Einzelwertanalyse vorzunehmende qualitative Analyse bereitet einige Schwierigkeiten und ist der unterschiedlichen Analystenauffassungen wegen *subjektiv*. Selbst

---

9   Vgl. Abschnitt 3.3.1.
10  **Malkiel, B.:** "Im Zickzack-Kurs durch Wallstreet", S. 47.

wenn alle Einflussgrössen bestimmt worden wären, würde man am *Problem der Gewichtung* scheitern.

Einen weiteren grossen Problemkreis bildet die Datenbeschaffung. Der Analyst ist auf veröffentlichte und allgemein zugängliche Daten, die meist auf Firmenangaben beruhen, angewiesen. Handelt es sich um falsche Informationen, so wird auch die Analyse ein falsches Resultat liefern. Zusätzlich kann der Analyst beim Versuch, an sich korrekte Fakten in Gewinnprognosen für mehrere Jahre zu übersetzen, sein Ziel verfehlen. "Eine fehlerhafte Analyse von an sich wertvollen Informationen könnte somit zu Schätzungen der Wachstumsraten für Gewinne und Dividenden führen, die weit weg vom Ziel liegen"[11].

Selbst wenn korrekte Informationen und, daraus folgend, eine fehlerfreie Analyse vorliegen, muss sich der Investor bewusst sein, dass der Markt die Informationen oftmals bereits verarbeitet hat und der praktische Nutzen der Analyse dahinfällt. Kommt die Analyse dennoch rechtzeitig, ist keinesfalls sichergestellt, dass der Markt entsprechend der Vorstellungen des Investors (der Börsenkurs nähert sich dem inneren Wert der Aktie) reagiert. Dies ist davon abhängig, ob die gemachte Analyse von anderen Anlegern akzeptiert wird, was zu einer entsprechend anziehenden Nachfrage und damit zu einem höheren Börsenkurs führt.

Trotz dieser teilweise vernichtenden Argumente gegen die Fundamentalanalyse ist aber zu beachten, dass in der Praxis nach wie vor in sehr vielen Fällen fundamental analysiert wird. Dies ist insbesondere darauf zurückzuführen,

- dass die im folgenden Abschnitt zu betrachtende technische Analyse die wesentlich vernichtenderen Schwächen zeigt und
- dass die Fundamentalanalyse hilft, die Glaubwürdigkeit der Wertpapiermärkte, das Börsengeschehen und die dort stattfindende Preisbildung zu festigen und damit dem Investor als Vertrauensträger zu dienen[12].

### 7.1.2.2 Die technische Analyse

Die technische Analyse beurteilt die Anlagen aufgrund der in der Vergangenheit beobachteten Kursverläufe und Umsatzentwicklungen. Daraus sind Kauf- und Verkaufssignale zu entnehmen. Die technische Analyse geht dabei von zwei wichtigen Prämissen aus:

---

11 **Malkiel, B.:** "Im Zickzack-Kurs durch Wallstreet", S. 51.
12 Vgl. auch **Claussen, C.:** "Zum Stellenwert der Aktienanalyse", S. 8.

- Zum einen wird unterstellt, dass sich sämtliche Informationen eines Unternehmens in den bisherigen Börsenkursen widerspiegeln.
- Zum zweiten wird davon ausgegangen, dass sich Aktienkurse - abgesehen von kleinen Abweichungen - in Trends bewegen, und zwar solange, bis sich Angebots- und Nachfragestruktur grundsätzlich ändern.

Durch die Annahme, dass sich sämtliche Informationen eines Unternehmens im Börsenkurs widerspiegeln, hat sich die technische Analyse nicht mit dem Problem von korrekten Informationen auseinanderzusetzen. Ebenfalls als Stärke der technischen Analyse ist die Einsicht zu werten, dass das Verhalten der Nachfrager am Markt massgebend ist. Dies entspricht eher der Realität, da auch rational nicht erklärbare (auf emotionale und psychologische Einflüsse rückführbare) Marktveränderungen in die Analyse einbezogen werden.

Gegen die Verfahren der technischen Analyse spricht, dass Kauf- oder Verkaufssignale erst geliefert werden können, wenn solche (von anderen Investoren) gesetzt worden sind. Damit kommen *Chartisten aber auf jeden Fall einen Schritt später* als beispielsweise 'Insider', welche aufgrund fundamentaler Gegebenheiten handeln. Diese Tendenz wird dadurch verstärkt, dass Signale häufig erst gar nicht abgewartet werden, sondern bereits in deren Nähe ge- bzw. verkauft wird. Deshalb haben Chartisten vor allem in unruhigen Börsenzeiten, wenn sich keine festen Kurstrends bilden, einen schweren Stand.

Die technische Analyse beobachtet Kurs- und Umsatzentwicklungen. Wenn nun Kurse oder Börsenumsätze dazu benutzt werden könnten, zukünftige Kursänderungen vorherzusagen, so würden die Investoren diese Informationen sofort ausnützen und die Kurse würden sehr rasch das prognostizierte Niveau erreichen, wodurch die Informationen nutzlos würden[13]. Kein Transaktionssignal ist etwas wert, wenn alle Investoren gleichzeitig darauf reagieren.

Bereits früher wurde der wohl am meisten belächelte Teil der technischen Analyse - die Formationen typischer Kurs/Umsatzbilder - erwähnt. Die Interpretation dieser Formationen lassen der Subjektivität grossen Spielraum, so dass unterschiedliche Auslegungen möglich sind. "Dieser Einwand ist, insbesondere was das 'Hineindeuten' von zweifelhaften Figuren in den Kursverlauf betrifft, durchaus berechtigt"[14].

Der wohl gewichtigste Einwand gegen die technische Analyse ist aber folgender: Die technische Analyse geht von der Annahme aus, dass Trends und charakteristi-

---

13  Vgl. **Sharpe, W.:** "Investments", S. 610.
14  **Hofmann, H.:** "Neue Erkenntnisse der technischen Aktienanalyse - Empirische Ueberprüfungen verschiedener Anlagestrategien anhand Deutscher Aktienkursverläufe", S. 13.

sche Formationen existieren, die Prognosen für die Zukunft zulassen. Sowohl vom ökonomischen wie auch vom statistischen Standpunkt aus betrachtet scheint diese Annahme nicht gerechtfertigt zu sein. Warum, so kann man sich fragen, soll für die Zukunft das Kursverhalten der Vergangenheit massgebend sein. "Statistisch gesehen würde das eine Abhängigkeit aufeinanderfolgender Kursänderungen voraussetzen, eine Abhängigkeit, die - zusammengefasst unter dem Stichwort Random Walk-Hypothese[15] - als nicht vorhanden angesehen wird"[16].

Die weiter vorne erwähnte Kombination von Fundamentalanalyse (zur Aktienauswahl) und technischer Analyse (zum Timing der Transaktionen) ist aus den erwähnten Nachteilen der technischen Analyse abzulehnen. Dennoch werden in der Praxis häufig[17] beide Methoden unabhängig voneinander angewendet, um eine wechselseitige Kontrolle, die dem Investor alle Erkenntnisquellen öffnet, zu ermöglichen.

### 7.1.3 Stärken und Schwächen der Management-Techniken

Die im traditionellen Portfolio-Management zur Anwendung gelangenden Management-Techniken[18] unterstellen, dass es einem Investor möglich ist, dank Informationsvorteilen überdurchschnittliche Renditen zu erzielen. *Stärken und Schwächen der verschiedenen Techniken sind aber letztlich von den zugrunde liegenden Analysen - Fundamentalanalyse und technische Analyse - abhängig.*

Das *Timing* der Transaktionen kann nach der *Trend-Methode* oder der *Methode der Contrary Opinion* erfolgen. Den Vorteilen der *Trend-Methode*,

- dass der Aktienmarkt immer recht hat selbst dann, wenn er sich scheinbar unvernünftig verhält[19],
- dass in Phasen der Uebertreibung vom Trend nur profitiert werden kann und
- dass der Einfluss, den die Meinung und die psychische Verfassung der an der Börse tätigen Gemeinschaft ausüben, berücksichtigt wird,

stehen einige Nachteile gegenüber. Trends zu eruieren und zu überwachen ist oft

---

15 Vgl. Abschnitt 7.2.
16 **Hofmann, H.**: "Neue Erkenntnisse der technischen Aktienanalyse - Empirische Ueberprüfungen verschiedener Anlagestrategien anhand Deutscher Aktienkursverläufe", S. 13.
17 Gemäss Auskünften aus der Bankpraxis.
18 Vgl. Abschnitt 3.3.1.1.
19 Vgl. **Fritschi, H.**: "Trends als Börsenführer", Anlageinformation der ZKB.

mit Schwierigkeiten verbunden. Was anfänglich als vielversprechender Trend erkannt wurde, kann sehr rasch im Nichts enden, und umgekehrt entwickeln sich kaum erkennbare Anzeichen im Nachhinein als klare Trends. Noch schwieriger dürfte das Erkennen einer Trendwende sein. Hier liegt denn auch der gewichtigste Nachteil der Trend-Methode, denn in den seltensten Fällen gelingt es dem Anleger, Kauf- bzw. Verkaufssignale rechtzeitig aufzufangen. In der Folge kauft bzw. verkauft er (zu) spät. "Bei kürzeren Trends kann dies dazu führen, dass kein Gewinn mehr übrig bleibt oder sogar ein Verlust entsteht"[20].

Wird nach der *Methode der Contrary Opinion* vorgegangen, verhält sich ein Investor an der Börse antizyklisch und investiert nicht nach den an der Börse vorherrschenden Tendenzen. Den Stärken - das Ausnützen von Emotionen an der Börse und frühzeitiges Auffangen von Trendwendesignalen (ein Trend muss sich nicht erst etablieren) - stehen auch Schwächen gegenüber. In der Anwendung der Contrary Opinion-Methode bereitet das Erkennen des Ausmasses einer Marktübertreibung am meisten Schwierigkeiten. Die Contrarians laufen Gefahr, zu früh zu kaufen bzw. zu verkaufen. Dauert eine Phase der Unterbewertung von Aktien länger als erwartet, bleibt der Anleger auf den Titeln sitzen, während in der Phase der Ueberbewertung nicht der volle Gewinn mitgenommen wird.

Als weiterer Weg im Rahmen der Methodenvarianten bleibt die Technik der *Formula Plans*. Dieses zu konservative Vorgehen lässt allerdings jede Hoffnung auf überdurchschnittliche Renditen schwinden. Zu starr sind die Anlagepläne, als dass aktuelle, wichtige Informationen ausgenützt werden können.

Während der Management-Technik des Timings mehrheitlich die Erkenntnisse der technischen Analyse zugrunde liegen, basieren die Techniken der *Selektion* und der *Gruppenrotation* auf der Fundamentalanalyse. Den Vorteilen, die sich aus der Fundamentalanalyse ergeben, steht der Nachteil eines zu häufigen Wechselns von einer Anlage zur anderen bzw. einer zu häufigen Gruppenrotation gegenüber, wodurch erhebliche Transaktionskosten entstehen.

## 7.2 Die These der Markteffizienz

Sowohl Fundamentalanalyse wie technische Analyse behaupten, durch bestimmte Informationsverarbeitung im Vergleich zum Gesamtmarkt überdurchschnittliche Kursgewinne bzw. Renditen erzielen zu können. Im Gegensatz dazu steht die *These der Markteffizienz*. Diese besagt, dass die Marktpreise der Anlagen zu jedem Zeit-

---

20 **Fritschi, H.**: "Trends als Börsenführer", Anlageinformation der ZKB.

punkt sämtliche zu diesem Zeitpunkt verfügbaren Informationen widerspiegeln[21]. Entsprechend würde eine Aktienkursprognose auf Basis der fundamentalen oder technischen Analyse keine überdurchschnittliche Rendite erbringen. Dass der Markt in gewissem Sinne allwissend sein soll, ist für die Verfechter des modernen Portfolio-Managements eine frohlockende, für die Anhänger des traditionellen Portfolio-Managements hingegen eine ernüchternde Botschaft.

Um die These der Markteffizienz einer empirischen Ueberprüfung unterziehen zu können, wird nach der *Art* der Informationen differenziert. Drei Formen der Markteffizienz sind zu prüfen (vgl. Abbildung 7/2 [22]):

- Unter der *schwachen Form der Markteffizienz* versteht man, dass aus der Kursgeschichte einer Anlage keine Schlüsse gezogen werden können, um zukünftige Kurse zu prognostizieren. Der gegenwärtige Kurs ist daher die beste Information, den zukünftigen Kurs (und damit die zukünftige Rendite) zu bestimmen. Ist die schwache Form der Markteffizienz gültig, so ist die technische Analyse zum Scheitern verurteilt und eine blosse Zeit- und damit auch eine Kapitalverschwendung.

- Die *halbstarke Form der Markteffizienz* besagt, dass sämtliche öffentlich zugänglichen Informationen im gegenwärtigen Kurs enthalten sind. Offensichtlich umfasst die halbstarke die schwache Form der Markteffizienz (vgl. Abbildung 7/2), denn der Begriff 'öffentliche Informationen' beinhaltet neben nicht marktspezifischen Informationen wie Gewinne, Dividenden, Aktiensplits, Kapitalerhöhungen usw. auch sämtliche Marktinformationen wie Aktienkurse und Handelsvolumina. Hat die halbstarke Form der Markteffizienz Gültigkeit, so ist neben der technischen Analyse auch die Fundamentalanalyse, sofern ein Investor nicht über Insiderinformationen verfügt, nutzlos.

- Hat kein Investor monopolistischen Zugang zu kursbeeinflussenden Informationen (beispielsweise Insiderinformationen), so gilt die *starke Form der Markteffizienz*. Diese umfasst die schwache wie die halbstarke Form. Keinem Investor wird es trotz der besten Analysen gelingen, eine überdurchschnittliche Rendite zu erzielen.

Um die einzelnen Formen der Markteffizienz *empirisch* zu überprüfen, wurden (und werden) verschiedene Verfahren angewendet. Sinnvollerweise ist dabei mit der

---

21 Vgl. **Fama, E.**: "Efficient Capital Markets: A Review of Theory and Empirical Work", S. 383: "In general terms, the ideal is a market in which prices ... under the assumption that security prices at any time «fully reflect» all available information. A market, in which prices always «fully reflect» available information is called «efficient»".

22 Vgl. **Haugen, R.**: "Modern Investment Theory", S. 468.

Ueberprüfung der schwachen Form zu beginnen. Muss die These der schwachen Markteffizienz verworfen werden, erübrigt sich eine Untersuchung der beiden stärkeren Formen.

Abbildung 7/2: Die Formen der Markteffizienz

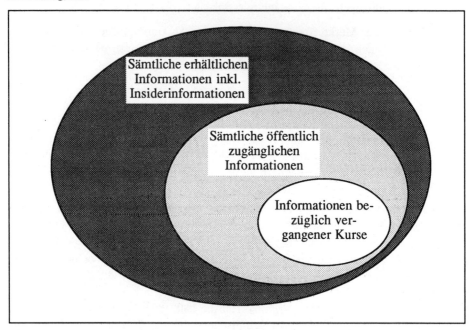

### 7.2.1 Die schwache Form der Markteffizienz

Gemäss der schwachen Form der Markteffizienz ist es nicht möglich, dass die Kenntnisse vergangener Kurse bessere Kursprognosen ermöglichen. Im Resultat entspricht dies der *Random Walk-Hypothese*, welche besagt, dass sich Aktienkurse rein *zufällig* verändern. Nach ihr erfolgt die beste Schätzung zukünftiger Kurse auf der Basis des heutigen Kurses[23]:

$$P_{t+1} = P_t + \mu_t \qquad (7.1)$$

(wobei $P_{t+1}$=Kurs der Anlage zum Zeitpunkt t+1 (ist eine Zufallsvariable), $P_t$=gegenwärtiger (und damit sicher bestimmbarer) Kurs, $\mu_t$=unsichere Kursveränderung

---

[23] Vgl. bspw. **Schäfer, H.**: "Systemorientierte Aktienportefeuilleplanung", S. 97.

im Intervall [t,t+1] (ist eine Zufallsvariable)).

Für die unsichere Kursveränderung $\mu_t$ gelten die folgenden Annahmen[24]:

- Aufeinanderfolgende Kursveränderungen sind unkorreliert:
  $Cov(\mu_t,\mu_{t+1}) = 0$ , $\forall$ t=1,...,n
- Der Erwartungswert der Kursveränderungen ist Null:
  $E(\mu_t) = 0$ , $\forall$ t=1,...,n
- Die Verteilung der Kursveränderungen sei derart, dass deren Varianz begrenzt ist.

Es ist darauf hinzuweisen, dass die Random Walk-Hypothese lediglich behauptet, dass die Analyse vergangener Kursentwicklungen keinen eigenständigen Erkenntniswert für eine Kursprognose besitzt. Entsprechend hat die Aktienanlage *keinen Lotteriecharakter*, denn es wird *nicht* in Abrede gestellt, "dass Aktien aufgrund bestimmbarer Einflussgrössen wie realwirtschaftlicher Vorgänge usw. bewertet werden"[25]. Ein Widerspruch zu den Kapitalmarktmodellen ist daher *nicht* gegeben.

Die Random Walk-Hypothese ist für die empirische Ueberprüfung der schwachen Form der Markteffizienz insofern von Bedeutung, als erstere eine statistische Möglichkeit bietet, letztere zu überprüfen. Kann die Random Walk-Hypothese nicht verworfen werden, hat die schwache Form der Markteffizienz Gültigkeit.

### 7.2.1.1 Empirische Ueberprüfung

Um die schwache Form der Markteffizienz zu überprüfen, können zwei unterschiedliche Arten von Tests durchgeführt werden:

- *Statistische Tests der Unabhängigkeit:* Am häufigsten gelangen *Korrelations-* und *Runtests* zur Anwendung. *Spektraltests* sind eher selten[26]. Ziel solcher Tests ist es, den Abhängigkeitsgrad zwischen aufeinanderfolgender Aktienkursveränderungen zu untersuchen. Ist eine statistisch signifikante Abhängigkeit zu konstatieren, muss die Random Walk-Hypothese verworfen und als

---

24 Es gilt zu beachten, dass es sich in diesem Fall um das sogenannte *Martingalmodell* (der mittelstarken Form der Random Walk-Hypothese) handelt. Daneben existieren die starke Form und die schwache Form (das Submartingalmodell) der Random Walk-Hypothese.

25 **Gerke, W./Philipp, F.:** "Finanzierung", S. 72.

26 Auf eine detaillierte Beschreibung der einzelnen Testverfahren wird verzichtet. Vgl. dazu bspw. **Mühlbradt, F.:** "Chancen und Risiken der Aktienanlage. Untersuchungen zur «Efficient-Market»-Theorie in Deutschland", S. 193 ff.

unzutreffend bezeichnet werden. Kann hingegen eine statistisch signifikante Abhängigkeit *nicht* nachgewiesen werden, darf die Random Walk-Hypothese nicht verworfen werden, und die Investoren können davon ausgehen, dass mittels technischer Analyse keine überdurchschnittlichen Kursgewinne zu erzielen sind.

- *Tests verschiedener Handelsregeln:* Die aus der technischen Analyse hervorgehenden Handelsregeln[27] wie die Filter-Technik, die Methode der gleitenden Durchschnitte, die Formelanlageplanung sowie die Methode der relativen Stärke werden mit einer einfachen buy-and-hold-Strategie verglichen. Kann mit Hilfe einer Handelsregel ein besseres Ergebnis als mit der buy-and-hold-Strategie erzielt werden, so ist die These der Markteffizienz (in ihrer schwachen Form und daher auch in den übrigen Formen) zu verwerfen. Anderenfalls, wenn mit der buy-and-hold-Strategie ein mindestens gleich gutes Ergebnis wie mit einer Handelsregel erreicht wird, ist der Markt (mindestens) in der schwachen Form effizient.

Sowohl für die amerikanischen wie auch die wichtigsten europäischen Aktienmärkte kann die These der Markteffizienz in ihrer schwachen Form *statistisch nicht* widerlegt werden (vgl. Abbildung 7/3 [28]). Statistisch signifikante Abhängigkeiten der Kursveränderungen können nur (wenn überhaupt) in kurzen Zeitintervallen (beispielsweise bei der Betrachtung von Tageskursen oder Wochenkursen) *teilweise* festgestellt werden. Diese verschwinden jedoch bei der Betrachtung von Kursver-

---

27 Vgl. dazu Abschnitt 3.1.1.2.

28 Für *Moore* (1962), *Cootner* (1965) und *Praetz* (1972) vgl. **Elton, E./Gruber, M.:** "Modern Portfolio Theory and Investment Analysis", S. 371. Für *Fama* (1965) vgl. **Fama, E.:** "Efficient Capital Markets: A Review of Theory and Empirical Work", S. 393. Für *Rosenberg/Rudd* (1982), *Hawawini/Michel* (1975), *Regidor/Sercu* (1976), *Hamon* (1975/78), *Dorsman/Hilst* (1984) und *Bertonèche* (1978) vgl. **Hotz, P.:** "Das Capital Asset Pricing Model und die Markteffizienzhypothese unter besonderer Berücksichtigung der empirisch beobachteten «Anomalien» in den amerikanischen und anderen internationalen Aktienmärkten", S. 59 f. Für *Uhlir* (1979) vgl. **Uhlir, H.:** "Ueberprüfung der Random-Walk-Hypothese auf dem österreichischen Aktienmarkt", Publikation der Kommission für Wirtschafts- und Sozialwissenschaften. Für *Solnik* (1973) vgl. **Solnik, B.:** "Note on the validity of the random walk for European stock prices", S. 1151-1159. Für *Vock/Zimmermann* vgl. **Vock, T./Zimmermann, H.:** "Risiken und Renditen schweizerischer Aktien", S. 547-576. Für *Hansmann* (1980) vgl. **Hansmann, K.:** "Dynamische Aktienanlage-Planung". Für *Mühlbradt* (1978) vgl. **Mühlbradt, F.:** "Chancen und Risiken der Aktienanlage. Untersuchungen zur «Efficient-Market»-Theorie in Deutschland".

In Abbildung 7/3 ist mit '> ... Tage' ein Intervall von mehr als ... Tagen gemeint und mit '< ... Tage' ein solches von weniger als ... Tage. Die Abkürzungen der Märkte sind wie folgt zu verstehen: AU=Australien, AT=Oesterreich, BE=Belgien, CH=Schweiz, DE=Deutschland, FR=Frankreich, NL=Niederlande, UK=Grossbritannien und US=Vereinigte Staaten von Amerika.

Abbildung 7/3: Ergebnisse einiger statistischen Tests zur Ueberprüfung der Markteffizienz in ihrer schwachen Form

| Markt | Autoren (Jahr) | Abhängigkeit vom Zeitintervall | Annahme der These einer schwachen Markteffizienz |
|---|---|---|---|
| AT | Uhlir (1979) | > 30 Tage | ja |
|    | Uhlir (1979) | < 7 Tage | nein |
| AU | Praetz (1972) | > 7 Tage | ja |
| BE | Solnik (1973) | > 30 Tage | ja |
|    | Hawawini/Michel (1975) | < 7 Tage | nein |
|    | Regidor/Sercu (1976) | > 1 Tag | ja |
| CH | Vock/Zimmermann (1984) | > 30 Tage | ja |
| DE | Solnik (1973), Hansmann (1980) | > 30 Tage | ja |
|    | Mühlbradt (1978), | < 7 Tage | nein |
| FR | Solnik (1973), Bertonèche (1978) | > 30 Tage | ja |
|    | Bertonèche (1978) | < 7 Tage | nein |
|    | Hamon (1975/78) | > 1 Tag | ja |
| NL | Solnik (1973), | > 30 Tage | ja |
|    | Dorsman/Hilst (1984) | > 1 Tag | ja |
|    | Bertonèche (1978) | < 7 Tage | nein |
| UK | Solnik (1973), Bertonèche (1978) | > 30 Tage | ja |
|    | Solnik (1973), Bertonèche (1978) | < 7 Tage | nein |
| US | Moore (1962) | > 7 Tage | ja |
|    | Fama (1965) | > 1 Tag | ja |
|    | Cootner (1974) | > 7 Tage | ja |
|    | Rosenberg/Rudd (1982) | > 1 Tag | nein |

änderungen in Zeitintervallen von mehr als 30 Tagen. Die Korrelationskoeffizienten sind - selbst wenn sie statistisch signifikant sind - in der Regel nicht hoch genug und ausreichend stabil, um dem Investor überdurchschnittliche Kursgewinne zu ermöglichen[29].

Eine Ausnahme bildet die Untersuchung von *Rosenberg/Rudd* (1982)[30]. Diese trennen in ihrer Betrachtung die Renditen in eine unsystematische und eine systematische Komponente, wobei letztere weiter nach Faktoren unterteilt wird. Auf die totale Rendite konnte keine Korrelation festgestellt werden, hingegen scheinen die Renditen der Faktoren signifikant zu korrelieren. Die von *Hotz* gemachte Feststellung, dass die Studie von *Rosenberg/Rudd* möglicherweise Mängel früherer Studien aufzeige, kann allerdings *nicht* unterstützt werden. Viel eher scheint die Studie von *Rosenberg/Rudd* von falschen Ueberlegungen ausgegangen zu sein. Wird die Random Walk-Hypothese, die es letztlich zu prüfen gilt, mit der technischen Analyse verglichen, so ist zu beachten, dass auch die technische Analyse die *totalen Kursänderungen* betrachtet und nicht nur solche, die von bestimmten Faktoren verursacht wurden. Entsprechend ist auch die Random Walk-Hypothese aufgrund der totalen Kursänderungen (und damit aufgrund der totalen Renditen) zu überprüfen, ansonsten die beiden Theorien nicht vergleichbar sind.

Da die statistischen Tests mit verschiedenen Mängeln behaftet sind[31], ist man dazu übergegangen, die erwähnten Handelsregeln als Testverfahren zu präferieren. Entsprechend durchgeführte Untersuchungen zeigen, dass mit verschiedenen Handelsregeln bessere Ergebnisse als mit einer einfachen buy-and-hold-Strategie zu erzielen sind.

Mittels *Filter-Tests* trifft dies beispielsweise für den amerikanischen (*Fama/Blume*, 1966), britischen (*Dryden*, 1970), deutschen (*Hofmann*, 1973 und *Nagler*, 1979), französischen (*Semah u.a.*, 1970) und österreichischen Markt (*Uhlir*, 1979) zu. Für den deutschen Markt führten auch Untersuchungen mittels der *Methode der gleitenden Durchschnitte* (*Hofmann*, 1973 und *Nagel*, 1979) zum selben Resultat. Gemäss Tests der *Methode der relativen Stärke* wurden auf dem amerikanischen (*Jensen/Bennington*, 1970, *Bohan*, 1981 und *Brush*, 1986) wie auch auf dem britischen Markt (*Griffiths*, 1970) ebenfalls bessere Resultate als mit einer einfachen buy-and-hold-Strategie erzielt[32].

---

29 Vgl. **Hotz, P.**: "Das Capital Asset Pricing Model und die Markteffizienzhypothese unter besonderer Berücksichtigung der empirisch beobachteten «Anomalien» in den amerikanischen und anderen internationalen Aktienmärkten", S. 57.

30 Vgl. dazu **Hotz, P.**: "Das Capital Asset Pricing Model und die Markteffizienzhypothese unter besonderer Berücksichtigung der empirisch beobachteten «Anomalien» in den amerikanischen und anderen internationalen Aktienmärkten", S. 59 f

31 Vgl. dazu Abschnitt 7.2.1.2.

32 Für *Fama/Blume* (1966) und *Jensen/Bennington* (1970) vgl. **Elton, E./Gruber, M.**: "Modern Portfolio Theory and Investment Analysis", S. 374 ff. Für *Dryden* (1970), *Semah u.a.*
(Fortsetzung der Fussnote vgl. die folgende Seite)

Demnach wäre die These der Markteffizienz zu verwerfen. *Allerdings* konnte in den häufigsten Fällen der Nachweis erbracht werden, dass *unter Berücksichtigung der anfallenden Transaktionskosten* das Abhängigkeitsniveau nicht genügend gross ist, um Informationen über vergangene Kurse für profitable Strategien zu verwenden[33].

### 7.2.1.2 Beurteilung der Resultate

Sollen die erhaltenen Resultate beurteilt werden, so ist zu beachten, dass sowohl die statistischen Tests der Unabhängigkeit aufeinanderfolgender Aktienkursveränderungen als auch die Tests verschiedener Handelsregeln mit einigen Problemen behaftet sind.

Die *statistischen Tests* sind lediglich in der Lage, *lineare* Abhängigkeiten der Kursveränderungen aufzuzeigen. Wird eine lineare Unabhängigkeit nachgewiesen, so darf *nicht* auf eine generelle (auch nichtlineare) Unabhängigkeit geschlossen werden. In diesem Fall wäre es möglich, mit Hilfe von Strategien, welche diese nichtlinearen Abhängigkeiten ausnutzen könnten, Aktienkurse auf der Grundlage vergangener Aktienkurse zu prognostizieren[34]. Mit statistischen Tests können zwar einfache (lineare) Abhängigkeiten nachgewiesen werden. Sind sie aber in einer Stichprobe nicht nachweisbar, "so bedeutet das nicht, dass überhaupt keine Abhängigkeiten vorhanden sind, denn der Fehlschlag kann auch an der Stichprobe oder an der gewählten Methode liegen"[35].

Ein weiterer Mangel der statistischen Tests ist darin zu sehen, dass im Falle einer

---

(1970), *Bohan* (1981), *Brush* (1986) und *Griffiths* (1970) vgl. **Hotz, P.:** "Das Capital Asset Pricing Model und die Markteffizienzhypothese unter besonderer Berücksichtigung der empirisch beobachteten «Anomalien» in den amerikanischen und anderen internationalen Aktienmärkten", S. 62 ff. Für *Hofmann* (1973) vgl. **Hofmann, W.:** "Neue Erkenntnisse der technischen Aktienanalyse - Empirische Ueberprüfung verschiedener Anlagestrategien anhand deutscher Aktienkursverläufe", S. 11 ff. Für *Nagel* (1979) vgl. **Nagler, F.:** "Ist Wertpapieranalyse nutzlos?", S. 17 ff. Für *Uhlir* (1979) vgl. **Uhlir, H.:** "Ueberprüfung der Random-Walk-Hypothese auf dem österreichischen Aktienmarkt", Publikation der Kommission für Wirtschafts- und Sozialwissenschaften.

33  Ausnahmen bieten die Untersuchungen von *Semah u.a.*, 1970 für den französischen und *Bohan*, 1981 bzw. *Brush*, 1986 für den amerikanischen Markt.

34  Vgl. **Nagler, F.:** "Ist Wertpapieranalyse nutzlos?", S. 18.

35  **Hielscher, U.:** "Technische Aktienanalyse versus Random-Walk-Hypothese", S. 12. *Fama* erwähnt, dass nur lineare Abhängigkeiten aufgezeigt werden können, wenn diese im gesamten Datensatz kontinuierlich vorhanden sind (vgl. **Fama, E.:** "The Behavior of Stock-Market Prices", S. 80). Nur vorübergehend auftretende Abhängigkeiten sind demzufolge nicht nachweisbar. Aber genau solche temporär vorhandenen Abhängigkeiten könnten u.U. mittels geeigneter Strategie ausgenützt werden.

signifikanten Abhängigkeit keine Aussage gemacht werden kann, ob das Ausmass der Abhängigkeit genügt, um eine Strategie profitabel einzusetzen.

Schliesslich orientieren sich die statistischen Tests nur mangelhaft an den angewendeten Verfahren der technischen Aktienanalyse. Aendert der Kursverlauf einer Aktie kurzfristig die Richtung, so wird gemäss technischer Analyse ein Trend nicht sofort für beendet erklärt, wie das beispielsweise bei Run-Tests der Fall ist. Zwischen einem Trend im statistischen Sinne und einem solchen im Sinne der technischen Analyse besteht somit ein erheblicher Unterschied[36].

Die Ergebnisse der *Tests mittels verschiedener Handelsregeln* bringen die These der Markteffizienz (in ihrer schwachen Form) ins Wanken. Unter Berücksichtigung der nachfolgend erwähnten Mängel müssen diese Ergebnisse allerdings relativiert werden.

Häufig werden die mit den Handelsregeln erzielten Resultate direkt mit der Rendite einer buy-and-hold-Strategie verglichen. Ein solcher Vergleich ist allerdings unzulässig. Vielmehr müssten *risikoadjustierte* Renditen einander gegenübergestellt werden[37].

Eine buy-and-hold-Strategie verursacht - wenn überhaupt - sehr geringe Informationskosten. Dagegen sind diese für anspruchsvolle Verfahren sehr gewichtig und müssen beachtet werden. Zu nennen sind insbesondere die Kosten der Informationserfassung, der Programmierung bestimmter Handelsregeln und der Datenverarbeitung. Die Transaktionskosten werden bei den meisten Tests richtigerweise miteinbezogen.

Der gravierendste Nachteil der Tests durch Anwendung von Handelsregeln ist aber darin zu sehen, dass diese den Markt *ex post* betrachten. Damit kann den durch Transaktionen ausgelösten Kursverschiebungen, wie sie bei einem tatsächlichen Operieren des Anlegers vorkommen, in keiner Weise Rechnung getragen werden. Insbesondere in *engen Märkten* können aber bereits durch geringe Transaktionsvolumina relativ grosse Kursverschiebungen stattfinden. Häufig werden die Handelsregeln ex post festgelegt, wodurch diese im Vergleich zu einer einfachen buy-and-hold-Strategie sehr erfolgreich erscheinen. Ob dieselben Handelsregeln aber auch in anderen als den beobachteten Zeitperioden standhalten, scheint doch sehr fragwürdig zu sein.

---

36  Vgl. **Nagler, F.**: "Ist Wertpapieranalyse nutzlos?", S. 18.

37  Beispielhaft wird dies von *Lerbinger* gemacht. Vgl. **Lerbinger, P.**: "Kapitalmarkteffizienz und technische Aktienanalyse", S. 42-52.

Im Zusammenhang mit der letztgenannten Kritik sei auf ein kleines Experiment von *Graafhuis*[38] verwiesen. Einer Gruppe von Bankfachleuten wurden vier verschiedene Aktienkursreihen vorgelegt, wovon zwei durch einen *Zufallsgenerator* auf einem Computer erzeugt wurden. Die computersimulierten Kursreihen konnten von den echten Kursreihen nicht eindeutig unterschieden werden. Auch bei den simulierten Kursreihen ergaben sich nahezu klassische Trends und Formationen. Entsprechend müsste es möglich sein, anhand dieser simulierten Kursreihen Handelsregeln festzulegen, die einer buy-and-hold-Strategie überlegen sind.

Unter Beachtung der gezeigten Testresultate und der erwähnten Kritikpunkte kann die *These der Markteffizienz in ihrer schwachen Form nicht verworfen* werden. Damit ist aber jeder Versuch, die *technische Analyse* in der Praxis anzuwenden, *zum Scheitern* verurteilt. Entsprechendes Handeln ist daher von den nach den heutigen Erkenntnissen denkenden Investoren gefordert.

### 7.2.2 Die halbstarke Form der Markteffizienz

Gemäss der *halbstarken Form der Markteffizienz* reagieren Aktienkurse *sofort* auf öffentlich zugängliche Informationen. Demzufolge sind diese jederzeit im gegenwärtigen Kurs enthalten. Aufgrund öffentlich zugänglicher Informationen ist es daher einem Investor *nicht* möglich, sich einen Renditevorteil zu verschaffen.

Die halbstarke Form der Markteffizienz wird anhand verschiedener Informationsarten wie Aktiensplits, Kapitalisierungsveränderungen, Börsenkotierungen, unerwartete Weltereignisse, Gewinn- und Dividendenänderungen usw. überprüft. Als Testkriterien werden die Geschwindigkeit und der Umfang der Kursanpassung vor und nach der Veröffentlichung der neuen Information betrachtet (vgl. Abbildung 7/4 [39]).

Zwei Arten von Tests können vorgenommen werden[40]:

- Die Kursbewegungen vor und nach der Veröffentlichung wichtiger Informationen werden betrachtet. Findet die Kursanpassung *vor* und *während* der Bekanntgabe einer wichtigen Information statt, impliziert dies einen effizienten Markt. Kursanpassungen *nach* der Informationsveröffentlichung sprechen gegen die Markteffizienz in ihrer halbstarken Form.

---

38  Vgl. **Graafhuis, H.:** "So gut wie würfeln", in: SHZ vom 12.11.1987, S. 69.
39  Vgl. **Haugen, R.:** "Modern Investment Theory", S. 477.
40  Vgl. **Reilly, F.:** "Investments", S. 171 f.

- Anstelle der Kursbewegungen können auch die Renditen der Investoren nach der Bekanntgabe einer Information betrachtet werden. Ist der Markt in seiner halbstarken Form effizient, so dürften im Vergleich zu einer einfachen buy-and-hold-Strategie *nach* der Veröffentlichung der Information keine abnormen Renditen erzielt werden. Hier gilt es allerdings zu beachten, dass die Renditen risikoadjustiert und unter Berücksichtigung der Transaktionskosten zu betrachten sind.

Abbildung 7/4: Die Ueberprüfung der halbstarken Form der Markteffizienz

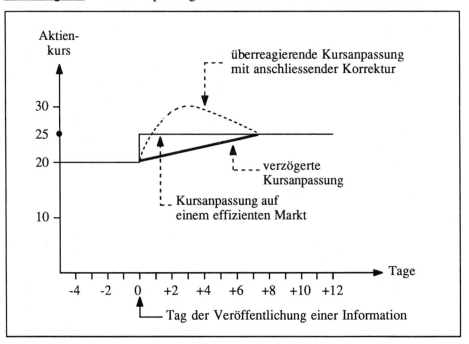

### 7.2.2.1 Empirische Ueberprüfung

Bei den erwähnten Testmöglichkeiten sind die bezüglich anderen Einflussfaktoren *neutralisierten* Kursbewegungen bzw. Renditen zu betrachten. Angenommen, eine Aktie, deren Kurs um 7% gestiegen ist, werde bezüglich der Information *'Dividendenerhöhung'* getestet. Verzeichnet der Markt in der selben Zeit einen Kursanstieg von 5%, so darf die 7%-ige Zunahme nicht allein auf die Dividendenerhöhung zurückgeführt werden. Um die allgemeinen Markteinflüsse zu neutralisieren, schlagen

*Fama/Fisher/Jensen/Roll*[41] ein Vorgehen ähnlich dem Index-Modell vor. Regressiert man die Aktienrendite gegen die Marktrendite[42],

$$r_{At} = \alpha_A + \beta_A \cdot r_{Mt} + \varepsilon_{At} \qquad (7.2)$$

(wobei $r_{At}$=Rendite der Aktie A in t, $\alpha_A, \beta_A$=Regressionskoeffizienten, $r_{Mt}$=Rendite des Marktes in t, $\varepsilon_{At}$=zufällige Renditeabweichung in t),

so können der vom Markt abhängige (marktspezifische) und der unabhängige (titelspezifische) Teil der Aktienrendite ermittelt werden. Der Term $\varepsilon_{At}$ repräsentiert die abnorme (titelspezifische) Rendite in t - *'Abnormal Return'* genannt - ($AR_t$):

$$AR_t = \varepsilon_{At} = r_{At} - (\alpha_A + \beta_A \cdot r_{Mt}) \qquad (7.3)$$

Neben den allgemeinen Markteinflüssen sind noch die firmenspezifischen Einflüsse (Einflüsse, die von anderen Ereignissen als dem zu untersuchenden ausgehen) zu neutralisieren. Zu diesem Zweck sind die Durchschnitte der Zufallsrenditen in t - *'Average Abnormal Return'* genannt - ($AAR_t$) zu berechnen:

$$AAR_t = (1/n) \cdot \sum_{i=1}^{n} AR_{it} \qquad (7.4)$$

(wobei n eine repräsentative Anzahl einer homogenen Menge von Aktien ist).

Die in (7.4) berechneten Durchschnittswerte werden für eine bestimmte Anzahl Zeitperioden vor dem Ereignis und einer solchen nach dem Ereignis aufaddiert. Das so erhaltene Resultat - *'Cumulative Average Abnormal Return'* (CAAR) genannt - muss *im Falle eines effizienten Marktes Null* sein.

In der Vergangenheit wurden zahlreiche Studien zur halbstarken Form der Markteffizienz durchgeführt. Die meisten von ihnen lassen den Schluss zu, dass die These der Markteffizienz in ihrer halbstarken Form *nicht* verworfen werden kann.

Die bereits erwähnte Studie von *Fama/Fisher/Jensen/Roll* untersuchte das Aktienkursverhalten von 940 *Aktiensplits* an der New York Stock Exchange. Es ist klar, dass der Aktiensplit als solcher dem Investor kein zusätzliches Vermögen schafft, das heisst es gelangen keine neuen Informationen an den Markt. Daher wären auch abnorme Renditen *nicht* zu beobachten, was die Studie bestätigt. Im selben Test wurde die Hypothese aufgestellt, dass *nicht* der Aktiensplit als solcher, sondern die *Er-*

---

41  Vgl. **Fama, E./Fisher, L./Jensen, M./Roll, R.:** "The Adjustment of Stock Prices to New Information", S. 1-21.
42  Vgl. **Fuller, R./Farrell, J.:** "Modern Investments and Security Analysis", S. 104 f.

*wartung* einer höheren Dividendenzahlung (und damit einer höheren Rendite) abnorme Renditen *vor* dem Aktiensplit liefern. Die erhaltenen Resultate *bestätigen* aber eindeutig die halbstarke Form der Markteffizienz auf dem amerikanischen Markt.

Bezüglich *Kapitalisierungsveränderungen* konnte die Markteffizienz für den amerikanischen (*Miller/Reilly*, 1985), belgischen (*Brehain*, 1980), britischen (*Firth*, 1977), französischen (*Hamon*, 1978) und schweizerischen (*Loderer/Zimmermann*, 1986/87) Markt nachgewiesen werden[43].

Die Auswirkungen auf Aktienkurse im Falle von Entscheidungen über die *Kotierung* der Papiere an verschiedenen Börsen (nationale oder internationale, kleine oder grosse Börsen) wurde von *Furst* (1970), *Louis/Ying/Lewellen/Schlarbaum/Lease* (1977), *Connell/Sanger* (1981) *Fabozzi* (1981), *Baker/Spitzfaden* (1982) und *Leefeldt* (1984) gemacht[44]. Derartige Kotierungsentscheide können Auswirkungen auf die Handelbarkeit und auf das Prestige der Unternehmung zeitigen. Im Zusammenhang mit der These einer halbstarken Markteffizienz interessiert hier, ob es möglich ist, zur Zeit der Neukotierung mit den entsprechenden Aktien abnorme Renditen zu erreichen. Die Resultate sind in dieser Frage nicht einheitlich, was auf eine *Ineffizienz* bezüglich der Information 'Börsenkotierung' hindeutet.

Im Gegensatz zu den Kotierungsentscheidungen werden *unerwartete Weltereignisse* sehr rasch von den Börsenkursen eskomptiert, was die halbstarke Form der Markteffizienz wiederum unterstützt[45].

Schliesslich sind noch die Tests bezüglich Informationen über *Gewinn- und Dividendenänderungen* zu erwähnen. Diese den Investor vermutlich am meisten interessierenden Studien zeigen recht unterschiedliche Resultate auf. Den die halbstarke Form der Markteffizienz unterstützenden Tests für den amerikanischen (*Ball/Brown*, 1968), belgischen (*Beghin*, 1983) und britischen (*Firth*, 1976) Markt stehen auch ablehnende Studien für den amerikanischen (*Jones/Rendleman/Latané*, 1985), britischen (*Cadle/Theobald*, 1981), deutschen (*Brandi*, 1977 und *Sahling*, 1981) und

---

43  Für *Miller/Reilly* (1985) vgl. **Reilly, F.**: "Investments", S. 174 f. Für *Firth* (1977), *Hamon* (1978), *Brehain* (1980) vgl. **Hotz, P.**: "Das Capital Asset Pricing Model und die Markteffizienzhypothese unter besonderer Berücksichtigung der empirisch beobachteten «Anomalien» in den amerikanischen und anderen internationalen Aktienmärkten", S. 81. Für *Loderer/Zimmermann* vgl. **Loderer, C./Zimmermann, H.**: "Das Aktienpreisverhalten bei Kapitalerhöhungen: Eine Untersuchung schweizerischer Bezugsrechtsemissionen", S. 34-50.

44  Vgl. **Reilly, F.**: "Investments", S. 174.

45  Vgl. **Reilly, F.**: "Investments", S. 175.

französischen (*Korhonen*, 1975) Markt gegenüber[46].

### 7.2.2.2 Beurteilung der Resultate

Aufgrund der erwähnten Studien darf die These der halbstarken Markteffizienz mindestens annäherungsweise *nicht* verworfen werden. Diese Aussage muss allerdings aus zwei Gründen relativiert werden:

- Zum einen müssen die mit den Studien verbundenen Schwierigkeiten beachtet werden.
- Zum anderen treten an den verschiedenen Märkten gewisse Phänomene auf, die in einem effizienten Markt in der halbstarken Form keine Berechtigung haben.

Die mit den Studien verbundenen Schwierigkeiten betreffen erstens die Ermittlung des genauen *Zeitpunktes der Informationsveröffentlichung* und zweitens die Frage nach der *Geschwindigkeit der Informationsverarbeitung*. Insbesondere bei ständig wiederkehrenden Informationen wie sie beispielsweise Jahresabschlüsse[47] darstellen, bereiten die genannten Einwände grosse Mühe. Die Betrachtung falscher Zeitperioden führen zu falschen Schlussfolgerungen bezüglich der Dauer und der Geschwindigkeit der Kursanpassung. Mit Sicherheit kann daher nur die Effizienz von Kursanpassungen auf solche Informationen beurteilt werden, deren Veröffentlichungszeitpunkte exakt bestimmbar sind[48].

Neben den testbedingten Schwierigkeiten sprechen aber auch eine ganze Reihe von beobachtbaren Phänomenen - sog. *Anomalien* - gegen die Annahme der Effizienzthese in ihrer halbstarken Form. Zu nennen sind

- der *Small-Firm-Effekt* (mit Investitionen in kleine Unternehmungen können risikoadjustiert[49] signifikant höhere Renditen als mit Investitionen in grosse

---

46 Für *Ball/Brown* (1968) vgl. **Fuller, R./Farrell, J.:** "Modern Investments and Security Analysis", S. 109. Für die übrigen Studien vgl. **Hotz, P.:** "Das Capital Asset Pricing Model und die Markteffizienzhypothese unter besonderer Berücksichtigung der empirisch beobachteten «Anomalien» in den amerikanischen und anderen internationalen Aktienmärkten", S. 78 ff.

47 Informationen über den Jahresabschluss sind oft anhand anderer, bereits früher veröffentlichten Daten, wie Umsatzangaben, Auftragshöhe etc. erkennbar.

48 Dies trifft sicher auf Informationen über unerwartete Ereignisse (unerwartete Weltereignisse, Börsenkotierungen, Aktiensplits etc.) und u.U. auf Kapitalisierungsveränderungen zu. Der Veröffentlichungszeitpunkt von Gewinn- und Dividendenveränderungen dürfte allerdings nicht genau bestimmbar sein.

49 Unter risikoadjustiert wird gleiches Risiko verstanden. Werden risikoadjustierte Renditen betrachtet, so ist damit die Betrachtung der Renditen bei gleichem Risiko gemeint.

Unternehmungen erzielt werden),
- der *P/E-Effekt* (mit Investitionen in Portefeuilles mit niedriger Price/Earnings-Ratio können risikoadjustiert signifikant höhere Renditen als mit Investitionen in Portefeuilles mit hoher Price/Earnings-Ratio erzielt werden),
- der *Tax-Effekt* (bedingt durch die unterschiedliche Besteuerung von Dividendenerträgen und Kapitalgewinnen können durch Investitionen in Aktien *ohne* und/oder *mit sehr hohen* Dividendenzahlungen risikoadjustiert und steuerbereinigt abnorme Renditen erzielt werden),
- der *January-Effekt* (die Renditen sind durchschnittlich im Januar signifikant höher als in den übrigen Monaten),
- der *Monthly-Effekt* (die Renditen sind durchschnittlich in der ersten Monatshälfte deutlich positiv, während sie in der zweiten Monatshälfte nicht signifikant von Null verschieden sind) und
- der *Weekend-Effekt* (die Freitags-Renditen sind die höchsten, während die Montags-Renditen am niedrigsten sind).

In der Zahl kaum zu überblickende Studien[50] haben gezeigt, dass durch ein Ausnützen dieser Anomalien risikoadjustiert (und teilweise auch unter Berücksichtigung der Informations- und Transaktionskosten) selbst auf dem amerikanischen Markt signifikant höhere Renditen erzielt werden können. Ob ein systematisches Ausnützen der erwähnten Anomalien möglich ist, kann nicht abschliessend beurteilt werden; es wird hier allerdings *bezweifelt*. Daraus zu urteilen, dass die halbstarke Form der Markteffizienz *nicht* verletzt ist, wäre allerdings ein falscher Schluss. *Gerade wegen des Unvermögens, solche Anomalien systematisch auszunützen, ist die Markteffizienz in ihrer halbstarken Form zu verwerfen.* Ein systematisches Ausnützen der Anomalien würde bewirken, dass sich mindestens längerfristig alle Investoren der entsprechenden Systematik bedienen. In der Folge wäre das Erzielen abnormer Renditen unmöglich, und die These der halbstarken Form der Markteffizienz könnte nicht mehr verworfen werden.

### 7.2.3 Die starke Form der Markteffizienz

Gemäss der starken Form der Markteffizienz wird es trotz des monopolistischen

---

[50] Einen ausgezeichneten Ueberblick zu den verschiedenen Studien der Anomalien liefert *Hotz*. Dort wird auch auf die gegenseitige Beeinflussung der Anomalien eingegangen. Vgl. **Hotz, P.**: "Das Capital Asset Pricing Model und die Markteffizienzhypothese unter besonderer Berücksichtigung der empirisch beobachteten «Anomalien» in den amerikanischen und anderen internationalen Aktienmärkten".

Zugangs zu kursbeeinflussenden (nicht-öffentlichen) Informationen (Insiderinformationen) *nicht* gelingen, eine überdurchschnittliche Rendite zu erzielen. Da die starke Form der Markteffizienz die halbstarke Form umfasst, letztere aber nicht vollumfänglich Gültigkeit hat, würde sich ein Test der Markteffizienz in der starken Form erübrigen. Der Vollständigkeit wegen soll dennoch auf die Resultate einiger Studien kurz hingewiesen werden.

### 7.2.3.1 Empirische Ueberprüfung

Wegen der verschiedenen Investoren, welche monopolistischen Zugang zu kursbeeinflussenden Informationen haben, werden häufig die *near-strong-* (fast-starke) und die *superstrong-* (superstarke) Form der Markteffizienz unterschieden. Die near-strong-Form besagt, dass professionell verwaltete Portfolios risikoadjustiert keine höheren Renditen als die durchschnittliche Marktrendite erzielen. Ist der Markt in der superstrong-Form effizient, so ist es selbst Insidern wie dem Top-Management oder Börsenspezialisten nicht möglich, im Vergleich zum Markt besser abzuschneiden.

Die Tests der *near-strong-Form der Markteffizienz* basieren auf der *Performance-Messung* verschiedener institutioneller Investoren. Wichtig ist dabei, dass unter Performance nicht die Rendite, sondern die *risikoadjustierte Rendite* verstanden wird[51]. Von wenigen Ausnahmen abgesehen wird in den bisherigen Studien auf den verschiedensten Märkten die These der near-strong-Form der Markteffizienz nicht verworfen[52]. Allerdings sind mit diesen Studien einige Probleme verbunden, welche gewichtig genug sind, die Studien mittels Performance-Messung als *unzureichend* zu bezeichnen[53].

Die Studien bezüglich der *superstrong-Form der Markteffizienz* zeigen deutlich[54], dass es Insidern möglich ist, im Vergleich zur durchschnittlichen Marktrendite sig-

---

51 Näheres zur Performance vgl. Kapitel 9.
52 Vgl. dazu **Mühlbradt, F.**: "Chancen und Risiken der Aktienanlage. Untersuchungen zur «Efficient-Market»-Theorie in Deutschland", S. 341 ff. und die dort zitierten Studien.
53 Vgl. dazu Abschnitt 7.2.3.2.
54 Vgl. **Jaffe, J.**: "Special Information and Insider Trading", S. 410-428. Weitere Studien wurden für den amerikanischen Markt von *Lorie/Niederhoffer* (1968), *Pratt/DeVere* (1978), *Finnerty* (1976) (vgl. **Fuller, R./Farrell, J.**: "Modern Investments and Security Analysis", S. 116 f.) und *Nunn/Madden/Gombola* (1983) (vgl. **Hotz, P.**: "Das Capital Asset Pricing Model und die Markteffizienzhypothese unter besonderer Berücksichtigung der empirisch beobachteten «Anomalien» in den amerikanischen und anderen internationalen Aktienmärkten", S. 94 f.) gemacht. Sämtliche Studien beziehen sich auf den amerikanischen Markt.

nifikant höhere Renditen zu erreichen. Damit ist die These der Markteffizienz in ihrer superstrong-Form zu verwerfen.

### 7.2.3.2 Beurteilung der Resultate

Die mittels Performance-Messung vorgenommenen Tests der Markteffizienz in der near-strong-Form sind mit einigen Problemen verbunden. Auf zwei dieser Probleme soll im folgenden kurz eingegangen werden.

Den Kern der Studien bildet ein Vergleich der Marktperformance mit derjenigen des institutionellen Investors. Damit stellt sich die Frage, wie die Marktperformance ermittelt werden soll. Als Lösung wird ausnahmslos das Capital Asset Pricing Model vorgeschlagen. Dieses Modell setzt u.a. homogene Erwartungen der Investoren, Informationseffizienz und ein Marktgleichgewicht voraus, was einen effizienten Markt impliziert. Das CAPM ist allerdings sehr *umstritten* und in der heutigen Form *nicht akzeptabel*[55]. Insbesondere ist es unmöglich, die Marktrendite zu bestimmen. Die häufig gewählte Lösung, einen den Markt repräsentierenden Index zu nehmen, ist unzureichend. *Roll*[56] konnte zeigen, dass man die Rangliste für die Performance von Fonds-Managern geradezu vertauschen kann, wenn anstelle eines wertgewichteten Indexes ein zeitgewichteter Index verwendet wird[57].

Das zweite Problem ist in den *gesetzlichen Rahmenbedingungen* der institutionellen Investoren zu sehen[58]. Starke Reglementierungen bewirken eine Einschränkung der Investitionstätigkeit. Oftmals bleiben den Institutionellen erstrebenswerte Portefeuillestrukturen aufgrund der Rahmenbedingungen verwehrt. Selbst wenn das Management Insiderinformationen besitzt, können diese nicht in eine Strategie umgesetzt werden, welche eine überdurchschnittliche Rendite erwarten lässt. Als Konsequenz werden die Performance von zwei Portefeuilles - dem Marktportefeuille und dem Portefeuille eines Institutionellen - einander gegenübergestellt, *deren Vergleich aufgrund der verschiedenen Rahmenbedingungen nicht zulässig* ist.

Unter Beachtung dieser Mängel sind die Resultate der Tests bezüglich der near-strong-Form der Markteffizienz nicht erstaunlich, müssen aber wegen der erwähn-

---

55  Vgl. dazu Abschnitt 7.3.2.2.
56  Vgl. **Roll, R.**: "Ambiguity when Performance is measured by the Security Market Line", S. 1051-1070.
57  Vgl. dazu die Abschnitte 9.1.1.1 und 9.1.1.2.
58  Vgl. dazu Abschnitt 3.2.2.2.

ten Schwachstellen abgelehnt und die These der near-strong-Form der Markteffizienz verworfen werden.

### 7.2.4 Schlussfolgerungen aus der These der Markteffizienz

Die These der Markteffizienz widerspricht in ihrer starken Form den Analysemethoden des traditionellen Portfolio-Managements. Um die Aussage der These, dass die Marktpreise der Anlagen zu jedem Zeitpunkt sämtliche zu diesem Zeitpunkt verfügbaren Informationen widerspiegeln, empirisch zu überprüfen, wird nach Art der Informationen differenziert, was zur schwachen, halbstarken und starken Form der Markteffizienz führt.

Die *Markteffizienz in ihrer schwachen Form* konnte *nicht widerlegt* werden, weshalb jeder Versuch, anhand der technischen Analyse überdurchschnittliche Renditen zu erzielen, lediglich Zeit und Kapital kostet. Um ein Portefeuille erfolgreich zu managen, sollte deshalb *auf die technische Analyse verzichtet* werden.

Die *Markteffizienz in ihrer halbstarken Form* muss demgegenüber *verworfen* werden. Entsprechend *hat die Fundamentalanalyse ihre Berechtigung* und sollte in einem erfolgreichen Portfolio-Management zum Einsatz gelangen.

Im Gegensatz zur technischen Analyse muss selbst dann fundamental analysiert werden, wenn der Markt in der halbstarken Form effizient wäre. Würde der Analyse keine Beachtung mehr geschenkt, da es in einem effizienten Markt ohnehin nicht möglich ist, Informationen für eine überdurchschnittliche Rendite auszunützen, wäre sehr rasch eine *Ineffizienz* der Märkte festzustellen. In einem effizienten Markt besteht der Anreiz, Informationen zu beschaffen, zu beurteilen und damit Kosten zu übernehmen allein darin, die Effizienz der Märkte zu erhalten, denn die Märkte sind nicht von Natur aus effizient. Vielmehr müssen sie durch einen aktiven und mit Kosten verbundenen Informationsverarbeitungsprozess effizient gemacht werden[59]. Kosten werden in einem marktwirtschaftlichen System allerdings nur in Kauf genommen, wenn ein entsprechender Nutzen, hier die (überdurchschnittliche) Rendite, erwirtschaftet werden kann[60]. "Dies wiederum bedeutet, dass die Börsenkurse *in keinem Zeitpunkt* sämtliche - selbst potentiell öffentlich verfügbare Informationen -

---

59 Vgl. **Zimmermann, H./Bill, M./Dubacher, R.:** "Finanzmarkt Schweiz: Strukturen im Wandel", S. 95.

60 Bringen die Kosten nur den Nutzen der Markteffizienz und damit einen Nutzen für alle Marktteilnehmer, würden diese Kosten von jedem einzelnen nicht aufgewendet.

widerspiegeln können und dass demzufolge die Märkte bezüglich der Informationsverarbeitung nie vollständig effizient sind"[61].

Aufgrund der Resultate aus den Studien bezüglich der halbstarken Form der Markteffizienz erübrigt sich die Ueberprüfung der Markteffizienz in ihrer starken Form. Diese muss ebenfalls verworfen werden.

## 7.3 Das moderne Portfolio-Management

Kernstück des modernen Portfolio-Managements ist die Herstellung einer Beziehung zwischen Rendite und Risiko. Zu diesem Zweck ist eine qualitative Beurteilung des Anlagerisikos unzulänglich. Vielmehr ist dieses zu quantifizieren und mittels Diversifikation zu verringern. Bedingt durch den Diversifikationseffekt werden die Anlagen nicht mehr isoliert, sondern im Portefeuilleverbund betrachtet.

### 7.3.1 Grundlagen des modernen Portfolio-Managements

Das moderne Portfolio-Management hat zum Ziel, ein für den Investor optimales Portefeuille zusammenzustellen. Wird dabei ein *risikoaverses rationales* Handeln seitens des Investors unterstellt, so ist unter dem Begriff des optimalen Portefeuilles *nicht* ein renditemaximales (ertragsmaximales) Portefeuille zu verstehen. Neben der Rendite ist auch die Gefahr eines Verlustes *explizit* zu berücksichtigen. Dieser Forderung wird durch die Quantifizierung des Risikos nachgekommen, welches als die Gefahr, ein bestimmtes Ziel (die erwartete Rendite) zu verfehlen, definiert und durch die statistische Grösse *Standardabweichung* bzw. *Varianz* der möglichen Renditen von der erwarteten Rendite ausgedrückt wird.

*Markowitz* zeigt in seinem Modell, wie effiziente Portefeuilles ermittelt werden können[62]. Effizient sind solche Portefeuilles, die bei einem bestimmten Risiko eine maximale Rendite bzw. bei einer bestimmten Rendite ein minimales Risiko aufweisen. Aus der Menge der effizienten Portefeuilles - sie liegen auf der Efficient Frontier - ermittelt jeder Investor das seinen Risikovorstellungen entsprechende optimale Portefeuille.

Unter der *Annahme der Markteffizienz* wird im *Capital Asset Pricing Model* die erwartete Rendite oder das Risiko eines Portefeuilles bzw. einer Anlage in einem di-

---

61 **Zimmermann, H./Bill, M./Dubacher, R.**: "Finanzmarkt Schweiz: Strukturen im Wandel", S. 95.
62 Vgl. Abschnitt 5.1.

versifizierten Portefeuille bestimmt[63]. Dabei handelt es sich um ein Gleichgewichtsmodell (der Markt befindet sich im Gleichgewicht, was bedeutet, dass sämtliche Anlagen zum Marktpreis im Besitz von Investoren sind), welches besagt, dass lediglich das marktbezogene Risiko - β genannt - zu tragen ist, und für dessen Eingehen eine besondere Risikoprämie erzielt werden kann. In der Folge wird jeder Investor sein Vermögen in ein dem Markt nachgebildeten Portefeuille (das Marktportefeuille), in den risikolosen Zinssatz oder in eine Kombination der beiden investieren. Eine die Marktrendite übertreffende Portefeuillerendite kann nur erreicht werden, in dem zum risikolosen Zinssatz Kapital aufgenommen und zusätzlich in das Marktportefeuille investiert wird. Damit wird aber auch das Risiko des Portefeuilles über demjenigen des Marktes liegen.

Während im CAPM davon ausgegangen wird, dass das Risiko nur durch den einen Faktor β (das Marktrisiko) ausgedrückt werden kann, liegen der *Arbitrage Pricing Theory* mehrere Risikofaktoren zugrunde[64]. Dadurch soll es dem Investor möglich sein, sich gegen ein Risiko (auf Kosten eines anderen Risikos) besser abzusichern, was der APT eine Ueberlegenheit gegenüber dem CAPM verleiht.

### 7.3.2 Beurteilung der verschiedenen Modellansätze

Für die Beurteilung der verschiedenen Ansätze ist es wichtig zu sehen, dass das CAPM wie die APT auf der *These der Markteffizienz* aufbauen. Damit unterstützen diese beiden das *passive Portfolio-Management*. Jeder Versuch, durch gute Analyse und geschickte Auswahl der Anlagen eine über dem Markt liegende Rendite (ohne das Eingehen zusätzlichen Risikos) zu erzielen, ist sinnlos. Die *These der Markteffizienz* wird demgegenüber im Markowitz-Ansatz *nicht* unterstellt. Entsprechend ist es möglich, mittels guter Analyse eine über dem Markt liegende Rendite zu erzielen. Mittels Markowitz-Ansatz wird *aktives Portfolio-Management* betrieben.

### 7.3.2.1 Das Markowitz-Modell

Um sämtliche effizienten Portefeuilles - sie liegen auf der Efficient Frontier - bestimmen zu können, wird die Existenz

- der erwarteten Rendite jeder Anlage ($E(r_i)$),
- des Risikos jeder Anlage ($\sigma_i^2$) und

---

63   Vgl. Abschnitt 5.2.
64   Vgl. Abschnitt 5.3.

- der Abhängigkeit der Anlagerenditen untereinander (Cov(i,j))

vorausgesetzt. Der Aussagewert eines mittels Markowitz-Modell ermittelten Portefeuilles ist daher stark von der *Qualität* der zu *schätzenden* Inputdaten abhängig. In Anbetracht der grossen Anzahl Inputdaten sind diese Schätzungen mit einem enormen Arbeitsaufwand verbunden. Dieser kann vermindert werden, indem anstelle des Markowitz-Modells das *Ein-Index-* oder das *Multi-Index-Modell*[65] zur Anwendung gelangt. Untersuchungen haben gezeigt[66], dass zwar das Markowitz-Modell in seiner ursprünglichen Form den Index-Modellen in dem Sinne überlegen ist, als die Efficient Frontier zu jeder erwarteten Rendite ein geringeres Risiko bzw. zu jeder Risikohöhe eine höhere erwartete Rendite liefert. Dennoch können insbesondere unter Anwendung des Multi-Index-Modells hervorragende Resultate erzielt werden.

Wird das Markowitz-Modell auf reale Entscheidungssituationen angewendet, müssen die damit verbundenen *Schwachstellen* beachtet werden. Durch die Annahme, dass Transaktionsentscheidungen lediglich auf einen *einperiodigen Planungshorizont* ausgerichtet sind, wird das *Modell statisch*. Um eine mehrperiodige, optimale Planung durchzuführen, müsste auf die aus dem Operations Research bekannte *dynamische Programmierung* zurückgegriffen werden[67]. Sie erlaubt es, die Gesamtentscheidung in eine Folge von Teilentscheidungen - sog. Entscheidungssequenzen - zu zerlegen, welche schliesslich zu verschiedenen Zeitpunkten in die Betrachtung einzubeziehen sind. Gegen die dynamischen Verfahren wird allerdings der Vorwurf erhoben, dass sie aufgrund des grossen Planungsaufwandes für praktische Zwecke nicht anwendbar sind[68]. Dennoch bestehen Möglichkeiten, den statischen Charakter des Markowitz-Modells zu vermindern. Es sind Entscheidungsregeln aufzustellen, welche den *geeigneten Zeitpunkt* der *Portefeuillerevision* zu bestimmen versuchen[69].

Ein zweiter Problemkreis umfasst die im Modell *unterstellten friktionslosen Märkte*. Die Annahme, dass weder Transaktionskosten noch Steuern existieren, ist realitätsfremd und muss in einem praxisgerechten Modell fallen gelassen werden. Während die Steuern bereits in der Analyse der verschiedenen Anlagen zu beachten sind[70],

---

65  Vgl. Abschnitt 5.1.4.

66  Vgl. die Untersuchungen von *Cohen/Pogue* und diejenige von *Farrell*. **Cohen, K./Pogue, J.:** "An Empirical Evaluation of Alternative Portfolio Selection Models", S. 166-193. **Farrell, J.:** "Guide to Portfolio Management", S. 53 ff.

67  Vgl. bspw. **Hansmann, K.:** "Dynamische Aktienanlage-Planung".

68  Vgl. bspw. **Wilde, M.:** "Depotplanungsmodelle", S. 89 oder **Schäfer, H.:** "Systemorientierte Aktienportefeuilleplanung", S.148.

69  Vgl. dazu Abschnitt 8.3.

70  Vgl. Abschnitt 3.2.2.2.

werden die Transaktionskosten häufig aufgrund eines bestimmten Prozentsatzes des wertmässigen Transaktionsvolumen berücksichtigt. Mehr Schwierigkeiten bereitet die Annahme, dass sämtliche Anlagen beliebig teilbar sind, so dass auch kleinste Teile davon erworben werden können. Da die Modell-Lösung die *relativen Anteile* der im Portefeuille zu haltenden Anlagen ($z_i$) angibt, führt dies nur dann zu einem effizienten Portefeuille, wenn der Kurs einer Anlage *ganzzahlig* in dem in diese Anlage zu investierenden Vermögensteil enthalten ist. Ist diese Ganzzahligkeit nicht gegeben, tauchen willkürliche Abweichungen vom Optimum (bzw. von der zu erreichenden Portefeuilleeffizienz) auf[71]. Bei *grossen* Investitionssummen dürfte dieses Problem allerdings eine *untergeordnete* Rolle spielen.

Schliesslich werden bei der Verwirklichung einer Anlageentscheidung insbesondere Grossanleger mit dem *Problem der Marktenge* konfrontiert. Aufgrund der Transaktionshöhe kann das Kursniveau (und damit verbunden die Rendite) einer Anlage stark beeinflusst werden. Mit einem veränderten Kurs auch nur einer Anlage wird aber eine von der angestrebten Portefeuilleeffizienz abweichende Lösung erzielt. Diese Rückwirkung eines Anlageentscheides auf den Anlagekurs ist im Modell zu berücksichtigen. Allerdings ist dies mit kaum zu überwindenden Schwierigkeiten verbunden, denn es genügt nicht, den Anlagekurs als Funktion seiner Nachfrage bzw. seines Angebotes darzustellen. Vielmehr sind auch die durch eine übermässige Nachfrage bzw. Angebot bedingten Wirkungen auf die Kurse anderer Anlagen zu überprüfen.

### 7.3.2.2 Das Capital Asset Pricing Model (CAPM)

Das CAPM beschreibt mittels der Security Market Line die Rendite-Risiko-Beziehung künftiger (ex ante) erwarteter Werte. Um das CAPM zu überprüfen, müssten idealerweise erwartete Renditen und erwartete β-Werte verwendet werden. Erwartungen sind jedoch schwierig zu beobachten, weshalb man sich mit Vergangenheitsdaten (ex post) begnügen muss. "Empirische Untersuchungen unterstellen deshalb *stochastische Unabhängigkeit* im Zeitablauf und *Stationarität*, das heisst es wird angenommen, dass die Wahrscheinlichkeitsverteilung der Renditen eines Wertpapiers unabhängig von früheren Realisationen und darüber hinaus in allen betrachteten Perioden dieselbe ist"[72]. Sind diese Annahmen erfüllt, stellt die aus einer grossen Stichprobe gewonnene Häufigkeitsverteilung eine gute Annäherung der Wahrschein-

---

[71] Dem Problem der Ganzzahligkeit wurde in der Literatur verschiedentlich Beachtung geschenkt. Vgl. bspw. **Schäfer, H.:** "Systemorientierte Aktienportefeuilleplanung", S.140 und die dort zitierte Literatur.

[72] **Perridon, L./Steiner, M.:** "Finanzwirtschaft der Unternehmung", S. 470.

lichkeitsverteilung dar. Um das CAPM zu testen, ist es deshalb in eine ex post Form zu bringen[73]:

$$r_A = r_f + \alpha_A + \beta_A \cdot (r_M - r_f) + \varepsilon_A \tag{7.5}$$

(wobei $r_A$=Rendite der Anlage A, $\alpha_A$=(über $r_f$ hinausgehende) durchschnittliche Rendite der Anlage A, wenn die Rendite des Marktes Null ist, $\beta_A$=systematisches Risiko der Anlage A, $r_M$=Rendite des Marktportefeuilles, $r_f$=risikofreier Zinssatz, $\varepsilon_A$= zufällige Renditeabweichung).

Die Verwendung von Vergangenheitsdaten impliziert die Möglichkeit, dass aus der Vergangenheit Schlüsse auf die Zukunft gezogen werden können. Allerdings wurde dieses Vorgehen bereits in der technischen Analyse kritisiert[74]. Dennoch werden im folgenden die wichtigsten Testresultate kurz aufgezeigt[75].

Sind die Aussagen (auch Thesen genannt) des CAPM richtig, so müssen die empirischen Tests, für welche oft die grundlegende Regressionsgleichung[76]

$$r_A = \gamma_0 + \gamma_1 \cdot \beta_A + \varepsilon_A \tag{7.6}$$

(wobei $\gamma_0, \gamma_1$=Testvariablen)

verwendet wird, die folgenden Resultate liefern[77]:

---

[73] Vgl. bspw. **Black, F./Jensen, M./Scholes, M**: "The Capital Asset Pricing Model: Some Empirical Tests", in: **Jensen , M.**: "Studies in the Theory of Capital Markets", S. 83.

[74] Vgl. Abschnitt 7.1.2.2.

[75] Bis anhin wurden zahlreiche Tests durchgeführt, wie beispielsweise *Friend/Blume* (1970), *Black/Jensen/Scholes* (1972), *Miller/Scholes* (1972), *Sharpe/Cooper* (1972), *Blume/Friend* (1973), *Blume/Husick* (1973), *Basu* (1977) und *Foster* (1978). Für *Friend/ Blume* (1970), *Blume/Husick* (1973), *Basu* (1977) und *Foster* (1978) vgl. **Copeland, T./ Weston, J.**: "Financial Theory and Corporate Policy", S. 214. Für *Black/Jensen/Scholes* (1972) vgl. **Black, F./Jensen, M./Scholes, M**: "The Capital Asset Pricing Model: Some Empirical Tests", in: **Jensen , M.**: "Studies in the Theory of Capital Markets", S. 79-124. Für *Miller/Scholes* (1972) vgl. **Miller, M./Scholes, M.**: "Rates of Return in Relation to Risk: A Re-examination of some recent Findings", in: **Jensen , M.**: "Studies in the Theory of Capital Markets", S. 47-78. Für *Sharpe/Cooper* (1972) vgl. **Alexander, G./Francis, J.**: "Portfolio Analysis", S. 157. Für *Blume/Friend* (1973) vgl. **Blume, M./Friend, I.**: "A new Look at the Capital Asset Pricing Model", S. 19-34. Für *Fama/MacBeth* (1973) vgl. **Fama, E./MacBeth, J.**: "Risk, Return and Equilibrium: Empirical Tests", S. 607-636.

[76] Verschiedentlich wurde diese Regressionsgleichung erweitert, so beispielsweise von *Fama/ MacBeth* und *Blume/Friend* (vgl. **Fama, E./MacBeth, J.**: "Risk, Return and Equilibrium: Empirical Tests", S. 607-636, **Blume, M./Friend, I.**: "A new Look at the Capital Asset Pricing Model", S. 19-34).

[77] Vgl. **Modigliani, F./Pogue, G.**: "An Introduction to Risk and Return", S. 78.

- Ueber längere Zeitperioden betrachtet, weisen Anlagen mit hohem systematischem Risiko hohe Renditen auf ($\gamma_1 > 0$)[78],
- der Zusammenhang zwischen Rendite und systematischem Risiko ist linear ($\varepsilon_i = 0$, $\forall$ i),
- die Steigung des Zusammenhangs ($\gamma_1$) muss dem Risikopreis ($r_M - r_f$) entsprechen und
- $\gamma_0$ entspricht dem risikofreien Zinssatz ($r_f$), das heisst $\alpha_i$ muss $\forall$ i Null sein.

Fast ausnahmslos wurde der Zusammenhang bestätigt, dass mit steigendem systematischen Risiko die Rendite ebenfalls zunimmt ($\gamma_1$ *ist positiv*). Allerdings erscheint das Verhältnis zwischen Rendite und Risiko, das heisst die Security Market Line, *in der Realität flacher* als dies das theoretische CAPM zeigt[79]. In der Folge werden mit Anlagen, welche ein kleines Risiko aufweisen, höhere Renditen bzw. mit Anlagen, welche ein hohes Risiko aufweisen, niedrigere Renditen erzielt, als dies das CAPM postuliert.

*Fama/MacBeth* konnten nachweisen, dass die These des *linearen Zusammenhangs* zwischen Rendite und Risiko für den amerikanischen Markt *nicht verworfen* werden kann[80]. Demgegenüber liess sich für den deutschen Markt die Linearität nicht vollständig bestätigen[81]. Aufgrund verschiedener Studien kommt *Reilly* zum Schluss, dass der Zusammenhang zwischen Rendite und Risiko nicht vollständig linear ist[82]. Allerdings scheint die lineare Regression den Zusammenhang am besten wiederzugeben.

*Keine Bestätigung* fand die These, dass $\gamma_0$ *dem risikofreien Zinsfuss entspricht*[83]. Letzterer liegt in den meisten Fällen unter der Rendite eines risikolosen Portefeuilles, was allerdings zu einem Widerspruch führt. Da beide dasselbe systematische Risiko ($\beta = 0$) aufweisen, müssten auch deren Renditen gleich hoch sein. Demzu-

---

78 Wird $\gamma_1$ negativ, so muss der Aussagegehalt des CAPM nicht unbedingt tangiert sein. Da das CAPM in der ex post Form betrachtet wird, kann ein negatives $\gamma_1$ bedeuten, dass $r_f$ im Untersuchungszeitraum über den Renditen für risikobehaftete Anlagen lag.
79 Vgl. bspw. die Studien von *Sharpe/Cooper* (1972) *Black/Jensen/Scholes* (1972), *Fama/MacBeth* (1973) und *Blume/Friend* (1973).
80 Dieses Resultat wurde von *Blume/Friend* (1973) bestätigt.
81 Vgl. **Guy, J.:** "The Behavior of Equity on the German Stock Exchange", S. 71-93.
82 Vgl. **Reilly, F.:** "Investments", S. 639.
83 Vgl. bspw. die Studien von *Sharpe/Cooper* (1972), *Black/Jensen/Scholes* (1972), *Fama/MacBeth* (1973) und *Blume/Friend* (1973).

folge spielt am Markt neben dem β noch ein anderer Faktor als Risikomass eine Rolle.

*Black/Jensen/Scholes* interpretieren ihre Resultate dahingehend, dass ein risikoloser Zinssatz nicht existiert. An dessen Stelle ist das *zero-beta-Portefeuille* zu berücksichtigen[84], welches bei einer minimalen Varianz einen positiven α-Wert aufweist[85]. Allerdings vermag diese Erklärung nicht vollständig zu befriedigen, da das zero-beta-Portefeuille über den Beobachtungszeitraum nicht stationär ist[86]. Die Existenz nichtstationärer zero-beta-Portefeuilles ist auf die *Instabilität der α-Werte* - welche von den Autoren nicht bestritten wird - zurückzuführen und wirkt sich *erschwerend auf Prognosen zukünftiger Renditen* aus.

Die gezeigten Testresultate machen deutlich, dass die Aussagen des theoretischen CAPM mit der Realität nicht (vollständig) übereinstimmen. Nach den Ursachen dieser Diskrepanz suchend, zeigte *Roll* in einer für das CAPM vernichtend ausfallenden Kritik[87], dass bis anhin *kein korrekter und unzweifelhafter Test durchgeführt* werden konnte und praktisch keine Möglichkeit besteht, einen solchen Test in Zukunft zustande zu bringen. Er weist darauf hin, dass grundsätzlich lediglich getestet werden kann, ob das Marktportefeuille ex ante effizient ist oder nicht. Es kann gezeigt werden, dass die übrigen Thesen (beispielsweise der lineare Zusammenhang zwischen erwarteter Rendite und Risiko) bezüglich der These eines effizienten Marktportefeuilles redundant und daher nicht zu testen sind[88]. Der Umkehrschluss, dass beispielsweise aus der Linearität zwischen Rendite und Risiko die These eines effizienten Marktportefeuilles angenommen wird, ist allerdings nicht zulässig.

Um das CAPM zu testen, müsste zunächst das Marktportefeuille identifiziert werden. Da dieses sämtliche (auch nicht marktgängige) Vermögenswerte aller Anleger beinhaltet, dürfte dessen *empirische Bestimmung unmöglich* sein. Die Verwendung von annäherungsweisen Marktportefeuilles (sog. *Proxies*) darf aber *nicht* akzeptiert werden, da diese zu *falschen Schlüssen* führen. Wären das Proxy effizient und das wahre Marktportefeuille ineffizient, so würde dem CAPM fälschlicherweise Gültigkeit zugesprochen. Umgekehrt, wären das Proxy ineffizient und das wahre Marktportefeuille effizient, so würde das CAPM fälschlicherweise abgelehnt. *Roll* zeigt

---

[84] Demzufolge muss der Risikopreis (durch $(r_M-r_f)$ ausgedrückt) neu als $(r_M-r_Z)$ bezeichnet werden.

[85] Vgl. dazu Abschnitt 5.2.3.1.

[86] In der ersten untersuchten Teilperiode wurde sogar für das zero-beta-Portefeuille eine Rendite unter $r_f$ beobachtet, weshalb die zero-beta-Version des CAPM verworfen werden müsste.

[87] Vgl. **Roll, R:** "Critique of the Asset Pricing Theory's Tests", S. 129 f.

[88] Vgl. **Roll, R:** "Critique of the Asset Pricing Theory's Tests", S. 130 ff.

anhand einiger Beispiele, dass die Testergebnisse stark von dem zugrunde gelegten Proxy abhängig sind.

Mit der Kritik von *Roll* wird lediglich die Testbarkeit des CAPM bestritten, nicht aber das Modell als solches abgelehnt[89]. Allerdings ist nicht zu übersehen, dass die These des ex ante effizienten Marktportefeuilles aus den dem CAPM unterstellten Annahmen *homogener Erwartungen* und *Markteffizienz* folgt. Sind diese Annahmen in der Realität nicht erfüllt, so erübrigt sich ein Test und das CAPM muss abgelehnt werden.

### 7.3.2.3 Die Arbitrage Pricing Theory (APT)

Entsprechend dem CAPM handelt es sich bei der APT um eine Gleichgewichtstheorie, die auf der *These der Markteffizienz* aufbaut und die Beziehung zwischen erwarteter Rendite einer Anlage und deren Risiken aufzuzeigen versucht. Die Kritik von *Roll* berücksichtigend, fordert die APT *kein* Marktportefeuille, welches ohnehin empirisch nicht identifizierbar ist.

Die häufigsten Tests zur APT wurden von *Ross* und *Roll*, die ein zweistufiges Vorgehen vorschlagen, durchgeführt[90]. In einem ersten Schritt müssen die Faktoren $F_k$ und die zugehörigen Sensitivitäten $\beta_{Ak}$ mittels Faktorenanalyse geschätzt werden. Die erwarteten Anlagerenditen sind ebenfalls zu schätzen. Der zweite Schritt umfasst den Hypothesentest, dass die erwartete Rendite einer Anlage wie folgt zu bestimmen ist (vgl. (5.42)):

$$E(r_A) = \lambda_0 + \lambda_1 \cdot \beta_{A1} + \lambda_2 \cdot \beta_{A2} + ... + \lambda_k \cdot \beta_{Ak} \qquad (7.7)$$

(7.7) wird anhand einer Querschnittsregression getestet, indem die durchschnittlichen Anlagerenditen gegen die Faktorsensitivitäten $\beta_k$ regressiert werden.

*Roll/Ross* (1980) ermittelten für den *amerikanischen Aktienmarkt* in der Zeit von 1962 bis 1972 anhand 1'260 in 42 Gruppen (zu 30 Aktien) aufgeteilten Aktien mindestens vier relevante Faktoren. *Chen* (1983), *Chen/Roll/Ross* (1983) und *Roll/Ross* (1984) bestätigten in ihren Untersuchungen die Resultate von *Roll/Ross* (1980), wo-

---

[89] Aber auch die nach der Kritik von Roll gemachten Tests vermochten die Aussagen des CAPM nicht vollständig zu unterstützen. Vgl. bspw. *Cheng/Grauer* (1980), *Stambaugh* (1982), und *Jobson/Korkie* (1982) (vgl. dazu **Alexander, G./Francis, J.:** "Portfolio Analysis", S. 170 ff.).

[90] Vgl. **Roll, R./Ross, S.:** "An Empirical Investigation of the Arbitrage Pricing Theory", S. 1073-1103.

bei *Chen/Roll/Ross* die Inflation, die Zinsstruktur, die Risikopräme (Renditedifferenz zwischen Bonds mit unterschiedlichen Ratings) und die Industrieproduktion erkennen[91]. Die Studie von *Cho/Elton/Gruber* (1984)[92] legt den Schluss nahe, dass sicher mehr als zwei Faktoren die Renditen beeinflussen, während *Brown/Weinstein* (1983)[93] von drei Faktoren sprechen. Erwähnenswert ist die Studie von *Denzler* (1988)[94] für den *schweizerischen Aktienmarkt*. Seine Untersuchungen deuten auf vier relevante Faktoren (internationale Börsenentwicklung, Zinssätze, Kurs des US-Dollars und die allgemeine Konjunkturlage) hin.

Die erwähnten Untersuchungen lassen den Schluss zu, dass mit mindestens drei und höchstens fünf Faktoren die besten Resultate erzielt werden. Allerdings stellt sich die Frage, welche Faktoren zu berücksichtigen sind. Mit Recht erwähnen *Copeland/ Weston*, dass eines der frustrierenden Dinge bei den Tests der APT mittels Faktoranalyse die Tatsache ist, dass dieses Vorgehen nichts darüber aussagt, was die Faktoren beinhalten[95]. Eine weitergehende Kritik stammt von *Dhrymes/Friend/Gultekin* (1984)[96], die unter anderem behaupten, dass die Faktoranalyse von der Grösse der zu untersuchenden Aktiengruppe abhängig ist und dass sich im Falle einer Erhöhung der Anzahl Aktien pro Gruppe auch die Zahl der Faktoren erhöht. *Roll/ Ross* (1984)[97] gelang es allerdings, die von *Dhrymes/Friend/Gultekin* (1984) gemachten Aeusserungen in überzeugender Weise zu widerlegen. Eine ebenfalls ablehnende Haltung gegenüber der APT nimmt die Studie von *Shanken* (1985)[98] ein. Er folgert, dass wegen des Unvermögens, die einzelnen Faktoren zu identifizieren, die APT nicht getestet werden kann[99]. Solange die Faktoren die Renditen (vgl. (7.7)) erklären, wirken sich die Testresultate für die APT unterstützend aus. Anderenfalls

---

91  Für *Chen* (1983) und *Chen/Roll/Ross* (1983) vgl. **Fuller, R./Farrell, J.:** "Modern Investments and Security Analysis", S. 497 f. Für *Roll/Ross* (1984) vgl. **Reilly, F.:** "Investments", S. 644.

92  Vgl. **Elton, E./Gruber, M.:** "Modern Portfolio Theory and Investment Analysis", S. 346.

93  Vgl. **Denzler, M.:** "Arbitrage-Preis-Theorie: Eine empirische Untersuchung für den schweizerischen Aktienmarkt", S. 65 f.

94  **Denzler, M.:** "Arbitrage-Preis-Theorie: Eine empirische Untersuchung für den schweizerischen Aktienmarkt".

95  Vgl. **Copeland, T./Weston, J.:** "Financial Theory and Corporate Policy", S. 229.

96  Vgl. **Denzler, M.:** "Arbitrage-Preis-Theorie: Eine empirische Untersuchung für den schweizerischen Aktienmarkt", S. 53 ff.

97  Vgl. **Reilly, F.:** "Investments", S. 644.

98  Vgl. **Reilly, F.:** "Investments", S. 645.

99  Aus ähnlichen Gründen (das Marktportefeuille ist empirisch nicht bestimmbar) kann das CAPM nicht getestet werden (vgl. Abschnitt 7.3.2.2.).

(wenn die Renditen nicht durch die Faktoren erklärt werden) darf aber die APT nicht verworfen werden.

Zusammenfassend kann festgehalten werden, dass die bisher erfolgten Studien eher für als gegen die APT sprechen, obschon diese in der Realitiät noch nicht voll zu befriedigen vermag.

### 7.3.3 Schlussfolgerungen für die Praxis

Die vorgestellten Testresultate zeigen, dass die *auf der These der Markteffizienz aufbauenden* Ansätze des *Capital Asset Pricing Model* und der *Arbitrage Pricing Theory* umstritten sind. Das CAPM vermag nicht zu befriedigen, da der das Risiko beschreibende β-Wert nicht sämtliche Risiken erfasst und die β-Werte unstabil und schlecht prognostizierbar zu sein scheinen[100]. Demgegenüber versucht die APT die im CAPM aufgedeckten Schwächen zu beheben, indem das Anlagerisiko durch mehrere Faktoren ausgedrückt wird. Dieses Vorgehen impliziert, dass die einzelnen Faktoren für sämtliche Anlagen identifiziert werden können, was von den Kritikern für unmöglich gehalten wird. Trotz dieser berechtigten Bedenken ist die APT nicht zu unterschätzen. Es handelt sich zwar um eine noch relativ neue Theorie, doch lassen verschiedene Untersuchungen vermuten, dass die *APT dem CAPM überlegen ist*[101].

Die in der Realität festgestellten Probleme des CAPM und der APT sind nicht zuletzt auf die *Ineffizienz der Märkte* zurückzuführen[102]. Solange diese vorhanden ist, sind beide Ansätze in der Praxis zum Scheitern verurteilt. Dennoch handelt es sich in beiden Fällen um Modelle, denen gewissermassen eine für das Portfolio-Management *unterstützende* Funktion zukommt[103]. Das Treffen von Entscheidungen ausschliesslich aufgrund der mittels CAPM oder APT ermittelten Resultate muss allerdings abgelehnt werden.

---

100 *Schultz/Zimmermann* (1989) zeigen, dass auf dem schweizerischen Aktienmarkt genaue Prognosen von β-Werten (dank deren Unstabilität) sehr schwierig sind. Selbst anspruchsvolle Schätztechniken bringen keinen wesentlichen Nutzen. Vgl. **Schultz, J./Zimmermann, H.:** "Risikoanalyse schweizerischer Aktien: Stabilität und Prognose von Betas", S. 196-209.

101 Vgl. bspw. **Lehmann, B.:** "Portfolio Manager Behaviour and Arbitrage Pricing Theory", S. 35-44.

102 Vgl. Abschnitt 7.2.

103 Gemäss Auskünften aus der Bankpraxis gelangt vor allem das CAPM in diesem Sinne zur Anwendung. Wegen der Komplexität wird die APT eher zurückhaltend betrachtet.

Im Gegensatz zum CAPM und der APT wird *im Markowitz-Modell die These der Markteffizienz nicht unterstellt*. Eine qualitativ gute Analyse ermöglicht daher, eine über der Marktrendite liegende Portefeuillerendite zu erzielen. Trotz verschiedener Einwände[104] - die durch den einperiodigen Planungshorizont hervorgerufene Statik des Modells, die unterstellten, in der Realität aber nicht vorzufindenden friktionslosen Märkte sowie das Problem der Marktenge - liefert der Markowitz-Ansatz Resultate, die zur Entscheidungsfindung im Portfolio-Management von grossem Nutzen sind[105]. Es erstaunt daher kaum, dass sich dieses Modell in der Praxis - wenn auch häufig in modifizierter Form - einer gewissen Beliebtheit erfreut.

---

104 Vgl. Abschnitt 7.3.2.1.

105 Die Entscheidung als solche ist vom Markowitz-Modell allerdings nicht zu erwarten. Wie jedes andere Modell hat sich auch dieses mit der kaum zu lösenden Problematik, ein Abbild der Realität zu schaffen, auseinanderzusetzen.

# 8 Portefeuillegestaltung in der Praxis

Das traditionelle Portfolio-Management, das mittels fundamentaler und/oder technischer Analyse Anlagemedien oder ganze Portefeuilles qualitativ beurteilt, ist in der Schweiz weit verbreitet[1]. Demgegenüber gelangt das moderne Portfolio-Management - im Unterschied zu den USA, Grossbritannien oder Japan - nur spärlich zum Einsatz. Aufgrund der bereits früher gegenüber den verschiedenen Modellansätzen angebrachten Kritiken[2] erstaunt diese Entwicklung kaum. Allerdings darf nicht übersehen werden, dass die aus dem modernen Portfolio-Management hervorgebrachten (quantitativen) Risiko-Rendite-Analysen wertvolle Informationen zur Portefeuillegestaltung liefern.

Untersuchungen haben gezeigt[3], dass für den Erfolg einer Anlagestrategie den Entscheidungen bezüglich der Portefeuillestrukturierung (sog. *Asset Allocation*) eine viel grössere Bedeutung beizumessen ist als den Entscheidungen bezüglich der Auswahl und Gewichtung der einzelnen Titel. Wird dem auch vom traditionellen Portfolio-Management kaum bestrittenen Diversifikationsgedanken, der auf der unterschiedlichen Renditeentwicklung der Anlagekategorien basiert, gefolgt, so leistet das von *Markowitz* entwickelte Modell[4] ausgezeichnete Dienste.

Im folgenden werden die für den Erfolg wichtigsten Schritte eines in der Praxis anwendbaren Portfolio-Managements - die Datenermittlung, die Asset Allocation und die Portefeuilleüberwachung sowie deren Revision - aufgezeigt[5].

## 8.1 Die Datenermittlung

Die Anwendung des Markowitz-Modells erfordert die Existenz der erwarteten Rendite ($E(r)$) und des Risikos ($\sigma^2$) sämtlicher Anlagemedien, Märkte, Sektoren und einzelnen Anlagen sowie deren Renditeabhängigkeiten untereinander. Im Rahmen des Optimierungsprozesses nehmen diese Daten eine zentrale Stellung ein, denn die Modellergebnisse können letztlich nur so gut wie die Qualität der ihnen zugrunde

---

1 Gemäss Auskünften aus der Bankpraxis.
2 Vgl. dazu Abschnitt 7.3.
3 Vgl. **Brinson, G./Hood, R./Beebower, G.**: "The Determinants of Portfolio Performance", S. 39-44.
4 Vgl. dazu Abschnitt 5.1.
5 Im folgenden wird ein Portefeuillevolumen von mindestens 30 Millionen Franken unterstellt. Nur dann ist es möglich, den gezeigten Ablauf nachzuvollziehen (vgl. dazu auch Abschnitt 2.1.3.).

liegenden Daten ausfallen[6]. Der Erfolg eines Investors hängt demzufolge von seiner Fähigkeit ab, die Zukunft bzw. die erwähnten Daten exakt *prognostizieren* zu können.

Grundsätzlich gelangen zwei Prognoseverfahren zur Anwendung:
- Prognosen aufgrund historischer Daten und
- Prognosen aufgrund von Szenarien.

### 8.1.1 Prognosen aufgrund historischer Daten

Prognoseverfahren, die auf historischen Daten basieren, unterstellen, dass aufgrund der vergangenen Renditebewegungen auf die zukünftigen Renditen, Varianzen und Korrelationen einzelner Anlagemedien, Märkte, Sektoren oder Titel geschlossen werden kann. Eine reine *Trendextrapolation* kann jedoch angesichts der komplexen Bedingungen, denen das Geschehen am Markt unterliegt, *nicht vorgenommen* werden[7]. Häufig gelangt daher eine Kombination aus historischen Grössen und (subjektiven) Prognosen zur Anwendung.

#### 8.1.1.1 Voraussetzungen zur Anwendung von Prognoseverfahren, die auf historischen Daten basieren

Um die historischen Daten eingehend analysieren zu können, haben diese bestimmten statistischen Anforderungen zu genügen. Die wohl wichtigste Voraussetzung betrifft den *Umfang der zu betrachtenden Werte*. Um einen hohen Genauigkeitsgrad der zu berechnenden Kennzahlen - durchschnittliche Rendite, Varianz und Korrelation - zu gewährleisten, sollten die Zeitreihen eine genügend grosse Anzahl Werte umfassen[8]. Werden zu kurze Zeitreihen verwendet, ergeben sich Verzerrungen im Resultat.

Irrelevant für die Genauigkeit der zu berechnenden Kennzahlen ist die Frage nach der *Art der Daten*. Ob es sich um Tages-, Wochen-, Monats- oder Jahresrenditen

---

6 *Michaud* weist darauf hin, dass beim Markowitz-Modell das grösste Problem die Tendenz darstellt, dass aufgrund falscher Datenschätzungen eine Häufung von Fehlern stattfindet. Er spricht daher von einem *'Estimation-Error Maximizer'* (vgl. **Michaud, R.:** "The Markowitz Optimization Enigma: Is 'Optimized' Optimal?", S. 31-42).

7 Wird eine reine Trendextrapolation vorgenommen, so würde dies der Random Walk-Hypothese widersprechen (vgl. Abschnitt 7.2).

8 Häufig wird von mindestens 60 Werten ausgegangen.

handelt, ist in erster Linie vom betrachteten Zeithorizont abhängig. Es ist beispielsweise kaum sinnvoll, eine durchschnittliche Rendite der letzten 10 Jahre aufgrund von Tagesrenditen zu ermitteln. Vielmehr ist für einen solchen Zeithorizont die Verwendung von Monatswerten angezeigt (was immerhin eine Datenreihe von 120 Werten ergibt). Im Sinne einer Kontinuität ist bei Wochen-, Monats- und Jahresrenditen immer derselbe Zeitpunkt zu betrachten (beispielsweise bei Wochenrenditen der Mittwoch). Den bereits erwähnten Marktanomalien ist dabei genügend Beachtung zu schenken[9].

Probleme können *extreme Ereignisse* wie beispielsweise der Crash vom Oktober 1987 schaffen. Der Investor muss sich bewusst sein, dass solche Ereignisse vor allem bei der Berechnung der Standardabweichung (Varianz) stark ins Gewicht fallen und damit unter Umständen ein in normalen Verhältnissen nicht gerechtfertigtes Risiko zeigen. Sind diese extremen Ereignisse in einer Gesamtbetrachtung nicht erwünscht, ist eine *Glättung* der Daten vorzunehmen[10].

Die Ermittlung der Daten von *Aktien* schafft in der Regel keine grossen Probleme, da die oben erwähnten Anforderungen gut erfüllbar sind. Zur Berechnung der erwünschten Werte (durchschnittliche Rendite, Standardabweichung und Korrelation) können die Zeitreihen ohne zusätzliche Korrekturen verwendet werden.

Schwierigkeiten entstehen demgegenüber bei *festverzinslichen Anlagen*, deren Ursache in der *beschränkten Laufzeit* und in der *Heterogenität* dieser Anlagen zu suchen sind. Die beschränkte Laufzeit ist in zweifacher Hinsicht problematisch. Zum einen verunmöglicht sie oftmals die Betrachtung genügend langer Zeitreihen, und zum andern beeinflusst die Restlaufzeit das Risiko der festverzinslichen Anlagen. Diese Schwierigkeiten akzentuieren sich bei den *Geldmarktpapieren*. Eine Unterteilung der festverzinslichen Anlagen nach Laufzeiten ist daher sehr empfehlenswert.

Die Verwendung von Wandelobligationen, Optionsanleihen sowie der verschiedenen in jüngerer Zeit am Markt erschienen Anleihen, welche sich in mindestens einem Merkmal von den gewöhnlichen Anleihen unterscheiden[11], ist infolge deren komplizierter Risiko-Rendite-Struktur äusserst schwierig. Eine Lösung der Problematik ist über die Anwendung von Indizes anzustreben.

---

9 Vgl. dazu Abschnitt 7.2.2.2. Aus diesem Grund sollten beispielsweise bei Wochenrenditen nicht der Freitag oder der Montag als Betrachtungszeitpunkt gewählt werden.
10 Vgl. dazu bspw. **Bohley, P.:** "Statistik - Einführendes Lehrbuch für Wirtschafts- und Sozialwissenschaftler", S. 224 ff.
11 Vgl. dazu Abschnitt 3.1.2.1.

Die Ermittlung der Zeitreihen für *Edelmetalle* ist so unproblematisch wie diejenige von Aktien, da die statistischen Anforderungen an die Daten gut erfüllt sind. Ebenfalls keine Schwierigkeiten sind seitens der *Immobilienanlagen* - sofern diese als längerfristige Investitionen betrachtet werden - zu erwarten. Zeitreihen bezüglich der Renditen von *Festgeldanlagen* und *Bankeinlagen* bereiten keine grösseren Probleme.

Um die Entscheidungen auf der Stufe der strategischen und taktischen Asset Allocation effizient ('effizient' im Sinne des Markowitz-Modells) fällen zu können, ist die Verwendung von Indizes unumgänglich. Allerdings haben Indizes bestimmter Anlagemedien, Märkte oder Marktsektoren verschiedene Bedingungen zu erfüllen:

- Es hat eine repräsentative Titelauswahl zu erfolgen,
- die einzelnen Titel sind zu gewichten, und
- den verschiedenen Korrekturproblemen (Dividendenbereinigung[12], Kapitalveränderung, Ausscheiden oder Einfügen von Titeln) ist Beachtung zu schenken[13].

Die *Gewichtung* der Titel erfolgt bei *Aktien* und *festverzinslichen Anlagen* häufig[14] aufgrund der Börsenkapitalisierung[15]. Da diese bei *Edelmetallen* schwierig zu ermitteln ist und sich in Abhängigkeit des Produktionsvolumens ändert[16], ist ein preisgewichteter Index vorzuziehen.

Die Anforderungen bezüglich der *repräsentativen Titelauswahl* und der *Korrekturmassnahmen* bereitet weniger bei Aktienindizes als vielmehr bei Indizes für festverzinsliche Anlagen Mühe. Durch die begrenzten Laufzeiten und damit verbunden die täglichen Laufzeitverkürzungen verändert sich der Charakter und die Marktreagibilität eines Indexes erheblich. Sodann verhindert bei Neuemissionen die Konzentration auf bestimmte Nominalzins- und Laufzeittypen in bestimmten Marktphasen überhaupt eine auch nur annähernde Repräsentativität des Indexes[17]. Zudem stellt sich das Problem eines über den Zeitablauf konstanten Indexes bezüglich Laufzeiten,

---

12 Analog der Dividendenbereinigung hat bei den festverzinslichen Anlagen eine 'Zinsbereinigung' zu erfolgen.

13 Vgl. **Zingg, W.**: "Der neue Index der Schweizer Aktien", S. 811-818.

14 So in der Schweiz beispielsweise der *Swiss Performance Index* für Aktien und der *Pictet Bond Index* für festverzinsliche Anlagen.

15 Denkbar sind aber auch andere Gewichtungen wie Bilanzsumme, bereinigtes Grundkapital, nomineller oder wertmässiger Börsenumsatz etc. (vgl. dazu **Zingg, W.**: "Indizes, Kenn- und Messziffern für kotierte Schweizeraktien", S. 32 f.).

16 Vgl. dazu Abschnitt 3.1.3.

17 Vgl. **Wertschulte, J./Meyer, T.**: "Das Rentenmarktindexkonzept der BHF-Bank", S. 66.

Couponzahlungen, Zahl und Emittenten (Schuldnerqualität) der festverzinslichen Anlagen. Eine Möglichkeit der Problemlösung ist darin zu sehen, dass Indizes bestimmter Schuldnerkategorien und/oder bestimmter Laufzeiten ermittelt werden.

Ist die Bildung eines Indexes unmöglich oder nicht genügend aussagekräftig (dies dürfte beispielsweise bei den Immobilienanlagen der Fall sein), so besteht die Möglichkeit, einen solchen mittels eines Testportefeuilles oder Anlagefonds zu approximieren. Allerdings ist hier zu bedenken, dass die Fonds ein aktives Portfolio-Management betreiben und somit weder konsistent noch repräsentativ sind.

### 8.1.1.2 Die Trendextrapolation als Beispiel eines auf historischen Daten basierenden Prognoseverfahrens

Es wurde bereits erwähnt, dass eine reine Trendextrapolation nicht vorgenommen werden darf. Vielmehr ist diese in Kombination mit Prognosen anzuwenden. Um das Vorgehen zu verdeutlichen, sind in Abbildung 8/1 die durchschnittlichen Renditen und Risiken der Anlagemedien 'Aktien' und 'festverzinsliche Anlagen' zwischen 1926 und 1987 aufgezeigt[18]. Zusätzlich sind die Korrelationen zwischen diesen Anlagemedien festgehalten.

Abbildung 8/1:   Die durchschnittlichen Renditen und Risiken von Aktien und Obligationen sowie deren Korrelation von 1926 bis 1987

| Anlage | Rendite | Standardabweichung | Korrelation | |
|---|---|---|---|---|
| | | | Aktien | Obligationen |
| **Aktien** | 6.85% | 18.67% | 1.00 | 0.33 |
| **Obligationen** | 4.34% | 3.12% | 0.33 | 1.00 |

Die Prognose der zukünftigen Entwicklung basiert auf der Annahme, dass die in der Vergangenheit realisierten Standardabweichungen und die Korrelationen auch in der Zukunft Gültigkeit haben werden. Entsprechend sind lediglich die erwarteten Renditen zu prognostizieren. Da ein Investor an der realen - und nicht an der nominellen - Rendite interessiert ist, wird häufig die erzielte Durchschnittsrendite unter Be-

---

[18] Die Daten sind einer Studie der Bank Pictet & Cie entnommen worden. Vgl. **Pictet & Cie:** "Die Performance von Aktien und Obligationen in der Schweiz - Eine empirische Untersuchung von 1935 bis 1987".

rücksichtigung einer zu schätzenden Inflationsrate als erwartete Rendite betrachtet (vgl. Abbildung 8/2).

Abbildung 8/2: Die nominalen Renditen, Inflationsraten, reale Renditen und prognostizierte Renditen von Aktien und Obligationen

| Anlage | nominale Rendite | Inflationsrate (1926-1987) | reale Rendite | erw. Inflation | progn. Rendite |
|---|---|---|---|---|---|
| Aktien | 6.85% | 2.4% | 4.45% | 6.0% | 10.45% |
| Obligationen | 4.34% | 2.4% | 1.94% | 6.0% | 7.94% |

Ein wesentlich differenzierteres und daher aussagekräftigeres Vorgehen besteht darin, die Zeitreihen entsprechend der wirtschaftlichen Entwicklung in Teilperioden zu zerlegen. *Ibbotson/Sinquefeld*[19] haben eine Unterteilung der betrachteten Zeitreihe anhand der Konjunkturzyklen vorgeschlagen. Zu diesem Zweck sind sämtliche die Konjunktur beeinflussenden Faktoren wie Bruttosozialprodukt, Inflation, Arbeitsproduktivität, Arbeitslosigkeit usw. zu betrachten. Die Renditen der auf diese Weise ermittelten Teilperioden weichen von der Rendite der gesamten zu betrachtenden Zeitperiode - bedingt durch sich ändernde Konjunkturfaktoren - stark ab.

Durch die Zerlegung der Zeitreihen in Teilperioden erhält ein Investor die Möglichkeit, die eine Rendite beeinflussenden Faktoren, die in der Zukunft relevant sind, identifizieren zu können. Ist beispielsweise für die Zukunft mit einem starkem Wachstum des Bruttosozialproduktes zu rechnen, wird die erwartete Rendite aufgrund der in der Vergangenheit ebenfalls in einem Zeitintervall mit starkem Wachstum des Bruttosozialproduktes registrierten Rendite prognostiziert. Ein derartiges Vorgehen verspricht im Vergleich zu den um die Inflationsrate korrigierten Durchschnittsrenditen genauere Prognosen.

Nicht zu übersehen ist beim erwähnten Vorgehen die Analogie zur *Arbitrage Pricing Theory*. Dort wird ebenfalls versucht, die Renditen aufgrund bestimmter Faktoren zu erklären. Es wurde bereits erwähnt, dass beispielsweise der schweizerische Aktienmarkt durch die internationale Börsenentwicklung, die Zinssätze, den Kurs des US-Dollars sowie die allgemeine Konjunkturlage am stärksten beeinflusst

---

19 **Ibbotson, R./Sinquefeld, R.:** "Stocks, Bonds, Bills and Inflation: Historical Returns (1926-1978)", zit. nach **Farrell, J.:** "Guide to Portfolio Management", S. 183.

wird[20]. Entsprechend sind die Renditen von Schweizer Aktien anhand dieser Faktoren zu prognostizieren.

### 8.1.2 Prognosen aufgrund von Szenarien

Das Verfahren der Prognosen aufgrund von Szenarien unterscheidet sich vom Verfahren der Trendextrapolation in zwei wesentlichen Punkten[21]. Zum einen sind Prognosen mittels Szenarien analytisch wesentlich aufwendiger, und zum andern ist der Zeithorizont - im Gegensatz zur Trendextrapolation - auf die einzuschätzende zukünftige Zeitperiode beschränkt. Häufig wählen Analysten eine solche von drei bis fünf Jahren. Kürzere Zeitabschnitte sind aber ebenfalls denkbar und erwünscht.

Das Vorgehen bei der Szenario-Technik erfolgt in zwei Stufen. Die erste Stufe umfasst die Bestimmung der Szenarien, deren Auswirkungen auf die verschiedenen Anlagemedien, Märkte und Sektoren sowie das Abschätzen der Eintretenswahrscheinlichkeiten. In der zweiten Stufe sind dann die Auswirkungen der Szenarien auf die zu prognostizierenden Grössen zu zeigen.

#### 8.1.2.1 Die Bestimmung der Szenarien

Die Bestimmung der Szenarien ist wohl eine der schwierigsten Elemente dieser Prognoseart[22]. Es ist eine exakte Analyse der verschiedenen ökonomischen Faktoren im weiteren Sinne vorzunehmen, 'im weiteren Sinne' deshalb, weil eine Betrachtung der auf die Wirtschaft *indirekt* wirkenden Einflüsse - wie beispielsweise sozialpolitische Trends[23] - unumgänglich ist. Aufgrund dieser Analyse sind mögliche Zukunftsentwicklungen - Szenarien genannt - aufzuzeigen. Häufig wird dabei von drei Szenarien ausgegangen: einer optimistischen, einer pessimistischen und einer wahrscheinlichsten Variante. Es sind aber auch mehr als drei Szenarien denkbar, was vor allem dann als sinnvoll erscheinen muss, wenn die Zukunft schwierig einzuschätzen ist.

Ist der Beschrieb der Szenarien erfolgt, sind für jede der einzelnen Varianten die Einflüsse auf die verschiedenen Anlagemedien, Märkte und Sektoren zu ermitteln

---

20  Vgl. dazu Abschnitt 7.3.2.3.
21  Vgl. **Fuller, R./Farrell, J.**: "Modern Investments and Security Analysis", S. 543.
22  Für eine vertiefte Betrachtung sei auf die einschlägige Literatur verwiesen. Ein empfehlenswertes Werk ist **Ulrich, H./Probst, G.**: "Anleitung zum ganzheitlichen Denken und Handeln" (zur Bestimmung von Szenarien sind insbesondere S. 158 ff. zu beachten).
23  Vgl. **Farrell, J.**: "Guide to Portfolio Management", S. 185.

(vgl. Abbildung 8/3). Nützlich ist dabei ein Vergleich mit der historischen Wirtschaftsentwicklung. Wurde beispielsweise in der Vergangenheit festgestellt, dass in Zeiten starker Inflation mit Geldmarktpapieren eine im Vergleich zu den übrigen Anlagemedien ausserordentlich gute Rendite erzielt wurde, so kann dieser Effekt in einem Szenario, das eine starke Inflation beinhaltet, ebenfalls berücksichtigt werden.

Abbildung 8/3: Die Bestimmung von Szenarien

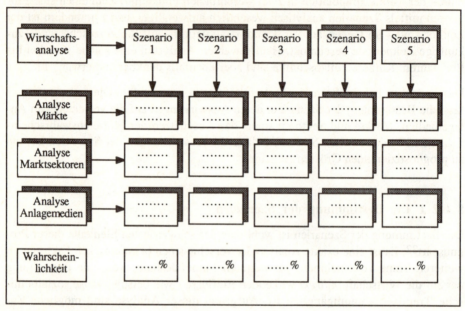

Nach der Bestimmung der Szenarien sowie deren Einflüsse auf die Kapitalmärkte sind schliesslich die Wahrscheinlichkeiten zu ermitteln, mit denen sich ein Szenario in Zukunft verwirklichen dürfte (sog. Eintretenswahrscheinlichkeiten).

### 8.1.2.2 Auswirkungen der Szenarien auf die zu prognostizierenden Grössen

In dieser zweiten Stufe der Szenario-Technik sind die konkreten Auswirkungen auf die erwarteten Renditen, Varianzen und Korrelationen der Anlagemedien, Märkte und Sektoren aufzuzeigen. Während in einem ersten Schritt die Einflüsse der verschiedenen Szenarien aufgezeigt worden sind, sind nun die *Renditen für sämtliche Szenarien zu prognostizieren*. Für die damit erhaltenen Renditeverteilungen können schliesslich die Varianzen und Korrelationen berechnet werden, was anhand eines einfachen Beispiels illustriert werden soll.

Abbildung 8/4: Auswirkungen der Szenarien auf die erwarteten Renditen, die Risiken und Korrelationen von Anlagemedien

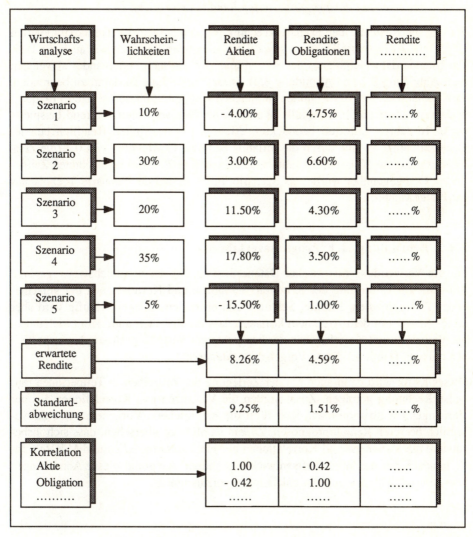

Angenommen, für Schweizer Aktien und Obligationen würden *fünf Szenarien* ausgearbeitet: Rezession, Inflation, normales Wirtschaftswachstum, starkes Wirtschaftswachstum und ein Szenario Börsencrash. Die Eintretenswahrscheinlichkeiten sowie die für jedes Szenario prognostizierten Renditen sind in Abbildung 8/4 festgehalten. Aufgrund dieser Angaben können die erwarteten Renditen der einzelnen Anlagemedien berechnet werden[24]. Die Varianzen und Korrelationen lassen sich ebenfalls ermitteln[25]. Aus dem Beispiel ist ersichtlich, dass das Risiko der erwähnten Anlagemedien der *Streuung der prognostizierten Renditen* entspricht.

Werden die Resultate der Szenario-Technik mit denjenigen der Trendextrapolation verglichen, ist festzustellen, dass sowohl die erwarteten Renditen wie auch die Risiken (Standardabweichungen) der Aktien und Obligationen voneinander abweichen (vgl. Abbildung 8/2 und Abbildung 8/4). Diese Feststellung ist damit zu begründen, dass die Gewichtung der Renditen in gleichen Konjunkturphasen je nach Prognoseverfahren unterschiedlich ausfällt. Wurde in der Vergangenheit während beispielsweise 10 Jahren Inflation beobachtet, erfahren die erwarteten Renditen bei der Trendextrapolation eine durch die Inflation bedingte Gewichtung von 0.2 (die Zeitreihe umfasst ca. 50 Jahre; 10 Jahre sind demzufolge 20% der beobachteten Zeitperiode). Demgegenüber wurde das Szenario 'Inflation' bei der Szenario-Technik nur mit 0.1 gewichtet.

### 8.1.3 Beurteilung der Prognoseverfahren

Für die Verwendung historischer Datenreihen spricht der vergleichsweise *geringe Aufwand* zur Ermittlung der Renditen, Varianzen und Korrelationen der verschiedenen Anlagemedien, Märkte, Sektoren und einzelnen Anlagen. Häufig wird aber dieser Ansatz mit dem Argument kritisiert, dass die Renditen und, damit verbunden, die Varianzen und Korrelationen der beobachteten Werte längerfristig konstant bleiben müssen. Damit sei dieses Vorgehen *realitätsfremd*.

Dieser Kritik wird denn auch bei der Zerlegung der Zeitreihen in Teilperioden teilweise Rechnung getragen. Zwar werden die Varianzen und Korrelationen aus der Vergangenheit übernommen, doch führt die beschriebene Vorgehensweise zu wesentlich besseren Renditeprognosen. Zudem ist nicht zu übersehen, dass sich insbesondere die Varianzen und Korrelationen einzelner *Anlagemedien* und *Märkte relativ langsam* mit der Wirtschaftsentwicklung ändern. Aufgrund dieser Aenderungen sind denn auch Portefeuilleumschichtungen vorzunehmen.

---

24 Zur Berechnung der erwarteten Renditen vgl. Abschnitt 4.1.1.2.
25 Zur Berechnung der Varianz vgl. Abschnitt 4.2.2.1 und zur Berechnung der Korrelation vgl. Abschnitt 4.3.1.1.

Mittels Szenario-Technik werden die erwähnten Nachteile der Trendextrapolation umgangen. Damit verbunden ist allerdings ein *Mehraufwand*, welcher nur dann gerechtfertigt ist, wenn dadurch die *Qualität* der zu ermittelnden Daten steigt.

Die grösste Schwierigkeit ist in der Bestimmung der Szenarien sowie deren Gewichtung mit Eintretenswahrscheinlichkeiten zu sehen. Es ist zu beachten, dass *sämtliche*, insbesondere auch die *extremen* Szenarien zu bestimmen und mit der entsprechend *objektiv* gerechtfertigten Gewichtung zu versehen sind. Die Szenario-Technik hängt entsprechend stark von der *Prognosefähigkeit* des Analysten ab. Ist ihm diese aber nicht gegeben, muss auf die Szenario-Technik verzichtet und auf die Trendextrapolation ausgewichen werden[26].

## 8.2 Die Asset Allocation

Nachdem die erwarteten Renditen, Standardabweichungen und Korrelationen sämtlicher Anlagemedien (Aktien, festverzinsliche Anlagen, Edelmetalle, flüssige Mittel usw.), Märkte (Länder bzw. Währungen) und Sektoren (Branchen) ermittelt worden sind, folgen auf der zweiten Stufe des Portfolio-Managements die Entscheidungen bezüglich der Portefeuillestruktur. Zu diesem Zweck hat der Investor eine *systematische Aufteilung* des zu investierenden Kapitals auf die einzelnen Anlagemedien, Märkte und Sektoren vorzunehmen. Diese Aufteilung - im angelsächsischen Sprachraum mit *Asset Allocation* bezeichnet - hat derart zu erfolgen, dass für eine bestimmte (individuelle) Zielsetzung ein optimales Portefeuille (maximale Rendite bei einem bestimmten Risiko) entsteht.

### 8.2.1 Grundgedanken der Asset Allocation

Eine optimale Portefeuillegestaltung erfordert vom Investor Entscheidungen bezüglich

- der Auswahl der Anlagemedien, Märkte und Sektoren,
- der Gewichtung der Anlagemedien, Märkte und Sektoren und
- der Auswahl sowie der Bestimmung des Transaktionszeitpunktes (Timing) einzelner Anlagen.

---

[26] Gespräche mit Bankpraktikern zeigten, dass die Bestimmung der Szenarien grosse Mühe bereitet, weshalb in den häufigsten Fällen die Methode der Trendextrapolation zur Anwendung gelangt.

Während die Auswahl und Gewichtung der Anlagemedien und Märkte aufgrund einer *langfristigen* Anlagepolitik erfolgt (bis zu fünf Jahren), kommt der Sektorenauswahl und -gewichtung kurzfristiger Charakter (30 bis 360 Tage) zu. Die Titelselektion sowie die Bestimmung des Transaktionszeitpunktes wird täglich vorgenommen.

Die Entscheidungen bezüglich der Asset Allocation und Titelselektion erfolgen in Abhängigkeit vom Portfolio-Management-Stil. Wird ein *passives Portfolio-Management* betrieben, ist die Struktur des Portefeuilles vorgegeben. Ein *aktives Portfolio-Management* erlaubt demgegenüber, die Asset Allocation und Titelselektion aufgrund eigener Prognosen zu beeinflussen.

### 8.2.1.1 Passives versus aktives Portfolio-Management

Das vom *Capital Asset Pricing Model* und der *Arbitrage Pricing Theory* propagierte *passive Portfolio-Management* unterstellt, dass die Marktportefeuilles der einzelnen Länder effizient sind[27]. Für den Investor ist es daher nicht möglich, überdurchschnittliche Renditen - Renditen, welche über der Marktrendite liegen, aber kein höheres Risiko aufweisen (risikoadjustierte Renditen[28]) - zu erzielen. In der Folge wird die Benützung eines Investitionsvehikels in Form eines Indexes vorgeschlagen[29]. Häufig gelangen kapitalgewichtete Indizes wie der *Morgan Stanley Capital International Europe, Australia, and Far East-Index* (EAFE), der *Lombard Odier international-* oder *Salomon Brothers international-Index* usw. zum Einsatz.

Für ein passives Management spricht der im Vergleich zum aktiven Management verhältnismässig geringe Aufwand in der Informationsbeschaffung; damit verbunden sind geringe Informationskosten. Da ein Index in seiner Zusammensetzung nur geringen Aenderungen unterworfen ist, halten sich die Transaktionskosten ebenfalls in Grenzen. Letztlich ist auch auf die Stabilität der Rendite und des Risikos eines passiv gemanagten Portefeuilles hinzuweisen. Allerdings sehen die Verfechter des aktiven Management genau darin einen Nachteil, denn mit einem passiven Management kann (risikoadjustiert) nie eine höhere Rendite als die Marktrendite erzielt werden.

---

27  Vgl. dazu Abschnitt 5.2.1. und Abschnitt 5.3.1.
28  Unter einer risikoadjustierten Rendite ist eine Rendite zu verstehen, die das Risiko mitberücksichtigt.
29  Vgl. **Botkin, D.:** "Strategy setting and expectations", in: **Tapley, M.:** "International Portfolio Management", S. 61.

Beim *aktiven Portfolio-Management* wird unterstellt, dass es aufgrund einer überdurchschnittlichen Prognosefähigkeit möglich ist, Schwankungen der Renditen tendenziell vorherzusehen. Dies setzt Informationsvorteile gegenüber dem Markt voraus und unterstellt entsprechend *ineffiziente Märkte*. Im Gegensatz zum passiven Management versucht der Investor, den Markt zu schlagen, das heisst (risikoadjustiert) eine höhere Rendite als die Marktrendite zu erzielen.

Das aktive Portfolio-Management wird üblicherweise in zwei Stufen unterteilt (vgl. weiter oben): die Asset Allocation und die Titelselektion bzw. das Timing. Während das aktive Management auf beiden Stufen Renditevorteile gegenüber dem Markt zu verwirklichen sucht, wird im passiven Management entsprechend dem Marktindex investiert. Anstelle eines ausschliesslich aktiven bzw. passiven Vorgehens ist allenfalls eine *Mischung* aus beiden Verhaltensweisen vorzunehmen. Häufig erfolgt die Aufteilung des zu investierenden Kapitals auf die Anlagemedien und Märkte anhand von Indizes, was einem passiven Management entspricht. Mit einem aktiven Management versucht der Investor, den Markt im Bereich der Sektorenaufteilung und der Titelselektion zu schlagen[30].

Wegen der *nicht gegebenen Markteffizienz*[31] ist von einem passiven Portfolio-Management abzusehen. Immerhin muss aber erwähnt werden, dass im Falle einer *schlechten Prognosefähigkeit* ein passives Vorgehen einem aktiven Portfolio-Management vorzuziehen ist, da die Gefahr gross ist, eine (risikoadjustiert) geringere Rendite als diejenige des Marktes zu erzielen.

### 8.2.1.2 Der Asset Allocation-Prozess

Der Asset Allocation-Prozess ist in zwei Phasen zu unterteilen[32] (vgl. Abbildung 8/5):

- die strategische Asset Allocation und
- die taktische Asset Allocation.

Die *strategische Asset Allocation* umfasst die Auswahl und Gewichtung der Anlagemedien sowie der Märkte. Das Ziel besteht darin, eine Portefeuillestruktur zu finden, welche einem Investor den höchst möglichen Nutzen (das heisst eine angestreb-

---

30 Es ist ebenfalls denkbar, dass ein Investor lediglich im Bereich der Titelselektion aktiv agiert oder das passive Vorgehen auf die Aufteilung des zu investierenden Kapitals auf die verschiedenen Anlagemedien beschränkt.
31 Vgl. dazu Abschnitt 7.2.
32 Vgl. **Sharpe, W.**: "AAT Asset Allocation Tools", S. 22 ff.

Abbildung 8/5:   Der Asset Allocation-Prozess

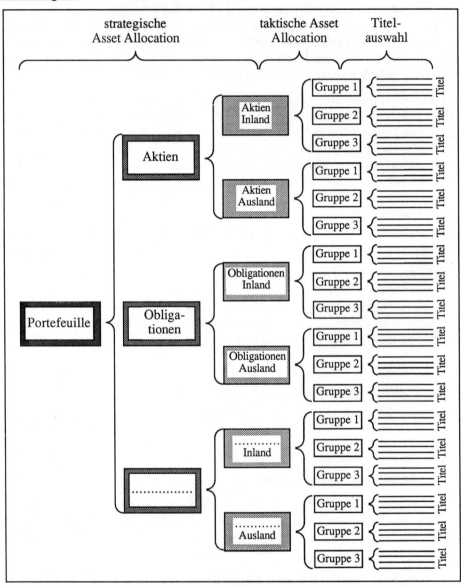

te Rendite bei minimalem Risiko) verspricht. Zu berücksichtigen sind nach Möglichkeit sämtliche Anlagemedien wie Aktien, Bonds, Geldmarktpapiere, Edelmetalle, Immobilien, Festgeldanlagen, Bankeinlagen, Optionen und Futures. Sodann sind die

Anlagemedien nach Märkten (Länder bzw. Währungen) zu unterteilen[33]. Die Entscheidung bezüglich der Gewichtung der Anlagemedien und Märkte erfolgt mit Hilfe des *Markowitz-Modells*. Es sind die erwarteten Renditen, Standardabweichungen und Korrelationen pro Anlagemedium und Markt (beispielsweise Aktien Schweiz, Aktien USA, Aktien Japan, Bonds Schweiz, Bonds Australien etc.) zu ermitteln[34].

Abbildung 8/6: Die Auswirkungen von Anlagerichtlinien auf den Verlauf der Efficient Frontier

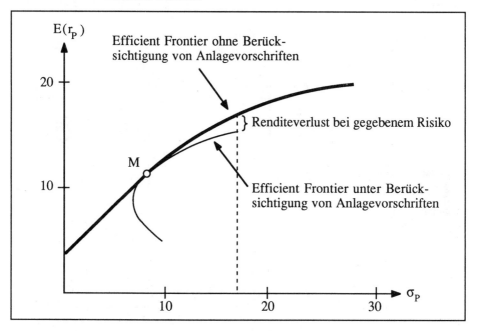

Institutionelle Investoren wie Pensionskassen, Versicherungen usw. stehen oft vor dem Problem, dass bestimmte *Anlagerichtlinien* von Gesetzes wegen vorgegeben sind[35]. Bei der strategischen Asset Allocation sind diese Vorschriften in Form von

---

[33] Der internationalen Asset Allocation ist eine grosse Bedeutung beizumessen, weshalb diese eingehender behandelt wird (vgl. Abschnitt 8.2.2.).
[34] Vgl. dazu Abschnitt 8.1.
[35] Vgl. dazu Abschnitt 3.2.2.

*Restriktionen* im Modell zu beachten[36]. Abbildung 8/6 zeigt, welche Auswirkungen derartige Anlagerichtlinien auf die Efficient Frontier haben können. Es ist ersichtlich, dass ein *Renditeverlust bei gegebenem Risiko* in Kauf zu nehmen ist[37].

In der zweiten Phase des Asset Allocation-Prozesses sind die Marktsektoren (Branchen, Gruppen von Aktien- bzw. Bondtypen[38]) auszuwählen und zu gewichten (taktische Asset Allocation)[39]. Entsprechend sind die erwarteten Renditen, Standardabweichungen und Korrelationen je Marktsektor, Markt und Anlagemedium zu ermitteln. Die Entscheidung hinsichtlich der Gewichtung der einzelnen Marktsektoren hat wiederum mit Hilfe des Markowitz-Modells zu erfolgen (vgl. Abbildung 8/7).

Abbildung 8/7: Die Asset Allocation-Matrix

| Markt | Obligationen | | | Aktien | | | ............... | | | Edelmet. | Cash | Total |
|---|---|---|---|---|---|---|---|---|---|---|---|---|
|  | G 1 | G 2 | G 3 | G 1 | G 2 | G 3 | G 1 | G 2 | G 3 |  |  |  |
| US-$ | 2% | 1% |  |  | 4% |  |  | ...% |  | 2% |  | ....% |
| £ |  |  | 4% |  | 3% | ...% |  |  |  | 2% | 1% | ....% |
| DM |  | 5% |  | 5% |  |  |  | ...% |  |  | 2% | ....% |
| Yen | 5% |  | 2% |  | 7% | 3% | ...% |  |  |  |  | ....% |
| FF |  | 2% |  | 1% |  |  |  |  |  |  |  | ....% |
| hfl. |  |  |  |  | 2% |  |  |  |  |  |  | 2% |
| Lit. |  |  |  |  |  |  |  |  |  |  |  | ....% |
| öS | 3% |  |  |  |  |  |  |  |  |  |  | 3% |
| kan.$ |  | 4% |  |  | 2% |  | ...% |  |  |  |  | ....% |
| ........ |  |  | ..% |  |  |  |  |  |  |  |  | ....% |
| sFr. |  |  | 7% |  | 7% |  | ...% | ...% |  | 1% | 3% | ....% |
| Total | 10% | 12% | 13% | ..% | 12% | 16% | ..% | ..% | ..% | 5% | 6% | 100% |

---

36 *Keinesfalls* darf eine Optimierung mit einer *anschliessenden Anpassung* des Resultates an die Anlagevorschriften erfolgen, da ein solches Vorgehen zu einer suboptimalen Lösung führt.

37 Vgl. **Bopp, J./Cantaluppi, L.:** Seminar zum Thema "Modernes Portfolio-Management", vom 13. Juni 1990 in Zürich.

38 In Abschnitt 3.3.1.2. wurden die von *Farrell* vorgeschlagenen Gruppen von Aktientypen erwähnt. Es handelt sich um Wachstumsaktien, zyklische Aktien, stabile Aktien und Aktien des Energiesektors. Gruppen von Bondtypen können beispielsweise nach dem Rating, dem Emittenten usw. unterschieden werden.

39 In der Literatur wird häufig die Titelselektion bzw. die Bestimmung des Transaktionszeitpunktes ebenfalls der taktischen Asset Allocation zugeordnet. Darauf wird in dieser Arbeit verzichtet, da das Modell von Markowitz in diesem Bereich nicht eingesetzt werden kann (vgl. dazu die Kritik in Abschnitt 7.3.2.1.).

## 8.2.2 Die internationale (globale) Asset Allocation

Der internationalen (globalen) Asset Allocation ist im modernen Portfolio-Management aus zwei Gründen grosse Bedeutung beizumessen. Erstens werden institutionelle Anleger durch die rasant steigenden Anlagevolumina gezwungen, auf ausländische Märkte auszuweichen[40]. Zweitens zeigen verschiedene Studien[41], dass durch die internationale Asset Allocation sowohl die Rendite gesteigert wie auch das Risiko vermindert werden kann. Dieser Effekt ist darauf zurückzuführen, dass die Märkte teilweise relativ schwach miteinander korrelieren.

### 8.2.2.1 Renditen und Risiken internationaler Anlagen

Um die potentiellen Chancen der internationalen Asset Allocation zu erkennen, ist eine vertiefte Analyse notwendig. Die Berechnung von Markt-, Sektoren- oder Titelrenditen und der damit verbundenen Standardabweichungen und Korrelationen ist nicht mehr ausreichend. Vielmehr sind zusätzlich die *Wechselkurse* in die Betrachtungen miteinzubeziehen. Paritätsänderungen können, müssen aber nicht die Vorteile der internationalen Asset Allocation schmälern. Wie zu zeigen sein wird, gilt es zu beachten, dass der Investor nur dem Paritätsänderungsrisiko ausgesetzt ist, das ihm *nach* der Portefeuillebildung verbleibt.

Wird mit $W_{R/L,t}$ die Parität zwischen der Referenzwährung R und der Lokalwährung L (ausgedrückt in Einheiten der Lokalwährung pro Einheit der Referenzwährung) und mit $r_{L,t}$ die Rendite des investierten Kapitals in Lokalwährung bezeichnet, so gilt für die in der Referenzwährung ausgedrückte Rendite $r_{R/L,t}$

$$r_{R/L,t} = [W_{R/L,t} \cdot (1 + r_{L,t}) / W_{R/L,t+1}] - 1 \qquad (8.1) \quad [42]$$

Bezeichnet $r_{W,t} = [(W_{R/L,t} / W_{R/L,t+1}) - 1]$ die durch eine Paritätsänderung bedingte Rendite, so lässt sich (8.1) vereinfachen:

---

[40] Allein für die schweizerischen Pensionskassen rechnet man bis zum Jahre 2005 mit einem durchschnittlichen täglichen Volumenanstieg von ca. 90 Millionen Franken (für die Daten dieser Berechnung vgl. **Hepp, S.:** "The Swiss Pension Funds - An Emerging New Investment Force", S. 129).

[41] Vgl. bspw. **Barnett, G.:** "The Best Portfolios are International", in: Euromoney, S. 165-171, **Büttler, H./Hermann, W.:** "International diversifizierte Portfolios unter flexiblen Wechselkursen", S. 28-40, **Grauer, R./Hakansson, N.:** "Gains from International Diversification: 1968-85 Returns on Portfolios of Stocks and Bonds", S. 721-741, **Levy, H./Sarnat, M.:** "Exchange Rate Risk and the Optimal Diversification of Foreign Currency Holdings", S. 453-463, **Solnik, B.:** "Why not Diversify Internationally Rather than Domestically?", S. 48-54.

[42] Vgl. **Levy, H./Sarnat, M.:** "Portfolio and Investment Selection: Theory and Practice", S. 641.

$$r_{R/L,t} = r_{W,t} + r_{L,t} + r_{W,t} \cdot r_{L,t} \tag{8.2}$$
$$= (1 + r_{W,t}) \cdot (1 + r_{L,t}) - 1$$

Anhand der gemäss (8.2) berechneten Renditen können internationale Anlagen von Periode zu Periode beurteilt und untereinander verglichen werden. Um einen Mehrperiodenvergleich anstellen zu können, ist das arithmetische Mittel der stetigen Einperiodenrenditen[43] zu berechnen:

$$_k r_{R/L} = (1/n) \cdot \sum_{t=1}^{n} [_k r_{W,t} + {}_k r_{L,t}] \tag{8.3}$$

(wobei $[_k r_{W,t} + {}_k r_{L,t}]$=stetige Rendite in Referenzwährung).

Aus (8.3) kann das Risiko - die Standardabweichung - einer internationalen Anlage unmittelbar hergeleitet werden:

$$\sigma_{R/L} = [\sigma^2_W + \sigma^2_L + 2 \cdot Cov(_k r_W, {}_k r_L)]^{1/2} \tag{8.4}$$

(8.4) macht deutlich, warum sich die häufig gemachte Annahme einer Kummulierung von Anlage- und Paritätsänderungsrisiko als falsch erweist. Die Korrelation zwischen dem Anlagemarkt (Aktienmarkt, Obligationenmarkt usw.) und dem Devisenmarkt spielt eine entscheidende Rolle. In einer Untersuchung konnte *Knight*[44] für den Schweizer Aktienmarkt denn auch nachweisen, dass das Paritätsänderungsrisiko wegen des geringen Zusammenhangs zwischen dem Anlage- und Devisenmarkt durchschnittlich zu 74% wegdiversifiziert wird. Die verbleibenden 26% des gesamten Paritätsänderungsrisikos entsprechen etwa 13% der Volatilität in Schweizer Franken[45]. Bei den ausländischen Obligationen werden durchschnittlich 33% der Volatilität in Schweizer Franken durch Wechselkursveränderungen verursacht, während dieser Anteil bei kurzfristigen Geldmarktinstrumenten bei durchschnittlich 68% liegt. Es zeigt sich, dass durch das Paritätsänderungsrisiko das Risiko internationaler Anlagen zwar erhöht wird, häufig aber nicht im vermuteten Ausmass.

In bezug auf die Berücksichtigung des Paritätsänderungsrisikos sind zwei verschiedene Vorgehensweisen zu unterscheiden:

- Das Paritätsänderungsrisiko wird als Chance bewusst in Kauf genommen. Häufig wird dabei der Standpunkt vertreten, dass es ohnehin unmöglich ist,

---

43 Vgl. dazu Abschnitt 4.1.1.1.
44 **Knight, R.:** "International Asset Allocation: A Swiss Perspective", S. 41-53.
45 Vgl. **Dubacher, R./Hepp, S.:** "Internationale Anlagestrategien für institutionelle Investoren", S. 151-160.

den Wechselkurs richtig zu prognostizieren.
- Das Paritätsänderungsrisiko wird abgesichert. Eine gute Möglichkeit bieten dazu der Verkauf von Währungs-Futures oder der Kauf von Währungs-Put-Optionen[46]. Wird das Paritätsänderungsrisiko allerdings überschätzt, entstehen offene Futures- bzw. Optionen-Positionen, was sich auf die Risikosituation des Investors kontraproduktiv auswirkt. Zudem sind die Kosten für die Absicherung gegen den Nutzen aus der Risikominderung abzuwägen.

### 8.2.2.2 Der Nutzen internationaler Asset Allocation

Investoren stehen der internationalen Asset Allocation häufig kritisch gegenüber. Es wird von einer einseitigen Argumentation zugunsten der Risikoreduktion gesprochen; unklar bleibe dabei die erzielbare Rendite. Dieser Einwand kann nicht akzeptiert werden, da mit einer systematischen internationalen Asset Allocation nicht nur das Risiko an das Marktrisiko, sondern auch gleichzeitig die Rendite an die Marktrendite des Weltmarktportefeuilles approximiert wird. Es ist zu zeigen, dass ein international aufgebautes Portefeuille Renditemöglichkeiten schafft, die - bei gleichem Risiko - besser sind als die Renditemöglichkeiten eines rein nationalen Portefeuilles.

Der Nutzen internationaler Asset Allocation - bessere Renditemöglichkeiten bei gleichem Risiko und umgekehrt[47] - ist von den *Korrelationen* zwischen den Märkten abhängig. Diese bringen die Marktabhängigkeiten zum Ausdruck. Bewegen sich die Renditen zweier Märkte parallel, so liegt eine hohe Abhängigkeit vor. In diesem Fall bringt ein international aufgebautes Portefeuille keinen oder lediglich einen geringen Nutzen. Geringe Marktabhängigkeiten versprechen demgegenüber einen hohen Nutzen. *Solnik* zeigt anhand einer *Korrelationsmatrix*, dass für jede Referenzwährung im Aktienmarkt gute Möglichkeiten bestehen, den Nutzen eines Portefeuilles durch internationale Anlagen zu erhöhen[48]. Eine ähnliche Untersuchung wurde von *Knight* durchgeführt[49]. Dieser illustriert, dass für einen Investor, der in der Referenzwährung Schweizer Franken denkt, unter anderem die Berücksichti-

---

46 Vgl. dazu bspw. **Celebuski, M./Hill, J./Kilgannon, J.:** "Managing Currency Exposures in International Portfolios", S. 16-23.
47 Im Markowitz-Modell wird von einer Verschiebung der Efficient Frontier nach links und nach oben gesprochen.
48 Vgl. **Solnik, B.:** "International Investments", S. 40 f. Bei dessen Untersuchung wurden monatliche Renditen in US-Dollars von 1971 bis 1986 betrachtet.
49 Vgl. **Knight, R.:** "International Asset Allocation: A Swiss Perspective", S. 41-53. Bei dessen Untersuchung wurden monatliche Renditen in Schweizer Franken von Januar 1980 bis Dezember 1987 berücksichtigt.

gung der Märkte Japan (ρ=0.240), Spanien (ρ=0.323) und Dänemark (ρ= 0.342) vorteilhaft sind. Abbildung 8/8 verdeutlicht, dass bereits die alleinige Berücksichtigung des japanischen Marktes höhere Renditen bei einem geringeren Risiko zulässt.

Abbildung 8/8: Der Nutzen internationaler Asset Allocation am Beispiel Japan - Schweiz

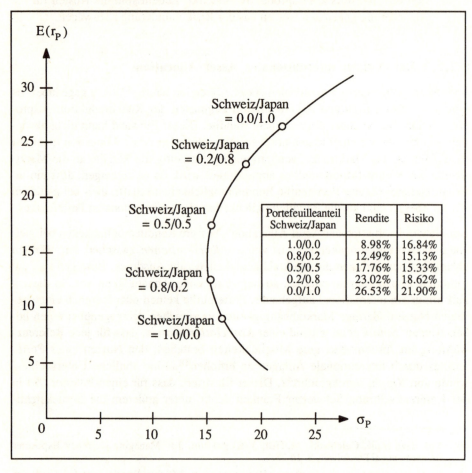

Dubacher/Hepp[50] zeigten auf, dass ähnliche Resultate für festverzinsliche Anlagen

---

50 Vgl. **Dubacher, R./Hepp, S.**: "Internationale Anlagestrategien für institutionelle Investoren", S. 151-160. Bei deren Untersuchung wurden monatliche Renditen in Schweizer Franken von Dezember 1977 bis Dezember 1987 berücksichtigt.

(Bonds) und für Geldmarktanlagen erzielt werden. Aufgrund der Korrelationen sind im Portefeuille Bonds aus den USA ($\rho=0.070$) und Japan ($\rho=0.091$) sehr empfehlenswert, während bei den Geldmarktanlagen Kanada ($\rho=0.004$) und die USA ($\rho=0.014$) berücksichtigt werden sollten. Findet die Asset Allocation bezüglich *sämtlicher verschiedener* Märkte und Anlagemedien statt, kann man nachweisen, dass sich die in Abbildung 8/8 für die Aktienmärkte gezeigte Efficient Frontier weiter nach links und nach oben verschiebt. Der Nutzen des Investors steigt; neben einer Risikominderung wird eine höhere Rendite erzielt[51].

Für den Investor, der sich nicht mit der Analyse sämtlicher Märkte beschäftigen kann, hat *MacQueen*[52] vorgeschlagen, die Märkte aufgrund der Korrelationen in Gruppen aufzuteilen. Diese sind derart zusammenzustellen, dass Märkte mit relativ hohen Korrelationen untereinander in einer Gruppe vertreten sind. Diese haben relativ tiefe Korrelationen mit den Märkten ausserhalb der Gruppe aufzuweisen. Mit Hilfe der von *Knight* ermittelten Korrelationsmatrix könnten für einen Investor mit der Referenzwährung Schweizer Franken beispielsweise die folgenden Gruppen gebildet werden:

- *Mittel- und Nordeuropa:* Belgien, Bundesrepublik Deutschland, Niederlande, Norwegen, Schweiz;
- *Südeuropa:* Italien, Spanien;
- *Pazifik:* Australien, Hong Kong, Japan, Singapur;
- *Gemischte Gruppe:* Australien, Grossbritannien, Kanada, Niederlande, Singapur, USA.

In einem internationalen Portefeuille hat jede Gruppe mit mindestens einem Markt vertreten zu sein. Probleme können sich allerdings dadurch ergeben, dass gewisse Ueberschneidungen fast unvermeidlich sind. Grossbritannien wäre beispielsweise ebenso gut in die Gruppe 'Pazifik' einzuteilen, während Japan auch der Gruppe 'Südeuropa' zugeordnet werden könnte. Die Niederlande sind bereits in obiger Einteilung in zwei Gruppen vertreten. Oesterreich als für die Schweiz aufgrund der Korrelationsmatrix als besonders interessanter Markt ist demgegenüber in keiner Gruppe zu finden. Mit grosser Wahrscheinlichkeit wird zudem ein Investor mit der Referenzwährung Schweizer Franken aus der Gruppe 'Mittel- und Nordeuropa' die Schweiz als Markt auswählen, was nicht zwingend zur optimalen Lösung führen muss.

---

51 Dieser Effekt wurde von *Solnik* für den Investor mit der Referenzwährung US-Dollar dargelegt. Vgl. **Solnik, B.:** "International Investments", S. 53.
52 **MacQueen, J.:** "Quantitative techniques", in: **Tapley, M.:** "International Portfolio Management", S. 75-108.

Immerhin ist festzuhalten, dass eine Einteilung der verschiedenen Märkte anhand der Korrelationen und der dann durchgeführten internationalen Asset Allocation mit je einem Gruppenvertreter zu besseren Resultaten führt als eine nationale Asset Allocation.

### 8.2.2.3 Probleme der internationalen Asset Allocation

Trotz des aufgezeigten Nutzens wird der internationalen Asset Allocation in der Praxis noch zu wenig Bedeutung beigemessen. Verschiedene Gründe sind dafür verantwortlich.

Der *Mangel an Vertrautheit auf fremden Märkten* führt häufig dazu, dass zwar internationale Investitionen getätigt werden, dies allerdings auf den Märkten, die lediglich einen geringen zusätzlichen Nutzen bringen. Schweizer Investoren berücksichtigen den deutschen Markt, amerikanische Investoren denjenigen von Kanada, in den australischen Markt wird von den Neuseeländern investiert, während englische Investoren nur in Märkten englischer Sprache anlegen. Das Misstrauen gegenüber fremden Märkten wird durch die Sprache, die unterschiedliche Kultur, die (unbekannten) Handelsusanzen und die verschiedenen Zeitzonen verstärkt. Diese Hemmnisse sind von den Investoren abzulegen, können sie doch durch eine systematische internationale Asset Allocation ihren Nutzen bedeutend steigern.

Es wurde bereits darauf hingewiesen, dass das *Paritätsänderungsrisiko* oft überschätzt wird[53]. Keinesfalls ist das Markt- und Paritätsänderungsrisiko zu addieren. Zudem ist letzteres immer im Portefeuilleverbund zu betrachten. Soll das Paritätsänderungsrisiko dennoch vollständig eliminiert werden, bestehen dazu verschiedene Möglichkeiten[54]. Das *politische Risiko* ist unbestrittenermassen zu beachten. Da letztlich aber sämtliche politischen Entscheidungen auf alle Märkte Einfluss haben (auch auf inländische Märkte), ist die Frage aufzuwerfen, ob ein das politische Risiko übergewichtender Investor überhaupt noch Investitionen tätigen darf. Dagegen ist dem *Transferrisiko* mehr Bedeutung beizumessen. Es ist abzuklären, ob Dividenden, Zinsen und das eingesetzte Kapital ins Ausland transferiert werden können.

Unter *regulatorischen Hindernissen* sind unterschiedliche Besteuerungen in- und ausländischer Investoren sowie Kontrollen über den Kapitalimport und -export zu

---

53  Vgl. dazu Abschnitt 8.2.2.1.
54  Vgl. dazu Abschnitt 8.2.2.1.

verstehen[55]. *Steuerungleichheiten* sind vor allem im Bereich der Quellensteuer vorhanden[56]. Der *Kapitalimport* wird beispielsweise in der Schweiz durch die vinkulierten Namenaktien behindert, während der *Kapitalexport* bei institutionellen Anlegern Einschränkungen durch die Limitierung ausländischer Anlagen erfährt[57].

Abbildung 8/9: Transaktionskosten im internationalen Vergleich

| Markt | Kommissionen | | Kontraktgrösse | lokale Steuern | |
|---|---|---|---|---|---|
| | o. Gr. | u. Gr. | | Kauf | Verkauf |
| Deutschland | 0.500 | 0.500 | aushandelbar | 0.100 | 0.100 |
| Frankreich | 0.650 | 0.215 | FF 2.2 Mio | 0.150 | 0.150 |
| Grossbritannien | 1.650 | 0.125 | £ 2.0 Mio | 1.000 | 0.000 |
| Hong Kong | 0.750 | 0.750 | | 0.300 | 0.300 |
| Italien | 0.700 | 0.700 | | 0.113 | 0.113 |
| Japan | 1.250 | 0.250 | Yen 1.0 Mia | 0.000 | 0.550 |
| Kanada | aushandelbar | | | 0.000 | 0.000 |
| Niederlande | 1.500 | 0.700 | hfl 0.5 Mio | 0.000 | 0.000 |
| Oesterreich | aushandelbar | | | 0.300 | 0.300 |
| Schweden | 0.450 | 0.300 | SEK 1.0 Mio | 0.500 | 0.500 |
| Schweiz | 0.800 | | sFr. 2.0 Mio | 0.090 | 0.090 |
| Singapur | 1.000 | 1.000 | | 0.200 | 0.000 |
| USA | aushandelbar | | | 0.000 | 0.000 |

Die *Kosten* werden in *Transaktionskosten* und *Research-Kosten* unterteilt. Unter den Transaktionskosten sind Kommissionen sowie lokale Steuern und Abgaben zu verstehen. Dass hier grosse Differenzen zwischen den verschiedenen Märkten bestehen, zeigt Abbildung 8/9 [58] deutlich. Fallen auf ausländischen Börsenplätzen höhere Transaktionskosten an, ist zu prüfen, ob der Vorteil einer internationalen Anlage

---

55 Vgl. **Tapley, M.:** "The case for diversifying internationally", in: **Tapley, M.:** "International Portfolio Management", S. 54.
56 Vgl. dazu Abschnitt 3.2.2.2.
57 Vgl. dazu Abschnitt 3.2.2.2.
58 Vgl. **Solnik, B.:** "International Investments", S. 111 und **Tapley, M.:** "The case for diversifying internationally", in: **Tapley, M.:** "International Portfolio Management", S. 56. Die Kommissionen (o.Gr.=obere Grenze; u.Gr.=untere Grenze) und lokalen Steuern sind in % an-
(Fortsetzung der Fussnote vgl. die folgende Seite)

nicht durch eine Renditeschmälerung erkauft werden muss. Neben den Transaktionskosten sind auch die zusätzlichen Research-Kosten (Personalkosten, Kommunikationskosten, Verwaltungskosten usw.) zu berücksichtigen.

Trotz Hindernissen wie Transferproblematik, Regulationen, Transaktions- und zusätzlichen Research-Kosten ist zu bezweifeln, dass die Vorteile einer internationalen Asset Allocation dadurch aufgehoben werden.

### 8.2.3 Beurteilung der Asset Allocation

*Brinson/Hood/Beebower*[59] illustrierten anhand einer Untersuchung, welche Bedeutung der Asset Allocation beizumessen ist. Die Autoren kamen zum Schluss, dass eine systematische verglichen mit einer unsystematischen Portefeuillestrukturierung zu wesentlich besseren Resultaten führt. Der Einfluss einer Einzelanlage auf die Performance[60] sei sehr gering[61]. Hingegen könne der Verzicht auf ein Anlagemedium oder einen Markt gleichbedeutend mit dem Verzicht auf eine Chance sein, eine bessere Rendite zu erzielen.

*Transaktionskosten* und *regulatorische Hindernisse* sind nicht nur bei der internationalen Asset Allocation hinderlich. Erstere steigen mit wachsender Anzahl zu berücksichtigender Märkte und Marktsektoren. Abbildung 8/10 zeigt, dass allein aufgrund des Courtage-Aufwandes die Asset Allocation behindert werden kann, da nicht der Wert des ganzen Börsenabschlusses, sondern die einzelnen Posten (Aktien) degressiv belastet werden[62]. Diese degressive Belastung erschwert den Einbezug der Transaktionskosten in den Asset Allocation-Prozess. Oft behilft man sich mit der Berücksichtigung eines fixen Kostensatzes[63].

---

gegeben. Bei der Kontraktgrösse handelt es sich um den Wert des Auftrages, bei dem die tiefste Kommission berechnet wird.

[59] Vgl. **Brinson, G./Hood, R./Beebower, G.:** "The Determinants of Portfolio Performance", S. 39-44. In dieser Studie wurden 91 Fonds untersucht und festgestellt, dass die durchschnittlich erzielte Rendite zwischen 1974 und 1983 bei 9.01% lag. Dem steht eine mittels systematischer Portefeuillestrukturierung erzielte Rendite von 9.44% gegenüber. Gleichzeitig konnte das Risiko verringert werden.

[60] Zur Performance vgl. Kapitel 9.

[61] "The Performance advantage comes from allocating funds between asset classes and across countries, not from selecting individual securities" (**Ibbotson, R./Brinson, G.:** "Investment Markets", S. 267).

[62] Vgl. **Zimmermann, H./Bill, M./Dubacher, R.:** "Finanzmarkt Schweiz: Strukturen im Wandel", S. 57.

[63] Vgl. **Sharpe, W.:** "AAT Asset Allocation Tools", S. 65.

Regulatorische Hemmnisse haben vor allem die institutionellen Investoren zu berücksichtigen. Verschiedene gesetzliche Regelungen behindern die Asset Allocation und führen bei gegebenem Risiko zu einem Renditeverlust[64].

Abbildung 8/10: Courtagen auf unterschiedlich diversifizierten Portefeuilles bei einem Portefeuillewert von sFr. 1.0 Mio.

| Markt | Anzahl Aktien | | | |
|---|---|---|---|---|
| | 1 | 5 | 10 | 20 |
| Australien | 1.35% | 1.53% | 1.75% | 2.00% |
| Deutschland | 1.22% | 1.28% | 1.35% | 1.40% |
| Grossbritannien | 1.34% | 1.48% | 1.65% | 1.80% |
| Japan | 1.35% | 1.53% | 1.75% | 2.00% |
| Kanada | 1.39% | 1.75% | 2.20% | 2.70% |
| Niederlande | 1.62% | 1.68% | 1.75% | 1.80% |
| Schweiz | 0.42% | 0.65% | 0.75% | 0.80% |
| Spanien | 1.82% | 1.88% | 1.95% | 2.00% |
| USA | 1.09% | 1.45% | 1.90% | 2.30% |

Trotz dieser Erschwernisse ist an der Asset Allocation festzuhalten, kann sich ein Investor doch auf das Wesentliche des Portfolio-Managements - die Depotstrukturierung - konzentrieren. Auf die Betrachtung einer riesigen Anzahl verschiedener Titel, welche ohnehin einen geringen Einfluss auf die Performance haben, ist zu verzichten. Research- und Ueberwachungsaufwand werden dadurch reduziert, und es erfolgt ein effizienteres Portfolio-Management.

## 8.3 Portefeuilleüberwachung und -revision

Das in der Asset Allocation zur Anwendung gelangende Markowitz-Modell unterstellt, dass die für einen bestimmten Anlagezeitraum geplanten effizienten Portefeuilles bis zu dessen Ende unverändert bestehen bleiben. Ein solches Vorgehen (sog. buy-and-hold-Strategie) läuft aber dem Interesse eines Investors zuwider, der eine überdurchschnittliche Rendite anstrebt. Die Aufgabe eines dynamischen Portfolio-Managements ist gerade darin zu sehen, dass aufgrund neuer Informationen Portefeuille-Anpassungen vorgenommen werden.

---

[64] Vgl. Abschnitt 8.2.1.2.

### 8.3.1 Die Portefeuilleüberwachung

Die Zusammenstellung eines Portefeuilles ist nicht nur ein Problem *einmaliger* langfristiger Investitionen in bestimmte Anlagen. Das Portefeuille ist ständig zu überwachen, neu zu beurteilen und gegebenenfalls

- an veränderte Marktverhältnisse,
- an Veränderungen des Anlagekapitals und
- an veränderte Investorenziele und Anlagevorschriften

anzupassen.

Ein neuer Informationsstand bezüglich der Marktsituation erfordert Korrekturen der Schätzwerte. Erwartete Renditen, Standardabweichungen und Korrelationen sind aufgrund der Marktveränderungen neu zu prognostizieren. Wie bei der erstmaligen Depotstrukturierung hängt der Erfolg einer Portefeuillerevision von der Prognosefähigkeit des Investors ab.

Die Veränderungen des Anlagekapitals sind ebenfalls zu überwachen. Diese werden durch Dividenden- und Zinseinnahmen, freigesetztes Kapital aus sich selbst liquidierenden Anlagen und durch den Investor ausgelöste Kapitalzu- und abflüsse hervorgerufen. Von Schwankungen des Anlagekapitals sind insbesondere institutionelle Investoren betroffen. Eine exakte Analyse der Zahlungseingänge (Prämien) bzw. Leistungsverpflichtungen hat zu erfolgen[65].

Schliesslich sind veränderte Investorenziele und Anlagevorschriften zu beachten, führen diese doch zu wesentlichen Einschränkungen im Portfolio-Management[66]. Die Resultate bereits erwähnter Untersuchungen zeigen[67], dass beispielsweise eine Lockerung der für institutionelle Investoren geltenden gesetzlichen Anlagevorschriften bezüglich internationaler Anlagen eine bedeutende Renditesteigerung bei gleichem Risiko ermöglichen würde.

Die Erweiterung des ursprünglich statischen Markowitz-Modells hinsichtlich dynamischer Anpassungen geschieht in der Praxis in der Weise, dass in bestimmten Zeitintervallen aufgrund der veränderten Marktverhältnisse, des veränderten Anlagekapitals sowie der veränderten Investorenziele und Anlagevorschriften eine neue Effi-

---

65 Vgl. auch **Ammann, D./Steinmann, S.:** "Mehr Risikotoleranz dank besserer Performance - Einsatz der quantitativen Analyse in der Vermögensverwaltung von Pensionskassen", in: F&W vom 15. November 1989,S. 21.
66 Vgl. dazu Abschnitt 8.2.1.2.
67 Vgl. die erwähnten Studien in Abschnitt 8.2.2.

cient Frontier berechnet wird. Anhand dieser ist die Effizienz der zu Beginn der Planungsperiode vorgenommenen Depotstruktur zu überprüfen.

### 8.3.2 Die Portefeuillerevision

Wird eine Verschiebung der Efficient Frontier und damit die Ineffizienz eines bestehenden Portefeuilles festgestellt, hat sich der Investor mit der Bestimmung eines neuen Portefeuilles auseinanderzusetzen. Ob der Uebergang zu einem auf der neu ermittelten Efficient Frontier liegenden Depot zu vollziehen ist, hängt allerdings davon ab, ob die damit verbundenen Kosten nicht die Nutzenverbesserung aufwiegen. Es ist ein ausgewogenes Verhältnis zwischen der geforderten Portefeuille-Effizienz und der Wirtschaftlichkeit der Umschichtungen anzustreben.

#### 8.3.2.1 Die Bestimmung eines neuen Portefeuilles

Um die Effizienz eines aufgrund neuer Gegebenheiten ineffizient gewordenen Portefeuilles mittels Umschichtung wiederherzustellen, bestehen verschiedene Möglichkeiten. Anhand der <u>Abbildung 8/11</u> lassen sich die Alternativen verdeutlichen.

$P_{opt}$ bezeichnet das zu Beginn der Planungsperiode ermittelte optimale Portefeuille, welches auf der Efficient Frontier AC liegt und durch die Nutzenfunktion $I_1$ bestimmt ist. Unter dem Einfluss eines verbesserten Informationsstandes verschiebe sich die Efficient Frontier im Zeitverlauf auf A'C'. Bei unveränderter Nutzenfunktion müsste der Investor das Portefeuille in P* anstreben, da dieses den maximalen Nutzen liefert[68].

Mit Recht weisen *Alexander/Francis*[69] darauf hin, dass somit unter Umständen die vom Investor ursprünglich gewählte Risikoklasse gewechselt wird, was in der Realität - von extremen Ereignissen abgesehen - selten zutreffen dürfte. Unter Beibehaltung des ursprünglichen Risikos wäre demzufolge das Portefeuille $P_1$ zu wählen. Der Uebergang von $P_{opt}$ nach $P_1$ verspricht dank der Verschiebung der Efficient Frontier nach *links* neben der Erhaltung des Risikos eine höhere Rendite.

Neben der von *Alexander/Francis* angebrachten Kritik an der theoretischen Vorgehensweise bei der Bestimmung eines neuen Portefeuilles ist auch auf die *mangelnden Möglichkeiten der Quantifizierung des subjektiven Nutzens* hinzuweisen. Ob ein Investor in der Lage ist, den Verlauf von Indifferenzkurven auch nur annäherungs-

---

68  Vgl. dazu Abschnitt 5.1.3.
69  Vgl. **Alexander, G./Francis, J.:** "Portfolio Analysis", S. 223.

weise exakt anzugeben, dürfte zweifelhaft sein[70]. Demgegenüber hat jeder Investor das Verständnis für die zu erzielende Rendite. Ist eine Portefeuillerevision vorzunehmen, wird er im Falle einer Verschiebung der Efficient-Frontier nach *links* mindestens die ursprünglich erwartete Rendite beibehalten wollen. Der Uebergang von $P_{opt}$ zu $P_2$ ($P_2$ verspricht die selbe Rendite wie $P_{opt}$) ist mit einer Risikoreduktion verbunden.

<u>Abbildung 8/11</u>: Die Bestimmung eines neuen optimalen Portefeuilles bei einer Verschiebung der Efficient Frontier

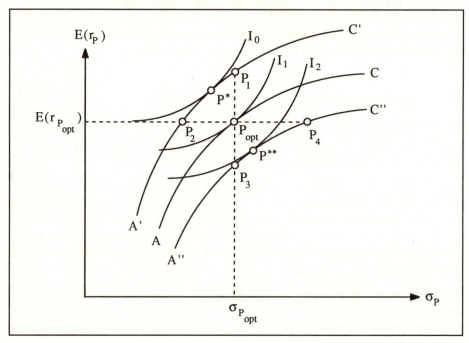

Zusammenfassend ist festzuhalten, dass ein an seinem ursprünglich *vorgegebenen Anlageziel festhaltender* Investor versucht, das zu Beginn der Planungsperiode er-

---

[70] Hier offenbaren sich grundsätzliche Grenzen sämtlicher in der Praxis angewendeter Modelle. Der Einbezug *subjektiver Einflussfaktoren*, der nur theoretisch exakt vollzogen werden kann, darf ein Modell wie dasjenige von Markowitz in dessen Anwendung nicht scheitern lassen. Es ist zwar nicht möglich, ein 'individual-optimales' Portefeuille zu bestimmen, doch sind immerhin eine Reihe von *Entscheidungsalternativen* in Form effizienter Depots gegeben. Dadurch ist eine relative Verbesserung der Entscheidungssituation des Investors zu erreichen, denn ohne die Unterstützung des Modells wird er kaum in der Lage sein, die Vielzahl der sich ihm bietenden Anlagealternativen zu überblicken.

mittelte und im Zeitverlauf ineffizient gewordene Portefeuille derart umzuschichten, dass er ein auf der Efficient Frontier zwischen $P_1$ und $P_2$ liegendes Portefeuille erreicht[71].

### 8.3.2.2 Der Einbezug von Transaktionskosten

Um die Vorteilhaftigkeit einer Portefeuillerevision abschliessend zu beurteilen, sind die damit verbundenen Kosten zu beachten:

- Courtagen beim Kauf bzw. Verkauf von Wertpapieren[72],
- Börsenumsatzsteuern,
- Quellensteuern,
- Besteuerung realisierter Kapitalgewinne[73],
- Kosten der Informationsbeschaffung und -verarbeitung und
- Kosten, die durch Beratung einer Bank (Vermögensverwaltungskosten) entstehen.

Die von *Smith*[74] vorgeschlagene Politik der *'Controlled Transition'* zeigt, dass die Revisionszeitpunkte in Abhängigkeit von den erwähnten Kosten zu bestimmen sind. In der Folge wird ein Portefeuille in seiner Zusammensetzung auch beibehalten, wenn dieses nicht mehr optimal ist. Eine Revision ist erst dann vorzunehmen, wenn eine noch zulässige Abweichung zur Efficient Frontier überschritten ist. Die Grösse dieser Abweichung ist durch die Revisionskosten bestimmt, da eine Umschichtung nur dann erfolgt, wenn die Nutzenverbesserung die Kosten übersteigt. Eine verminderte Anzahl von Revisionen wird angestrebt.

Da beim Uebergang zu einer neuen Efficient Frontier häufig nahezu alle Anlagen des zu Beginn der Planungsperiode zusammengestellten Portefeuilles umzuschichten

---

71 Verschiebt sich die Efficient Frontier nach *rechts*, muss bei gleichem Risiko eine Renditereduktion in Kauf genommen werden. Die Beibehaltung der ursprünglichen Rendite bewirkt ein höheres Risiko. Analog einer Verschiebung der Efficient Frontier nach links kann gezeigt werden, dass der an seinem ursprünglich *vorgegebenen Anlageziel festhaltende* Investor ein Portefeuille anstrebt, welches auf der neu ermittelten Efficient Frontier zwischen $P_3$ und $P_4$ liegt, wobei $P_3$ das Portefeuille mit gleichem Risiko aber geringerer Rendite als $P_{opt}$ und $P_4$ das Portefeuille mit gleicher Rendite aber höherem Risiko als $P_{opt}$ bezeichnet.

72 Vgl. dazu Abschnitt 2.2.1.2.

73 Zur Quellensteuer und Besteuerung realisierter Kapitalgewinne vgl. Abschnitt 3.2.2.2.

74 **Smith, K.:** "Portfolio Management", S. 223 ff., zit. nach **Schäfer, H.:** "Systemorientierte Aktienportefeuilleplanung", S. 228.

sind[75], hat sich ein Investor zu überlegen, ob anstelle einer vollständigen Revision nicht eine Teilrevision erfolgen soll. Das Transaktionsvolumen und damit die Transaktionskosten würden reduziert; dabei hätte sich der Investor mit einer *teilweisen* Effizienzverbesserung zufrieden zu geben. In der Praxis scheint eine solche Lösung insofern geeignet, als die Effizienzverbesserung teilrevidierter Portefeuilles mittels Simulationen genau ermittelt und den daraus resultierenden Transaktionskosten gegenübergestellt werden kann.

---

[75] Dies folgt aus dem n-dimensionalen Markowitz-Modell, wo jedes effiziente Portefeuille eine sog. Ecklösung darstellt.

# 9 Die Performance-Messung

Performance-Messung, die letzte Phase im Portfolio-Managementprozess, gehört zu den "schillernden Begriffen, die ihren Weg aus der amerikanischen Investmentindustrie über Grossbritannien auf den europäischen Kontinent gefunden haben"[1]. Die mit der Performance-Messung verbundene *detaillierte, quantitative* Leistungsbewertung eines Portfolio-Managements ist in dreifacher Hinsicht sinnvoll:

- Dem Anleger (oder dessen Portfolio-Manager) steht ein Instrumentarium zur Verfügung, das ihm die Kontrolle eines vorgegebenen Ziels (beispielsweise das Erreichen einer bestimmten Rendite) ermöglicht.
- Der Anleger erhält die Möglichkeit, seine erreichte Leistung mit derjenigen anderer Anleger zu vergleichen.
- Die Performance-Messung ermöglicht das Aufdecken von Schwächen im Portfolio-Managementprozess, die vom Anleger bzw. Portfolio-Manager zu verbessern sind. Performance-Messung ist damit nicht als Instrument einer *'hire or fire Portfolio Manager-Politik'* zu verstehen.

Wie in Abbildung 8/5 gezeigt[2], hat der Anleger bei der Portefeuillebildung grundsätzlich drei Arten von Entscheidungen zu treffen: strategische Entscheidungen (die strategische Asset Allocation umfasst die Auswahl und Gewichtung der Anlagemedien und Märkte), taktische Entscheidungen (die taktische Asset Allocation umfasst die Auswahl und Gewichtung der Marktsektoren) und Entscheidungen bezüglich der Titelauswahl sowie des Timings. Die Performance-Messung hat zum Ziel, nicht nur über die Güte des *gesamten* Portefeuilleerfolges Auskunft zu geben; vielmehr ist der Portefeuilleerfolg in eine *strategische, taktische und titelbezogene Komponente* zu unterteilen und zu analysieren. Nur dadurch ist es möglich, Schwächen im Portfolio-Managementprozess aufzudecken.

Im folgenden werden die in der Theorie weitverbreitetsten Performance-Kennzahlen vorgestellt und beurteilt, und es wird der Frage nach einer sinn- und massvollen Performance-Messung in der Praxis nachgegangen[3]. Dabei wird sich zeigen, dass mit der Umsetzung der Performance-Kennzahlen in die Praxis einige Schwierigkeiten verbunden sind.

---

1 **Hockmann, H.:** "Performance-Messung von Wertpapier-Portfolios", S. 132.
2 Vgl. dazu Abschnitt 8.2.1.2.
3 Einen guten Ueberblick zur Performance-Messung vermittelt **Grinblatt, M.:** "How to Evaluate a Portfolio Manager", S. 9-20.

## 9.1 Grundgedanken zur Performance-Messung

Um das Portfolio-Management einer Leistungsbewertung zu unterziehen, wird häufig die erzielte Portefeuillerendite mit der Rendite eines Marktindexes oder mit derjenigen eines anderen Portefeuilles verglichen. Allerdings sind solche Vergleiche nur dann sinnvoll, wenn Gleiches mit Gleichem verglichen werden kann. Es wäre beispielsweise kaum sinnvoll, ein international gestreutes Portefeuille mit dem Swiss Performance Index zu vergleichen. Ebenso unpraktikabel ist ein Vergleich eines Pensionskassenportefeuilles mit demjenigen einer Privatperson. Solche Vergleiche besitzen aufgrund der - bedingt durch unterschiedliche (gesetzliche) Rahmenbedingungen - verschiedenen Portefeuillestrukturen keine Aussagekraft.

Wie bereits früher ausführlich dargelegt[4], besteht zwischen erwarteter Rendite und Risiko eine systematisch positive Beziehung. Anstelle eines Vergleichs verschiedener Renditen - der sog. *eindimensionalen Performance-Messung* - ist daher auch das Risiko in die Performance-Betrachtung miteinzubeziehen. Diese *zweidimensionale Performance-Messung* erfordert aber die Entwicklung eines expliziten *'Rendite-Risiko-trade off'*, um die Vergleichbarkeit verschiedener Portefeuilles bei unterschiedlichem Risikoniveau zu gewährleisten.

### 9.1.1 Die eindimensionale Performance-Messung

Die eindimensionale Performance-Messung hat zum Ziel, die Leistung des Portfolio-Managements anhand der Rendite zu beurteilen. Letztere ist als der prozentuale Ertrag, der mit einem Vermögen erzielt wird, definiert und kann unter der Annahme, dass weder Einlagen in das Portefeuille noch Entnahmen aus demselben zu berücksichtigen sind, problemlos berechnet werden:

$$r_P = (V_T - V_0) / V_0 \qquad (9.1)$$

(wobei $r_P$=Portefeuillerendite, $V_T$=Vermögen am Ende des Betrachtungszeitraumes, $V_0$=Vermögen zu Beginn des Betrachtungszeitraumes).

Sind hingegen Einlagen und Entnahmen zu berücksichtigen, treten Schwierigkeiten auf. So kann der absolute Ertrag eines Portefeuilles nicht als Differenz aus End- und Anfangsvermögen berechnet werden; zusätzlich ist eine Bereinigung um die Einlagen und Entnahmen vorzunehmen. Da zudem das Vermögen während der Betrach-

---

[4] Vgl. dazu Abschnitt 4.1.2. sowie die in Kapitel 5 vorgestellten Modelle zur Portefeuilleoptimierung.

tungsperiode Schwankungen unterliegt, ist das Anfangsvermögen nicht als Basisgrösse zur Renditeberechnung zu verwenden.

Aus den genannten Schwierigkeiten lassen sich zwei Renditeberechnungen unterscheiden, die - wie zu zeigen sein wird - miteinander unvereinbar sind[5]:
- Die kapitalgewichtete Renditeberechnung und
- die zeitgewichtete Renditeberechnung.

### 9.1.1.1 Die kapitalgewichtete Renditeberechnung

Die kapitalgewichtete Portefeuillerendite - im angelsächsischen als *Capital Weighted Return* oder *Money Weighted Return* bezeichnet - wird berechnet, indem für jeden Zahlungsstrom (Einlage bzw. Entnahme) die 'pro-rata' Rendite derart ermittelt wird, dass der über die Betrachtungsperiode total erzielte Anlageerfolg resultiert:

$$V_T = \sum_{t=1}^{T} CF_t \cdot (1 + r_P)^{\Delta t} + V_0 \cdot (1 + r_P) \qquad (9.2)$$

(wobei $CF_t$=Zahlungsstrom (Einlage bzw. Entnahme) im Zeitpunkt t, $\Delta t$=Dauer der Teilperiode vom Zeitpunkt eines Zahlungsstromes bis T, T=Dauer des Betrachtungszeitraumes).

Da die Rendite ($r_P$) in (9.2) bei mehreren Zahlungsströmen nur mittels kompliziertem Iterationsverfahren[6] gelöst werden kann, ist man in der Praxis dazu übergegangen, eine als genügend genau betrachtete *Näherungslösung* zur Berechnung der kapitalgewichteten Rendite anzuwenden[7]:

$$r_P = [V_T - V_0 - \sum_{t=1}^{n} CF_t] / [V_0 + \sum_{t=1}^{n} (CF_t \cdot \Delta t)] \qquad (9.3)$$

Die in (9.2) bzw. (9.3) gezeigte Berechnungsweise unterstellt, dass sich die Rendite *gleichmässig* auf die Betrachtungsperiode verteilt. Damit ist die kapitalgewichtete Rendite immer dann geeignet, wenn die Performance des Gesamtportefeuilles analy-

---

5 Vgl. bspw. **Dietz, P./Kirschman, J.**: "Evaluating Portfolio Performance", in: **Maginn, J./Tuttle, D.**: "Managing Investment Portfolios", S. 621 ff.
6 Vgl. dazu bspw. **Kall, P.**: "Analysis für Oekonomen", S. 98.
7 Vgl. **Fritschi, H.**: "Einführung in die Portefeuille-Analyse", S. 28. **Schweizerische Bankiervereinigung/Telekurs AG (Hrsg.)**: "Der Performance-Vergleich", (Broschüre), S. 26.

siert werden soll. Es spielt keine Rolle, ob der Portfolio-Manager sein Resultat aufgrund seiner Leistungs- und damit Prognosefähigkeit oder aufgrund eines geschickten Timings bei der Gestaltung von Kapitalzu- und abflüssen (Einlagen bzw. Entnahmen) erzielt hat.

### 9.1.1.2 Die zeitgewichtete Renditeberechnung

Da Portfolio-Manager häufig keinen direkten Einfluss auf die Höhe und den Zeitpunkt von Einlagen bzw. Entnahmen haben, sind Beurteilungen des Portfolio-Managements aufgrund der kapitalgewichteten Renditeberechnung mit Vorsicht zu betrachten. Häufig ist daher die Methode der *zeitgewichteten Renditeberechnung* vorzuziehen. Diese eliminiert den Effekt von Zahlungsströmen, so dass allein die Leistungsfähigkeit des Portfolio-Managers beurteilt wird.

Bei der zeitgewichteten Rendite - im angelsächsischen als *Time Weightet Return* bezeichnet - ist zunächst die Betrachtungsperiode in Teilperioden aufzuteilen. Letztere beginnt immer dann, wenn eine Einlage bzw. Entnahme stattfindet. Da definitionsgemäss während einer Teilperiode weder Einlagen noch Entnahmen gemacht werden, kann zur Berechnung der Rendite einer Teilperiode (9.1) zur Anwendung gelangen:

$$r_t = (V_t - V_{t-1}) / V_{t-1} \tag{9.4}$$

(wobei $r_t$=Rendite der Teilperiode t, $V_t$=Vermögen am Ende der Teilperiode t, $V_{t-1}$=Vermögen zu Beginn der Teilperiode t).

Die Rendite für die gesamte Betrachtungsperiode wird durch Multiplikation der Teilperiodenrenditen berechnet[8]:

$$r_P = (1 + r_1) \cdot (1 + r_2) \cdot (1 + r_3) \cdot \ldots \cdot (1 + r_T) - 1 \tag{9.5}$$

Unter Berücksichtigung von (9.4) und (9.5) gilt damit für die zeitgewichtete Rendite:

$$r_P = \prod_{t=1}^{T} [(V_t - V_{t-1}) / V_{t-1}] - 1 \tag{9.6}$$

Bei häufigen Einlagen und Entnahmen wird die Berechnung der zeitgewichteten Rendite sehr aufwendig. Anstelle der zeitgewichteten Rendite wird daher in der Pra-

---

[8] Vgl. bspw. **Hymans, C./Mulligan, J.:** "The measurement of portfolio performance", S. 56.

xis häufig die Ermittlung der *verketteten Rendite* - eine Näherungslösung zur zeitgewichteten Rendite - angestrebt. Zu diesem Zweck ist die Betrachtungsperiode unabhängig der Zahlungsströme in *fixe* Teilperioden (beispielsweise Quartale, Monate oder Wochen) zu unterteilen. Für jede Teilperiode wird eine auf das *durchschnittliche Kapital* bezogene Rendite berechnet[9]:

$$r_Q = [V_Q - 0.5 \cdot S(CF_Q)] / [V_{Q-1} + 0.5 \cdot S(CF_Q)] \qquad (9.7)$$

(wobei $r_Q$=Rendite pro Quartal, $V_Q$=Vermögen am Quartalsende, $V_{Q-1}$=Vermögen am Quartalsanfang, $S(CF_Q)$=Saldo der Zahlungsströme während des Quartals).

Abbildung 9/1: Beispiel zur kapitalgewichteten und zeitgewichteten Rendite

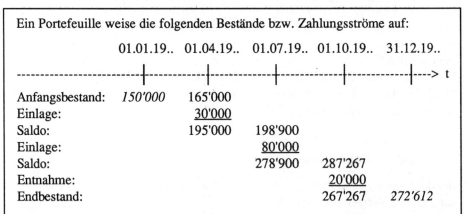

Gemäss (9.2) resultiert aus den obigen Angaben eine *kapitalgewichtete Rendite* von **15.84%**.

Hat der Portfolio-Manager während des ersten Quartals eine Rendite von 10%, während des zweiten und vierten Quartals eine solche von 2% und während des dritten Quartals eine Rendite von 3% erzielt, so beträgt die *zeitgewichtete Rendite* gemäss (9.6) **17.88%**.

Wird im ersten und vierten Quartal eine Rendite von 2%, im zweiten Quartal eine solche von 3% und im dritten Quartal eine Rendite von 10% erzielt, so erreicht die *kapitalgewichtete Rendite* **19.88%**, während die *zeitgewichtete Rendite* immer noch **17.88%** beträgt.

---

9  Vgl. **Fritschi, H.**: "Einführung in die Portefeuille-Analyse", S. 29. **Schweizerische Bankiervereinigung/Telekurs AG** (Hrsg.): "Der Performance-Vergleich", (Broschüre), S. 27.

Die Rendite ($r_P$) für die gesamte Betrachtungsperiode wird wiederum durch Multiplikation der Teilperiodenrenditen berechnet:

$$r_P = (1 + r_{Q1}) \cdot (1 + r_{Q2}) \cdot \ldots \cdot (1 + r_{QT}) - 1 \qquad (9.8)$$

Dass zwischen der *kapitalgewichteten* und der *zeitgewichteten Rendite* ein *wesentlicher Unterschied* besteht, verdeutlicht das Beispiel in Abbildung 9/1. Die Differenz zwischen den beiden Berechnungsmethoden von 2.04% zugunsten der zeitgewichteten Rendite ist darauf zurückzuführen, dass in den Quartalen zwei und drei, wo hohe Einlagen und damit ein hohes Anlagevermögen zu verzeichnen waren, eine im Vergleich zum ersten Quartal nur geringe Rendite erzielt werden konnte. Hätte der Portfolio-Manager in den ersten beiden Quartalen geringe Renditen und im dritten Quartal (bei einem hohen Anlagevermögen) eine hohe Rendite erzielt, würde die kapitalgewichtete Rendite über der zeitgewichteten Rendite liegen (vgl. Abbildung 9/1). Damit konnten noch einmal die Vorteile der zeitgewichteten Rendite verdeutlicht werden. Einerseits bleiben die nicht im Entscheidungsbereich des Portfolio-Managers liegenden Zahlungsströme unberücksichtigt, und andererseits wird die Möglichkeit einer bewussten Steuerung der Rendite bei niedrigen Vermögensbeständen (vgl. Abbildung 9/1) ausgeklammert.

### 9.1.2 Die zweidimensionale Performance-Messung

Bei der Leistungsbewertung eines Portfolio-Managements allein auf die Betrachtung der Portefeuillerendite abzustellen, ist in den häufigsten Fällen ungenügend. Vielmehr ist die Rendite durch das mit den Anlagen eingegangene Risiko zu korrigieren[10]. "Erst durch den Einbezug des Risikos in die Performance-Messung ist die genaue Beurteilung des Portfolio-Managers möglich"[11].

Von zentraler Bedeutung ist dabei, dass eine hohe Rendite mit einem hohen Risiko erkauft bzw. umgekehrt ein hohes Risiko mit einer hohen Rendite belohnt wird. Die eindimensionale Renditebetrachtung wird somit in eine *(zweidimensionale) risikoadjustierte Renditebetrachtung* übergeführt. Unabdingbar ist dabei die Quantifizierung des Risikos, wie sie das moderne Portfolio-Management[12] im Gegensatz zum

---

10  Gemäss Auskünften aus der Bankpraxis wird dennoch in den häufigsten Fällen eine Performance-Messung *ohne Einbezug des Risikos* vorgenommen. Vgl. auch Abschnitt 2.4.2.

11  **Hockmann, H.:** "Performance und Risk Measurement", in: SHZ vom 15. September 1988, S. 27.

12  Vgl. dazu die Abschnitte 4.2.1 und 4.2.2. Dort wird gezeigt, dass unter Risiko die Gefahr verstanden wird, eine erwartete Rendite zu verfehlen. Aufgrund dieser verbalen Risikoumschrei-

(Fortsetzung der Fussnote vgl. die folgende Seite)

traditionellen Portfolio-Management[13] anbietet. Ob als Risikomass die *Standardabweichung* (zur Messung des gesamten Risikos), der *β-Faktor* bzw. der *β-Faktor-Vektor* (zur Messung des systematischen Risikos) dient, ist irrelevant und vom angewendeten Optimierungsmodell abhängig[14].

Bei der zweidimensionalen Performance-Messung handelt es sich um eine zweistufige Vorgehensweise. In einem ersten Schritt wird das Risiko des zu analysierenden Portefeuilles berechnet. Anhand eines Vergleichsportefeuilles bzw. eines Indexes - einer sog. *Benchmark* - ist die Rendite, welche bei diesem Risiko hätte erzielt werden müssen, zu ermitteln. In einem zweiten Schritt wird die Differenz zwischen der realisierten und der erwarteten Rendite analysiert[15].

## 9.2 Performance-Kennzahlen in der Theorie

Im letzten Abschnitt wurde gezeigt[16], dass - aufgrund der Erkenntnisse der modernen Portfolio Theorie - die Beurteilung eines Portfolio-Managers ausschliesslich unter Berücksichtigung von Rendite *und* Risiko zu erfolgen hat. In der Literatur sind denn auch eine kaum zu überblickende Anzahl Studien zur Performance-Messung erschienen[17]. Die meisten basieren auf den klassischen Ansätzen von *Treynor*, *Sharpe* und *Jensen*, deren Performance-Kennzahlen von den Gedanken des Capital Asset Pricing Model geprägt sind. Während die Ansätze von *Treynor* und *Sharpe* als *Reward-to-Variability-Verhältnisse* bezeichnet werden, handelt es sich beim Ansatz von *Jensen* um eine sog. *Differential Return-Kennzahl*.

---

bung wurde als Risikomass die Streubreite der möglichen Renditen um die erwartete Rendite - ausgedrückt durch die Standardabweichung - herangezogen.

13  Vgl. Abschnitt 3.1. Das Risiko wird im traditionellen Portfolio-Management in Firmen-, Branchen- und Marktrisiken unterteilt und einer qualitativen Bewertung unterzogen.

14  Die Standardabweichung gelangt bei der Anwendung des Markowitz-Modells, der β-Faktor bei der Anwendung des CAPM und der β-Faktor-Vektor bei der Anwendung der APT zum Einsatz.

15  Vgl. dazu Abschnitt 9.3.

16  Vgl. Abschnitt 9.1.2.

17  Vgl. bspw. **Treynor, J.:** "How to Rate Mutual Fund Performance", S. 63-75. **Sharpe, W.:** "Mutual Fund Performance", S. 119-138. **Jensen, M.:** "The Performance of Mutual Funds in the Period 1945-1964", S. 389-416. **Cornell, B.:** "Asymmetric Information and Portfolio Performance Measurement", S. 381-391. **Henrickson, R.:** "Market Timing and Mutual Fund Performance: An Empirical Investigation", S. 73-96. **Chen, N./Copeland, T./Mayers, D.:** "A Comparison of Single and Multifactor Portfolio Performance Methodologies", S. 97-113. **Grinblatt, M./Titman, S.:** "Portfolio Performance Evaluation: Old Issues and New Insights", S. 393-421.

### 9.2.1 Das Reward-to-Variability-Verhältnis

Das *Reward-to-Variability-Verhältnis* bringt zum Ausdruck, wieviel Rendite mit einer Einheit Risiko erzielt werden konnte. Durch diese Relation können Portefeuilles untereinander oder mit einem Marktindex verglichen werden. Das Portefeuille mit der höchsten Rendite pro Einheit Risiko vermag die übrigen Portefeuilles zu schlagen[18]. Demzufolge weist ein Portefeuille mit einer niedrigen Rendite *nicht* a priori eine schlechte Performance auf.

#### 9.2.1.1 Der Ansatz von Sharpe

*Sharpe*[19] geht in seinem Ansatz von der Existenz einer risikolosen Anlage aus und definiert das Reward-to-Variability-Verhältnis als die über die Verzinsung der risikolosen Anlage hinausgehende erzielte Portefeuillerendite dividiert durch das eingegangene Portefeuillerisiko[20]. Letzteres wird durch die Standardabweichung ausgedrückt:

$$S_P = (r_P - r_f) / \sigma_P \qquad (9.9)$$

(wobei $S_P$=Sharpe's Performance-Kennzahl, $r_P$=erzielte Portefeuillerendite, $r_f$= Zinssatz der risikolosen Anlage, $\sigma_P$=eingegangenes Portefeuillerisiko).

(9.9) ist analog zur Capital Market Line (CML)[21] als Steigung der Geraden von $r_f$ zum Portefeuille P zu interpretieren. Während die CML durch die Aufteilung des Vermögens in das Marktportefeuille und die risikolose Anlage gegeben ist[22], kann eine solche Gerade auch durch die Aufteilung des Vermögens in ein Portefeuille (P) und die risikolose Anlage ($r_f$) erzeugt werden:

$$E(r_x) = r_f + [E(r_P) - r_f] \cdot \sigma_x / \sigma_P \qquad (9.10)$$

---

18  Es wird auch von 'outperformen' gesprochen. Gemeint ist damit eine Besserstellung des Portefeuilles gegenüber dem Marktindex aufgrund der beiden Grössen *Rendite* und *Risiko*.
19  Vgl. **Sharpe, W.**: "Mutual Fund Performance", S. 119-138.
20  Aus didaktischen Gründen wird der Ansatz von *Sharpe* vor demjenigen von *Treynor* vorgestellt.
21  Vgl. dazu Abschnitt 5.2.2.1.
22  Die CML ist durch
$$E(r_P) = r_f + [E(r_M) - r_f] \cdot \sigma_P / \sigma_M$$
definiert (wobei $E(r_P)$=erwartete Portefeuillerendite, $\sigma_P$=Standardabweichung von $r_P$, $r_f$=risikoloser Zinssatz, $E(r_M)$=erwartete Rendite des Marktportefeuilles, $\sigma_M$=Standardabweichung von $r_M$).

(wobei $E(r_x)$=erwartete Rendite des in P und $r_f$ aufgeteilten Vermögens, $\sigma_x$=Standardabweichung von $E(r_x)$).

Ersetzt man in (9.10) die Erwartungswerte durch die tatsächlich erzielten Werte, so entspricht die Steigung ($[E(r_P)-r_f]/\sigma_P$) der in (9.10) gezeigten Geraden dem Reward-to-Variability-Verhältnis von *Sharpe* (vgl. (9.9)). Es ist klar, dass mit zunehmender Steigung bzw. zunehmendem $S_P$ der Nutzen des Anlegers steigt; es wird eine höhere Indifferenzkurve tangiert[23].

Abbildung 9/2: Die Performance-Messung mittels Reward-to-Variability-Verhältnis von *Sharpe*

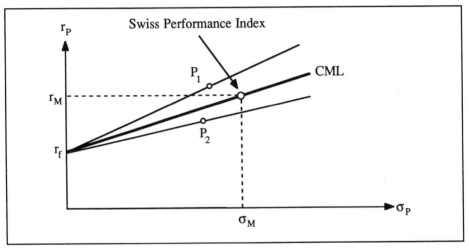

Angenommen, der Swiss Performance Index[24] könne als genügend genaues Proxy[25] zum Marktportefeuille betrachtet werden[26], so entspricht sein $S_P$ dem Proxy zur Steigung der CML über die Betrachtungsperiode (vgl. Abbildung 9/2). Jeder Anle-

---

23 Vgl. dazu Abschnitt 4.1.2.
24 Der Swiss Performance Index ist ein Index für Schweizer Aktien.
25 Unter einem *Proxy* ist ein Portefeuille, welches annäherungsweise dem Marktportefeuille entspricht, zu verstehen (vgl. auch Abschnitt 7.3.2.2.). Wird ein Portefeuille im Vergleich zum Marktportefeuille betrachtet, kann letzteres auch als *Benchmark* bezeichnet werden.
26 Diese Annahme wird bei der Interpretation des Reward-to-Variability-Verhältnisses von *Sharpe* häufig gemacht. Vgl. bspw. auch **Alexander, G./Francis, J.:** "Portfolio Analysis", S. 238 f. *Sharpe* zeigt in seiner Arbeit "Mutual Fund Performance", S. 119-138, eine Untersuchung bezüglich der Leistung von 34 Fonds, welche ebenfalls mit einem Index - dem S&P 500-Index - verglichen werden.

ger, dessen Portefeuille über der CML liegt (vgl. $P_1$ in Abbildung 9/2), hat den Swiss Performance Index geschlagen und sein Reward-to-Variability-Verhältnis liegt über demjenigen des Swiss Performance Index. Liegt das Portefeuille unter der CML (vgl. $P_2$ in Abbildung 9/2), ist es dem Swiss Performance Index unterlegen und das Reward-to-Variability-Verhältnis von $P_2$ liegt unter demjenigen des Swiss Performance Index. Wie Abbildung 9/2 verdeutlicht, ist mit dem Reward-to-Variability-Verhältnis von *Sharpe* ein Performance-Vergleich verschiedener Portfolio-Manager bzw. ein Performance-Vergleich mit dem Markt möglich.

### 9.2.1.2 Der Ansatz von Treynor

*Treynor*[27] geht in seinem Ansatz davon aus, dass es sich bei den zu beurteilenden Portefeuilles um solche handelt, deren *unsystematische Risiken vollständig wegdiversifiziert* sind. Im Unterschied zum Reward-to-Variability-Verhältnis von *Sharpe* verwendet *Treynor* entsprechend das systematische Risiko ($\beta$) als Risikomass:

$$T_P = (r_P - r_f) / \beta_P \tag{9.11}$$

(wobei $\beta_P$=systematisches Risiko des Portefeuilles P).

Um ein Portefeuille P mit dem Marktportefeuille - oder mit einem Proxy desselben - zu vergleichen, ist das Reward-to-Variability-Verhältnis für das Marktportefeuille (M) zu ermitteln:

$$T_M = (r_M - r_f) / \beta_M$$

Da das Marktportefeuille per definitionem ein $\beta_M$ von 1.0 aufweist, entspricht $T_M$ genau der Steigung der Security Market Line[28]:

$$T_M = r_M - r_f$$

Aus der Security Market Line, welche für tatsächliche (im Gegensatz zu erwarteten) Werte durch die Gleichung

$$r_P = r_f + (r_M - r_f) \cdot \beta_P \tag{9.12}$$

gegeben ist, kann sodann gefolgert werden, dass $T_P$ im Falle eines Kapitalmarktgleichgewichts - welches vom CAPM gefordert wird[29] - für alle Portefeuilles kon-

---

27  Vgl. **Treynor, J.**: "How to Rate Mutual Fund Performance", S. 63-75.
28  Vgl. dazu Abschnitt 5.2.2.2. Anstelle der erwarteten Marktrendite wird in (9.11) die tatsächlich ermittelte Marktrendite eingesetzt.
29  Vgl. dazu Abschnitt 5.2.1.

stant gleich ($r_M - r_f$) sein muss. Um dies zu zeigen, ist in (9.12) von beiden Seiten $r_f$ zu subtrahieren und durch $\beta_P$ zu dividieren:

$$T_P = (r_P - r_f) / \beta_P = r_M - r_f \qquad (9.13)$$

In der Realität sind aber für unterschiedliche Portefeuilles verschiedene $T_P$ festzustellen. Erreicht ein nach *Treynor* berechnetes Reward-to-Variability-Verhältnis (vgl. Abbildung 9/3) einen über ($r_M - r_f$) liegenden Wert (vgl. $P_1$ in Abbildung 9/3), so wurde der Markt geschlagen. Im umgekehrten Fall liegt die Performance des Portefeuilles unter derjenigen des Marktportefeuilles (vgl. $P_2$ in Abbildung 9/3).

Abbildung 9/3: Die Performance-Messung mittels Reward-to-Variability-Verhältnis von *Treynor*

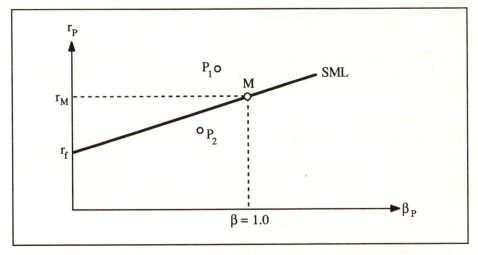

Ein *Vergleich* verschiedener nach *Treynor* berechneter Reward-to-Variability-Verhältnisse ist allerdings dann *nicht mehr möglich*, wenn ein Portefeuille ein *negatives* $\beta$ aufweist[30]. In diesem Fall resultiert ein negatives $T_P$, was nicht a priori einer negativen Performance gleichzusetzen ist. Liegt nämlich die erwartete Portefeuillerendite, welche durch

$$E(r_P) = r_f + [E(r_M) - r_f] \cdot \beta_P$$

---

[30] Investiert ein Anleger in einer Zeit politischer und wirtschaftlicher Unsicherheit schwergewichtig in Goldminenaktien, kann aufgrund der häufig negativen Korrelation von Gold mit den meisten übrigen Aktien ein Portefeuille mit negativem $\beta$ resultieren (vgl. **Reilly, F.:** "Investments", S. 675 f.).

berechnet wird[31], unter der tatsächlich erzielten Portefeuillerendite $r_P$, so liegt - trotz einem nach *Treynor* berechneten negativen Reward-to-Variability-Verhältnis - die Performance des Portefeuilles P über derjenigen des Marktportefeuilles (und damit oberhalb der SML)[32].

### 9.2.1.3 Beurteilung des Reward-to-Variability-Verhältnisses

Es wurde bereits erwähnt, dass das Reward-to-Variability-Verhältnis von *Sharpe* als Risikomass die Standardabweichung σ und damit das totale Risiko (unsystematisches und systematisches) verwendet, während *Treynor* das systematische Risiko β berücksichtigt. Die Verwendung der Performance-Messung nach *Treynor* führt dazu, dass im Falle eines Vergleichs zweier Portefeuilles mit gleichem systematischem Risiko aber unterschiedlicher Standardabweichung möglicherweise eine falsche Interpretation der erhaltenen Performance-Kennzahlen erfolgt[33].

Ist ein Portefeuille vollständig diversifiziert (das unsystematische Risiko ist eliminiert), so ergeben beide Performance-Kennzahlen *identische* Klassifizierungen (nicht aber die selbe absolute Zahl!). Wird in (9.11) $\beta_P$ durch

$$(\rho_{PM} \cdot \sigma_P \cdot \sigma_M) / \sigma^2_M \qquad (9.14)$$

(wobei $\rho_{PM}$=Korrelation zwischen dem Marktportefeuille und dem Portefeuille P)

substituiert[34] und berücksichtigt, dass in einem vollständig diversifizierten Portefeuille $\rho_{PM} \approx 1$ ist, ergibt sich für die Reward-to-Variability-Verhältnisse von *Sharpe* und *Treynor* (vgl. (9.9), (9.11) und (9.14)) die folgende lineare Beziehung[35]:

$$S_P \cdot \sigma_M \approx T_P \qquad (9.15)$$

Dank der Berücksichtigung des Diversifikationsaspektes gewinnt das Reward-to-Variability-Verhältnis von *Sharpe* ($S_P$) gegenüber demjenigen von *Treynor* ($T_P$) an

---

31  Es handelt sich hier um die in Abschnitt 5.2.2.2. gezeigte SML.

32  Eine andere Möglichkeit zur Berücksichtigung der Portefeuilles mit negativen β zeigt *Levy/Sarnat* (vgl. **Levy, H./Sarnat, M.:** "Portfolio and Investment Selection: Theory and Practice", S. 526 ff.).

33  Nach *Treynor* wird bei gleichem β dem Portefeuille mit der höheren Rendite der Vorzug gegeben, obschon unter Umständen ein wesentlich höheres totales Risiko eingegangen wird (was nach *Sharpe* dem Portefeuille mit der geringeren Rendite der Vorzug geben würde).

34  (9.14) folgt aus $\beta_P$=Cov(P,M)/$\sigma^2_M$ (vgl. Abschnitt 5.2.2.2) und Cov(P,M)=$\rho_{PM} \cdot \sigma_P \cdot \sigma_M$ (vgl. Abschnitt 4.3.1.1.).

35  Vgl. auch **Alexander, G./Francis, J.:** "Portfolio Analysis", S. 247.

Aussagekraft. Dennoch wäre es verfehlt, $T_P$ als überflüssige Performance-Kennzahl zu bezeichnen. Vielmehr liefern $S_P$ und $T_P$ *komplementäre* Informationen, da verschiedene Klassifizierungen der Portefeuilles direkt einer ungenügenden Diversifikation zuzuschreiben sind[36].

### 9.2.2 Die Differential Return-Kennzahl

Die Differential Return-Kennzahl dient dem Vergleich der Performance eines Portefeuilles mit derjenigen des Marktportefeuilles. Zu diesem Zweck ist die unter Berücksichtigung des tatsächlich eingegangen Risikos berechnete erwartete Rendite des Portefeuilles mit der tatsächlich erzielten Rendite desselben zu vergleichen.

#### 9.2.2.1 Der Ansatz von Jensen

Analog dem Ansatz von *Treynor* basiert jener von *Jensen*[37] auf den Gedanken des CAPM. Damit wird ebenfalls unterstellt, dass das unsystematische Risiko des zu analysierenden Portefeuilles vollständig wegdiversifiziert oder vernachlässigbar klein ist.

Anhand der Security Market Line[38] ist zunächst die Rendite unter Berücksichtigung des tatsächlich eingegangenen Risikos ($\beta_P$) zu berechnen:

$$r_P^* = r_f + (r_M - r_f) \cdot \beta_P \qquad (9.16)$$

Ist die gemäss (9.16) ermittelte Rendite ($r_P^*$) kleiner als die tatsächlich erzielte Rendite ($r_P$), liegt die Performance des Portefeuilles über derjenigen des Marktes; andernfalls wäre durch eine Investition in das Marktportefeuille ein besseres Resultat erzielt worden. Die Differenz zwischen der tatsächlich erzielten und der gemäss (9.16) ermittelten Rendite wird als *Jensen's Differential Return-Kennzahl*[39] bezeichnet:

$$J_P = [r_P - r_f] - [(r_M - r_f) \cdot \beta_P] \qquad (9.17)$$

Da $[r_P - r_f]$ in (9.17) die erzielte Risikoprämie und $[(r_M - r_f) \cdot \beta_P]$ die erwartete Risikoprämie darstellen, ist $J_P$ als vertikaler Abstand des Portefeuilles P zur Security

---

36  Ebenso **Fuller, R./Farrell, J.**: "Modern Investments and Security Analysis", S. 572.
37  Vgl. **Jensen, M.**: "The Performance of Mutual Funds in the Period 1945-1964", S. 389-416.
38  Vgl. dazu Abschnitt 5.2.2.2. Man spricht von der ex post gebildeten Security Market Line.
39  $J_P$ wird auch als *Jensen's alpha* bezeichnet.

Market Line zu interpretieren (vgl. Abbildung 9/4). In der Sprache des *Capital Asset Pricing Model* gesprochen, misst $J_P$ das 'Ungleichgewicht' des Portefeuilles P. Erreicht $J_P$ den Wert Null, dann ist P korrekt bewertet und der Markt befindet sich im Gleichgewicht[40].

Abbildung 9/4: Die Performance-Messung mittels Differential Return-Verhältnis von Jensen

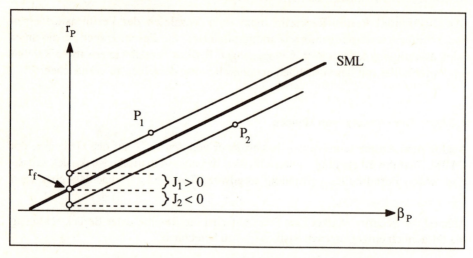

Jensen hat sodann vorgeschlagen, $J_P$ durch Regressieren von $r_{Pt}$ gegen $r_{Mt}$ über T Perioden (t=1,2,...,T) zu ermitteln:

$$r_{Pt} - r_{ft} = J_P + (r_{Mt} - r_{ft}) \cdot \beta_P + \varepsilon_{Pt} \tag{9.18}$$

Ueber T Perioden erreicht $\varepsilon_{Pt}$ einen durchschnittlichen Wert gegen Null[41], $J_P$ entspricht dem $\alpha$ der Regressionsgeraden und $\beta_P$ deren Steigung[42]. $\beta_P$ misst entsprechend das tatsächlich eingegangene systematische Risiko von P[43]. Mittels dem aus der Statistik bekannten t-Test[44] kann anschliessend ermittelt werden, ob die Per-

---

40 Vgl. dazu Abschnitt 5.2.

41 Dann liegen die Daten genügend nahe an der Regressionsgeraden und es kann ein statistisch guter Zusammenhang gefunden werden.

42 Zur Regressionsanalyse vgl. Abschnitt 5.1.4.1., insbesondere Abbildung 5/10.

43 Ist $r_f$ über die n betrachteten Perioden konstant, entspricht das $\beta_P$ genau dem $\beta$ der Security Market Line.

44 Zum t-Test vgl. bspw. **Bohley, P.:** "Statistik - Einführendes Lehrbuch für Wirtschafts- und Sozialwissenschaftler", S. 459 ff., insbesondere S. 479 f.

formance des Portefeuilles P statistisch signifikant von derjenigen des Marktportefeuilles M abweicht[45].

## 9.2.2.2 Beurteilung der Differential Return-Kennzahl

Wie in (9.17) dargelegt, ist die Differential Return-Kennzahl von *Jensen* als vertikaler Abstand zwischen der Security Market Line und dem zu analysierenden Portefeuille zu interpretieren. Aus diesem Grund ist $J_P$ - im Gegensatz zu den Reward-to-Variability-Verhältnissen von *Sharpe* und *Treynor* - nicht zur Klassifizierung verschiedener Portefeuilles, sondern lediglich zum Vergleich zwischen einem Portefeuille und dem Marktportefeuille geeignet. Dennoch kann nachgewiesen werden, dass unter der Voraussetzung einer (über die Zeit) konstanten Differenz $[r_M - r_f]$ die Performance-Kennzahl von *Treynor* eine lineare Transformation derjenigen von *Jensen* ist (vgl. (9.11) und (9.17)):

$$T_P = (r_P - r_f) / \beta_P = (J_P / \beta_P) + (r_M - r_f) \qquad (9.19)$$

Werden lediglich gut diversifizierte Portefeuilles ($\rho_{PM} \approx 1$) betrachtet (und bleibt $[r_M - r_f]$ über die Zeit konstant), so ist die Performance-Kennzahl von *Sharpe* annäherungsweise ebenfalls eine lineare Transformation derjenigen von *Jensen* (vgl. (9.9), (9.14) und (9.17)):

$$S_P = (r_P - r_f) / \sigma_P \approx (J_P / \sigma_P) + (r_M - r_f) / \sigma_M \qquad (9.20)$$

Dass die in (9.19) und (9.20) gemachten Aussagen nicht nur theoretischer Natur sind, zeigt eine von *Reilly*[46] durchgeführte Studie. In der Zeit von 1970 bis 1984 wurden 20 amerikanische Aktienfonds der Performance-Messung nach *Sharpe*, *Treynor* und *Jensen* unterzogen[47]. In nur zwei Fällen wurden abweichende Klassifizierungen festgestellt (es handelte sich lediglich um einen Rangabtausch zweier Fonds)[48].

---

45  *Jensen* hat eine Abweichung von 2% als signifikant bezeichnet. Dieser Wert ist aber sehr umstritten (vgl. **Alexander, G./Francis, J.**: "Portfolio Analysis", S. 245 und die dort zitierte Literatur).

46  **Reilly, F.**: "Investments", S. 681 ff.

47  Als Marktportefeuille wurde der S&P 500-Index und als risikolose Anlage 90-Tage Treasury Bills gewählt.

48  Die Studie von *Reilly* lässt die Folgerungen zu, dass es sich bei den betrachteten Fonds einerseits um solche mit gleichem Diversifikationsniveau handelt (ansonsten die Klassifizierung nach *Sharpe* bzw. *Treynor* verschieden ausgefallen wäre) und andererseits die Differenz $[r_M - r_f]$ über die Zeit relativ konstant geblieben ist (ansonsten die Klassifizierung nach *Treynor* bzw. *Jensen* verschieden ausgefallen wäre).

Obschon die erwähnten Performance-Kennzahlen miteinander vergleichbar sind, weist diejenige von *Jensen* gegenüber den Reward-to-Variability-Verhältnissen einen Vorteil auf. In (9.18) wurde gezeigt, dass die Performance über eine bestimmte Betrachtungsperiode anhand einer Regression über Teilperioden ermittelt wird. Auf diese Weise dürfte eine wesentlich genauere Analyse resultieren, da bei den Reward-to-Variability-Verhältnissen lediglich *Durchschnittswerte* über die gesamte Periode (durchschnittliche Rendite von P, M und der risikolosen Anlage) berücksichtigt werden.

### 9.2.3 Weiterentwicklung der Performance-Kennzahlen

Die Performance-Kennzahlen von *Sharpe*, *Treynor* und *Jensen* basieren alle auf den Gedanken des CAPM. Allerdings sind mit dem CAPM einige Probleme verbunden[49]. Insbesondere ist die *Identifikation des Marktportefeuilles* und damit der Marktrendite unmöglich, da ein solches Portefeuille sämtliche, auch nicht marktgängigen Vermögenswerte beinhalten müsste. Selbst wenn der S&P 500-Index als Benchmark gewählt wird, sind, abgesehen von Anlagemedien wie Bonds, Geldmarktanlagen, Edelmetallen usw., nicht einmal alle Aktien der USA berücksichtigt. *Roll*[50] legt denn auch dar, dass unter Berücksichtigung einer (möglicherweise) nicht effizienten Benchmark anstelle des tatsächlichen Marktportefeuilles ein falsches $\beta$ und damit eine falsche Security Market Line resultiert. Die tatsächliche Security Market Line weist demzufolge eine stärkere oder eine schwächere Steigung auf. Ein analysiertes Portefeuille, welches im Vergleich zur Benchmark besser (schlechter) abschneidet, kommt unterhalb (oberhalb) der tatsächlichen Security Market Line zu liegen.

Trotz der Kritik von *Roll* wurden eine Reihe weiterer Performance-Kennzahlen entwickelt, die auf den Gedanken des CAPM basieren. *Merton*[51] und *Henrickson/Merton*[52] entwickelten eine auf einer früheren Arbeit von *Fama*[53] aufbauenden Performance-Messung, die den Erfolg in eine *selektionsbedingte* und eine *timingbe-*

---

49  Vgl. dazu Abschnitt 7.3.2.2.
50  **Roll, R.:** "Performance Evaluation and Benchmark Error I", S. 5-12.
51  **Merton, R.:** "On Market Timing and Investment Performance. I. An Equilibrium Theory of Value for Market Forecasts", S. 363-406.
52  **Henrickson, R./Merton, R.:** "On Market Timing and Investment Performance. II. Statistical Procedures for Evaluating Forecasting Skills", S. 513-533.
53  **Fama, E.:** "Components of Investment Performance", S. 551-567.

*dingte* Komponente aufsplittet[54]. *Copeland/Mayers*[55] entwickelten eine Performance-Kennzahl, die die selektionsbedingte Performance-Komponente in den Vordergrund der Betrachtungen stellt. Die selben Autoren zeigten zusammen mit *Chen*[56], dass unabhängig davon, ob das Risiko durch den β-Faktor oder durch den β-Faktor-Vektor ausgedrückt wird[57], die Performance-Messung zu gleichen Resultaten führt. Auf der Performance-Kennzahl von *Jensen* basierend entwickelten *Grinblatt/Titman*[58] eine Methode zur Performance-Messung, die entsprechend derjenigen von *Merton* und *Henrickson/Merton* eine Analyse der selektionsbedingten und der timingbedingten Performance zulässt. *Grinblatt/Titman* setzten sich über die Kritik von *Roll* hinweg und begründen die Zuverlässigkeit ihrer Performance-Messung damit, dass eine Verbindung zwischen der Performance-Messung und einzelner Gleichgewichtsmodelle unnötig ist[59]. Jede Benchmark wird in bestimmtem Ausmass ineffizient sein, was allerdings auf die *Klassifizierung* der Portefeuilles anhand der Performance keine Auswirkungen hat, da gewissermassen bei sämtlichen Portefeuilles derselbe Fehler begangen wird[60].

Dennoch darf die von *Grinblatt/Titman* gemachte Feststellung nicht darüber hinwegtäuschen, dass die Kritik von *Roll* aufrecht erhalten bleibt. Soll eine genaue Performance-Messung vorgenommen werden, ist der Sensitivität der Performance-Kennzahlen auf unterschiedliche Benchmark (vor allem auf nicht effiziente) genügend Beachtung zu schenken.

---

[54] Die *selektionsbedingte* Komponente umfasst die mittels geschickter Titelauswahl erzielte Performance, die *timingbedingte* Komponente die mittels geschicktem Festlegen von Kaufs- und Verkaufszeitpunkt erzielte Performance.

[55] **Copeland, T./Mayers, D.**: "The Value Line Enigma (1965-1978): A Case Study of Performance Evaluation Issues", S. 289-321, zit. nach **Copeland, T./Weston, J.**: "Financial Theory and Corporate Policy", S. 386.

[56] **Chen, N./Copeland, T./Mayers, D.**: "A Comparison of Single and Multifactor Portfolio Performance Methodologies", S. 97-113.

[57] Wird das Risiko durch den *β-Faktor* ausgedrückt, so entspricht dies den Gedanken des *CAPM*, während der *β-Faktor-Vektor* den Gedanken der *APT* entspricht.

[58] **Grinblatt, M.**: "How to Evaluate a Portfolio Manager", S. 9-20. **Grinblatt, M./Titman, S.**: "Portfolio Performance Evaluation: Old Issues and New Insights", S. 393-421.

[59] Vgl. **Grinblatt, M./Titman, S.**: "Portfolio Performance Evaluation: Old Issues and New Insights", S. 412.

[60] Eine Untersuchung von *Peterson/Rice* unterstreicht die von Grinblatt/Titman gemachte Aussage (vgl. **Peterson, D./Rice, M.**: "A Note on Ambiguity in Portfolio Performance Measures", S. 1251-1256).

## 9.3 Die Performance-Messung in der Praxis

Die aus der Theorie bekannten Methoden zur Performance-Messung schliessen ein effizientes Marktportefeuille in ihre Betrachtungen ein. Sodann wird ein Vergleich zwischen der Performance des zu beurteilenden Portefeuilles und derjenigen des Marktportefeuilles (der Benchmark) vorgenommen. Nicht nur aufgrund der Kritik von *Roll* ist eine derartige Performance-Messung fragwürdig, denn in der Praxis sind eine Reihe weiterer Schwierigkeiten vorzufinden. Insbesondere ist die Zulässigkeit eines ('fairen') Vergleichs zwischen Marktportefeuille und dem zu analysierenden Portefeuille zu prüfen.

### 9.3.1 Die Anforderungen an eine geeignete Benchmark

Für die Beurteilung der Performance ist die Bestimmung eines akzeptierten Vergleichsmassstabes (Benchmark) entscheidend. Dieser muss zwei Elemente beinhalten[61]:

- Es ist eine gleichartige Berechnungsweise der zu beurteilenden Performance des Portefeuilles und der Benchmark anzuwenden.
- Bei der Ermittlung des Anlageerfolges müssen vergleichbare Restriktionen berücksichtigt werden.

Häufig werden - wie auch in den gezeigten Performance-Kennzahlen - zur Beurteilung der Performance Börsenindizes (S&P 500-Index, Nikkei-Index, Swiss Performance Index etc.) herangezogen. Zwar sind Indizes in der Praxis akzeptierte Vergleichsmassstäbe, aber dennoch mit einigen Mängeln behaftet. Oftmals bleiben Dividenden- bzw. Zinserträge und damit verbunden die Möglichkeit deren Reinvestitionen unberücksichtigt[62]. Ebenso fehlen in den Indexberechnungen Transaktionskosten und Steuern. Um einen fairen Performance-Vergleich zwischen einem Portefeuille und einem Index vorzunehmen, ist der Index um die erwähnten Mängel zu korrigieren[63].

Aufgrund der unterschiedlichen Strukturen von Portefeuille und Index besitzen aber

---

[61] Vgl. **Hockmann, H.**: "Performance und Risk Measurement", in: SHZ vom 15. September 1988, S. 27.
[62] Vgl. **Alexander, G./Francis, J.**: "Portfolio Analysis", S. 251.
[63] Der Swiss Performance Index sowie der Bankverein-Aktienindex sind Beispiele für Indizes, welche zwar Reinvestitionen, nicht aber Transaktionskosten und Steuern berücksichtigen (vgl. **Niederer, U./Laube, B.**: "Der Bankverein-Aktienindex in neuem Gewand", S. 24-25. **Zingg, W.**: "Der neue Index der Schweizer Aktien", S. 811-818).

derartige Performance-Vergleiche auch im Falle eines ertrags- und kostenbereinigten Indexes eine geringe Aussagekraft. Bedingt durch verschiedene Anlagerestriktionen rechtlicher und/oder vertraglicher Art ist es einem Portfolio-Management unmöglich, eine vom Börsenindex vorgegebene Performance zu erreichen[64].

Um den Nachteil der Restriktionen zu beheben, ist man dazu übergegangen, *einzelne Positionen* eines Portefeuilles (beispielsweise Aktien Schweiz, Aktien USA, Aktien Japan, Obligationen Schweiz etc.[65]), welche gleichen Restriktionen unterliegen, zu beurteilen. Damit können zwar einzelne Portefeuillepositionen analysiert werden, eine Beurteilung der Gesamtperformance im Sinne eines Vergleichs mit einer Benchmark ist aber weiterhin unmöglich. Offensichtlich genügt ein Börsenindex den Anforderungen an eine Benchmark nicht.

### 9.3.2 Die Performance-Analyse

Es hat sich gezeigt, dass die in der Theorie entwickelten Performance-Kennzahlen in der Praxis an den Anforderungen an eine geeignete Benchmark scheitern. Allerdings stellt sich die Frage, ob zur Performance-Messung tatsächlich eine geeignete Benchmark notwendig ist.

#### 9.3.2.1 Die Abkehr von der Performance-Messung mittels Benchmark

*Markowitz* zeigt in seinem Modell, wie effiziente Portefeuilles aus der Menge der zulässigen Portefeuilles zu ermitteln sind. Als effizient werden die Portefeuilles bezeichnet, die bei einem bestimmten Risiko eine maximale Rendite bzw. bei einer bestimmten Rendite ein minimales Risiko aufweisen und somit auf der Efficient Frontier liegen[66]. Wird nun angenommen, es existiere ein Index, der den erwähnten Anforderungen[67] einer Benchmark genügt, dann sind zwei Fälle zu unterscheiden:

- Die Benchmark liegt unterhalb der *ex ante Efficient Frontier*[68], das heisst es handelt sich um ein ineffizientes Vergleichsportefeuille. Dem Portfolio Manager ist es somit möglich, die Benchmark *ex ante* zu schlagen, indem er ein

---

64 Vgl. dazu Abschnitt 8.2.1.2., insbesondere Abbildung 8/6.
65 Vgl. die in Abbildung 8/7 (Abschnitt 8.2.1.2.) gezeigte Asset Allocation-Matrix.
66 Vgl. dazu Abschnitt 5.1.
67 Vgl. dazu Abschnitt 9.3.1.
68 Unter *ex ante Efficient Frontier* wird eine Efficient Frontier verstanden, welche aufgrund geschätzter Zukunftsdaten (sog. Soll-Daten) ermittelt wird.

Portefeuille derart zusammenstellt, dass es auf der ex ante Efficient Frontier liegt.
- Liegt die Benchmark auf der ex ante Efficient Frontier, hat der Portfolio-Manager, ohne die Menge der zulässigen Portefeuilles zu überschreiten, *keine Möglichkeit*, diese ex ante zu schlagen.

Dem Modell von *Markowitz* entsprechend wird aber in beiden Fällen das Portefeuille derart bestimmt, dass es auf der ex ante Efficient Frontier liegt. Werden *die selbe Benchmark und das selbe Portefeuille* (welche auf der ex ante Efficient Frontier liegen) bezüglich der *ex post Efficient Frontier*[69] betrachtet, sind vier Fälle zu unterscheiden[70] (vgl. Abbildung 9/5 [71]):

- Liegen das Portefeuille und die Benchmark auf der ex post Efficient Frontier, wurde mit dem Portefeuille wie mit der Benchmark ein maximales Resultat erzielt (vgl. $P'_1$ und $B'_1$ in Abbildung 9/5).
- Liegt die Benchmark auf und das Portefeuille unterhalb der ex post Efficient Frontier, hat erstere das Portefeuille geschlagen, wobei mit der Benchmark ein maximales Resultat erzielt wurde (vgl. $P'_2$ und $B'_1$ in Abbildung 9/5).
- Liegt das Portefeuille auf und die Benchmark unterhalb der ex post Efficient Frontier, hat ersteres die Benchmark geschlagen, wobei mit dem Portefeuille ein maximales Resultat erzielt wurde (vgl. $P'_1$ und $B'_2$ in Abbildung 9/5).
- Liegen die Benchmark und das Portefeuille unterhalb der ex post Efficient Frontier, wurde mit beiden das Ziel einer effizienten Investition verfehlt. Dennoch kann das Portefeuille die Benchmark schlagen - oder umgekehrt (vgl. $P'_2$ und $B'_2$ in Abbildung 9/5).

Aus diesen Ueberlegungen folgt, dass es unmöglich ist, eine *effiziente* Benchmark *ex post betrachtet* zu schlagen. Ist ein Portefeuille der Benchmark überlegen, so ist daraus zu schliessen, dass entweder das Portefeuille auf der ex post Efficient Frontier liegt oder aber wie die Benchmark ein *ineffizientes* Portefeuille darstellt (vgl. $B'_2$ und $P'_1$ bzw. $B'_2$ und $P'_2$ in Abbildung 9/5). Dem Modell von *Markowitz* folgend sind aber Portefeuilles zu ermitteln, die auf der Efficient Frontier liegen.

---

[69] Unter *ex post Efficient Frontier* wird eine Efficient Frontier verstanden, welche aufgrund tatsächlicher (vergangener) Daten (sog. Ist-Daten) ermittelt wird.

[70] Es ist zu beachten, dass die ex ante Efficient Frontier nur dann mit der ex post Efficient Frontier übereinstimmt, wenn neben den beibehaltenen Restriktionen auch die im Modell einzugebenden geschätzten Daten (ex ante Daten) den tatsächlichen Werten (ex post Daten) entsprechen.

[71] In Abbildung 9/5 wurde angenommen, die ex post Efficient Frontier liege bezüglich der ex ante Efficient Frontier weiter links. Aber auch der umgekehrte Fall, dass die ex ante Efficient Frontier links der ex post Efficient Frontier liegt, ist möglich.

*Der Vergleich eines Portefeuilles mit einer Benchmark wird damit hinfällig.* Vielmehr ist zu analysieren, ob das ex ante ermittelte effiziente Portefeuille auf der ex post Efficient Frontier oder mindestens in deren Nähe liegt.

Abbildung 9/5: Ex ante effiziente Portefeuilles verglichen mit der ex post Efficient Frontier

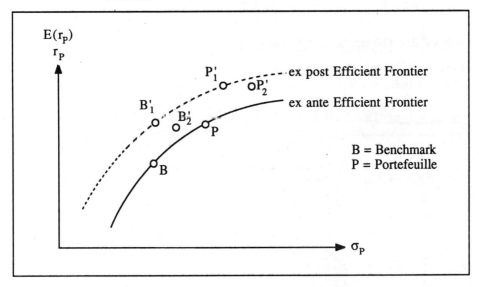

Um ein unterhalb der ex post Efficient Frontier liegendes Portefeuille zu beurteilen, ist ein Toleranzbereich - im angelsächsischen wird von einer *'Confidence Region'* gesprochen - zu definieren, innerhalb deren Grenzen sämtliche Portefeuilles *statistisch als gleich effizient* betrachtet werden (vgl. Abbildung 9/6 [72])[73]. Während die Confidence Region gegen oben durch die ex post Efficient Frontier begrenzt wird, ist die untere Grenze des Toleranzbereichs ebenfalls ex post mit (5.7) zu berechnen[74], indem die Zielfunktion

---

72  Vgl. **Michaud, R.:** "The Markowitz Optimization Enigma: Is 'Optimized' Optimal?", S. 38.
73  Werden zwei Portefeuilles, welche beide unterhalb der ex post Efficient Frontier liegen, miteinander verglichen, wäre *theoretisch* dasjenige besser einzustufen, welches auf einer höheren Indifferenzkurve liegt (zur Indifferenzkurve vgl. Abschnitt 4.1.2. und Abschnitt 5.1.3. (insbesondere Abbildung 5/8)).
74  Vgl. dazu Abschnitt 5.1.2.1.

$$\min \sum_{i=1}^{n} z_i^2 \cdot \sigma_i^2 + 2 \cdot \sum_{i=1}^{n-1} \sum_{j>1}^{n} z_i \cdot z_j \cdot \text{Cov}(i,j) \qquad (9.21)$$

durch

$$\min \; \Gamma \cdot [\sum_{i=1}^{n} z_i^2 \cdot \sigma_i^2 + 2 \cdot \sum_{i=1}^{n-1} \sum_{j>1}^{n} z_i \cdot z_j \cdot \text{Cov}(i,j) \,] \qquad (9.22)$$

(wobei $\Gamma$ den Toleranzbereich bestimmt und $\Gamma \geq 1.0$).

ersetzt wird. Mittels Variation des Faktors $\Gamma$ - welcher individuell bestimmt wird - kann die Confidence Region kleiner oder grösser gewählt werden.

Abbildung 9/6: Der Bereich statistisch gleich effizienter Portefeuilles

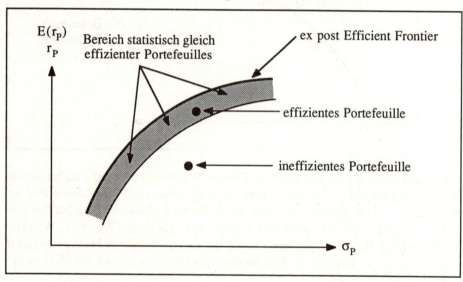

Damit wird die Performance-Messung zu einem *Soll-Ist-Vergleich bzw. zu einer Beurteilung der Prognosefähigkeit*, was auch deren Zielen - die Kontrollmöglichkeit eines vorgegebenen Zieles, ein Leistungsvergleich unter Portfolio-Managern und das Aufdecken von Schwächen im Portfolio-Managementprozess - entspricht.

### 9.3.2.2 Die Analyse der Performance-Struktur

Neben der Beurteilung der Gesamtperformance eines Portefeuilles sind auch die

*Performance-Beiträge einzelner Positionen* zu analysieren. Zu diesem Zweck ist der Portefeuilleerfolg analog der Asset Allocation in eine strategische, eine taktische und eine titelspezifische Komponente zu zerlegen. Auf allen drei Stufen ist eine Performance-Messung vorzunehmen, indem geprüft wird, ob das ex ante bestimmte Portefeuille auf der ex post Efficient Frontier oder innerhalb der Confidence Region liegt.

Abbildung 9/7: Toleranzbereich, innerhalb dem ein Portefeuille eine maximale Performance aufweist

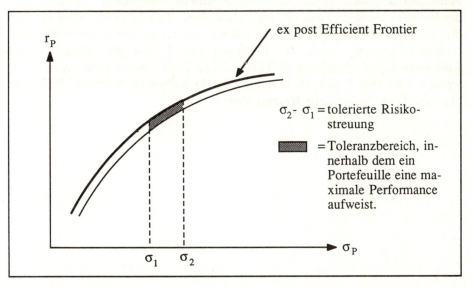

Zur Beurteilung des Performance-Beitrages der einzelnen Stufen wird das unter Berücksichtigung der für die entsprechende Stufe relevanten Daten[75] ex ante ermittelte optimale Portefeuille mit der ex post Confidence Region (welche ebenfalls aufgrund der für diese Stufe relevanten Daten[76] berechnet wird) verglichen. Allerdings genügt es nicht, wenn das ex ante ermittelte Portefeuille irgendwo in der ex post Confidence Region liegt. Es ist ein Renditebereich (beispielsweise $r=\pm 1\%$) *oder* ein Risikobereich (beispielsweise $\sigma=\sigma\pm 2\%$) vorzugeben, innerhalb dem das ex ante bestimmte Portefeuille ex post zu liegen hat (vgl. Abbildung 9/7). Weichen die ex post berechnete Portefeuillerendite und Standardabweichung zu stark von den ex ante berechneten Werten ab, liegt der Schluss nahe, dass das ex ante ermittelte Portefeuille

---

75 Es sind dies die *erwarteten* Renditen, Standardabweichungen und Kovarianzen.
76 Es sind dies die *tatsächlich beobachteten* Renditen, Standardabweichungen und Kovarianzen.

*zufälligerweise* und nicht aufgrund der Leistung des Portfolio-Managements in der ex post Confidence Region liegt. Ist die Leistung zweier Portfolio-Manager zu vergleichen und liegen deren Portefeuilles innerhalb des durch den Investor vorgegebenen Toleranzbereichs (welcher durch die Cofidence Region und den Rendite- oder Risikobereich begrenzt ist), so haben beide eine maximale Performance erzielt. Entsprechend ist die Lage der Portefeuilles innerhalb des Toleranzbereichs nicht näher zu untersuchen.

Eine derartige stufenweise Analyse ermöglicht das Aufdecken von Schwächen im Portfolio-Managementprozess. Insbesondere wird die Fähigkeit des Investors (bzw. des Portfolio-Managers) geprüft, die Zukunft bzw. die relevanten Daten auf allen drei Stufen *exakt* prognostizieren zu können. Zwar kann der beschriebenen Performance-Messung durch das Festlegen von $\Gamma$ und dem Rendite - oder Risikobereich (vgl. Abbildung 9/7) ein *individuelles* Vorgehen nicht abgesprochen werden. Sind aber $\Gamma$ und der Rendite- oder Risikobereich bestimmt, findet eine *objektive, faire Performance-Messung* statt.

# Zusammenfassende Schlussfolgerungen

Im Sinne einer Zusammenfassung und eines Ausblicks werden abschliessend *fünf Thesen* formuliert, die aufzeigen, in welche Richtung sich das Anlagegeschäft im letzten Jahrzehnt vor der Jahrtausendwende entwickeln wird:

- Dem sichtlich immer stärker werdenden Erwartungsdruck seitens der Kundschaft - sowohl der institutionellen wie auch der privaten Kunden - kann die Bank nur mittels einer professionellen, kompetenten, qualitativ hochstehenden, flexiblen und mit technischen Hilfsmitteln unterstützten Betreuung und Beratung stand halten. Die *eigene Rendite* und die *rechtliche Sicherheit* der Bank in der Sparte 'Trust Banking' dürfen im modernen Wettbewerb nicht vorrangige Bedeutung haben und sind lediglich als *Rahmenbedingungen* zu betrachten.

- Eine qualitativ hochstehende Beratung erfordert nicht nur eine qualitative Beurteilung einzelner Anlagemedien wie Aktien, Bonds, Geldmarktanlagen, Edelmetalle usw. bzw. ganzer Portefeuilles. Ein derartiger Anlageprozess ist zu wenig diszipliniert, und mögliche Risiken finden kaum Beachtung. Zudem führt er oft zu einer *willkürlichen Auswahl einzelner Anlagen*. Untersuchungen haben denn auch gezeigt, dass der Einfluss von Einzelanlagen auf die Performance sehr gering ist. Hingegen kann der Verzicht auf ein Anlagemedium oder einen Markt gleichbedeutend mit dem Verzicht auf eine Chance sein, eine bessere Rendite zu erzielen. Die Bestrebungen gehen deshalb dahin, in Ergänzung zu dieser als traditionell bezeichneten Vorgehensweise eine *quantitativ erfassbare Rendite-Risiko-Beziehung* der Anlagemedien bzw. ganzer Portefeuilles in den Vordergrund der Betrachtungen zu stellen. Auf eine *systematische Portefeuille-Optimierung*, welche auf dem Ansatz von *Markowitz* basiert und zu einem durchdachten Anlageprozess führt, kann daher in Zukunft nicht verzichtet werden.

- Da der Anleger (von Ausnahmen abgesehen) von Natur aus risikoavers eingestellt ist, führt die Quantifizierung des Risikos zwingend zur Frage, wie sich ein Anleger gegen dasselbe absichern kann. Die *Portfolio-Insurance* bietet grundsätzlich drei verschiedene Möglichkeiten: Optionen, Futures und den Einsatz von Duplikationen. Seit dem Börsencrash vom Oktober 1987 ist das Bedürfnis nach einer Absicherung gegenüber Risiken noch stärker geworden. Obwohl verschiedentlich behauptet wird, dass die Portfolio-Insurance die Situation im Oktober 1987 noch verstärkt hat (was allerdings widerlegt werden kann), ist der Einsatz von Optionen, Futures und Duplikationen im Portfolio-Management in Zukunft nicht wegzudenken.

- Bedingt durch die sich auch in Zukunft fortsetzende gegenseitige Annäherung der Finanzmärkte rücken diese immer mehr zu *einem* Weltmarkt zusammen. Eine zunehmende Effizienz des Weltmarktes ist feststellbar. Allerdings wird dieser *nie* das Effizienzniveau erreichen, welches das Funktionieren des *Capital Asset Pricing Model* bzw. der *Arbitrage Pricing Theory* erlauben würde, denn das Konzept der Markteffizienz leidet an einem inneren Widerspruch: In einem effizienten Markt fehlt der Anreiz zur Informationsbeschaffung und -verarbeitung; Informationsbeschaffung und -verarbeitung sind aber notwendig, um die Effizienz des Marktes zu erhalten, ansonsten dieser ineffizient wird.

- Von der Informationsbeschaffung und -verarbeitung wird auch in Zukunft der Erfolg von Portfolio-Managern abhängen. Dabei ist zu beachten, dass die fundamentale Analyse der technischen Analyse weit überlegen ist, konnte doch dargelegt werden, dass allein aufgrund der technischen Analyse keine überdurchschnittlichen Renditen erzielt werden können. Wer aufgrund der Informationsbeschaffung und -verarbeitung die beste *Prognosefähigkeit* besitzt, wird schliesslich den Wettlauf um die bessere Performance gewinnen.

*****

# Literaturverzeichnis

**Adler, M./Simon, D.:** "Exchange risk surprises in international portfolios", in: The Journal of Portfolio Management, Nr. 1/1986, S. 44-53.

Aktuelles Praxishandbuch mit sämtlichen Möglichkeiten für hochrentierende Börsengeschäfte, Loseblattsammlung, Zürich 1986.

**Albisetti, E./Boemle, M./Ehrsam, P./Gsell, M./Nyffeler, P./Rutschi, E.:** "Handbuch des Geld-, Bank- und Börsenwesens der Schweiz", 4. Aufl., Thun 1987.

**Albisetti, E./Gsell, M./Nyffeler, P.:** "Bankgeschäfte", 4. Aufl., Bern 1990.

**Alexander, G./Francis, J.:** "Portfolio Analysis", 2. Aufl., New Jersey 1986.

**Ammann, D./Steinmann, S.:** "Branchenfremd und im Ausland investieren - Einsatz der quantitativen Analyse in der Vermögensverwaltung von Pensionskassen", in: F&W vom 29. November 1989, Nr. 93, S. 20.

**Ammann, D./Steinmann, S.:** "Mehr Risikotoleranz dank besserer Performance - Einsatz der quantitativen Analyse in der Vermögensverwaltung von Pensionskassen", in: F&W vom 15. November 1989, Nr. 89, S. 21.

**Ammann, D./Steinmann, S.:** "Mehr Risikotoleranz dank Portefeuillediversifikation - Einsatz der quantitativen Analyse in der Vermögensverwaltung von Pensionskassen", in: F&W vom 22. November 1989, Nr. 91, S. 19.

**Arthur Andersen & Co.:** "European Capital Markets", Amsterdam 1988.

**Arthur Andersen & Co.:** "Finanzplatz Schweiz - Perspektiven, Herausforderungen, Chancen", Zürich 1986.

**Asner, R./Dumont, P.:** "Aspects récents de l'analyse des obligations", Heft Nr. 1 der Schweizerischen Vereinigung für Finanzanalyse, Genf 1984.

**Asner, R./Dumont, P.:** "Evaluation des obligations structure des taux d'intérêt et risque systématique", Heft Nr. 2 der Schweizerischen Vereinigung für Finanzanalyse, Genf 1985.

**Bank Leu:** "Leu-SMI-Futures und SMI-Optionen" (Broschüre), Zürich 1989.

**Bank Vontobel:** "Technische Analyse - ein Bestandteil der Wertpapieranalyse" (Broschüre), (ohne Ort und Jahr).

**Banz, R./Hawawini, G.:** "Equity Pricing and Stock Market Anomalies", in: Finanzmarkt und Portfolio Management, Nr. 3/1986, S. 7-15.

**Baratta, J./Wummel, D.:** "Der 19. Oktober 1987, Terminmärkte, Programmhandel und Portfolio-Versicherung", in: Die Bank, Nr. 3/1988, S. 141-149.

**Barnett, G.:** "The Best Portfolios are International", in: Euromoney, Nr. 4/1979, S. 165-171.

**Baumann, M.:** "Anlageertrag ist nicht gleich Performance", in: F&W vom 22. Oktober 1986, Nr. 23, S. 23.

**Beilner, T.:** "Portfolio Insurance an der DTB", in: Die Bank, Nr. 8/1989, S. 415-424.

**Benelli, G./Wyttenbach, B.:** "Der schweizerische Aktienmarkt in internationaler Perspektive", in: Aussenwirtschaft, Nr. II-III/1987, S. 305-333.

**Benninga, S./Blume, M.:** "On the Optimality of Portfolio Insurance", in: The Journal of Finance, Nr. 5/1985, S. 1342-1352.

**Benninga, S.:** "Comparing Portfolio Insurance Strategies", in: Finanzmarkt und Portfolio Management, Nr. 1/1990, S. 20-30.

**Benölken, H./Winkelmann, A.:** "Zielgruppen-Management im Privatkunden-Geschäft", in: Die Bank, Nr. 8/1988, S. 438-444.

**Bernasconi, P.:** "Der Anlegerschutz ist mangelhaft", in: SHZ vom 22. Februar 1990, Nr. 8, S. 17.

**Betsch, O.:** "Technikbank - die Bank der Zukunft?", Beiträge zur Bankbetriebslehre aus dem Institut für Bankwirtschaft an der Hochschule St. Gallen Bd. 5, St. Gallen 1985.

**Bierwag, G./Kaufman, G./Khang, C.:** "Duration and Bond Portfolio Analysis: An Overview", in: Journal of Financial and Quantitative Analysis, Nr. 11/1978, S. 671-679.

**Bierwag, G./Kaufman, G./Latta, C.:** "Duration models: A taxonomy", in: The Journal of Portfolio Management, Nr. 4/1988, S. 50-54.

**Bierwag, G./Kaufman, G./Toevs, A.:** "Duration: Its Development and Use in Bond Portfolio Management", in: Financial Analysts Journal, Nr. 7-8/1983, S. 15-35.

**Bierwag, G./Kaufman, G./Toevs, A.:** "Single Factor Duration Models in a Discrete General Equilibrium Framework", in: Journal of Finance, Nr. 37/1982, S. 325-338.

**Bierwag, G./Khang, C.:** "An Immunization Strategy is a Minimax Strategy", in: The Journal of Finance, Nr. 5/1979, S. 389-399.

**Bierwag, G.:** "Duration Analysis - Managing Interest Rate Risk", Tucson (Arizona) 1986.

**Bierwag, G.:** "Immunization, Duration and the Term Structure of Interest Rate", in: Journal of Financial and Quantitative Analysis, Nr. 12/1977, S. 725-742.

**Bierwag, G.:** "Measures of Duration", in: Economic Inquiry, Nr. 10/1978, S. 497-507.

**Bill, M.:** "«The Report by Presidential Task Force on Market Mechanisms»: Eine kritische Betrachtung", in: Finanzmarkt und Portfolio Management, Nr. 3/1988, S. 46-54.

**Bird, R./Dennis, D./Tippett, M.:** "A stop loss approach to portfolio insurance", in: The Journal of Portfolio Management, Nr. 4/1988, S. 35-40.

**Black, F./Jensen, M./Scholes, M.:** "The Capital Asset Pricing Model: Some Empirical Tests", in: **Jensen, M.:** "Studies in the Theory of Capital Markets", New York 1972, S. 79-124.

**Black, F./Jones, R.:** "Simplifying portfolio insurance for corporate pension plans", in: The Journal of Portfolio Management, Nr. 2/1988, S. 48-51.

**Black, F./Jones, R.:** "Simplifying portfolio insurance", in: The Journal of Portfolio Management, Nr. 3/1987, S. 33-37.

**Black, F./Scholes, M.:** "The Pricing of Options and Corporate Liabilities", in: Journal of Political Economy, Nr. 5-6/1973, S. 637-659.

**Black, F.:** "Capital Market Equilibrium with Restricted Borrowing", in: Journal of Business, Nr. 3/1972, S. 444-455.

**Black, F.:** "How we came up with the option formula", in: The Journal of Portfolio Management, Nr. 1/1989, S. 4-8.

**Blanco, J./Müller, H.:** "Put-Optionen als Instrumente der Portfolioinsurance: Investitionsstrategien für institutionelle Anleger?", in: Schweizerische Zeitschrift für Volkswirtschaft und Statistik, Nr. 3/1988, S. 391-404.

**Bleeke, J./Johnson, B.:** "How to survive in the age of the global investor", in: The McKinsey Quarterly, Nr. 3/1988, S. 39-47.

**Blum, E./Hinterecker, F.:** "Persönliche Kontakte sind wichtig", in: Bankkaufmann, Nr. 9/1988, S. 42-46.

**Blume, M./Friend, I.:** "A New Look at the Capital Asset Pricing Model", in: Journal of Finance, Nr. 3/1973, S. 19-34.

**Bode, M./Jancar, S./Sievi, F.:** "Richtiges Timing oder Risiko-Return-Analyse", in: Die Bank, Nr. 2/1989, S. 93-97.

**Bohley, P.:** "Statistik - Einführendes Lehrbuch für Wirtschafts- und Sozialwissenschaftler", 2. überarb. Aufl., München 1987.

**Bollag, Ph.:** "Grundstrategien mit den neuen SMI-Optionen", in: SOFFEX Extra, Nr. 1/1988, S. 10-13.

**Bookstaber, R./Clarke, R.:** "Problems in Evaluating the Performance of Portfolios with Options", in: Financial Analysts Journal, Nr. 1-2/1985, S. 48-69.

**Bopp, J./Cantaluppi, L.:** "Modernes Portfolio-Management", Seminarunterlagen vom 13. Juni 1990, Zürich 1990.

**Bopp, J.:** "Informatik nutzen!", in: SHZ vom 6. Juni 1985, Nr. 23, S. 55.

**Bopp, J.:** "Nischenprodukte kontra Margendruck", in: Schweizer Bank, Nr. 11/1990, S. 58-61.

**Botkin, D.:** "Strategy setting and expectations", in: **Tapley, M.:** "International Portfolio Management", London 1986 (Euromoney Publication), S. 59-74.

**Brady, N.:** "Report of the Presidential Task Force on Market Mechanisms", 1988.

**Brändle, J.:** "Das Kundenprofil in der Anlageberatung und Vermögensverwaltung", Anlageinformation der aargauischen Hypotheken- und Handelsbank Nr. 23/1984.

**Brennan, M./Schwartz, E.:** "Time-Invariant Portfolio Insurance Strategies", in: The Journal of Finance, Nr. 6/1988, S. 283-299.

**Brennan, M.:** "Taxes, Market Valuation, and Corporate Financial Policy", in: National Tax Journal, Nr. 12/1970, S. 417-427.

**Brenner, M.:** "Weshalb Indexoptionen?", in: SOFFEX Extra, Nr. 1/1989, S. 13-14.

**Breuer, R.:** "Index-Portfolio der Deutschen Bank AG", in: Die Bank, Nr. 9/1987, S. 472-474.

**Brinson, G./Hood, R./Beebower, G.:** "The Determinants of Portfolio Performance", in: Financial Analysts Journal, Nr. 7-8/1986, S. 39-44.

**Buchner, R.:** "Die Planung von Gesamt-Kapitalanlagen (Portefeuilles) und der Effekt der Markowitz-Diversifikation", in: Wirtschaftswissenschaftliches Studium, Nr. 7/1981, S. 310-323.

**Buess, J.:** "Anwendungsmöglichkeiten der Financial Futures", in: SOFFEX Extra, Nr. 2/1989, S. 10-15.

**Bühler, W.:** "Anlagestrategien zur Begrenzung des Zinsänderungsrisikos von Portefeuilles aus festverzinslichen Titeln", in: Zeitschrift für betriebswirtschaftliche Forschung, Sonderheft Nr. 16/1983, S. 82-138.

**Burda, W.:** "Möglichkeiten moderner Informationssysteme für die Wertpapieranlageberatung", in: Betriebspraxis, Nr. 3/1979, S. 113-117.

**Büschgen, H.:** "Rentabilität und Risiko der Investmentanlage", Stuttgart 1971.

**Büttler, H./Hermann, W.:** "International diversifizierte Portfolios unter flexiblen Wechselkursen", in: Finanzmarkt und Portfolio Management, Nr. 1/1989, S. 28-40.

**Büttler, H.:** "An expository note on the valuation of foreign exchange options", in: Journal of International Money and Finance, Nr. 8/1989, S. 295-304.

**Celebuski, M./Hill, J./Kilgannon, J.:** "Managing Currency Exposures in International Portfolios", in: Financial Analysts Journal, Nr. 1-2/1990, S. 16-23.

**Chambers, D./Carleton, W.:** "Immunizing Default-Free Bond Portfolios with Duration Vector", in: Journal of Financial and Quantitative Analysis, Nr. 1/1988, S. 89-104.

**Chen, N./Copeland, T./Mayers, D.:** "A Comparison of Single and Multifactor Portfolio Performance Methodologies", in: Journal of Financial and Quantitative Analysis, Nr. 4/1987, S. 97-113.

**Chila, D.:** "Schutz vor impulsiven Anlageentscheiden", in: Schweizer Bank, Nr. 4/1987, S. 24-27.

**Choie, K./Seff, E.:** "TIPP: Insurance without complexity: Comment", in: The Journal of Portfolio Management, Nr. 4/1989, S. 107-108.

**Chua, J.:** "A Closed-Form Formula for Calculating Bond Duration", in: Financial Analysts Journal, Nr. 5-6/1984, S. 76-78.

**Claussen, C.:** "Zum Stellenwert der Aktienanalyse", in: Zeitschrift für das gesamte Kreditwesen, Nr. 11/1986, S. 8-14.

**Cohen, J./Zinbarg, E./Zeikel, A.:** "Investment Analysis and Portfolio Management", 4. Aufl., Illinois 1975.

**Cohen, K./Pogue, J.:** "An Empirical Evaluation of Alternative Portfolio Selection Models", in: The Journal of Business, Nr. 4/1967, S. 166-193.

**Cooper, I.:** "Asset Values, Interest-Rate Changes and Duration", in: Journal of Financial and Quantitative Analysis, Nr. 12/1977, S. 701-723.

**Copeland, T./Mayers, D.:** "The Value Line Enigma (1965-1978): A Case Study of Performance Evaluation Issues", in: Journal of Financial Economics, Nr. 11/1982, S. 289-321.

**Copeland, T./Weston, J.:** "Financial Theory and Corporate Policy", 3. Aufl., Los Angeles 1988.

**Cordero, R.:** "Der Financial Futures Markt", Bankwirtschaftliche Forschungen Bd. 97, Bern und Stuttgart 1986.

**Cordero, R.:** "Risiko-Management mit Optionen", Bankwirtschaftliche Forschungen Bd. 109, Bern und Stuttgart 1989.

**Cornell, B.:** "Asymmetric Information and Portfolio Performance Measurement", in: Journal of Financial Economics, Nr. 7/1979, S. 381-391.

**Cox, J./Ingersoll, J./Ross, S.:** "Duration and the Measurement of Basis Risk", in: Journal of Business, Nr. 1/1979, S. 51-61.

**Cox, J./Ross, S., Rubinstein, M.:** "Option Pricing: A Simplified Approach", in: **Luskin, D.:** "Portfolio Insurance - A Guide to Dynamic Hedging", New York 1988, S. 244-277 (Abdruck aus Journal of Financial Economics, Nr. 9/1979, S. 229-263).

**Cox, J./Rubinstein, M.:** "Options Markets", New Jersey 1985.

**Cramer, J.:** "Ein Informationssystem für den professionellen Vermögensverwalter und den privaten Anleger", in: vbo-Informationen, Nr. 2-3/1988, S. 35-41.

**Cramer, J.:** "Privatkunden jenseits vom Mengengeschäft", in: Bank und Markt, Nr. 6/1985, S. 5-10.

**Credit Suisse First Boston Limited:** "Investment Manual for Fixed Income Securities in the International and Major Domestic Capital Markets", London 1983, intern.

**Damant, D./Goodison, Q.:** "The Efficient Market Model and the Stock Markets", in: The Investment Analyst, Nr. 4/1986, S. 23-29.

**Denzler, M.:** "Arbitrage-Preis-Theorie: Eine empirische Untersuchung für den schweizerischen Aktienmarkt", Zürich 1988.

**Dexheimer, P./Lang, D./Ungnade, D.:** "Leitfaden durch das Wertpapiergeschäft", 6. Aufl., Stuttgart 1987.

**Dexheimer, P./Schubert, E./Ungnade, D.:** "Leitfaden durch die Anlageberatung", 2. überarb. Aufl., Düsseldorf 1985.

**Dietz, P./Kirschman, J.:** "Evaluating Portfolio Performance", in: **Maginn, J./Tuttle, D.:** "Managing Investment Portfolios", Boston 1983, S. 611-631.

**Dietzi, H.:** "Verantwortung bei Anlageberatung und Vermögensverwaltung", Referat gehalten am ZfU-Seminar "Aktuelle Rechtsfragen aus dem Bankenbereich" vom 21./22. Januar 1988 in Kilchberg/ZH.

**Dirks, A.:** "Vermögensverwaltung mit internationaler Perspektive", in: Bank und Markt, Nr. 11/1989, S. 15-16.

**Drayss, E.:** "Nutzen und Gefahren der Portfolio-Optimierung", in: Die Bank, Nr. 10/1990, S. 566-567.

**Dreher, W.:** "Does portfolio insurance ever make sense?", in: The Journal of Portfolio Management, Nr. 3/1988, S. 25-32.

**Dubacher, R./Fastrich, H./Hepp, S.:** "Attraktive Währungsoptionen", in: Schweizer Bank, Nr. 2/1990, S. 46-48.

**Dubacher, R./Hepp, S.:** "Internationale Anlagestrategien für institutionelle Investoren", in: Finanzmarkt und Portfolio Management", Nr. 2/1989, S. 151-160.

**Dubacher, R./Zimmermann, H.:** "Optionen auf den Swiss Market Index (SMI)", in: Finanzmarkt und Portfolio Management, Nr. 1/1989, S. 54-65.

**Dubacher, R./Zimmermann, H.:** "Risikoanalyse schweizerischer Aktien: Grundkonzept und Berechnung", in: Finanzmarkt und Portfolio Management, Nr. 1/1989, S. 66-85.

**Dufner, J.:** "Ein neues Instrument für die Anlageberatung", in: Bulletin (SKA), Nr. 5-6/1985, S. 18-19.

**Dumont, P./Gibson-Asner, R.:** "Introduction à la théorie de l'immunisation", Heft Nr. 2 der Schweizerischen Vereinigung für Finanzanalyse, Genf 1985.

**Dybvig, P.:** "Inefficient Dynamic Portfolio Strategies or How to Throw Away a Million Dollars in the Stock Market", in: The Review of Financial Studies, Nr. 1/1988, S. 67-88.

**Ebel, J.:** "Portefeuilleanalyse: Entscheidungskriterien und Gleichgewichtsprobleme", Köln 1971.

**Ebneter, A.:** "Strategien mit Aktienoptionen", 2. Aufl., Zurich 1988.

**Ehrhardt, M.:** "A Mean-Variance Derivation of a Multi-Factor Equilibrium Model", in: Journal of Financial and Quantitative Analysis, Nr. 2/1987, S. 227-236.

**Eller, R./Kempfle, W.:** "Die Finanzkennzahl 'Duration' in der Anlageberatung", in: Die Bank, Nr. 12/1989, S. 675-679.

**Elton, E./Gruber, M.:** "Modern Portfolio Theory and Investment Analysis", 3. Aufl., New York 1987.

**Emch, U./Renz, H.:** "Das Schweizerische Bankgeschäft", 3. Aufl., Thun 1984.

**Emmerich, F.:** "Standardisierte Depotbetreuung unter Einbeziehung von Sparkassen-Investmentfonds", in: Betriebspraxis, Nr. 3/1979, S. 134-136.

**Estep, T./Kritzman, M.:** "TIPP: Insurance without complexity", in: The Journal of Portfolio Management, Nr. 3/1988, S. 38-42.

**Eun, C./Resnick, B.:** "Exchange Rate Uncertainty, Forward Contracts, and International Portfolio Selection", in: The Journal of Finance, Nr. 3/1988, S. 197-215.

**Fabozzi, F./Pollack, I.:** "The Handbook of Fixed Income Securities", 2. Aufl., Illinois 1987.

**Fama, E./Fisher, L./Jensen, M./Roll, R.:** "The Adjustment of Stock Prices to New Information", in: International Economic Review, Nr. 1/1969, S. 1-21.

**Fama, E./MacBeth, J.:** "Risk, Return and Equilibrium: Empirical Tests", in: Journal of Political Economy, Nr. 3/1973, S. 607-636.

**Fama, E.:** "Components of Investment Performance", in: Journal of Finance, Nr. 3/1972, S. 551-567.

**Fama, E.:** "Efficient Capital Markets: A Review of Theory and Empirical Work", in: Journal of Finance, Nr. 5/1970, S. 383-417.

**Fama, E.:** "The Behavior of Stock-Market Prices", in: Journal of Business, Nr. 1/ 1965, S. 34-106.

**Farrell, J.:** "Guide to Portfolio Management", New York 1983.

**Feldstein, S./Fabozzi, F.:** "Municipal Bonds", in: **Fabozzi, F./Pollack, I.:** "The Handbook of Fixed Income Securities", 2. Aufl., Illinois 1987, S. 291-328.

**Ferguson, R.:** "The trouble with performance measurement - you can't do it, you never will, and who wants to?", in: The Journal of Portfolio Management, Nr. 2/ 1986, S. 4-9.

**Fiekers, H.:** "Moderne Portfolio-Theorie", in: Beiträge zur Aktienanalyse, Nr. 20/ 1982, S. 5-27.

**Fisher, L./Weil, R.:** "Coping with the Risk of Interest-Rate-Fluctuations: Returns to Bondholders from Naive and Optimal Strategies", in: Journal of Business Nr. 44/ 1971, S. 408-431.

**Flütsch, A.:** "Abneigung gegen Computer", in: Bilanz extra, Nr 11/1988, S. 74-77.

**Fong, H./Fabozzi, F.:** "Overview of Fixed Income Portfolio Management", in: **Fabozzi, F./Pollack, I.:** "The Handbook of Fixed Income Securities", 2. Aufl., Illinois 1987, S. 581-591.

**Fong, H./Vasicek, O.:** "A Risk Minimizing Strategy for Portfolio Immunization", in: The Journal of Finance, Nr. 5/1984, S. 1541-1546.

**Forstmoser, P.:** "Zum schweizerischen Anlagefondsgesetz", Bankwirtschaftliche Forschungen Bd. 6, Bern und Stuttgart 1972.

**French, K.:** "Pricing Financial Futures Contracts: An Indroduction", in: Finanzmarkt und Portfolio Management, Nr. 2/1988, S. 15-22.

**Friend, I./Bicksler, J.:** "Risk and Return in Finance", Cambridge 1977.

**Fritschi, H.:** "Absichern!", in: SHZ vom 5. Januar 1989, Nr. 1, S. 40.

**Fritschi, H.:** "Anlagephilosophie", Anlageinformation der ZKB, Zürich 1988.

**Fritschi, H.:** "Einführung in die Portefeuille-Analyse" (Broschüre der ZKB), Zürich 1989.

**Fritschi, H.:** "Nutzenoptimierer", in: SHZ vom 22. Dezember 1988, Nr. 51, S. 25.

**Fritschi, H.:** "Schutz vor Anlagerisiken", in: SHZ vom 12. Januar 1989, Nr. 2, S. 34.

**Fritschi, H.:** "Theorie der «Contrary Opinion»", Anlageinformation der ZKB, Zürich 1988.

**Fritschi, H.:** "Trends als Börsenführer", Anlageinformation der ZKB, Zürich 1988.

**Frost, A./Prechter, R.:** "Elliott Wave Principle - Key to Stock Market Profits", 5. Aufl., New York 1985.

**Fuller, R./Farrell, J.:** "Modern Investments and Security Analysis", New York 1987.

**Fuller, R./Settle, J.:** "Determinants of duration and bond volatility", in: The Journal of Portfolio Management, Nr. 3/1984, S. 66-72.

**Galai, D.:** "Testing the Arbitrage Conditions for Option Pricing - A Survey", in: Finanzmarkt und Portfolio Management, Nr. 1/1989, S. 16-27.

**Galdi, P.:** "Actively Managing a Structured Portfolio", in: **Fabozzi, F./Pollack, I.:** "The Handbook of Fixed Income Securities", 2. Aufl., Illinois 1987, S. 718-742.

**Gauch, P./Schluep, W.R./Jäggi, P.:** "Schweizerisches Obligationenrecht Allgemeiner Teil", Skriptum Band I, 2. Aufl., Zürich 1981.

**Gay, G./Kolb, R.:** "Interest rate futures as a tool for immunization", in: The Journal of Portfolio Management, Nr. 3/1983, S. 65-70.

**Gerber, B.:** "Der «Oktober-Crash» im Widerstreit der Meinungen", in: NZZ vom 15./16. Oktober 1988, Nr. 241, S. 33.

**Gerber, B.:** "Die Rolle des Programmhandels", in: NZZ vom 18. Oktober 1988, Nr. 243, S. 39.

**Gerber, B.:** "Portfoliomanagement - Wissenschaft oder Kunst?" (Broschüre der SBG), Zürich 1987.

**Gerke, W. (Hrsg.):** "Betriebsrisiken und Bankrecht", Wiesbaden 1988.

**Gerke, W./Philipp, F.:** "Finanzierung", Stuttgart 1985.

**Gerlach, H.:** "So schützen sich Banken vor Haftung bei Anlageberatungen", in: Bankkaufmann, Nr. 8/1988, S. 8-12.

**Gilg, J.:** "Financial Futures unter dem Aspekt einer Einführung in der Schweiz", Spreitenbach 1989.

**Gisler, M.:** "Was kostet die Vermögensverwaltung", in: TA vom 3. Dezember 1986, Nr. 278, S. 113.

**Gisler, M.:** "Wer verwaltet mein Vermögen?", in: TA vom 2. Dezember 1986, Nr. 277, S. 113.

**Graafhuis, H./Ottiger, R.:** "Expertensysteme in der Anlageberatung", in: Output, Nr. 6/1987, S. 47-52.

**Graafhuis, H.:** "Kapitalanlagen", in: Management-Zeitschrift io, Nr. 2/1983, S. 20-21.

**Graafhuis, H.:** "Kapitalanlagen", in: Management-Zeitschrift io, Nr. 9/1982, S. 48-49.

**Graafhuis, H.:** "Kapitalanlagen", in: Management-Zeitschrift io, Nr. 9/1983, S. 41-43.

**Graafhuis, H.:** "So gut wie würfeln", in: SHZ vom 12. November 1987, Nr. 46, S. 69.

**Granziol, M.:** "Mathematik für Anleger", in: SHZ vom 5. Mai 1988, Nr. 18, S. 77.

**Grauer, R./Hakansson, N.:** "Gains from International Diversification: 1968-85 Returns on Portfolios of Stocks and Bonds", in: Journal of Finance, Nr. 3/1987, S. 721-741.

**Grinblatt, M./Johnson, H.:** "A Put Option Paradox", in: Journal of Financial and Quantitative Analysis, Nr. 1/1988, S. 23-26.

**Grinblatt, M./Titman, S.:** "Portfolio Performance Evaluation: Old Issues and New Insights", in: The Review of Financial Studies, Nr. 3/1989, S. 393-421.

**Grinblatt, M.:** "How to Evaluate a Portfolio Manager", in: Finanzmarkt und Portfolio Management, Nr. 2/1986, S. 9-20.

**Guggenheim, D.:** "Die Verträge der Schweizerischen Bankpraxis", Zürich 1986.

**Gultekin, N./Rogalski, R.:** "Alternative Duration Specifications and the Measurement of Basis Risk: Empirical Tests", in: Journal of Business, Nr 2/1984, S. 241-265.

**Guy, J.:** "The Behavior of Equity on the German Stock Exchange", in: Journal of Banking and Finance, Nr. 1/1977, S. 71-93.

**Hafner, T.:** "Besondere Merkmale von Financial Futures", in: SOFFEX Extra, Nr. 2/1989, S. 1-3.

**Hahn, W.:** "Künstliche Intelligenz", Wirtschaftspolitische Mitteilungen Nr. 11-12, Zürich 1988.

**Hämmerli, H.:** "Aspekte des schweizerischen Emissionsgeschäftes", Bankwirtschaftliche Forschungen Bd. 100, Bern und Stuttgart 1986.

**Hansmann, K.:** "Dynamische Aktienanlage-Planung", Wiesbaden 1980.

**Hauck, W.:** "Börsenmässig gehandelte Finanzoptionen", in: Beiträge zur Wertpapieranalyse, Nr. 26/1989, S. 7-30.

**Haugen, R.:** "Modern Investment Theory", New Jersey 1986.

**Hauschild, K./Winkelmann, M.:** "Kapitalmarkteffizienz und Point & Figure Analyse", in: Kredit und Kapital, Nr. 2/1985, S. 240-263.

**Hawawini, G.:** "Controlling the Interest-Rate Risk of Bonds: An Introduction to Duration Analysis and Immunization Strategies", in: Finanzmarkt und Portfolio Management, Nr. 4/1986, S. 8-18.

**Henrickson, R./Merton, R.:** "On Market Timing and Investment Performance. II. Statistical Procedures for Evaluating Forecasting Skills", in: Journal of Business, Nr. 4/1981, S. 513-533.

**Henrickson, R.:** "Market Timing and Mutual Fund Performance: An Empirical Investigation", in: Journal of Business, Nr. 1/1984, S. 73-96.

**Hepp, S.:** "The Stability of the Estimated Risk-Structure of Asset Returns", in: Finanzmarkt und Portfolio Management, Nr. 1/1990, S. 43-49.

**Hepp, S.:** "The Swiss Pension Funds - An Emerging New Investment Force", Bankwirtschaftliche Forschungen Bd. 126, Bern und Stuttgart 1990.

**Hepp, S.:** "Vermögensanlage der 2. Säule: Komponenten einer strukturierten Anlagepolitik", in: Der Schweizer Treuhänder, Nr. 10/1990, S. 491-495.

**Heri, E.:** "International investieren", in: Der Monat (SBV), Nr. 1-2/1989, S. 25-26.

**Heri, E.:** "Zinsdifferenz und Wechselkursrisiko", in: Der Monat (SBV), Nr. 4/1987, S. 21-23.

**Heri, W.:** "Glücklich mit Indexfonds?", in: F&W vom 11. Oktober 1989, Nr. 79, S. 27.

**Hicks, J.:** "Value and Capital. An Inquiry into some Fundamental Principles of Economic Theory", 2. Aufl., Oxford 1946.

**Hielscher, U.:** "Das optimale Aktienportefeuille", Darmstadt 1969.

**Hielscher, U.:** "Finanzmathematische Grundkonzepte der modernen Investmentanalyse", in: Beiträge zur Wertpapieranalyse, Nr. 25/1988, S. 7-18.

**Hielscher, U.:** "Probleme bei der Berechnung historischer (realisierter) Renditen", in: Beiträge zur Wertpapieranalyse, Nr. 26/1989, S. 41-45.

**Hielscher, U.:** "Technische Aktienanalyse versus Random-Walk-Hypothese", in: Zeitschrift für das gesamte Kreditwesen, Nr. 24/1975, S. 11-14.

**Hielscher, U.:** "Ursprünge und Grundgedanken der modernen Portfolio-Theorie", in: Beiträge zur Wertpapieranalyse, Nr. 25/1988, S. 19-43.

**Hockmann, H.:** "Performance und Risk Measurement", in: SHZ vom 15. September 1988, Nr. 37, S. 27-28.

**Hockmann, H.:** "Performance-Messung von Wertpapier-Portfolios", in: Die Bank, Nr. 3/1987, S. 132-137.

**Hofmann, H.:** "Neue Erkenntnisse der technischen Aktienanalyse - Empirische Ueberprüfungen verschiedener Anlagestrategien anhand deutscher Aktienkursverläufe", in: Beiträge zur Aktienanalyse Nr. 12/1974, S. 11-27.

**Hofstetter, J.:** "Der Auftrag und die Geschäftsführung ohne Auftrag", in: Schweizerisches Privatrecht VII/2, Basel/Stuttgart 1979, S. 82-94.

**Höhn, E.:** "Steuerrecht", 6. Aufl., Bern 1988.

**Höller, E.:** "Neue Kräfte am Finanzplatz Schweiz", in: F&W vom 24. September 1988, Nr. 75, S. 28-29.

**Höller, E.:** "Zwischen Bleistift und Computer", in: SHZ vom, 14. Juli 1988, Nr. 28, S. 25.

**Hopewell, M./Kaufman, G.:** "Bond Price Volatility to Maturity: A General Respecification", in: The American Economic Review, Nr. 9/1973, S. 749-753.

**Hopt, K.:** "Aktuelle Rechtsfragen der Haftung für Anlage- und Vermögensberater", 2. Aufl., Köln 1985.

**Hopt, K.:** "Der Kapitalanlegerschutz im Recht der Banken", Tübingen 1975.

**Hopt, K.:** "Rechtsprobleme der Anlageberatung und der Vermögensverwaltung der Schweizer Banken", in: **von Graffenried, R. (Hrsg.):** "Beiträge zum Schweizerischen Bankenrecht", Bern 1987, S. 135-160.

**Horat, M.:** "Financial Futures und Optionen", Ebmatingen 1989.

**Hotz, P.:** "Das Capital Asset Pricing Model und die Markteffizienzhypothese unter besonderer Berücksichtigung der empirisch beobachteten «Anomalien» in den amerikanischen und anderen internationalen Aktienmärkten", St. Gallen 1989.

**Hull, J.:** "Options, Futures, and other Derivative Securities", New Jersey 1989.

**Humpert, B./Holley, P.:** "Expert systems in finance planning", in: Expert Systems, Nr. 2/1988, S. 78-101.

**Husemann, P.:** "Computerunterstützung im Portfoliomanagement", St. Gallen 1988.

**Hymans, C./Mulligan, J.:** "The measurement of portfolio performance", London 1980.

**Ibbotson, R./Brinson, G.:** "Investment Markets", New York 1987.

**Ibbotson, R./Siegel, L./Love, K.:** "World wealth: Market values and returns", in: The Journal of Portfolio Management, Nr. 4/1985, S. 4-23.

**Ibbotson, R./Sinquefeld, R.:** "Stocks, Bonds, Bills and Inflation: Historical Returns (1926-1978)", Financial Analysts Research Foundation, Charlottesville, 1979.

**Ingersoll, J./Skelton, J./Weil, R.:** "Duration forty Years later", in: Journal of Financial and Quantitative Analysis, Nr. 11/1978, S. 627-650.

**International Monetary Fund (IMF):** "International Capital Markets - Developments and Prospects", Washington 1988.

**Jaffe, J.:** "Special Information and Insider Trading", in: Journal of Business, Nr. 7/1974, S. 410-428.

**Janssen, M./Pfeifer, R.:** "Expertensysteme: Eigenschaften und Einsatzmöglichkeiten im Portfolio-Management", in: Jahresbericht 1986 der Zürcher Börse, S. 29-36.

**Jensen, M.:** "Studies in the Theory of Capital Markets", New York 1972.

**Jensen, M.:** "The Performance of Mutual Funds in the Period 1945-1964", in: Journal of Finance, Nr. 5/1968, S. 389-416.

**Joehnk, M.:** "An Introduction to Fixed Income Security", in: **Fabozzi, F./Pollack, I.:** "The Handbook of Fixed Income Securities", 2. Aufl., Illinois 1987, S. 3-13.

**JP Morgan Securities Ltd.:** "Asset and Liability Allocation" (Broschüre), (ohne Ort und Jahr).

**Kaderli, R.:** "Das Geheimnis der Börse: Die Anlagestrategie", Thun 1977.

**Kall, P.:** "Analysis für Oekonomen", Stuttgart 1982.

**Kall, P.:** "Lineare Algebra für Oekonomen", Stuttgart 1984.

**Kall, P.:** "Mathematische Methoden des Operations Research", Stuttgart 1976.

**Kartellkommission:** Kartellkommissionsbericht über die gesamtschweizerisch wirkenden Vereinbarungen im Bankgewerbe, Bern 1989.

**Kaufman, G./Bierwag, G./Toevs A.:** "Innovations in Bond Portfolio Management: Duration Analysis and Immunization", London 1983.

**Kawaller, I./Koch, T.:** "Managing cash flow risk in stock index futures: The tail hedge", in: The Journal of Portfolio Management, Nr. 4/1988, S. 41-44.

**Khaksari, S./Kamath, R./Grieves, R.:** "A new approach to determining optimum portfolio mix", in: The Journal of Portfolio Management, Nr. 4/1989, S. 43-49.

**Khang, C.:** "A Dynamic Global Portfolio Immunization Strategy in the World of Multiple Interest Rate Changes: A Dynamic Immunization and Minimax Theorem", in: Journal of Financial and Quantitative Analysis, Nr. 9/1983, S. 355-363.

**Khang, C.:** "Bond Immunization when Short-Term Interest Rates Fluctuate more than Long-Term Rates", in: Journal of Financial and Quantitative Analysis, Nr. 12/1979, S. 1085-1091.

**Kienast, R.:** "Aktienanalyse - Möglichkeiten rationaler Anlageentscheidungen", Basel 1976.

**Kilgus, E.:** "Bank-Management in Theorie und Praxis", Bankwirtschaftliche Forschungen Bd. 74, 2. überarb. Aufl., Bern und Stuttgart 1985.

**Knight, R.:** "International Asset Allocation: A Swiss Perspective", in: Finanzmarkt und Portfolio Management, Nr. 2/1989, S. 41-53.

**Kohlas, J:** "Stochastische Methoden des Operations Research", Stuttgart 1977.

**Kollar, A.:** "Internationale Anlageüberlegungen", in: Sparkasse, Nr. 10/1987, S. 422-426.

**Kruck, A.:** "EDV-unterstützte Anlageberatung", in: F&W vom 18. Januar 1984, Nr. 5, S. 17.

**Kruschwitz, L./Schöbel, R.:** "Duration - Grundlagen und Anwendungen eines einfachen Risikomasses zur Beurteilung festverzinslicher Wertpapiere (I)", in: WISU, Nr. 11/1986, S. 198-202.

**Kruschwitz, L./Schöbel, R.:** "Duration - Grundlagen und Anwendungen eines einfachen Risikomasses zur Beurteilung festverzinslicher Wertpapiere (II)", in: WISU, Nr. 12/1986, S. 217-222.

**Kuhn, M.:** "Die Haftung aus falscher Auskunft und falscher Raterteilung, in: Schweizerische Juristenzeitung Nr. 82/1986, S. 345-356.

**Kuntner, J.:** "EDV-Anwendungen in der Vermögensverwaltung, Systematik - aktuelle Schwerpunkte - Entwicklungen", in: **Zapotocky, S.:** "Portfolio-Management", Wien 1987, S. 35-48.

**Kunze, W.:** "Die Betriebsabrechnung der Kreditinstitute", Wiesbaden 1981.

**Labuszewski, J./Nyhoff, J.:** "Trading Financial Futures", New York 1988.

**Lapin, L.:** "Business Statistics", Florida 1984.

**Latta, C.:** "Duration-based Strategies: Time for Implementation", in: Finanzmarkt und Portfolio Management, Nr. 4/1986, S. 19-25.

**Lebsanft, E./Deckert, U.:** "Computer als Anlageberater", in: Schweizer Bank, Nr. 3/1989, S. 57-58.

**Lefoll, J./Ormond, R./Velazquez, M:** "Arbitrage Conditions for Option Pricing on the SOFFEX", in: Finanzmarkt und Portfolio Management, Nr. 2/1990, S. 129-143.

**Lehmann, B.:** "Portfolio Manager Behaviour and Arbitrage Pricing Theory", in: Finanzmarkt und Portfolio Management, Nr. 2/1988, S. 35-44.

**Lehmann, W.:** "Kundenorientierte Anlageberatung im Wertpapiergeschäft", in: Betriebspraxis, Nr. 3/1979, S. 130-134.

**Leibacher, W.:** "Verschieden und doch ähnlich", in: Schweizer Bank, Nr. 2/1988, S. 23-24.

**Leibowitz, M./Weinberger, A.:** "Contingent Immunization - Part I: Risk Control Procedure", in: Financial Analysts Journal, Nr. 11-12/1982, S. 17-31.

**Leibowitz, M./ Weinberger, A.:** "Contingent Immunization - Part II: Problem Areas", in: Financial Analysts Journal, Nr. 1-2/1983, S. 35-50.

**Leibowitz, M.:** "Analysis of Yield Curves", in: **Fabozzi, F./Pollack, I.:** "The Handbook of Fixed Income Securities", 2. Aufl., Illinois 1987, S. 654-675.

**Leibowitz, M.:** "Horizon Analysis: An Analytical Framework for Managed Bond Portfolios", in: **Fabozzi, F./Pollack, I.:** "The Handbook of Fixed Income Securities", 2. Aufl., Illinois 1987, S. 633-645.

**Leland, H./Rubinstein, M.:** "Replication Options with Positions in Stocks and Cash", in: Financial Analysts Journal, Nr. 7-8/1981, S. 3-12.

**Leland, H./Rubinstein, M.:** "The Evolution of Portfolio Insurance", in: **Luskin, D.:** "Portfolio Insurance - A Guide to Dynamic Hedging", New York 1988, S. 3-10.

**Lerbinger, P./Berndt, H.:** "Diversifikationsauswirkungen bei Aktienportefeuilles - Möglichkeiten und Strategien", in: Oesterreichisches Bankarchiv, Nr. 1/1983, S. 14-24.

**Lerbinger, P.:** "Kapitalmarkteffizienz und technische Aktienanalyse", in: Oesterreichisches Bankarchiv Nr. 2/1985, S. 42-52.

**Levy, H./Sarnat, M.:** "Exchange Rate Risk and the Optimal Diversification of Foreign Currency Holdings", in: Journal of Money, Credit and Banking, Nr. 4/1978, S. 453-463.

**Levy, H./Sarnat, M.:** "Portfolio and Investment Selection: Theory and Practice", New Jersey 1984.

**Levy, H./Yoder, J.:** "Applying the Black-Scholes model after large market shocks", in: The Journal of Portfolio Management, Nr. 4/1989, S. 103-106.

**Lieberoth-Leden, A.:** "Funktionen und Leistungsbewertung von Anlageberatern", St. Gallen 1982.

**Lindenmann, H.:** "Grundlagen der Kosten- und Erlösrechnung im Bankbetrieb", Bankwirtschaftliche Forschungen Bd. 27, Bern und Stuttgart 1975.

**Lintner, J.:** "Security Prices, Risk, and Maximal Gains from Diversification", in: Journal of Finance, Nr. 4/1965, S. 587-615.

**Lintner, J.:** "The Valuation of Risk Assets and the Selection of Risky Investments in Stock Portfolios and Capital Budgets", in: Review of Economics and Statistics, Nr. 1/1965, S. 13-37.

**Lo, A./MacKinlay, A.:** "Stock Market Prices Do Not Follow Random Walks: Evidence from a Simple Specification Test", in: The Review of Financial Studies, Nr. 1/1988, S. 41-66.

**Lochbrunner, I.:** "Interview mit C. Castelberg", in: Die drei Schlüssel (Hauszeitung des SBV), Nr. 9/1985, S. 12-13.

**Locher, T.:** "Die Haftung des Kreditinstituts für Rat und Auskunft", in: Recht, Nr. 5/1981, S. 250-255.

**Loderer, C./Zimmermann, H.:** "Das Aktienpreisverhalten bei Kapitalerhöhungen: Eine Untersuchung schweizerischer Bezugsrechtsemissionen", in: Finanzmarkt und Portfolio Management Nr. 1/1986, S. 34-50.

**Löffler, A.:** "Anleihen - Nationale und internationale Anleihensformen als Finanzierungsinstrument und Kapitalanlage", Bankwirtschaftliche Forschungen Band 103, Bern und Stuttgart 1987.

**Lörtscher, R.:** "Indexfonds: unspektakulär investieren?", in: Der Monat (SBV), Nr. 6/1989, S. 16-17.

**Luskin, D.:** "Portfolio Insurance - A Guide to Dynamic Hedging", New York 1988.

**Macaulay, F.:** "Some Theoretical Problems Suggested by the Movements of Interest Rates, Bond Yields and Stock Prices in the United States since 1856", National Bureau of Economic Research, New York 1938.

**MacQueen, J.:** "Quantitative techniques", in: **Tapley, M.:** "International Portfolio Management", London 1986 (Euromoney Publication), S. 75-108.

**Mäder, E./Planta, R.:** "Zinsprognosen in der Praxis: Ein Ueberblick", in: Finanzmarkt und Portfolio Management, Nr. 3/1989, S. 233-247.

**Madura, J./Reiff, W.:** "A hedge strategy for international portfolios", in: The Journal of Portfolio Management, Nr. 4/1985, S. 70-74.

**Maginn, J./Tuttle, D.:** "Managing Investment Portfolios", Boston 1983.

**Maier, K.:** "Sparverhalten im Wandel", in: Bank und Markt, Nr. 11/1989, S. 5-10.

**Malkiel, B.:** "Im Zickzack-Kurs durch Wallstreet", in: **Züricher Kantonalbank (Hrsg.):** "Strategie und Zufall an der Börse", Zürich 1988, S. 29-110.

**Mans, D.:** "Eine Disziplin blüht auf", in: IBM Nachrichten, Nr. 285/1986, S. 7-13.

**Markowitz, H.:** "MEAN-VARIANCE EFFICIENT SETS: Their Shapes, Properties and Computation", New York 1985 (noch unveröffentlicht).

**Markowitz, H.:** "Portfolio Selection - Efficient Diversification of Investments", New York 1959.

**Markowitz, H.:** "Portfolio Selection", in: The Journal of Finance, Nr. 1/1952, S. 77-91.

**Masshardt, H.:** "Kommentar zur direkten Bundessteuer", 2. Aufl., Zürich 1985.

**Mathys, A.:** "Portfolio Management Service (PMS)", in: Die drei Schlüssel (Hauszeitung des SBV), Nr. 2/1987, S. 13.

**Maurer, R.:** "Das Depotgeschäft", Zürich 1975.

**Mayers, D.:** "Non-Marketable Assets and the Capital Market Equilibrium under Uncertainty", in: **Jensen, M.:** "Studies in the Theory of Capital Markets", New York 1972, S. 223-248.

**Merton, R.:** "On Market Timing and Investment Performance. I. An Equilibrium Theory of Value for Market Forecasts", in: Journal of Business, Nr. 3/1981, S. 363-406.

**Michaud, R.:** "The Markowitz Optimization Enigma: Is 'Optimized' Optimal?", in: Financial Analysts Journal, Nr. 1-2/1989, S. 31-42.

**Miller, M./Scholes, M.:** "Rates of Return in Relation to Risk: A Re-examination of some recent Findings", in: **Jensen , M.:** "Studies in the Theory of Capital Markets", New York 1972, S. 47-78.

**Modigliani, F./Pogue, G.:** "An Introduction to Risk and Return", in: Financial Analysts Journal, Nr. 3/1974, S. 68-86.

**Mossin, J.:** "Equilibrium in a Capital Asset Market", in: Econometrica, Nr. 34/1966, S. 768-783.

**Mühlbradt, F.:** "Chancen und Risiken der Aktienanlage. Untersuchungen zur «Efficient-Market»-Theorie in Deutschland, 2. Aufl., Köln 1978.

**Mühlbradt, F.:** "Die Herausforderung der deutschen Aktienanalysten durch die Effizienzmarktthese - Sind die technische Analyse und die Fundamentalanalyse für die Aktienkursprognose wertlos?", in: Beiträge zur Aktienanalyse, Nr. 19/1980, S. 7-16.

**Müller, A.:** Die neuen Anlagevorschriften für Pensionskassen", in: ATAG-Praxis, Nr. 1/1990, S. 10-14.

**Müller, B.:** "Die Ertragserwartung aus einem international diversifizierten Wertpapierportefeuille", in: Zeitschrift für das gesamte Kreditwesen, Nr. 15/1985, S. 12-18.

**Müller, H./Capitelli, R./Granziol, M.:** "Optimale Portefeuilles für institutionelle Anleger", in: Zeitschrift für Operations Research, Nr. 28/1984, S. 163-176.

**Müller, H.:** "Portfolio Selection", Wiesbaden 1970.

**Müller-Möhl, E.:** "Optionen - Grundlagen und Strategien für das Optionsgeschäft in der Schweiz und in Deutschland", 2. Aufl., Zürich 1989.

**Nägeli, O.:** "SOFFEX-Optionen auf dem Swiss Market Index (SMI)", in: SOFFEX Extra, Nr. 1/1988, S. 8-9.

**Nagler, F.:** "Ist Wertpapieranalyse nutzlos?", in: Beiträge zur Aktienanalyse, Nr. 19/1980, S. 17-22.

**Neumann, J./Morgenstern, O.:** "Theory of Games and Economic Behavior", 2. Aufl., Princeton 1947.

**Neumann, M./Klein, M.:** "Probleme der Theorie effizienter Märkte und ihrer empirischen Ueberprüfung", in: Kredit und Kapital, Nr. 2/1982, S. 165-186.

**Niederer, U./Laube, B.:** "Der Bankverein-Aktienindex in neuem Gewand", in: Der Monat, Nr. 7-8/1987, S. 24-25.

**Nielen, M.:** "Das Portfolio-Analyse-System der BHF-Bank", in: Die Bank, Nr. 11/1987, S. 619-620.

**Nobel, P. (Hrsg.):** "Schweizerisches Kapitalmarktrecht - Stand und Perspektiven", Wirtschaft und Recht (Sonderheft), Nr. 2/1986.

**O'Brien, T.:** "The mechanics of portfolio insurance", in: The Journal of Portfolio Management, Nr. 1/1988, S. 40-47.

**o.V.:** "15'000 Pensionskassen verwalten 170 Milliarden Franken", in: NZZ vom 27. Juni 1989, Nr. 146, S. 17.

**o.V.:** "Anlageberatung - wofür?", in: Bank und Markt, Nr. 12/1987, S. 6.

**o.V.:** "Anlageberatung à l'américaine", in: F&W vom 14. Mai 1986, Nr. 37, S. 14.

**o.V.:** "Chronik des grossen Crash", in: Wertpapier, Nr. 2/1988, S. 154-155.

**o.V.:** "Die Künstliche Intelligenz ist weder Mythos noch Geheimnis, sondern etwas, das bereits Früchte trägt", in: IBM Bulletin, Nr. 147/1985, S. 21-23.

**o.V.:** "Gnomen machen mobil", in: Wirtschaftswoche vom 11. Juli 1986, S. 65-66.

**o.V.:** "Gut gebrüllt, Löwe", in: SHZ vom 18. Januar 1990, Nr. 3, S. 18.

**o.V.:** "Lancierung von Schweizer Aktienindex-Futures", in: NZZ vom 10. Januar 1989, Nr. 6, S. 38.

**o.V.:** "Problematische Revision der Courtage-Konvention", in: NZZ vom 4./5. November 1989, Nr. 257, S. 39.

**o.V.:** "Verschärfte Anlagevorschriften für Pensionskassen als taugliches Mittel der Bodenpolitik?", in: NZZ vom 25. August 1989, Nr. 198, S. 37.

**o.V.:** "Wegweisender Crash-Prozess", in: Bilanz Nr. 5/1988, S. 12-14.

**o.V.:** "Wie wird ein Anlageberater geschult?", in: Schweizer Bank, Nr. 10/1987, S. 35-39.

**Olsen, R.:** "Echtzeitprognosen und modernes Portfolio-Management", in: Schweizer Bank, Nr. 8/1989, S. 20-24.

**Péclard, M.:** "Zwischen Diversifikation und Konzentration - Der Balanceakt zum Anlageerfolg", in: Der Monat (SBV), Nr. 9/1980, S. 17-21.

**Peppi, M./Staub, W.:** "Warum ein Börsenindex?", in: SOFFEX Extra, Nr. 1/1988, S. 1-4.

**Perridon, L./Steiner, M.:** "Finanzwirtschaft der Unternehmung", 5. Aufl., München 1988.

**Peters, H.-W.:** "Kapitalmarkttheorie und Aktienmarktanalyse", Frankfurt a.M. 1987.

**Peterson, D./Rice, M.:** "A Note on Ambiguity in Portfolio Performance Measures", in: Journal of Finance, Nr. 5/1980, S. 1251-1256.

**Pfeiffer, W.:** "Der Computer im Dienste des Anlegers", in: Die Bank, Nr. 6/1987, S. 299-303.

**Pfeiffer, W.:** "Electronic Banking für Anleger", in: Bank und Markt, Nr. 11/1987, S. 42-44.

**Pfenninger, A.:** "«All business is human» - Einige Gedanken zur zukünftigen Tätigkeit des Vermögensverwalters/Anlageberaters", in: Mitteilungen der Oesterreichischen Handelskammer in der Schweiz, Nr. 6/1986, S. 29-32.

**Pfund, H.:** "SwisPortfolio", in: Der Monat (SBV), Nr. 4/1987, S. 24-25.

**Pictet & Cie:** "Die Performance von Aktien und Obligationen in der Schweiz - Eine empirische Untersuchung von 1925 bis 1987", Genf 1988.

**Pieptea, D.:** "Hedging with Multiple Interest Rate Futures", in: Finanzmarkt und Portfolio Management, Nr. 1/1990, S. 50-58.

**Rambousek, W.:** "Der steinige Weg zur 'Informationsgesellschaft'", in: Der Monat (SBV), Nr. 9/1988, S. 6-10.

**Reilly, F.:** "Investments", 2. Aufl., New York 1986.

**Riepl, R.:** "Aktienindizes: Mehr als eine rein statistische Grösse", in: Der Monat (SBV), Nr. 7-8/1986, S. 32-34.

**Riepl, R.:** "Global Asset Allocation", in: Economic and Financial Prospects (SBC), Nr. 6/1988, S. 1- 4.

**Rodriguez, R.:** "Default Risk, Yield Spreads, and Time to Maturity", in: Journal of Financial and Quantitative Analysis, Nr. 1/1988, S. 111-117.

**Roll, R./Ross, S.:** "An Empirical Investigation of the Arbitrage Pricing Theory", in: Journal of Finance, Nr. 5/1980, S. 1073-1103.

**Roll, R.:** "Ambiguity when Performance is measured by the Security Market Line", in: Journal of Finance, Nr. 9/1978, S. 1051-1070.

**Roll, R.:** "Critique of the Asset Pricing Theory's Tests", in: Journal of Financial Economics, Nr. 3/1977, S. 129-176.

**Roll, R.:** "Performance Evaluation and Benchmark Error I", in: Journal of Portfolio Management, Nr. 4/1980, S. 5-12.

**Ronn, E.:** "A New Linear Programming Approach to Bond Portfolio Management", in: Journal of Financial and Quantitative Analysis, Nr. 4/1987, S. 438-466.

**Rosenberg, B./Guy, J.:** "Prediction of Beta from Investment Fundamentals - Part one", in: Financial Analysts Journal, Nr. 5-6/1976, S. 60-71.

**Rosenberg, B./Guy, J.:** "Prediction of Beta from Investment Fundamentals - Part two", in: Financial Analysts Journal, Nr. 7-8/1976, S. 62-70.

**Ross, S.:** "Return, Risk, and Arbitrage", in: **Friend, I./Bicksler, J.:** "Risk and Return in Finance", Cambridge 1977, S. 189-218.

**Ross, S.:** "The Arbitrage Theory of Capital Asset Pricing", in: Journal of Economic Theory, Nr. 3/1976, S. 341-360.

**Rubinstein, M.:** "Alternative Paths to Portfolio Insurance", in: Financial Analysts Journal, Nr. 7-8/1985, S. 42-52.

**Rubinstein, M.:** "Derivative Asset Analysis", in: Economic Perspectives, Nr. 2/1987, S. 73-93.

**Rubinstein, M.:** "Portfolio Insurance and the Market Crash", Los Angeles 1988 (Broschüre).

**Rudolph, B.:** "Duration: Eine Kennzahl zur Beurteilung der Zinsempfindlichkeit von Vermögensanlagen", in: Zeitschrift für das gesamte Kreditwesen, Nr. 4/1981, S. 19-22.

**Rudolph, B.:** "Eine Strategie zur Immunisierung der Portefeuilleentnahmen gegen Zinsänderungsrisiken", in: Zeitschrift für betriebswirtschaftliche Forschung, Nr. 33/1981, S. 22-35.

**Rudolph, B.:** "Zinsänderungsrisiken und die Strategie der durchschnittlichen Selbstliquidationsperiode", in: Kredit und Kapital, Nr. 2/1979, S. 181-205.

**Rüfli, A.:** "Das Fundament, auf dem ein Wertpapier steht", in: Wertpapier, Nr. 7/1987, S. 321-323.

**Rump, S./Brestel, N.:** "Zinsoptionen funktionieren anders", in: F&W vom 14. März 1990, Nr. 20, S. 23.

**Sander, C.:** "Kundensegmentierung nach Geschäftspotential", in: Bank und Markt, Nr. 6/1989, S. 36-38.

**Sauerborn, J.:** "Die Entwicklung zum modernen Portfolio-Management", in: **Zapotocky, S. (Hrsg.):** "Portfolio-Management", Wien 1987, S. 59-78.

**Saurer, H.:** "Innovationen im Portfolio-Management", in: Schweizer Bank, Nr. 2/1986, S. 47-49.

**Schaaf, R.:** "SwisSec - die globale Wertschriften-Kommunikation", in: Der Monat (SBV), Nr. 6/1989, S. 23-24.

**Schachter-Radig, M.:** "Künstliche Intelligenz", in: Betriebspraxis, Nr. 6/1986, S. 251-256.

**Schäfer, H.:** "Systemorientierte Aktienportefeuilleplanung", Frankfurt a.M. 1983.

**Scherrer, A.:** "Gold und Goldaktien", in: Finanzmarkt und Portfolio Management, Nr. 1/1990, S. 59-65.

**Schiller, B.:** "Full Financial Service - Erweiterung des Leistungsangebotes der Kreditinstitute mit risikopolitischen und rechtlichen Konsequenzen?", in: **Gerke, W. (Hrsg.):** "Betriebsrisiken und Bankrecht", Wiesbaden 1988, S. 127-152.

**Schmidt, R.:** "Aktienkursprognose", Wiesbaden 1976.

**Schmidt, R.:** "Grundprobleme der Wertpapieranalyse und der Anlageberatung", in: Beiträge zur Aktienanalyse, Nr. 17/1978, S. 5-24.

**Schnieper, W.:** "Leichtes Missbehagen - Qualifiziertes Personal sehr gefragt - Computer kein Ersatz für persönliches Gespräch", in: SHZ vom 14. Juni 1984, Nr. 24, S. 55.

**Schnupp, P./Nguyen Huu, C.:** "Expertensystem-Praktikum", München 1987.

**Schultz, J./Zimmermann, H.:** "Risikoanalyse schweizerischer Aktien: Stabilität und Prognose von Betas", in: Finanzmarkt und Portfolio Management, Nr. 3/1989, S. 196-209.

**Schuppli, P.:** "Lesen mit Gewinn", in: F&W vom 23. Februar 1985, Nr. 15, S. 17.

**Schuster, J.:** "Anlagefondsgesetz", 2. Aufl., Zürich 1975.

**Schuster, L. (Hrsg.):** "Entwicklungstendenzen im Vermögensverwaltungs- und Kapitalmarktgeschäft", Beiträge zur Bankbetriebslehre aus dem Institut für Bankwirtschaft an der Hochschule St. Gallen Bd. 10, St. Gallen 1986.

**Schuster, L.:** "Geschäftspolitische Grundsätze im Bereich der Anlageberatung und Vermögensverwaltung" in: Bankrevision Bd. II, 2. überarb. Aufl., St. Gallen 1986, S. 5-16.

**Schwartz, E.:** "Options and Portfolio Insurance", in: Finanzmarkt und Portfolio Management, Nr. 1/1986, S. 9-17.

**Schwartz, R.:** "Equity Markets: Structure, Trading and Performance", New York 1988.

**Schweizerische Bankgesellschaft:** "Begriffserklärungen zur Modernen Portfolio-Theorie" (Broschüre), Zürich 1989.

**Schweizerische Bankiervereinigung/Telekurs AG (Hrsg.):** "Der Performance-Vergleich" (Broschüre), (ohne Ort und Jahr).

**Schweizerischer Bankverein:** "Anlagepolitik (Investment Policy Meeting vom 29.9.1988)", intern.

**Schweizerischer Bankverein:** "Attraktivitätsliste vom Oktober 1988", intern.

**Schweizerischer Bankverein:** "Handel mit Optionen auf Schweizer Aktien" (Broschüre), Basel 1988.

**Schweizerischer Bankverein:** "Master List vom September 1988", intern.

**Schweizerische Kreditanstalt:** "Asset Management" - Ausbau einer modernen Dienstleistung durch die Schweizerische Kreditanstalt" (Broschüre), Zürich 1989.

**Schweizerische Kreditanstalt:** "Gold - Handbuch" (Broschüre), Zürich 1982.

**Schweizerische Kreditanstalt:** "Technische Beurteilung von OBLIGATIONEN, insbesondere auch Wandel- und Optionsanleihen - Ein Leitfaden von Spezialisten für Spezialisten" (Broschüre), 2. Aufl., Zürich 1983.

**Seix, C.:** "Bond Swaps", in: **Fabozzi, F./Pollack, I.:** "The Handbook of Fixed Income Securities", 2. Aufl., Illinois 1987, S. 646-653.

**Shackle, G.:** "Expectation in Economics", 2. Aufl., Cambridge 1952.

**Sharpe, W.:** "AAT Asset Allocation Tools", 2. Aufl., New York 1987.

**Sharpe, W.:** "A Simplified Model for Portfolio Analysis", in: Management Science, Nr. 2/1963, S. 277-293.

**Sharpe, W.:** "Capital Asset Prices: A Theory of Market Equilibrium under Condition of Risk", in: Journal of Finance, Nr. 9/1964, S. 425-442.

**Sharpe, W.:** "Investments", 3. Aufl., New Jersey 1985.

**Sharpe, W.:** "Mutual Fund Performance", in: Journal of Business, Nr. 1/1966, S. 119-138.

**Sidler, E.:** "Anlegerverhalten sorgt für Umbruch im Bankensystem", in: Sparkasse, Nr. 9/1986, S. 387-389.

**Siegel, A./Nelson, C.:** "Long-Term Behavior of Yield Curves", in: Journal of Financial and Quantitative Analysis, Nr. 1/1988, S. 105-110.

**Smith, K.:** "Portfolio Management", New York 1971.

**SOFFEX GAP-MANUAL:** "Einführung in den Optionenhandel", Zürich (ohne Jahr).

**SOFFEX GAP-MANUAL:** "Einführung in Financial Futures", Zürich 1989.

**SOFFEX GAP-MANUAL:** "Optionen Back Office", Zürich (ohne Jahr).

**SOFFEX:** "Kontraktspezifikationen für SOFFEX-Optionen" (Broschüre), Zürich 1988.

**SOFFEX:** "Merkmale und Risiken von Traded Options" (Broschüre), Zürich 1988.

**SOFFEX:** "Swiss Market Index Optionskontrakte" (Broschüre), Zürich 1988.

**Solnik, B./Noetzlin, B.:** "Optimal international asset allocation", in: The Journal of Portfolio Management, Nr. 4/1982, S. 11-21.

**Solnik, B.:** "International Investments", New York 1988.

**Solnik, B.:** "Note on the validity of the random walk for European stock prices", in: Journal of Finance, Nr. 12/1973, S. 1151-1159.

**Solnik, B.:** "Why not Diversify Internationally Rather than Domestically?", in: Financial Analysts Journal, Nr. 7-8/1974, S. 48-54.

**Spahni, A.:** "Entwicklungen und Zukunft der Anlagefonds in der Schweiz", Bankwirtschaftliche Forschungen Bd. 111, Bern und Stuttgart 1988.

**Spälti, D.:** "Die rechtliche Stellung der Bank als Vermögensverwalterin", Zürich 1989.

**Speck, K.:** "Vermögensverwalter wollen 'schwarze Schafe' isolieren", in: Schweizer Bank, Nr. 4/1987, S. 5-7.

**Speidell, L./Miller, D./Ullmann, J.:** "Portfolio Optimization: A Primer", in: Financial Analysts Journal, Nr. 1-2/1989, S. 22-30.

**Staub, W.:** "Entwicklung von Financial Futures Märkten", in: SOFFEX Extra, Nr. 2/1989, S. 4-6.

**Stigum, M.:** "Money Market Instruments", in: **Fabozzi, F./Pollack, I.:** "The Handbook of Fixed Income Securities", 2. Aufl., Illinois 1987, S. 173-206.

**Stigum, M.:** "The Money Market", 2. Aufl., Illinois 1983.

**Stockner, W.:** "Die Bewertung des Länderrisikos als Entscheidungshilfe bei der Vergabe internationaler Bankkredite", Frankfurt a. Main 1984.

**Strebel, B.:** "Entscheide fällt immer noch der Mensch", in: Politik und Wirtschaft, Nr. 2/1987, S. 43-45.

**Strebel, B.:** "Mit den Banken nicht ganz zufrieden?", in: Schweizer Bank, Nr. 12/1987, S. 4-6.

**Strebel, B.:** "Zuflucht in Marktnischen?", in: Schweizer Bank Nr. 3/1989, S. 9-11.

**Stulz, R./Stucki, T./Wasserfallen, W.:** "SMI Futures: Pricing and Hedging Performance", in: Finanzmarkt und Portfolio Management, Nr. 4/1989, S. 288-300.

**Stulz, R./Wasserfallen, W./Stucki, T.:** "Portfolio Insurance with Options and Futures on the SMI", in: Finanzmarkt und Portfolio Management, Nr. 2/1990, S. 99-115.

**Stulz, R.:** "Portfolio Management in International Capital Markets: A Swiss Perspective", in: Finanzmarkt und Portfolio Management, Nr. 1/1986, S. 18-23.

**Stulz, R.:** "Program Trading, Portfolio Insurance and the Crash of 1987", in: Finanzmarkt und Portfolio Management, Nr. 1/1988, S. 11-22.

**Stützer, R.:** "Aspekte der Anlageberatung", in: Beiträge zur Aktienanalyse Nr. 6/1968, S. 21-28.

**Süchting, J.:** "Finanzmanagement", 5. überarb. Aufl., Wiesbaden 1989.

**Tapley, M.:** "International Portfolio Management", London 1986 (Euromoney Publication).

**Tapley, M.:** "The case for diversifying internationally", in: **Tapley, M.:** "International Portfolio Management", London 1986 (Euromoney Publication), S. 41-58.

**Teegen, K.:** "Aktien-Rating-Modelle in der Anlageentscheidung", in: Oesterreichisches Bankarchiv, Nr. 10/1987, S. 710-721.

**Thiesing, E.:** "Marktsegmentierung bei Privatkunden auf der Basis von Einstellungen", in: Bank und Markt, Nr. 2/1988, S. 23-26.

**Thurnes, G.:** "Expertensystem unterstützt Aktienanalyse", in: Die Bank, Nr. 11/1988, S. 614-621.

**Tobin, J.:** "Liquidity Preference as Behavior Towards Risk", in: Review of Economic Studies, Nr. 2/1958, S. 65-86.

**Trautmann, S.:** "Aktienoptionspreise an der Frankfurter Optionsbörse im Lichte der Optionsbewertungstheorie", in: Finanzmarkt und Portfolio Management, Nr. 3/1989, S. 210-225.

**Trenner, D.:** "Aktienanalyse und Anlegerverhalten", Düsseldorf 1988.

**Treynor, J.:** "How to Rate Mutual Fund Performance", in: Harvard Business Review, Nr. 1-2/1965, S. 63-75.

**Uhlir, H./Steiner, P.:** "Wertpapieranalyse", Heidelberg 1986.

**Uhlir, H.:** "Ueberprüfung der Random-Walk-Hypothese auf dem österreichischen Aktienmarkt", Publikation der Kommission für Wirtschafts- und Sozialwissenschaften, Wien 1979.

**Ulrich, H./Probst, G.:** "Anleitung zum ganzheitlichen Denken und Handeln", St. Gallen und Genf 1988.

**Van Horn, J.:** "Financial Market Rates and Flows", 2. Aufl., New Jersey 1984.

**Vandell, R./Stevens, J.:** "Evidence of superior performance from timing", in: The Journal of Portfolio Management, Nr. 4/1989, S. 38-42.

**Veale, S.:** "Bond Yield Analysis - A Guide to Predicting Bond Returns", New York 1988.

**Vock, T./Zimmermann, H.**: "Risiken und Renditen schweizerischer Aktien", in: Schweizerische Zeitschrift für Volkswirtschaft und Statistik, Nr. 4/1984, S. 547-576.

**Vogel, M.**: "Wertpapier-Informations-Systeme und Anlagestrategie", in: Oesterreichisches Bankarchiv, Nr. 8/1987, S. 539-547.

**Volkart, R.**: "Betriebswirtschaftliche Finanzierungslehre", Skript zur gleichlautenden Vorlesung an der Universität Zürich, Zürich 1986.

**Vontobel, H.**: "Begriff und Inhalt des Trust Banking", Vortrag vom 30. September 1987 an der Swiss Banking School, Zürich.

**von Graffenried, R. (Hrsg.)**: "Beiträge zum Schweizerischen Bankenrecht", Bern 1987.

**Wasserfallen, W.**: "Die Finanzmarkttheorie - Eine Uebersicht", in: Finanzmarkt und Portfolio Management, Nr. 2/1986, S. 21-27.

**Wasserfallen, W.**: "Relationen zwischen Kassa- und Terminkursen", in: SOFFEX Extra, Nr. 2/1989, S. 16-17.

**Weber, C.**: "Auf vielen Hochzeiten tanzen", in: SHZ vom 13. April 1989, Nr. 15, S. 20-21.

**Weber, S.**: "Schaukelpartie in den Abgrund", in: Wertpapier, Nr. 1/1988, S. 62-66.

**Wertschulte, J./Meyer, T.**: "Das Rentenmarktindexkonzept der BHF-Bank", in: Die Bank, Nr. 2/1984, S. 65-69.

**Wertschulte, J./Meyer, T.**: "Rentenmarktanalyse und Portfoliostrategie: Computermodell RENSYS der BHF-Bank", in: Die Bank, Nr. 5/1986, 236-242.

**Wilde, M.**: "Depotplanungsmodelle", Wien 1972.

**Winteler, E.**: "Kapitalanlagen in der Schweiz", 3. überarb. Aufl., Wiesbaden 1986.

**Wirth, W.**: "Effektenverkehr und Börsengeschäfte", Vorlesung gehalten an der Universität Zürich im Sommersemester 1986 (unveröffentlicht).

**Wirth, W.**: "Ein Jahr nach dem Kurssturz an den Aktienbörsen: Folgerungen für die Zukunft", in: SKA-Bulletin, Nr. 10/1988, S. 41-42.

**Wirth, W.**: "Wertschriftenanalyse und Kapitalanlage", Vorlesung gehalten an der Universität Zürich im Sommersemester 1987 (unveröffentlicht).

**Wirth, W.**: "Wertschriftenanalyse und Portefeuilleoptimierung", Heft 67 der Schriftenreihe der Schweizerischen Kreditanstalt, Zürich 1982.

**Wondrak, B.**: "Management von Zinsänderungschancen und -risiken", Heidelberg 1986.

**Wydler, D.:** "Leistungsvergleich von Aktien und Obligationen", in: NZZ vom 17. Februar 1988, Nr. 31, S. 37.

**Wydler, D.:** "Portfolio Insurance mit Aktienindexfutures", in: Finanzmarkt und Portfolio Management, Nr. 1/1988, S. 23-32.

**Wyss, U.:** Externer Datenzugriff auf mehrere Informationssysteme einer Bank - ein Instrument für professionelle Portfolio-Manager", in: **Zapotocky, S.:** "Portfolio-Management", Wien 1987, S. 49-58.

**Zapotocky, S.:** "Portfolio-Management", Wien 1987.

**Zens, N.:** "Anforderungsprofil für einen Kundenberater", in: Betriebspraxis, Nr. 7/1982, S. 268-273.

**Zhu, Y./Kavee, R.:** "Performance of portfolio insurance strategies", in: The Journal of Portfolio Management, Nr. 1/1988, S. 48-54.

**Zimmermann, H. (Hrsg.):** "Finanzinnovationen / Financial Innovation", St. Gallen 1987.

**Zimmermann, H./Bill, M./Dubacher, R.:** "Finanzmarkt Schweiz: Strukturen im Wandel", St. Gallen 1989 (Hrsg. Zürcher Kantonalbank).

**Zimmermann, H./Vock, T.:** "Auch für Kleinanleger - Schon mit vier Titeln über die Hälfte des Risikos eliminiert - Kein Verlust an durchschnittlicher Rendite", in: SHZ vom 16. August 1984, Nr. 33, S. 28.

**Zimmermann, H.:** "Der schweizerische Options- und Financial Futures-Markt: Die geplanten Instrumente", in: Finanzmarkt und Portfolio Management, Nr. 2/1986, S. 33-46.

**Zimmermann, H.:** "Einführung in die Portfolio-Theorie", Referatsunterlagen der Swiss Banking School, Zürich 1988.

**Zimmermann, H.:** "Preisbildung und Risikoanalyse von Aktienoptionen", St. Gallen 1987.

**Zimmermann, S.:** "Die Haftung der Bank aus Verwaltungsauftrag", in: Schweizerische Juristenzeitung, Heft 9/1985, S. 137-149.

**Zimmermann, S.:** "Die Sammelverwahrung von Edelmetallen", Bankwirtschaftliche Forschungen Bd. 67, Bern und Stuttgart 1980.

**Zimmermann, S.:** "Sind private Wertschriftengewinne steuerfrei?", in: NZZ vom 28. Mai 1988, Nr. 114, S. 24.

**Zingg, W.:** "Der neue Index der Schweizer Aktien", in: Oesterreichisches Bankarchiv, Nr. 11/1987, S. 811-818.

**Zingg, W.:** "Indizes, Kenn- und Messziffern für kotierte Schweizeraktien", Bankwirtschaftliche Forschungen Bd. 32, Bern und Stuttgart 1976.

**Zobl, D.:** "Der Vermögensverwaltungsauftrag der Banken", in: "Innominatverträge - Festgabe zum 60. Geburtstag von Walter R. Schluep", Zürich 1988, S. 319-338.

**Zuppinger, F.:** "Steuerrecht I, Einführung in das Recht der direkten Steuern", Zürich 1986.

**Zürcher Kantonalbank:** "Vermögensverwaltung bei der Zürcher Kantonalbank", Anlageinformation der ZKB, Zürich 1985.

**Züricher Kantonalbank (Hrsg.):** "Strategie und Zufall an der Börse", Zürich 1988.

## Zitierte Gesetze, Verordnungen, Erlasse, Vereinbarungen und Bundesgerichtsentscheide

BGE 77 II 137 ff.

BGE 101 II 121 ff.

BGE 108 II 314 ff.

BGE 112 II 450 ff.

BGE 115 II 62 ff.

BGer vom 7.12.1895.

Bundesgesetz über die Anlagefonds vom 1. Juli 1966.

Bundesgesetz über die Erwerbsersatzordnung für Wehr- und Zivilschutzpflichtige vom 25. Juni 1952.

Bundesgesetz über die Invalidenversicherung vom 19. Juni 1959.

Bundesgesetz über die Kranken- und Unfallversicherungen vom 13. Juni 1911.

Bundesgesetz über die obligatorische Arbeitslosenversicherung und die Insolvenzentschädigung vom 25. Juni 1982.

Courtage-Konvention der Vereinigung Schweizerischer Effektenbörsen vom 16. September 1985.

Gesetz über die direkten Steuern im Kanton Zürich vom 8. Juli 1951.

Konvention IV der Schweizerischen Bankiervereinigung betreffend einheitliche Gebührenabrechnung für offene Depots (gültig ab 1.1.1987).

Richtlinien für die Ausübung von Verwaltungsaufträgen an die Bank vom August 1979/April 1986/September 1990 der Schweizerischen Bankiervereinigung.

Schweizerisches Obligationenrecht (OR) vom 30. März 1911.

Schweizerisches Zivilgesetzbuch (ZGB) vom 10. Dezember 1907.

Systematische Sammlung des Bundesgesetzes, 672.201.1: Verordnung 1 des EFD über die pauschale Steueranrechnung vom 6. Dezember 1967.

Systematische Sammlung des Bundesgesetzes, 672.933.61: Verordnung zum schweizerisch-amerikanischen Doppelbesteuerungsabkommen vom 2. November 1951.

Vereinbarung über die Sorgfaltspflicht der Banken bei der Entgegennahme von Geldern und über die Handhabung des Bankgeheimnisses der Schweizerischen Bankiervereinigung vom Juli 1982.

Verordnung I über die Krankenkassenversicherung betreffend das Rechnungswesen und die Kontrolle der vom Bund anerkannten Krankenkassen und Rückversicherungsverbände sowie der Berechnung der Bundesbeiträge vom 22. Dezember 1964.

Verordnung über die beruflichen Alters-, Hinterlassenen- und Invalidenvorsorge vom 18. April 1984 (BVV 2).

Verordnung über die Verwaltung des Ausgleichsfonds der AHV vom 27. September 1982.

Verordnung zum Bundesgesetz über die Verrechnungssteuer vom 19. Dezember 1966.

Verordnung zum Versicherungsaufsichtsgesetz (VAG) über die Beaufsichtigung von privaten Versicherungseinrichtungen (AVO) vom 11. September 1931 und die Aenderungen des Bundesrates vom 13. Juni 1983.

Vollziehungsverordnung zum Bundesgesetz über die Anlagefonds vom 20. Januar 1967.

# Stichwortverzeichnis

Abnormal Return 255
Absicherungsinstrument 216
  *(siehe auch Hedgeinstrument)*
Abtretbarkeit einer Anlage 90, 91
  *(siehe auch Marktgängigkeit)*
Advance-and-Decline-Verfahren 76
  *(siehe auch Fortschritt-Rückschritt-Verfahren)*
Aktienanalyse 69, 70
Analyse
- Branchenanalyse 72
- Einzelwertanalyse 72
- Gesamtmarktanalyse 75
- Globalanalyse 71
- monetäre Analyse 72
- politische Analyse 71
- qualitative Analyse 73
- quantitative Analyse 73
- realwirtschaftliche Analyse 72
- Unternehmensanalyse 72
- volkswirtschaftliche Analyse 72

Analyse festverzinslicher Wertpapiere 79
Anlageberater 28, 29, 30
Anlageberatung 23
Anlageentscheid 30, 118, 122
Anlagehorizont 92, 228
Anlagekonzept 67, 87, 98
Anlagephilosophie 98
Anlagepolitik 32, 55, 67, 87, 89, 96, 98
- strategische Anlagepolitik 99
- taktische Anlagepolitik 99

Anlagerichtlinie 97, 287
  *(siehe auch Anlagevorschriften)*
Anlagevolumen 92
Anlagevorschriften 91, 98, 113
  *(siehe auch Anlagerichtlinien)*
Anlageziel 47, 88
  *(siehe auch Investorenziel, Kundenziel)*
Anleger 92
  *(siehe auch Investor, Kunde)*
- institutioneller Anleger 92, 94
- privater Anleger 92

Anleihe 81
Anleihe mit vorzeitigem Kündigungsrecht 84

Anleihe privater Unternehmungen 81
Anomalie 257, 258
Arbitrage 143, 149, 179, 198, 215, 218
Arbitrage-Preis-Linie 180
Arbitrageprogramm 222
Arbitrageprozess 181, 182
Arbitrage Portefeuille 182, 183
Arbitrage Pricing Theory 141, 177, 180, 184, 185, 269, 271
Asset Allocation 273, 283, 296
- globale Asset Allocation 289
- internationale Asset Allocation 289, 291, 294
- strategische Asset Allocation 285, 303
- taktische Asset Allocation 285, 288, 303

Asset Allocation-Matrix 288
Asset Allocation-Prozess 285, 286, 288
at-the-money 189
Attraktivitätsliste 34
Ausübungspreis 188
Average Abnormal Return 255

Bankeinlage 87
Bankers' Acceptance 80
Barausgleich 213, 214
Barwert 190, 193
  *(siehe auch Gegenwartswert, Present Value)*
Basiswert 188, 213
Bear-Market 77
Benchmark 309, 318, 320
Beta-Faktor 34, 157, 162, 166, 171, 180
Bezugsrecht 189
Black-Scholes-Modell 188, 197, 198, 199
Bond 81
Bondswapping 106, 109, 110
Bonität 83, 126
Börsen-Crash 212
  *(siehe auch Kurssturz)*
Börsengebühr 41, 113
Börsenklima 76, 77
Börsenplatzabgabe 41, 113
Börsenzyklus 76
Bottom-Up-Ansatz 99, 239

Bull-Market 77
buy-and-hold-Strategie 248, 297
Call-Option 188
Call-Put-Theorem 194
Capital Asset Pricing Model 141, 165, 166, 184, 185, 262, 265, 271
Capital Market Line 167, 168
Capital Weighted Return 305
  *(siehe auch kapitalgewichtete Rendite)*
Cash-and-Carry-Arbitrage 215
Cash Flow 118
  *(siehe auch Zahlungsstrom)*
Certificate of Deposit 80
Chart 74
- Barchart 74
- Equivolume Chart 74
- Linienchart 74
- Point & Figure Chart 74

Commercial Paper 80
Commodity Future 213
Confidence Region 323, 324
Constant Proportion Portfolio-Insurance 208, 209, 210
Contrary Opinion 102, 244
Controlled Transition 301
Convertible Bond 81
  *(siehe auch Wandelanleihe)*
Coupon 85
Couponzahlung 118
Courtage 41, 113, 297
Credit Analysis 83
Critical Line 145, 147
Cumulative Average Abnormal Return 255
Cushion 208

Datenermittlung 273
Datenglättung 275
deep-in-the-money 204
deep-out-of-the-money 204
Delta-neutraler Hedge 202
Depotdokumentation 35
Depotgebühr 41
Depotübersicht 58
Differential Return-Kennzahl 309, 315, 317
Discount Bond 81
Diversifikation 104, 117, 132, 138, 139

- naive Diversifikation 138, 239

Dividende 92, 93, 118
Doppelwährungsanleihe 81
Dow-Theorie 74, 76
Drop-Lock Bond 81
Duration 223, 224, 225, 227
Duration-Kennzahl 225, 226, 228
Durationsanalyse 223
durchschnittliche Restbindungsdauer 224
  *(siehe auch Duration)*

Edelmetall 86
Efficient Frontier 144, 145, 147, 149, 151, 152, 153, 299, 300, 321, 322, 323
effizienter Markt 197
effizientes Portefeuille 142, 144, 147, 148
Ein-Index-Modell 156, 157, 158
Einstandswert 58, 63
Eintretenswahrscheinlichkeit 120, 282
Elliot-Wave-Theorie 76
Empfehlungsliste 34, 104
Entscheidungsparameter 142
Ertrag 88
Ertragsswap 111
Erwartung 166
- heterogene Erwartung 175
- homogene Erwartung 166, 167, 178

Expertensystem 64
Exposure 201, 202, 208, 209
Extendible Bond 81

Festgeldanlage 87
festverzinsliches Wertpapier 79
Filter-Technik 248
Final Value 223
Financial Future 213
Finanzanalyse 67
Fixed Hedge 201, 202
Floating-Rate-Bond 81
Floor 201, 208
Fonds 37
- Aktienfonds 87
- Anlagefondszertifikat 86, 87
- Geldmarktfonds 87
- Immobilienfonds 87
- Investmentfonds 37

- Obligationenfonds 87
- Wertschriftenfonds 87

Formula Plan 103, 244
Fortschritt-Rückschritt-Verfahren 76
*(siehe auch Advance-and-Decline-Verfahren)*
friktionsloser Markt 143, 178
Fristigkeit einer Anlage 90
*(siehe auch Laufzeit einer Anlage)*
Fundamentalanalyse 69, 71, 109, 239, 240
Future 213
- Index-Future 213
- Währungs-Future 213
- Zins-Future 213

Futures-Kontrakt 213
Futures-Markt 214, 215
Futures-Preis 214, 217, 218

Gegenwartswert 118
*(siehe auch Barwert, Present Value)*
Geldmarktpapier 79
Gleichgewichtsmodell 165, 178, 197, 263
gleitender Durchschnitt 76, 78
Grenznutzen 122, 123
Gruppenrotation 101, 104, 105, 244

Haftungsverhältnis 45
Handelsregeln 248
Häufigkeitsverteilung 120
Hebelwirkung 215
*(siehe auch Leverage-Effekt)*
Hedge-Ratio 219
Hedgeinstrument 216
*(siehe auch Absicherungsinstrument)*
homogene Gruppe festverzinslicher Wertpapiere 107
Horizon Analysis 111

Immobilienanlage 87
in-the-money 189, 199
Index 276, 284
Index-Modell 155
Indifferenzkurve 125, 154
Inflationsrate 85
Information 32, 35
Informationseffizienz 166
Informationssystem 35, 56, 58, 60, 64

Initial Margin 215
innerer Wert 71, 199, 239
*(siehe auch Intrinsic Value)*
Inter-Market Arbitrage 215
Intermarktdifferenzenswap 110, 112
Intra-Market Arbitrage 215
Intrinsic Value 71
*(siehe auch innerer Wert)*
Investitionsziel 88
*(siehe auch Anlageziel, Kundenziel)*
Investorenverhalten 90, 122, 142
- risikoaverses Investorenverhalten 125, 262
- risikofreudiges Investorenverhalten 90, 122, 123
- risikoindifferentes Investorenverhalten 90, 122, 123, 125
- risikoscheues Investorenverhalten 90, 122, 123, 124

Investorenziel 88
*(siehe auch Kundenziel, Anlageziel)*
Investor 92
*(siehe auch Anleger, Kunde)*
Iso-Rendite-Linie 145, 146
Iso-Varianz-Kurve 145, 146, 147
Iteration 201

January-Effekt 258
Jensen's Differential Return-Kennzahl 315, 317

Kapitalmarktgleichgewicht 166
Kapitalmarktpapier 80, 81
Kapitalzuwachs 89
Kassamarkt 214
Kaufoption 188
Korrelation 133, 134
Korrelationskoeffizient 134
Korrelationstest 247
Kovarianz 133, 134, 137, 159, 163
Kundenbetreuung 27
Kundenkartei 31
Kunde 31
*(siehe auch Anleger, Investor)*
- institutioneller Kunde 31, 38
- privater Kunde 31, 36

Kundensegmentierung 36

359

Kundenziel 88
*(siehe auch Anlageziel, Investorenziel)*
Kurs/Gewinn-Verhältnis 74
*(siehe auch Price-Earnings-Ratio)*
Kurs/Umsatzbild 78, 79
Kurssturz 212, 222
*(siehe auch Börsen-Crash)*

Lagrangefunktion 150, 151
Laufzeit einer Anlage 84
Leerverkauf 135, 143
Leistungsbewertung 303
Leverage-Effekt 215
*(siehe auch Hebelwirkung)*
Liquidität 92
Liquiditätsanalyse 62
Long-Position 198, 216

Marchzinsen 58, 63
mark-to-market-Bewertung 213
Markowitz-Modell 141, 142, 160, 262, 263, 272
Marktbreite 76
Markteffizienz 244, 245, 285
- fast-starke Form 259
- halbstarke Form 245, 253, 257, 258, 261
- schwache Form 245, 246, 253, 261
- starke Form 245, 258
- superstarke Form 259
Markteigenschaften 142, 143
Marktenge 91, 252, 265
*(siehe auch Marktgängigkeit)*
marktfähige Anlage 175
*(siehe auch Marktgängigkeit)*
Marktgängigkeit 86
*(siehe auch Abtretbarkeit einer Anlage)*
Marktindex 156, 157
Marktliquidität 90, 212
*(siehe auch Marktenge)*
Marktportefeuille 167, 169, 175, 263, 268, 318
Martingalmodell 247
Master List 32
Momentum-Indikator 78
Money Weighted Return 305
*(siehe auch kapitalgewichtete Rendite)*
Monthly-Effekt 258

Multi-Index-Modell 162, 163, 164, 179

Neumann-Morgenstern-Nutzenfunktion 123, 124
Nominalwert 58, 80
Nominalzins 85, 225
Normalverteilung 130, 143
Nutzen 117, 122
Nutzenanalyse 117
Nutzenfunktion 122, 123, 154
Nutzenhöhe 125
Nutzenmaximierung 142, 154, 178

**Odd**-Lot Short Sales Index 77
Opportunitätskosten 94, 214
optimales Portefeuille 154, 155, 283
Option 187, 188
- Aktien-Option 188
- amerikanische Option 188, 192
- Edelmetall-Option 188
- europäische Option 188, 192, 198
- Index-Option 188, 189, 204
- Währungs-Option 188
- Zinssatz-Option 188
Optionenbewertung 197, 199
Optionsanleihe 81, 82
*(siehe auch Warrant Bond)*
Options-Delta 200
Options-Eta 200
Options-Kontrakt 188
Optionspreis 188
Options-Theta 200
Optionsschein 82
Optionswert 189, 190, 191, 192, 193, 194
out-of-the-money 189, 199

**P/E**-Effekt 258
Paretoverteilung 131
Performance-Analyse 321
Performance-Kennzahl 309, 318
Performance-Messung 59, 303, 309, 320
- eindimensionale Performance-Messung 304
- zweidimensionale Performance-Messung 304, 308
Perpetual Bond 81

Portefeuille-Simulation 59, 63
Portefeuilleanalyse 101
Portefeuillebildung 67, 101
 *(siehe auch Portefeuillegestaltung)*
Portefeuillegestaltung 273
 *(siehe auch Portefeuillebildung)*
Portefeuilleoptimierung 154
Portefeuillerendite 135, 145, 147, 160, 168
Portefeuillerevision 67, 113, 297, 299
Portefeuillerisiko 135, 136, 138
Portefeuillestrukturierung 273
 *(siehe auch Asset Allocation)*
Portefeuilleüberwachung 67, 113, 297, 298
Portefeuillevarianz 135, 136, 145, 147, 160
Portfolio-Insurance 187, 196, 200, 202, 203, 217, 218
 - dynamische Portfolio-Insurance 204, 205, 206, 208, 210, 211, 218, 220, 221
Portfolio-Management 68, 101, 141
 - aktives Portfolio-Management 101, 106, 263, 285
 - dynamisches Portfolio-Management 297
 - modernes Portfolio-Management 237, 239, 262, 273
 - passives Portfolio-Management 101, 263, 284
 - traditionelles Portfolio-Management 67, 101, 113, 117, 237, 238
Portfolio-Theorie 117, 128, 133, 187
Present Value 223, 233
 *(siehe auch Barwert, Gegenwartswert)*
Price-Earnings-Ratio 74
 *(siehe auch Kurs/Gewinn-Verhältnis)*
Prognose 70, 89, 274, 279
Prognosefähigkeit 285, 324
Prognoseintervall 131, 132
Prognoseverfahren 274, 277, 282
Programmhandel 218
Proxy 268, 311
Put-Option 188

quadratisches Programm 147
Quellensteuer 93

Random Walk-Hypothese 70, 243, 246, 247
Ratingagentur 83

Rating 83, 84
Regressionsanalyse 161
Regressionsmodell 197
relative Stärke 77
Rendite 85, 88, 118, 119, 179, 304
 - Rendite auf Kündigung 85
 - Rendite auf Verfall 85
  *(siehe auch Yield to Maturity)*
 - erwartete Rendite 120, 121, 128, 159, 163, 180
 - Rendite internationaler Anlagen 289
 - Jahresrendite 118, 274
 - kapitalgewichtete Rendite 305, 307, 308
  *(siehe auch Capital Weighted Return, Money Weighted Return)*
 - Monatsrendite 118, 274
 - nominale Rendite 278
 - prognostizierte Rendite 278
 - reale Rendite 278
 - risikoadjustierte Rendite 284, 308
 - stetige Rendite 119, 130
 - Tagesrendite 274
 - verkettete Rendite 307
 - Wochenrendite 274
 - zeitgewichtete Rendite 305, 306, 307, 308
  *(siehe auch Time Weighted Return)*
 - zukünftige Rendite 119
Rendite-Risiko-trade off 304
Renditeanalyse 35, 61
Renditekurve 106, 108
Renditemaximierung 119
Renditestreuung 128, 129
Rentabilität 39, 88
Research-Kosten 295, 296
Restriktion 67, 288
Retail-Kunde 36, 37, 38
Retractable Bond 81
Reverse-Cash-and-Carry-Arbitrage 215
Reward-to-Variability-Verhältnis 309, 310, 312, 314
Risiko 44, 89, 106, 117, 120, 126, 127, 128, 129
 - Branchenrisiko 126
 - diversifizierbares Risiko 137, 138
 - Firmenrisiko 126
  *(siehe auch titelspezifisches Risiko)*

- Inflationsrisiko 223
- Insolvenzrisiko 223
- Risiko internationaler Anlagen 289
- Konjunkturrisiko 69
- Kündigungsrisiko 223
- Marktliquiditätsrisiko 69, 126
- Marktrisiko 126, 138, 187, 238
- Paritätsänderungsrisiko 290, 294
  *(siehe auch Währungsrisiko)*
- politisches Risiko 69, 294
- systematisches Risiko 137, 138, 156, 159
- titelspezifisches Risiko 137, 238
  *(siehe auch Firmenrisiko)*
- Transferrisiko 294
- unsystematisches Risiko 137, 138, 159
- Währungsrisiko 69, 126
  *(siehe auch Paritätsänderungsrisiko)*
- Zinsänderungsrisiko 69, 126, 187, 223, 226

Risikoanalyse 61, 125
Risikoänderungspreis 168
risikofreier Zinssatz 85, 166, 179
  *(siehe auch risikolose Anlage)*
risikolose Anlage 143, 148, 149, 171, 198
  *(siehe auch risikofreier Zinssatz)*
Risikomanagement 187
Risikoprämie 85, 171, 263
Risikopreis 171, 180
Risikotoleranz 90
Runtest 247

Schadenersatzforderung 45
Schuldnerqualität 83
Security Market Line 169, 171, 185, 265, 267
Selbstliquidationsperiode 224
  *(siehe auch Duration)*
Semistandardabweichung 129
Semivarianz 129
Sharpe's Performance-Kennzahl 310, 311, 317
Short-Position 198, 205, 216
Short Interest Ratio 77
Sicherheit 89, 90, 117
Sicherheitsziel 44, 45
Small-Firm-Effekt 257
Sorgfaltspflicht 45, 51, 53
Spektraltest 247

Spekulation 215
Spekulationspapier 82
Spreading 215
Staatsanleihe 81
Standardabweichung 128, 129
Stempelabgabe 41
Steuerswap 111
Steuer 113
  *(siehe auch Quellensteuer, Verrechnungssteuer)*
Stillhalter 189
stochastische Dominanz 121
Stock-picking 99
Straight Bond 81
Substitutionsswap 111
Swiss Market Index 201
Swiss Performance Index 276
synthetischer Put-Approach 205, 206, 209
Szenario 279, 280
Szenario-Technik 109, 279

Tax-Effekt 258
technische Analyse 69, 74, 75, 109, 239, 241, 261
Telekommunikation 27
Terminmarkt 214
Tilgungsanleihe 84
Time Weighted Return 306
  *(siehe auch zeitgewichtete Rendite)*
Timing 101, 102, 103
Titelselektion 101, 104, 106, 109, 244, 284
Top-Down-Ansatz 99, 239
Transaktionskosten 113, 295, 301
Treasury Bill 80
Trend 102, 243
- Primärtrend 75
- Sekundärtrend 75
- Tertiärtrend 75
- Trendbestimmung 75

Trendextrapolation 274, 277
Treynor's Performance-Kennzahl 312, 317
Trust Banking 22

Unsicherheit 120, 126

Valorennummer 58, 61, 63

Variabilität 128
Varianz 128, 129, 135, 159, 163
Variation Margin 214
Vergleichsportefeuille 309
   *(siehe auch Benchmark)*
Verkaufsoption 189
Vermögensübersicht 35, 61
Vermögensverwaltung 23, 45
Vermögensverwaltungsauftrag 46, 47, 53
Vermögensverwaltungsgebühr 41, 43
Verrechnungssteuer 92, 93
Vertrauensverhältnis 28
Volatilität 34, 192
vollkommener Markt 198, 217
vollständige Konkurrenz 143, 178

Wachstumspapier 82
Wahrscheinlichkeit 120
   - objektive Wahrscheinlichkeit 120
   - subjektive Wahrscheinlichkeit 120
Wahrscheinlichkeitsverteilung 120
Wandelanleihe 81
   *(siehe auch Convertible Bond)*
Warrant Bond 82
   *(siehe auch Optionsanleihe)*
Weekend-Effekt 258
Weltmarktportefeuille 291

Yield to Maturity 85
   *(siehe auch Rendite auf Verfall)*

Zahlungsstrom 118, 119, 305
   *(siehe auch Cash Flow)*
zero-beta-Portefeuille 172, 268
Zerobond 81
Zins 85
Zinsänderung 225
   - additive Zinsänderung 225, 230
   - multiplikative Zinsänderung 225, 233
   - stochastische Zinsänderung 226, 230
Zinsimmunisierung 187, 188, 223, 227, 228, 232, 233
   - bedingte Zinsimmunisierung 228, 231, 232
   - unbedingte Zinsimmunisierung 228, 229, 230

Zinskurve 225, 232
Zinsprognose 109
Zinsreagibilität 227
Zinssatz 85, 187
Zinssatzantizipation 106
Zufallsvariable 120, 131, 158
zulässiges Portefeuille 144, 154

# Standardwerke für jeden Bankfachmann und Studenten

Prof. Dr. Hans Schmid

## Geld, Kredit und Banken

Ein modernes Lehrbuch für Unterricht und Selbststudium
«Bankwirtschaftliche Forschungen» Band 55
2., vollständig überarbeitete Auflage, 391 Seiten,
gebunden Fr. 58.–/DM 68.–

Prof. Dr. Ernst Kilgus

## Bank-Management in Theorie und Praxis

«Bankwirtschaftliche Forschungen» Band 74
2. überarbeitete Auflage, 421 Seiten, gebunden Fr. 74.–/DM 88.–

Prof. Dr. Christine Hirszowicz

## Schweizerische Bankpolitik

«Bankwirtschaftliche Forschungen» Band 78
2. überarbeitete Auflage, 537 Seiten, gebunden Fr. 80.–/DM 96.–

# Haupt

# Standardwerke für jeden Bankfachmann und Studenten

Dr. Jürg Regli
**Bankmarketing**
«Bankwirtschaftliche Forschungen» Band 94
2. Auflage, XVI + 229 Seiten, kartoniert Fr. 38.–/DM 45.–

Prof. Dr. Conrad Meyer
**Die Bankbilanz als finanzielles Führungsinstrument**
«Bankwirtschaftliche Forschungen» Band 96
2. Auflage, X + 655 Seiten, gebunden Fr. 80.–/DM 96.–

Prof. Dr. Christine Hirszowicz
**Der Oktober-Crash 1987**
«Bankwirtschaftliche Forschungen» Band 112
134 Seiten, gebunden Fr. 28.–/DM 34.–

**Haupt**

# Publikationen der Swiss Banking School, Zürich

1. Strategische Neuorientierung im Firmenkundengeschäft
2. Mögliche Konsequenzen von EG 92 auf die Personalausbildung einer in der Schweiz domizilierten Bank
3. Les banques face au marché immobilier jusqu'en l'an 2000
4. Die Wettbewerbsfähigkeit der Kantonalbanken unter Berücksichtigung ihrer Rechtsform
5. Der Stellenwert von finanziellen Kennzahlen bei Übernahmefinanzierungen
6. Spezialfinanzierungen und Unternehmensvermittlungen
7. L'évaluation des banques en Suisse dans la perspective de l'échéance de 1992
8. Bedrohte Liberalität in Gesellschaft und Markt
9. Das kommerzielle Kreditgeschäft im Wandel der Zeit
10. Die Zinsbindungsbilanz als Führungsinstrument
11. Schweizer Banken im Umfeld der Harmonisierung der Finanzmärkte in der Europäischen Gemeinschaft 1992
12. L'environnement des fusions, des acquisitions et des prises de participation
13. Convention relative à l'obligation de diligence des banques (CDB): hier, aujourd'hui, demain?
14. Le Département de Trading Euromarché dans la succursale genevoise d'une grande banque suisse
15. Liberalisierung der Vinkulierungsbestimmungen bei Namenaktien Nestlé
16. Vereinbarung über die Standesregeln für Sorgfaltspflicht der Banken VSB vom 1. Juli 1987
17. Les taux d'intérêt
18. Modernes Portfoliomanagement und Informationstechnologie
19. Kapitalmarktswaps und ihre Anwendung für Asset- und Liability- Management
20. Finanzierung von Firmenakquisitionen im Bereich der Klein- und Mittelbetriebe
21. Das islamische Bankwesen
22. Rahmenbedingungen für die Kreditgewährung in Saudi-Arabien
23. Geldmarktbuchforderungen

Haupt

## Publikationen der Swiss Banking School, Zürich

24  Vermögensverwaltung und Anlageberatung
25  Wertpapierhandel in der Schweiz
26  Gold und sein Preis
27  Die Rolle der Schweizer Banken
    bei unfreundlichen Firmenübernahmen
28  Allfinanz – Mehr als nur ein Modewort
29  Der Spread als Länderrisikomass
30  Gestaltung und Organisation des
    Controlling im Bankbetrieb
31  Risikoorientierte Revisionsplanung bei Banken
    aus der Sicht der internen Revision
32  The Challenge of International Bank Controlling
33  Le banche estere in Italia con un particolare
    riferimento alle banche svizzere
34  Correspondent Banking im Wandel der Zeit
35  Planung und Realisierung von Bank-Filialneubauten
    in der Schweiz
36  Banktechnologie im Wertschriften Backoffice
37  Ertragsorientierte Führung im Verkauf
38  Finanzierungsprobleme in der schweizerischen Hotellerie
39  Politique de placement des caisses de pension suisses:
    vers un autre approche
40  Bankmarketing: Problemstellung eines gesättigten Marktes
41  Die Organisation des Niederlassungsnetzes als Aufgabe
    des strategischen Bankmanagements
42  Securities Lending and Borrowing

Preis pro Nummer:            Fr.  18.–/DM  22.–
Preis Nummer  1–20 komplett: Fr. 324.–/DM 388.–
                       statt Fr. 360.–/DM 440.–
Preis Nummer 21–42 komplett: Fr. 356.–/DM 427.–
                       statt Fr. 396.–/DM 475.–
                             (+ Versandspesen)

Haupt